山巅之城

美国政治现代化的理想与现实

肖德甫◎著

山猫之城

前言
Preface

　　我们的方针是：一切民族、一切国家的长处都要学，政治、经济、科学、技术、文学、艺术的一切真正好的东西都要学。但是，必须有分析有批判地学，不能盲目地学，不能一切照抄，机械搬运。

——毛泽东①

　　什么时候中国人能真正不卑不亢地以平常心对待世界上一切强于我或弱于我的国家，既充满民族自信又虚心学习他人长处，既懂得保持民族精华，又能以开阔的胸怀对外来思想和文化吞吐自如，那就是我们民族真正在精神上健康成熟的时候。

——资中筠②

---

① 《毛泽东选集》第5卷，北京：人民出版社1977年版，第285页。
② 《美国研究》，2005年第2期，第148页。

前　言

　　如果世界上有一个国家像孩子从出生到成年使人可以看清他的成长过程的话，这个国家是美国；如果世界上有一个国家既很幸运地避开了封建专制又很幸运地避开了独裁统治的话，这个国家是美国；如果世界上有一个国家没有通过革命和流血就得到了别人通过革命和流血才能得到——甚至通过革命和流血都不曾得到的成果并且一直保存至今的话，这个国家还是美国。

　　自1776年7月4日建国以来，一帆风顺，一路走强，美国享有了太多的赞誉。

　　1864年11月，马克思在致林肯祝贺他再度当选美国总统的信中，称赞美国是"最先产生了伟大的民主共和国思想的地方"①。

　　1893年10月，恩格斯在同友人的通信中称赞，"美国从一诞生起就是现代的"②。

　　1919年5月，列宁在全俄社会教育第一次代表大会上称赞，美国的独立战争是"人类历史上一个最早的最伟大的真正的解放战争、人类历史上为数不多的真正的革命战争"③。

　　1945年11月，斯大林邀请到访的二战名将——后来的美国总统艾森豪威尔与他一道在红场观看正在举行的盛大阅兵和游行，时间长达5个小时之久，而在此之前，没有哪位外国人享有过如此的殊荣。斯大林对艾森豪威尔说，苏联要向美国学习，在许多方面，我们都需要美国的帮助。④

　　1943年7月4日——美国的国庆日，按照毛泽东的旨意，《新华日报》刊登了这样一首诗赞誉美国，称：

---

① 《马克思恩格斯全集》第16卷，北京：人民出版社1964年版，第20页。
② 《马克思恩格斯全集》第39卷，北京：人民出版社1974年版，第147页。
③ 《列宁全集》第29卷，北京：人民出版社1956年版，第313页。
④ 〔美〕唐纳德·怀特：《美国的兴盛与衰落》，徐朝友等译，南京：江苏人民出版社2002年版，第103页。

> 为了人类！为了人类！
> 于是年轻的美国，升起了旗，
> 吹起了号角，击响了战鼓，
> 在新的土地上，新的天空下，
> 结集了世界爱自由的人，
> 开始实验着新政体，直到今天。
> ……
> 年轻的美国没有让人类失望。①

1966年，联合国教科文组织在历时20年完成的巨著《人类历史》中，称赞美国为工业主义、资本主义及民主制度建立了标准，"在人类历史上第一次，一个富足的社会变成了现实"②。

2006年，据中国社会科学院发布的全球政治与安全报告，美国的综合国力指数为8639，高居榜首，几乎相当于紧随其后的日、法两国之和。第2至第10名的排序和综合国力指数分别为：日本，4986；法国，4319；英国，4188；德国，4139；中国，3119；俄罗斯，3092；加拿大，2467；意大利，2106；澳大利亚，1852。

应当看到，美国是成功的。不过二三百年间，美国就从处于蛮荒状态的殖民地发展为全球唯一的超级大国，创造了政治、经济、军事和科学文化全面领先的人间奇迹。

应当看到，美国的强大是空前的。人类自有史以来，还没有一个国家强大到像美国这样，让人望其项背、望尘莫及，至今仍然没有可能在短时期内被超越。

还应当看到，美国已经是一种世界现象——美国现象。其影响力已经遍布全球各地，人们随时随地都可以感到甚至可以触摸到美国的存在。无论你承认它、否定它；喜欢它、反感它；赞美它、诅咒它，它都无处不在、无时不有，逼着人身不由己地接受它的影响，跟着它跑。这种被称为"隐性的霸

---

① 张剑荆：《中国崛起：通向大国之路的中国策》，北京：新华出版社2005年版，第149页。
② [美]唐纳德·怀特：《美国的兴盛与衰落》，徐朝友等译，南京：江苏人民出版社2002年版，第337页。

权"，属美国特有。

美国前国家安全事务助理布热津斯基就此发表评论称："目前，外国模仿美国已成为全世界的现象。这不仅是一个文化时尚、社会风气或消费方式的问题。它本身还说明是一个政治问题，无论从认真严肃的角度看和从细微末节方面看都是如此。"[1]

（一）

人类最近500年来的历史表明，要成为一个现代化的世界强国，必须要走过一条漫长的道路，必须要有一个经济与政治现代化的过程。

我们生活在这样一个世界——

从总的趋势看，人类历史是一个不断文明化、民主化的过程，文明化消除着野蛮和暴力，民主化铲除着等级与不平等，文明化、民主化不可逆转；

从现实生活看，人与人、国与国、民族与民族，相互之间的联系和依存越来越紧密，共同语言越来越增加，世界越来越像个"地球村"——如果有人生病了，所有的人都会面临感染，如果有人愤怒了，其余的人很容易面临伤害；

从世界力量格局看，虽然多极化的趋势明显，但鹤立鸡群的局面还会延续相当长一段时间。尤其是，美国的超强地位不仅表现在经济、军事、科技、文化方面，而且表现在政治方面。公民普遍享有的民主权利，根深蒂固的法治观念，大众广泛的政治参与，社会多渠道的舆论监督，政府内部有效的分权制衡机制，构成了美国政治现代化的立体图景。

人是社会动物，政治动物。今天的世界已经证明并将继续证明，政治向来就在人类发展中占据独特的地位。在全球政治觉醒的时代，政治现代化不可能有普世的标准，但肯定有普世的价值；不可能有统一的模式，但肯定有最适合自己的方式；不可能一夜之间就实现现代化，但肯定等不来现代化。

---

[1] 〔美〕兹比格涅夫·布热津斯基：《大失控与大混乱》，潘嘉玢等译，北京：中国社会科学出版社1994年版，第107页。

现代化是人类的宿命，是孤立的民族历史的终结。

进入新世纪以来，就有一种声音不绝于耳——"东方睡狮已经觉醒"、"中国的世界元年已经开始"，甚至"中国威胁论"也甚嚣尘上。自然，这其中既有赞誉也有毁誉，既有期待也有叵测。重要的不在于别人怎么看怎么说，而在于自己怎么看怎么做。唯有头脑清醒、政治昌明、战略正确，国家的前途才会更为光明。

经过几代人的不懈努力，尤其是经过改革开放以来30多年的努力，中国的经济发展与世界发达国家的差距已显著缩小，逼近世界第一强国也不是遥不可及。唯一的隐忧，是在政治现代化上还不能尽如人意。亦如邓小平所指出："现在经济体制改革每前进一步，都深深感到政治体制改革的必要性。不改革政治体制，就不能保障经济体制改革的成果，不能使经济体制改革继续前进，就会阻碍生产力的发展，阻碍四个现代化的实现。"①

今天，屈辱和不幸已经过去，聚光灯重又在中国身上闪耀。但是，它将在我们身上停留多久，它的光辉能达到什么亮度，将主要取决于我们自己。这其中，又有一个很重要的方面，就是看我们如何对待外部世界，能否正确有效地吸收外部人类文明成果为我所用。

曾担任中国社会科学院美国研究所所长的美国学学者资中筠教授谈到："什么时候中国人能真正不卑不亢地以平常心对待世界上一切强于我或弱于我的国家，既充满民族自信又虚心学习他人长处，既懂得保持民族精华，又能以开阔的胸怀对外来思想和文化吞吐自如，那就是我们民族真正在精神上健康成熟的时候。"②

有理由相信，这一天正在到来。

（二）

研究美国既是一个热门问题也是一个敏感问题。对其政治现代化的研究

---

① 《邓小平文选》第3卷，北京：人民出版社1993年版，第176页。
② 《美国研究》，2005年第2期，第148页。

尤其如此。因此，持有正确的立场、观点和方法是为重要。

虽然作者无意为美国涂脂抹粉，但是，既然是研究美国的成功，就不能不首先承认美国的成功；既然是研究美国的政治，就不能不首先承认美国的政治在世界上是最具活力的；既然是研究美国的政治现代化，就不能不首先承认美国的政治现代化中会有某些人类普世的政治价值。

虽然作者身为一个中国公民，如一挚爱自己的国家，但是，既然是研究另外一种政治制度，就必然要摒弃一些先入为主的政治成见；既然是要探究真理，就必然要实事求是；既然是要以研究借鉴为目的，就必然要把爱国者的身份与研究者的身份理性地统一。

为着这些思想和目的，本书对美国政治现代化的来龙去脉、地位作用、推进方略、成败得失及其其中原委进行了初步探讨。其基本线索是：美国政治现代化的历史定位→美国政治现代化的语境→美国政治现代化的过去→美国政治现代化的今天→美国政治现代化的明天。内容究竟如何，读者定能明鉴。

在写作过程中，为了准确和权威，本书坚持了把历史现象和政治事件回放到特定的时空范围和历史背景中去加以考察和研究，力求使其客观真实，符合逻辑。

为了准确和权威，凡借助文字资料立论的地方，本书都核对了原文，参考了最严肃和最权威的著作。

为了准确和权威，凡现有著述中有歧义、多义的事件、人物、数据以及时间、地点等，本书都坚持以最权威出版单位的出版物和最有名望的作者的著述为准，并尽可能使用了当事国——美国的资料。

完成本书虽耗时竭力，颇费心血，但一想到是在追求真理，是在为真理而工作，心灵是喜悦的。著有《论美国的民主》一书的法国政治活动家、思想家托克维尔曾说："有多少道德体系和政治体系经历了被发现、被忘却、被重新发现、被再次忘却、过了不久又被发现这一连续过程，而每一次被发现都给世界带来魄力和惊奇，好像它们是全新的，充满了智慧。"[1]如果，本书能够收到一些这样的效果，那将是作者莫大的荣幸。

---

[1] 〔美〕詹姆斯·多尔蒂等：《争论中的国际关系理论》总序，阎学通、陈寒溪等译，北京：世界知识出版社2003年版，第3页。

山巅之城
美国政治现代化的理想与现实

　　本书虽一人所写，但反映的却是许多透视世界之人的洞见。孩提时代即读过"千人糕"的故事，但真正明白它的含义是在成年以后，而在写作这本书的过程中体会就更为深刻。在此，谨向被参考引用其著述的智者学人由衷致谢。

作　者

2008年8月于北京

目 录
Content

绪　论　政治现代化——美国从殖民地到世界之巅的奠基石 / 001

　　在人类事件的历史过程中，不时出现一个独一无二的社会。……公元前六世纪波斯的命运是如此，公元前四世纪马其顿的命运、后来时候罗马的命运以及随后阿拉伯帝国、蒙古汗国及莫斯科大公国的命运都是如此。在我们这个世纪里，这样一个独一无二的社会再度出现。

　　当我们回顾美国200多年的历史时，地球上再没有人比美国人更有理由表示谢意。

一　美国成功的天然因素 / 006
二　美国成功的推动性因素 / 015
三　美国成功的决定性因素 / 028

第一章　美国政治现代化的概念 / 045

　　虽然美国政治家、政府官员和学者的话语中少有政治及其政治现代化这类词，但千万不能认为美国人不重视政治。其实，美国人是最讲政治的。在国内，一部美国史就是一部美国政治现代化史；在国外，一部美国对外史就是一部美国政治输出史。只不过，美国的政治从开始就是现代化的，所以他们不用担心自己的政治不现代化，他们大多数时候也把民主自由等同了政治现代化，并且还习惯了在全世界开展价值观外交，向别人输出政治现代化，因而淡忘了给自己的政治现代化冠名。

一　政治与政治现代化 / 047
二　政治现代化与政治发展 / 054
三　政治现代化与民主化 / 059
四　政治现代化与革命 / 061

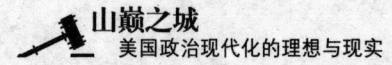

五　政治现代化与宗教 / 064

第二章　美国政治现代化的渊源 / 069

机遇、战争和征服是人类历史上创建新国家的仅有的几个动力。美利坚是有史以来第一个靠人的理念和伦理道德的选择而创立的国家。

我们将成为整个世界的山巅之城，所有人的目光都将注视着我们。

一　思想源头——美国政治脱胎于欧洲 / 071
二　历史条件——被殖民给美国政治打下了深刻烙印 / 079
三　民族性格——人民从土地上产生了对世界的态度和看法 / 082
四　精神动力——山巅之城的理想是美国政治现代化乃至举国前进发展的不竭动力 / 098

第三章　美国政治现代化的历程 / 107

15世纪中期，当资本主义的幼芽已在欧洲破土而出时，美洲这块广袤的土地尚沉睡在原始社会的梦乡之中，只是由于哥伦布的远航才打破了这里的千年寂静。

1607年，当英国殖民者来到北美东海岸的切萨皮克湾建立第一块殖民地时，这里仍处于蛮荒状态。

1776年，当13块殖民地的人民不堪母邦压迫终于挣得了独立时，摆在刚刚坠地的新国家面前的，也是一条未知的充满挑战的道路。然而，美国成功地制定了宪法，治愈了战争创伤，拓展了国家领土。所以富兰克林说，现在我终于高兴地明白了，这是一轮喷薄东升的旭日，而不是一轮沉沉西下的落阳。

后来，虽然由于奴隶制与南北内战曾一度停下了脚步，但恶梦醒来，美国又前进了，并且是以更快的速度。

一　奠基时期(1776—1789年)——华盛顿开启了美国政治新纪元 / 110
二　前现代时期(1790—1920年)——南北战争祛除了美国政治现代化的大毒瘤 / 127
三　现代时期(1921年起)——罗斯福新政开创了美国政治现代化的新篇章 / 153

第四章　美国政治现代化的战略 / 173

新世界的环境确实造就了一个奇怪的混血儿,是清教徒的古老砧木和这片土地造就了它。以前这里从未经历过如此精明的狂热,如此严格的浪漫,如此著名的反差,如此神秘的求实主义……

美国是一个新世界,新不仅是就发现它的时间而言,而且是就它的一切制度而言。这个新世界由于蔑视一切继承的和传统的东西而远远超过了我们这些旧式的、沉睡的欧洲人。这个新世界是由现代的人根据现代的、实际的、合理的原则在处女地上重新建立起来的。

一　以宪政法治为主导——法律就是合众国的国王 / 176
二　以政府现代化为核心——正义是政府的良心,让权力在阳光下运行 / 190
三　以市民社会为舞台——政府是人民的创造物和所有物 / 213
四　以改革创新为动力——生活即意味着探索 / 226
五　以全人类政治文明成果为己用——开放是国家的性格 / 235

第五章　美国政治现代化的标志 / 247

在美国早期的开国者们看来,自由是与生俱来的,是与生命等价的。杰弗逊说:上帝在赐予我们生命的同时,也赐予了我们自由。华盛顿在总统告别演讲中说:你们是美利坚人,你们酷爱自由,你们身上的每一个细胞都充满了自由。

在今天的美国,自由、民主、平等、人权、法治、自治这样一些观念,不仅在推进美国政治现代化的过程中发挥了可靠的思想保证作用和理论先导作用,而且构成了美国政治现代化的核心内容和主要标志。

一　政治观念现代化——归根结底是思想而不是武器决定历史 / 251
二　政治体系分权化——立法权、行政权和司法权置于同一手中,不论是一个人、少数人或许多人,不论是世袭的、自己任命的或选举的,均可公正地断定是虐政 / 266
三　政治程序制度化——民主不能保证绝对正确,但民主能使错误按预定的程序得到修正 / 274

四　政治参与大众化——政治不再是一场大众作为旁观者的比赛或游戏，而是普通人最时尚的爱好 / 281

五　政治官员普选化——把民族精华拥上宝塔尖，为国家和人民效力 / 291

六　政治教育社会化——通过价值观的同一实现政治上的统一 / 299

第六章　美国政治现代化的特征 / 307

美国虽然是实用主义哲学的故乡，但也诞生了超验主义思想。在美国，灵是存在的，灵衍生万物：当它通过人的才智呼吸时，它是天才；当它通过人的意志呼吸时，它是美德；当它开启人的感情时，它是爱。

他们这个前进最快的民族，对于每一个新的改进方案，会纯粹从它的实际利益出发马上进行试验，这个方案一旦被认为是好的，差不多第二天就会立即付诸实行。在美国，一切都应该是新的，一切都应该是合理的，一切都应该是实际的，因此，一切都跟我们不同。

一　拓荒性——政治发明多 / 309

二　渐进性——徐图改良，起点高推进慢 / 312

三　稳定性——动态调控，政治改革与政治稳定并行不悖 / 316

四　陀螺性——螺旋上升，民众的伟大决定国家的伟大 / 322

五　战略性——图全局谋长远，"只挑大票子" / 325

六　坚定性——笃定立国价值观，"不自由，毋宁死" / 330

第七章　美国政治现代化的悖论 / 339

我们碰到了敌人，他就是我们自己。

我们以为我们的文明已经接近如日中天的高峰，其实我们只是处在雄鸡报晓、晨曦初露的黎明。在我们这个尚未开化的社会里，崇高品格的影响尚处于摇篮之中。作为一种政治力量，人类的崇高品格就像那个旨在推翻所有独裁者的公正的上帝，其影响力还极其有限，并且仍然受到世人的怀疑。

一　社会痼疾依旧 / 343

二　政治怪象丛生 / 354

三　国际道义和政治道德危机加剧 / 360

第八章　美国政治现代化的趋向 / 371

　　安于现状不是美国人的特点。在美国历史上，宁静期和蓬勃变化期交替出现。但这种宁静历来只是表象，而不是实质。一种力的躁动在表壳下翻腾着。现状充其量只是进一步大显身手之前的小憩——稍事停顿、充满电池以便接受新的挑战。而美国历史周期中的另一个阶段破土而出，只是个时间的问题。对于伟大民族和伟大人物来说，真正的满足不在于玩味过去的成就，而只能来自从事新的冒险。

一　影响美国政治现代化的国际政治因素——全球化的始作俑者和应考者 / 373

二　影响美国政治现代化的国内政治因素——国家战略与国际秩序重构的双重挑战 / 382

三　美国政治现代化的趋向——现代化进程中的理性之光 / 389

主要参考文献 / 411

绪 论
Introduction

政治现代化
——美国从殖民地到世界之巅的奠基石

　　在人类事件的历史过程中，不时出现一个独一无二的社会。……公元前六世纪波斯的命运是如此，公元前四世纪马其顿的命运、后来时候罗马的命运以及随后阿拉伯帝国、蒙古汗国及莫斯科大公国的命运都是如此。在我们这个世纪里，这样一个独一无二的社会再度出现。

——〔美〕弗雷德里克·舒曼①

　　当我们回顾美国 200 多年的历史时，地球上再没有人比美国人更有理由表示谢意。

——〔美〕理查德·尼克松②

---

① 〔美〕唐纳德·怀特：《美国的兴盛与衰落》，徐朝友等译，南京：江苏人民出版社2002年版，第154页。
② 〔美〕理查德·尼克松：《超越和平》，范建民等译，北京：世界知识出版社1999年版，第284页。

绪论 政治现代化——美国从殖民地到世界之巅的奠基石

有评论认为,上个世纪是美国的世纪。

美国人自己也认为,他们曾经拥有20世纪。

尽管这一结论有些牵强,难以完全成立,但美国毕竟是在20世纪才以全球大国的姿态出现在世界舞台上的,并两次实现具有里程碑意义的跨越,在世界上持续领先已达一个世纪之久。

第一次跨越是第二次世界大战结束时,美国在政治、经济、科技、军事等方面成为世界第一强国。"我认为这是地球上最伟大的国家,历史上最伟大的国家。让我们这样来称呼它。"[1]时任美国总统杜鲁门如是说。

第二次跨越是上个世纪90年代初苏联倾覆时,美国处于一种独一无二的地位,举国欣喜若狂。

美国第37任总统尼克松称:"我最大的满足是活着看到了西方国家战胜了共产主义。"[2]

美国前国家安全事务助理布热津斯基撰文:"美国在今天成了真正的起催化作用的国家。……美国左右着全球的谈论,全球的认识。"[3]

美国前国务卿基辛格发表评论:"在新千年的黎明,美国的优势地位非以往最伟大的帝国所能比拟。……美国在全球范围的支配权无与伦比。"[4]

美国有学者认为:"世界已进入单级时刻,当今美国不具有任何并驾齐驱者"[5]。美国时任政治学会会长、哈佛大学教授亨廷顿甚至宣布,人类"思想

---

[1] 〔美〕唐纳德·怀特:《美国的兴盛与衰落》,徐朝友等译,南京:江苏人民出版社2002年版,第7页。
[2] 〔美〕理查德·尼克松:《超越和平》,范建民等译,北京:世界知识出版社1999年版,第288页。
[3] 〔美〕兹比格涅夫·布热津斯基:《大失控与大混乱》,潘嘉玢等译,北京:中国社会科学出版社1994年版,第106页。
[4] 齐世荣主编:《美国从殖民地到唯一超级大国》,西安:三秦出版社2005年版,第282页。
[5] 〔美〕迈克尔·卡门:《自相矛盾的民族:美国文化的起源》,王晶译,南京:江苏人民出版社2006年版,第3页。

的战争已经终结。"①

时任美国总统老布什更是掩饰不住内心的喜悦:"共产主义在今年彻底瓦解了。作为总统,有时的确无暇顾及身边的改变,也不会显示我内心的喜悦,但是我必须承认,在我的一生中发生的最重要的事情莫过于此。"②

虽然美国人的这些立场观点不无偏执和狭隘,但是却不能认为他们弹冠相庆没有道理。毕竟,正是在这一时刻,美国完成了独步全球的伟业,实现了美利坚之梦。

1776年独立时,北美13块殖民地只有89万平方英里的土地和300万人口,建国也不过230多年的时间,那么,是一些什么因素促使美国发展得这么快,领先其他国家这么多,力量对比如此悬殊,享有如此的繁荣盛世呢?世界上的思想家、政治家、社会学家、历史学家,以及凡被此所深深吸引的人,曾有过无数的探索和思考。

还是在19世纪初期,就有一种理论认为,自然环境因素对美国世界地位的树立产生了重大影响。当时,法国乃至欧洲对美国的标准看法是:美国的繁荣和安宁与其说归因于法律的优越或政府的明智,不如说归因于其得天独厚的自然环境。后来,美国赢得美西战争后,这种理论还一度被强化。

不过,对于这种判断,美国人从来就不同意。1833年,美国《北美评论》杂志发表文章抗辩说:"当我们大胆把政府的特性划作我国的繁荣的原因之一时,欧洲的贤达们带着明显的优越感嘲笑我们的无知,并向我们保证我们变成现在这样既不是因为我们的制度,也不是制度的结果。……我们被轻蔑地告知……我们的成功——为我们的外国朋友乐意承认的事实——的唯一原因(一个绝非表扬我们的原因)是我们幅员的辽阔。""如果单单环境就可以使一个民族繁荣,很难理解,鞑靼人广袤的中央高原和墨西哥高原的文明为什么不及密西西比河谷的文明活跃。"③

许多美国历史学家、政治学家也认为,在全面地了解美国所发挥的世界

---

① 〔美〕塞缪尔·亨廷顿:《文明的冲突与世界秩序的重建》,周琪等译,北京:新华出版社2002年版,第11页。
② 〔美〕威廉·德格雷戈里奥:《美国总统全书》,周凯等译,北京:社会科学文献出版社2007年版,第749页。
③ 肖德甫:《美国崛起沉思录》,北京:中国华侨出版社2008年版,第6页。

绪论　政治现代化——美国从殖民地到世界之巅的奠基石

作用时，虽然离不开对地理环境因素的考虑，但是，国家疆域的大小和位置与它的实力之间并不存在任何固定不变的相互关系。他们举例说，俄罗斯、加拿大、巴西都拥有辽阔的领土、大量的资源和多样化的气候，但是，它们自然环境的相似之处，并没有保证它们在国家力量或发展前景上与美国有共同之处。而英国虽然位于一个离大陆板块不远的岛屿，却一直是19世纪的一个强国。

19世纪中期，英国博物学家达尔文出版了《物种起源》这部书，提出了自然选择有利于生命的较高种类而不是较低种类的假设，声称，一个民族的工业、社会秩序及殖民地取得成功，是自然选择、适者生存的结果。于是，又有一种理论试图从种族因素的角度来解释美国在世界上所扮演的角色，认为是美国民族的优良品质成就了美国。达尔文本人也联系美国在世界上的地位表达了自己的看法，他说："说美国取得的非凡进步以及其民族的优良品质都是自然选择的结果，这种看法里很明显地有许多符合实际的成分。在过去的10代或12代的时间里，精力更旺盛、更具活力、更具有勇敢气质的人，从欧洲各个地方源源不断地向那个伟大的国家移民，并且在那里取得了最大的成功。……所有其他的一系列事情——正如最终导致希腊人心智的发达以及导致罗马帝国的兴起的一系列事情一样——只有与盎格鲁-撒克逊人向西方移民的巨大潮流联系起来看，才显得事出有因，富有意味。"①

然而，正如美国学者唐纳德·怀特所指出，现代科学证明，"根本不存在任何证据表明人的肤色与人的智力或创造力有关系，或从整体上讲，一个民族比另一个民族更适合于文化的发展，更适合于发展成为世界大国。一个民族在科学或工业领域暂时取得进展，并不意味着该民族具有天然的优越性；因为，这些领域的事业，是可以被学会、模仿或改进的。……主张种族决定一个国家在世界上的作用的理论是虚妄和荒谬的"②。

20世纪初，又有很多人支持经济决定论的观点，认为美国在世界上所发挥的作用，是其生产的经济结构和生产能力的产物。有的甚至称，"如果不考

---

① 〔美〕唐纳德·怀特：《美国的兴盛与衰落》，徐朝友等译，南京：江苏人民出版社2002年版，第11页。
② 〔美〕唐纳德·怀特：《美国的兴盛与衰落》，徐朝友等译，南京：江苏人民出版社2002年版，第13—14页。

虑经济因素，政治学的水准就不会比占星术高出多少"。然而，无论是学者还是政治家很快又发现，单一"经济决定论只不过是没有事实根据的神话，而不是揭示人类行为的规律"。

显然，如同以上所指出的，任何关于自然环境、种族、经济力量的单一主题被表达成科学原则，用以来解释美国的崛起，证明美国的世界地位，都是缺乏说服力的。

无数世界性大国的历史已经证明，其兴衰成败往往是由多方面的因素综合作用所决定的。美国地缘政治学家尼古拉斯·斯拜克曼曾将一个国家的实力构成归纳为这样10个要素：领土状况、边界特征、人口规模、原料多寡、经济与技术发展、财力、民族同质性、社会结合程度、政治稳定性和国民士气。① 法国政治学家雷蒙·阿隆则把一个国家的权力归结为3个大的方面：该国家所占据的空间，该国家的资源，该国家集体行动的能力。② 而世界最新综合国力测算公式则又主要以经济力、科技力、军事力、资源力、社会发展、政府调控、外交力这7项指标为计算基础。

不过，如果把上述所涉及的因素进行分类和比较，则不难发现，在上述这些因素及其这些因素相互作用的过程中，它们各自的地位和作用又是不一样的。通常：一些因素往往是天然的，一般起基础性作用；一些因素处于相对平行的关系，一般起推动性作用；一些因素则居于统揽地位，起到决定性作用。

从总体上看，在美国的成功中，这些因素的地位和作用也大体如此。

一 美国成功的天然因素

1975年10月，毛泽东会见第8次来访的美国国务卿基辛格，对他说：

---

① 《美国研究》，2005年第1期，第28页。
② 《美国研究》，2005年第1期，第28页。

绪论 政治现代化——美国从殖民地到世界之巅的奠基石

"我知道，上帝更喜欢你们。"①

毛泽东博览群书，指点世界，他的话是意味深长的。就建邦立国的基础条件来讲，美国的确是上帝的宠儿。

(一) 地理环境

在莎士比亚的《亨利六世》这出剧中，曾有这样的独白：

> 上帝和大洋保护着我们，
> 为我们筑起了攻不破的防线……
> 依靠它们和自己，我们安全地生活。②

剧中的潜台词是：在以往的历史中，英吉利海峡为帮助英国免于欧洲大陆国家的征服做出了太多的贡献；如果没有一条狭窄的海峡把它和欧洲大陆分割开来，英国很可能在19世纪早期就被拿破仑占领了，也可能后来在1940年就被希特勒的军队攻占了。

虽然这指的是英国，但其优越的地理位置在英国成功中所处的重要地位和所发挥的重要作用，与在美国是相似的。美国的发展和美国的成功，地理环境虽然不起决定性作用，但同样起重要作用。美国学者利德基曾坦言："美国民族的个性与价值观点，美国社会与政治的构成，最终是与其自然资源和得天独厚的气候条件密不可分的。这一观点从未受到过怀疑。"③

美国位于北美洲中部，东濒大西洋，南连墨西哥和墨西哥湾，西临太平洋，北接加拿大，领土还包括北美洲西北端的阿拉斯加和太平洋中部的夏威夷群岛，总面积937万平方公里，占地球陆地面积的6%以上，居世界第4位。美国幅员广大，地域辽阔，风景优美，气候宜人，其环境是得天独厚的。

---

① 邓力群主编：《外交战略家毛泽东》，北京：中央民族大学出版社2003年版，第758页；于歌：《美国的本质》，北京：当代中国出版社2006年版，第9页。
② 〔美〕约翰·罗尔克编：《世界舞台上的国际政治》，宋伟等译，北京：北京大学出版社2005年版，第319页。
③ 李其荣：《美国精神》，武汉：长江文艺出版社1998年版，第50页。

"陆地和水系，山岳和河谷，都布置得井井有条。在这种简单而壮观的安排中，既有景物的杂陈，又有景色的多变。"①

美国的地理空间，按照美国本土的地势，由东至西，大致可分为东部平原、东部山地、中央大平原、西部山地和高原盆地5个板块。

东部平原是指大西洋和海湾滨海平原——北至缅因、西至阿巴拉契亚山、南至佛罗里达的沿海地带。最北端的缅因州森林面积达90%，几乎全为森林所覆盖。南部地势开阔，土地肥沃，气候湿润，适宜耕作，是重要的农业区。东南沿海是旅游度假胜地。风光绮丽的佛罗里达半岛，从地图上看，它像一只大象的鼻子从大陆伸出，长达500公里；从空中鸟瞰，它又像漂浮在深湛蔚蓝的大海上的一块绿色地毯，上面缀满了珍珠般的湖泊和沼泽。在这里，每年都有成千上万的游客来休闲度假，充分享受大自然的恩赐和诸多人文景观。

东部山地由阿巴拉契亚山脉、阿勒格尼山、阿勒格尼高原等几条平行的山脉和高原组成。这里峰峦叠翠，林木葱茏，溪流湍急，瀑布飞溅，景色宜人。美国总统著名的避暑胜地戴维营就在马里兰州的山中。

中央大平原是指阿巴拉契亚山脉以西、落基山以东的广大地区。这里地势平坦，一望无垠，湖泊星罗棋布，江河纵横如织。发源于明尼苏达州北部伊塔斯卡湖附近的密西西比河是美国最大的河，加上其最大支流密苏里河，全长达6262公里，为世界第三大河。它由北向南，像一条银色缎带，缓缓流经整个平原，泽被美国28个州，注入墨西哥湾。大河流域土壤肥沃，水丰草茂，是美国的主要农业区。中央大平原的北部与加拿大相连的五大湖，是世界上最大的淡水湖群，也是世界上最大的内河航运系统之一。令世人惊叹的世界第一大瀑布——尼亚加拉大瀑布即在这一区域。中央大平原的西部是茫茫的草原。在这里可以感受到一种清新淳朴或苍凉雄浑的美。没有高大的建筑，也很少见到人影房屋。只见湛蓝的天空高远寥廓，洁白的云朵缓缓漂浮，广袤的草原野花盛开，成群的牛羊悠然自得地吃草取乐。这里是美国的主要畜牧区。

西部山地主要是指落基山脉。落基山脉是世界上著名的山脉之一。它南

---

① [法]托克维尔：《论美国的民主》，董果良译，北京：商务印书馆1988年版，第20页。

起新墨西哥州，由南向北，纵贯美国全境，经加拿大，一直延伸到阿拉斯加。这里高峰耸立，怪石嶙峋。美国第一个国家公园黄石公园即在这一地区。

高原盆地是指落基山以西至太平洋沿岸山地，包括科罗拉多高原、哥伦比亚高原和大盆地。太平洋沿岸滨海地区也有一些平原。高原山区虽然是美国最荒凉的地区，但也不乏惊世骇俗的奇情异景。亚利桑那州西北部高原的大峡谷就是其中之一。它由发源于落基山的科罗拉多河穿过这片高原时经过长年累月的冲刷而成，长达349公里，深达1800米，谷底水面线宽度不足1000米，最窄处仅120米。从谷底往上望，悬崖峭壁上，从几十亿年前的古老花岗岩、片麻岩到后来各个地质时代的岩层都以水平层次清晰可见。其岩层色彩各异，在阳光下变幻莫测，景色十分美丽。美国本土的最高峰即在太平洋沿岸山地的南部——惠特尼山，海拔4418米。而就在惠特尼山东南60英里处又是美国乃至整个西半球的海拔最低点——"死谷"，它低于海平面85米。

在美国本土之外，还有两块美丽迷人的地方，这就是阿拉斯加和夏威夷群岛。

阿拉斯加面积约152万平方公里，是美国最大的一个州。它远离美国本土，位于北美洲西北角，靠近北极圈。这里有辽阔的平原，茂密的森林，北美洲最高的山脉。南部海湾地区气候潮湿，森林密布，高耸的云杉和铁杉郁郁葱葱。中部高原天寒地冻，冻土层深达1000英尺。北部冰川雪域高原，北极熊自由出没。在这里，夏天连续两个月都为白昼，冬天则连续72天都是黑夜。

夏威夷群岛是美国的第50个州，由大大小小两千多个岛屿组成，像一串美丽的珍珠镶嵌在浩瀚的太平洋中。夏威夷群岛是一派热带风光，在这里：海水碧蓝，棕榈成行，惊涛拍岸，鲜花飘香，火山上云雾缭绕，沼泽地绿毯漂浮，成为世人游玩度假的绝妙好处。

19世纪30年代，被后人称为法国伟大的作家、杰出的思想家、优秀的历史学家，后来又曾任法国国会议员、外交部长的托克维尔，在用9个月时间考察游历美国后感叹："上帝为美国人安排了独特的、幸运的地理环境。""美国人没有强邻，所以不用担心大战、入侵和被人征服。""当创世主赐给人们以大地的时候，大地上是人稀而物丰，取之不尽，用之不竭。""总之，密西西比河大河谷是只有上帝才能给人们准备出来的最好住所。""整个这片大陆,当时好像是为一个伟大民族准备的空摇篮。"①

的确,美国拥有足够的空间满足不断壮大的民族、不断繁荣的农业,以及不断发展的工业的需要;而被大洋所环抱的本土又使其能够抵御任何军队的侵略。地理空间就是力量。美国建国以来,尤其是美国海权理论家和历史学家马汉1890年所著的《海上力量对历史的影响》一书问世以来,美国充分运用其优越的地理位置,逐步形成了一系列关于国家富强、战争与和平的国家大战略。美国的政治家、战略家们,从来不是把美国放在世界的边缘——而是放在世界的轴心位置来布画,所以很快便使美国成为一个位于西欧与东亚两大人口区域的中心宗主国,享尽了所处的地缘政治优势。

(二) 自然资源

美国学者怀特在《美国的兴盛与衰落》这本书中写道:"美国拥有的资源能够绰绰有余地满足它自身的巨大需求。……没有哪个大国能够如此普遍地拥有这样一个适宜的自然环境。东部的森林与田地出产木材、动物的毛皮及谷物;中西部的平原出产粮食和做衣料的植物纤维;北部湖区的牧场提供奶制品;西部的大草原与牧场提供牛肉、牛奶、猪肉及羊肉;落基山脉的矿床出产铁、铜、铅、锌及金矿。"②

统计结果证明,怀特的说法并不夸张。

——美国粮食的年产量曾占到世界的三分之一,棉花的年产量曾占到世界的二分之一。

——美国曾是世界上铁矿石、铜矿、石膏、锌、盐、铅的最大生产者。美国生产了数量相当大的黄金和白金,而银的产量比世界上任何国家都多。铜、铅、锌、钼、镁、钨、硫黄、钾盐、磷酸盐等的储量居世界前列,金、银、铝、汞、铀、钛等皆有相当可观的储量。尤其是几种主要矿物质的储量,

---

① 〔法〕托克维尔:《论美国的民主》,董果良译,北京:商务印书馆1988年版,第320、321、324、23、29页。
② 〔美〕唐纳德·怀特:《美国的兴盛与衰落》,徐朝友等译,南京:江苏人民出版社2002年版,第53页。

绪论 政治现代化——美国从殖民地到世界之巅的奠基石

在世界上所占的比重都比较大。如，铁占世界总储藏量的五分之二，铅占世界总储藏量的五分之一，铜、银、锌各占世界总储藏量的六分之一，金占世界总储藏量的十分之一。

——虽然二战后基本不在本土开采，但美国的石油年产量曾位居世界第一，曾提炼了世界60%的石油，生产了世界90%的天然气。美国的煤炭储量达到35996亿吨，石油储量达到240亿吨，天然气储量达到56334亿立方米。

——美国的木材资源、水力资源和土地资源也很丰富。全国森林面积约7.54亿英亩，覆盖率达到33%。在全美电力供应中，有11%来自水力发电。美国的耕地面积占到本土总面积的40%，世界总耕地面积的12%。由于其耕地多为广阔的平原，非常适宜机械化作业。同时，美国本土地处亚热带和温带，大部分地区气候温和，雨量充沛，很适合农业生产的发展。

对此，美国历史学家康马杰说："地球上没有任何地方自然条件如此优越，资源如此丰富，每一个有进取心和运气好的美国人都可以致富。"①

马克思在指出美国自然资源丰富这一有利条件时也曾说："在煤炭、水力、铁矿和其他矿藏、廉价食品、本国棉花和其他各种原料方面，美国拥有任何一个欧洲国家所没有的大量资源和优越条件。"②

(三) 天赐机遇

机遇的重要不言而喻。近代以来，重大的历史机遇并不是每个国家、每个民族都能遇到的。但是，幸运的美国遇到了，并且不止一次。这是所有其他大国所不曾有过的。

第一次机遇

即美国的建国。从根源上来说，美国主要是由一些具有民主思想的英裔移民帮助建立起来的，从一开始，其国家的体制就是最先进的。

美国学者奥托·纽曼分析说，这得益于"美国是从一个崭新的国家开始起步，在它还像一张白纸的时候，其他国家已经十分古老了。那些有若干世纪

---

① 齐世荣主编：《美国：从殖民地到唯一超级大国》，西安：三秦出版社2005年版，第9页。
② 《马克思恩格斯全集》第21卷，北京：人民出版社1965年版，第418页。

历史经验的古老国家，对于美国建立自己的结构组织起到了参考作用，使它成为世界上最善于模仿的国家，美国也自觉地、有意识地要把自己造成一个新国家。一小群来到广袤的新领地上的移民，怀着重新开始新生活的良好愿望开创了他们的家园。……最大的好处是能够享受个人自由——言论、集会和个人信仰的自由已经被载入宪法，成为新国度的精髓。"①

托克维尔认为："美国人所占的最大便宜，在于他们是没有经历民主革命而建立民主制度的，以及他们是生下来就平等而不是后来才变成平等的。"②

恩格斯也指出："美国从一诞生起就是现代的，资产阶级的；美国是由那些为了建立纯粹的资产阶级社会而从欧洲的封建制度下逃出来的小资产者和农民建立起来的。"③

应该看到，美国仅仅靠一部宣言就获得了独立，并开创了一个全新的、现代的政体，实属幸运和难得。

第二次、第三次机遇

这分别是上个世纪的两次世界大战。由于美国地处西半球，大西洋和太平洋为美国竖立起了两道天然屏障，不但免予战火烧到美国本土，还使美国大发战争财，每参加一次大战综合国力就上升一个大台阶。

1914—1919年发生的第一次世界大战，使一些老牌帝国主义国家满身疮痍。而此时，美国却在经济上发了财，军力上得到了极大的提升，政治上成为国际舞台上的一支崭新力量。

从经济上看，一战结束后，美国的国民生产总值由1913年的390亿美元上升到1918年的771亿美元，几乎翻了一番。美国在海外的投资从1914年的35亿美元增长到70亿美元，借给协约国的战债达到100亿美元，其中英国就欠美国41亿美元。一战后，英、法等交战国，由于有大量货物进口和巨大的军费开支，不得不把大量黄金支付给美国，从而使美国的黄金储备急剧增加，由1913年的7亿美元上升到1921年的25亿美元。这已占到当时世界黄金储

---

① 〔美〕奥托·纽曼：《信息时代的美国梦》，万凯等译，北京：社会科学文献出版社2002年版，第37页。
② 〔法〕托克维尔：《论美国的民主》，董果良译，北京：商务印书馆1988年版，第629页。
③ 《马克思恩格斯全集》第39卷，北京：人民出版社1974年版，第147页。

绪论 政治现代化——美国从殖民地到世界之巅的奠基石

备总量的40%。从此,国际金融中心开始从伦敦转向纽约。

从军事上看,美国在战争中乘机发展军事实力,开始向军事强国迈进。1900年时美国仅有武装部队13万人,而到1918年大战结束时,其武装部队扩展到近500万人。尤其是其海军力量大增。1917年时,美国海军还只有7艘军舰和6艘货船,总吨位9.4万吨。而到战争结束时,美国海军竟拥有2000多艘舰船,53万名官兵,总吨位达到325万吨。这为美国后来加紧海外扩张、争夺世界霸权奠定了实力基础。

从政治上看,战争为美国在国际事务中发挥主导作用提供了契机。1918年1月8日,美国时任总统威尔逊在国会发表了十四点和平计划,引起了参战国强烈反响。英法两国起初都表示反对,但美国以与德奥单独媾和相胁,使英法不得不同意以此为停战基础。大战结束后,1919年初战胜国在巴黎召开和会,美国总统威尔逊已成为国际政治舞台上一个重要角色。他的"十四点计划"在西方广为人知,并成为这次会议和谈的基础。其中关于成立国际联盟的建议最终被会议通过,写入《凡尔赛和约》。从此,美国一跃成为国际舞台上的一支举足轻重的力量。

1939—1945年发生的第二次世界大战,更是使美国成为世界第一强国,开始了它的巅峰时期。

在这次大战中,美国创造了工业生产的奇迹。国民生产总值翻了一番,从1940年的不足1000亿美元增长到1945年的2000亿美元以上。到1940年代后半期,美国的工业产量已占世界工业总产量的60%以上,黄金储备已占世界储备总量的70%以上,对外贸易额已占世界总量的30%以上。

在这次大战中,美国的军事实力急剧膨胀。特别是,军队武器装备的飞速发展到了令人难以置信的地步。时任美国总统罗斯福曾对人说:"美国的劳动力与资方年产飞机10.9万架,坦克5.7万辆,战舰537艘,登陆舰艇3.1万艘,货轮1900万吨位……以及年产小型武器军火230亿发子弹——我真的不理解,我相信你也不会理解。"①到战争结束时,美国军队总数已达1200万人,拥有了世界上最强大的海军和空军,拥有了原子弹。

在这次大战中,美国奠定了主导世界事务的地位。1944年在美国新罕布

---

① 〔美〕唐纳德·怀特:《美国的兴盛与衰落》,徐朝友等译,南京:江苏人民出版社2002年版,第65页。

什尔州，美国主持召开了有44个国家参加的国际货币金融会议，决定美元与黄金挂钩，各国货币与美元挂钩，并建立国际货币基金组织，设立国际复兴开发银行，从而建立了以美元为中心的世界货币体系，确立了美国在国际金融领域里的霸主地位。1945年6月，由于美国的积极倡导，世界50个国家的代表在美国旧金山签订《联合国宪章》，标志着联合国的成立。美国成为联合国的5个常任理事国之一。在5个常任理事国中，虽然苏联常常同美国意见不合，发生对抗，但英、法、中（国民党政府）三国则紧紧追随美国，形成了美国率领英、法、中钳制苏联的态势，从而在很多情况下实现了美国通过联合国主宰世界事务的目的。通过第二次世界大战，美国获得了一次极好的机遇，仅以在二战中损失20多万人的代价就赢得了无与伦比的实力和国际地位。

第四次机遇

20世纪90年代初，苏联解体，又给美国提供了独霸全球的机会。虽然苏联解体的主要原因在内部而不是在外部，但世界上唯一一支能与美国一争高下、分庭抗礼的世界力量自行消失了，这对美国不亚于天上掉馅饼。因此美国举国相庆。

一个大国，在战乱与血腥的二百多年间，就拥有这么多次天赐良机，实属不易。所以，美国历史学家丹尼尔·布尔斯廷认为，比起其他国家和民族，美国享有了太多的天然条件和机遇。他说："美国民主的天赋不是来源于美国人任何特殊的美德，而是来源于这个大陆提供的史无前例的机遇，来源于历史环境的一种特殊而难以再现的组合。"①

---

① [美]唐纳德·怀特：《美国的兴盛与衰落》，徐朝友等译，南京：江苏人民出版社2002年版，第163页。

绪论　政治现代化——美国从殖民地到世界之巅的奠基石

二　美国成功的推动性因素

经济因素

经济虽然不是美国成功的单一主题因素，但却对美国的成功起到关键作用，是美国成功的首要推动性因素。

美国经济学家约翰·肯德里认为，国家间在生产力发展水平与速度上的差距，在国家间的竞争中发挥了至关重要的作用，并且是国家生存与进步的最起码的基础。另一位美国经济学家迪安·艾奇逊在考虑形成美国实力——包括"政治的、经济的及军事的"——的各种不同基础时，得出的结论是，其中最关键的基础是"工业生产力"。美国学者唐纳德·怀特进一步指出，"经济学家们把经济生产看成一种实力形成的推动性因素"，是"富于经验的新眼光……经济生产对国家所发挥的世界作用的影响，要比国家的疆域或人口或军队的数量对其的影响大得多"[1]。

应该说，自南北战争以后，美国的经济在世界市场所占的份额就一直不断地在增长。到19世纪晚期，美国的经济已经达到了第一流的工业化程度。1870年时，其工业产值占世界总额的23.3%。1880年，美国超过英国，成为世界最大的工业生产国，创造了世界总产量的28.6%。到第一次世界大战前夕的1913年，28.6%变成了35.8%。在20世纪20年代的经济繁荣期间，美国的总产值达到了世界总产值的42.2%。虽然1930年代的经济大萧条引起了经济的缩减，但是二次大战期间美国经济的有力增长，除了足足地抵消其经济损失以外，还绰绰有余。

二战结束到大约1950年期间，美国的经济总量占世界经济总量的比重达到了顶峰——50%。虽然经济学家们认为，这种按国民生产总值的计算只是基本上符合实际情况，但是，美国这时所取得的成就却是自英国工业革命以

---

[1]〔美〕唐纳德·怀特：《美国的兴盛与衰落》，徐朝友等译，南京：江苏人民出版社2002年版，第60—61页。

来的世界近代史上绝无前例的，没有任何别的国家生产出将近美国生产总量一半的东西。所以，《财富》杂志认为，美国从那时起即"进入了世界历史上最令人惊奇的时代"。

在20世纪整个后半期，美国一直保持了世界工业化的领头羊、全球经济的发动机、自由市场机制的典范这样一种地位，其经济实力持续增长，把其他国家越抛越远。在20世纪90年代，美国还出现了历史上少见的被称为"大放异彩"的10年发展期。截至2001年2月，美国的经济已持续增长118个月，成为自1854年以来美国经济史上32个增长周期中持续时间最长的一次。短短10年，美国的GDP在世界的份额一路攀升，比重从1990年的24.2%提高到2000年的33%。2000年，美国GDP的规模几乎相当于紧随其后的日本、德国、法国三国GDP的总和，相当于中国GDP的8倍，俄罗斯GDP的20倍。所以，时任美国总统克林顿在2000年的国情咨文中自豪地宣称："我们国家从来没有过如此大的繁荣和社会进步。"

进入21世纪后，美国的经济增长速度虽然放缓，美元的国际地位虽然持续下降，美国虽然是世界上最大的财政赤字国、贸易赤字国、对外债务国，但是，美国的综合国力和经济实力仍然高居全球榜首。美国经济的全球霸主地位，仍将持续一个相当长的时间。

诺贝尔经济学奖获得者哈耶克曾就一个国家的经济实力与政治权力之间的关系讲过一席话，他说："不论是谁，一旦掌握了全部经济活动的控制权，也就掌握了我们生存的命脉，从而就有力量决定……我们所追求的其他方面的价值以及替我们安排这些价值的优先顺序。"[1]

这一结论也许过于简单武断，但就美国经济在美国成功中的地位和作用来看，从美国统治集团行事的背景意图来看，还是有道理的。

军事因素

尽管美国230多年的历史可以说是一部扩张史，但严格地说，美国并不是从一开始就是武力的崇拜者，甚至第一次世界大战结束后，美国还曾试图重回孤立主义的老路。但是，后来美国国内经常把军事力量等同于国家力量

---

[1] 谢韬等编：《帝国残梦》，北京：中国友谊出版公司2006年版，第10页。

绪论 政治现代化——美国从殖民地到世界之巅的奠基石

的现实主义者们占了上风，特别是又发生了最具毁灭性的二战，接着又爆发了冷战，美国终走上了持续争霸、穷兵黩武的道路。

不能不看到，美国军事在美国成功中所起的作用是非常重要的。

在美国的历史上，共有4次比较大的战略性扩张。

第一次是18世纪末至19世纪上半叶，趁欧洲旧大陆先后爆发革命运动、拿破仑战争和内部纷争不已的机会，美国进行对外扩张。这次扩张以"门罗主义"为标志。通过这次扩张，美国一跃成为一个横跨北美大陆的国家，把整个南美洲都变成了美国的"后院"。美国的大部分领土也是在这个时期攫取的。

第二次是19世纪末至20世纪初，以"门户开放政策"为标志。这次扩张，使美国从自由资本主义发展到垄断资本主义阶段，国力大增。同时，在马汉的海权理论指导下，美国极力向海外扩张，其影响力逐步由西半球渗透到东半球，由美洲渗透到亚洲，由大西洋渗透到太平洋，以此为美国两洋国家的战略地位打下了基础。

第三次是二战结束至20世纪60年代。这次扩张以"杜鲁门主义"为标志。其实质是乘战后英法两国被削弱的时机，利用美援排挤英法势力，干涉他国内政，加紧控制其他国家。当时，"杜鲁门主义"与"马歇尔计划"共同构成美国对外推行扩张政策的基础，通过控制德国和驻军西欧，控制了欧洲桥头堡；通过控制日本、韩国，在亚洲大陆的外缘岛屿取得了立足点。

第四次以"新干涉主义"为标志，进行冷战结束后的新一轮扩张。美国认为，随着新千年的到来，国际社会应当改变传统的国际关系准则，"必须对不干涉内政原则的重要方面加以限制"；"国家主权不及人权重要"；"不是为土地而战，而是为价值观而战"。可以说，海湾战争、科索沃战争、阿富汗战争、伊拉克战争，都是这些概念的产物。

在上述每一次的扩张中，美国都总是以军事手段为工具或以军事实力作后盾。所以，德国学者妮科勒·施莱指出，美国"通往强国的道路是血腥的——以战争解决冲突如同一条红线贯穿着美国的历史：从印第安人战争和独立战争开始，到第二次世界大战、冷战和越南战争，特别是海湾战争。随着时间的推移，美国的自我意识发展到了极端。在某种程度上，人们的印象似乎是它很愿意扮演世界警察的角色。"①

还应该看到,美国今天的军事的确是强大的,甚至强大到令人生畏的程度。

2005年6月的一天,在西太平洋,美国的航空母舰"小鹰"号正从它在日本的母港横须贺驶出,开始例行巡逻。这艘航母不单是一艘军舰,更是一座浮动的核动力城市:长1100多英尺,高度相当于一座20层的大楼,飞行甲板宽250英尺。这个庞然大物能装载近6000名船员、飞行员、机械师和70架现代化飞机。不管它驶向哪里,都有一艘可击落来袭导弹的宙斯盾级巡洋舰相伴,另外还有几艘护卫舰和驱逐舰,一两艘猎潜艇和补给船相随。"小鹰"号的航行时速为30多海里,为了支援美国袭击阿富汗,它曾12天航行6000海里,从横须贺赶往印度洋。这是一种超级军事力量的大集中。像这样的航母战斗群,美国即有13个。无论是在轰炸机、弹道导弹、战略潜艇、激光制导炸弹、低空巡航导弹、无人驾驶飞机方面,还是在武装直升机方面,美国的优势大都如此。不仅这样,装备这些武器的部队还分别驻扎在遍布全球的700多个美军的军事设施内。

进入新世纪以来,虽然美国军事实力无人能及,其穷兵黩武政策也处处受制,但美国军备发展仍在升温。美国国家安全战略报告坚称:"我们将保留足够的军队以支持我们的义务并保卫自由。我们的部队将强大到足以威慑任何潜在对手谋求超越美国力量或与美国平起平坐而进行的扩军备战行为。"布什总统则在美国国会一再重申:"我的预算要求国防开支得到二十年来最大幅度的增长。这是因为,尽管自由和安全的代价高昂,但是再高也是值得的。为了捍卫我们的国家,无论花多少代价,我们都将承担。"②

所以,进入21世纪后美国的国防开支虽然已经占到世界所有国家国防开支总额的45%,并且已经相当于紧随其后9个国家的总和,但还在逐年攀高。2008年2月4日,美国国防部又向国会递交了总额为5854亿美元的2009年年度国防预算,其中包括5154亿美元的基本年度国防经费和700亿美元用于

---

① [德]妮科勒·施莱等:《美国的战争:一个好战国家的编年史》,陶佩云译,北京:生活·读书·新知三联书店2006年版,第2页。
② 黄柏富主编:《"9·11"事件后美国国家安全战略文件选编》,北京:军事谊文出版社2002年版,第142页。

绪论 政治现代化——美国从殖民地到世界之巅的奠基石

阿富汗战争和伊拉克战争的过渡基金。

也许正是因为财大气粗，所以在2008年2月12日于日内瓦召开的65个成员国参加的联合国裁军谈判全体会议上，当中国和俄罗斯提出了联合起草的有关禁止部署太空武器的草案并且该草案此前曾得到160个国家的赞同的情况下，美国都坚决地予以拒绝。

美国认为，在战争信息化的今天，谁掌握了制天权，就等于掌握了制空权、制海权、制陆权，战争的主动权也就会在自己手中。目前，美国对太空拥有绝对军事优势，拥有最强的太空行动能力。人类迄今研制的三大类航天器，即人造地球卫星、载人航天器和空间探测器，无论从数量上还是从质量上来看，美国都处于领先地位。美国是世界上在轨卫星数量最多的国家，目前800多颗在轨运行卫星中，一半以上是美国的，其中大多数由军方控制或服务于军方。在载人航天器方面，美国的优势更明显。而各种载人航天器都可成为空间载人作战平台。美国是唯一发射过载人登月飞船的国家。目前正在建造的国际空间站，由美国领衔制造，美国的投入占其总投入的70%。航天飞机目前也是美国独有，离开它，国际空间站即难以继续建造。在空间探测器领域，美国也堪称无敌。在探测月球、水星、金星、火星、木星、土星、天王星、冥王星乃至一些彗星和小行星方面，美国都领先于其他国家。目前，美国已经具备攻击近地轨道卫星的能力，在短时间内发展具有实战能力的反卫星武器并非难事。上世纪80年代美国即进行过机载导弹打卫星试验并获得成功。

美国这次之所以如此坚决果断地拒绝中俄两国的提议，还有一个重要原因就是美国目前正在进行多项太空武器计划，一旦美国接受了中俄的提议，就等于宣判了这些耗费巨资的武器计划的死刑。例如正处于设计阶段的"上帝权杖"这种武器，威力相当于小型核弹。从太空发射后，能毫不费力地摧毁大型建筑群和几百米深的地下掩体，是打击战略目标的杀手锏。另外，到2032年美国还将至少拥有3艘核动力"航天母舰"部署到太空。在这种巨大的宇宙飞船上配有火箭、导弹、核弹头、激光炮和定向能武器，并可起降航天飞机，是名副其实的"太空堡垒"。事实上，自2006年8月美国颁布《国家太空政策》以来，美国的太空武器计划就已经在加速推进。

尤其还应该看到的是，美国的政治中确有好战的成分，美国对武力、对军备确有一种特殊的嗜好。有学者形容，美国崇武就如同鲨鱼只有在血腥中才能寻求刺激一样嗜血成性。也许，这种说法并不过分。

1898年美西战争前，时任总统麦金利曾再三犹豫是否发动战争。他曾表示，"在穷尽和平的努力之前，美国决不能开战"。但美国舆论群起而攻之，连篇累牍的新闻报道指责他优柔寡断，软弱无能。美国国会的议员们也个个义愤填膺，纷纷发言要求一定要教训一下西班牙。麦金利最后屈于压力，只好决定开战。他在回忆录中回首这一幕时写道："我是坚持到最后一刻的人。"①

2003年美国发动了伊拉克战争，而美国政治制度中的"民主"因素也对战争起到了推波助澜的作用。据美国多种民意调查，在开战前，60%以上的美国选民支持这场战争。美国参议院更是以99票对0票批准发动这场战争。原来，战争的结果是富于刺激性的——往往是统治者从中得到了权欲的满足，种种社会集团从中得到了利益的满足，而许多民众则又得到了心理上的满足。由此，就构成了美国崇武的动力。

美国历史学家施莱辛格曾经对美国政界和美国社会的暴力传统进行过深刻剖析，并且尖锐地批评本民族的劣根性，甚至称本民族为"最可怕的民族"。他说："我们总自以为是一个温和的、宽容的、仁慈的民族，一个受法治而不是君主统治的民族。……然而，这决不是我们传统中唯一的气质。因为我们一直是一个崇尚暴力的民族。看不到这一点，我们就不能正视我们国家的现实。我们必须承认，我们的身体内有一种破坏性的欲望。它源于我们历史上社会制度中的黑暗和紧张关系。毕竟，我们从一开始就屠杀印第安人并奴役黑人。毫无疑问，过去我们做这些事情时，手持《圣经》和祷告书，但是，没有人能像我们意识到自己国家的使命。在它的深处，在它的传统中、社会体制中、条件反射中和灵魂中，深深地埋藏着一种暴力倾向。……我们是一个最可怕的民族，因为我们在国内和国外的各种暴行到现在还没有唤醒我们的政治家的良知，或者削弱我们在道德上自以为始终准确无误的超然信念。"②

不过，施莱辛格敢于得出这样的结论也是建立在大量的事实基础之上的。据《纽约时报》的统计，1900年至1945年期间，美国的海外征战达到28次。

---

① 丁一凡：《美国批判：自由帝国扩张的悖论》，北京：北京大学出版社2006年版，第39页。
② 《美国研究》，2003年第3期，第24—25页。

绪论 政治现代化——美国从殖民地到世界之巅的奠基石

据美国官方统计，在冷战期间，美国海外较大规模的军事行动共125次，平均每年2.8次；在1990年至2000年期间，美国以执行联合国决议、维护和平、实施人道主义援助、反对侵略以及保护美国公民生命财产安全等为理由，先后出兵又达40次。也许是海外出兵太多，担心美国的形象受损，老布什任总统时曾提出美国海外出兵的五项原则，即：在有正当理由的地方使用武力，在可能产生效果的地方与时机使用武力，在其他政策都证明已失效的地方使用武力，在对使用武力的范围和时间进行限制的地方使用武力，在为了潜在的利益而值得付出代价与牺牲的地方使用武力。① 但是，小布什担任美国总统后却把他老爸奉行的原则抛到了脑后。

科学技术与文化因素

1945年9月——二战刚刚结束，时任美国总统杜鲁门即向国会递交"21点战后复兴计划"，其中提出了要把科学技术放在国家事业的中心地位。杜鲁门说："没有一个国家可以在当今世界上维持领先地位，除非它充分开发了它的科学技术资源。"②

在此之前，1929年10月21日——电灯诞生50周年，美国为时年82岁的已为人类贡献1097项发明专利的爱迪生举办了一场别致的纪念会，500位科学家、金融家、政治家、实业大亨、大学校长、文化名流济济一堂。美国时任总统胡佛在演说中说："在我们的国家中，科学家和发明家要算是最可贵的无价之宝了。……由于他们的努力促使了我们的进步，这种伟大的贡献是无法估价的。"③

在此之前，美国第16任总统林肯对专利制度大加赞赏，说："专利制度就是将利益的燃料添加到天才之火上。"④

在此之前，美国第4任总统詹姆斯·麦迪逊即强调科学知识就是力量，

---

① 〔美〕理查德·哈斯：《新干涉主义》，殷雄、徐静译，北京：新华出版社2000年版，第8、18页。
② 中央电视台《大国崛起》节目组编：《大国崛起·美国》，北京：中国民主法制出版社2006年版，第236页。
③ 中央电视台《大国崛起》节目组编：《大国崛起·美国》，北京：中国民主法制出版社2006年版，第160页。
④ 中央电视台《大国崛起》节目组编：《大国崛起·美国》，北京：中国民主法制出版社2006年版，第158页。

说:"知识将永远统治无知。如果一个国家的人民想要成为自己的统治者,就必须用知识赋予的力量武装自己。"①

在此之前,美国第3任总统杰斐逊说:"政治是我的责任,科学是我的嗜好。""科学对于一个共和国人民的价值,在于它通过启迪人民心灵而给自由带来的保障;在于它所提供的反对外国侵略的自卫能力;……总之,它是与力量、道德、秩序和幸福一致的。"②

在此之前,美国首任总统华盛顿说:"请大家把普遍传播知识的机构当做最重要的目标来加以重视和提高。"③

而在1789年生效的美国宪法中,第1条第8款就赫然写着:"保障著作家和发明家对各自著作和发明在限定期限内的专有权利,以促进科学和工艺的进步"。据此,1790年美国颁布了第一部专利法,1802年成立了国家专利局。

可以毫不夸张地说,是美国政治家的远见卓识从建国伊始就把科学技术放在了国家发展的战略位置;又是现代科学技术武装了美国,使美国插上了腾飞的翅膀。

19世纪,美国就有举世闻名的九大发明。南北战争后,美国即开启了电气时代,成为电力工业的故乡,并由此率先进入了第二次工业革命。很快,美国在世界经济和科技的竞争中取代了英法的领先地位,以领头羊的姿态走在世界的前列。

20世纪,美国又把人类科学技术推向极致。

1903年,莱特兄弟把飞机送上了天;

1945年,第一颗原子弹爆炸;

1946年,第一台计算机问世;

1969年,"阿波罗11号"在月球登陆成功。

与此同时,原子能技术、宇航技术、电子计算机技术带动了一系列产业的诞生和发展;航天航空、计算机、网络、医学等高科技技术迅速产业化,创造了无比巨大的财富。从美国开始,人类开始了信息时代。在今天,世界

---

① 〔美〕乔伊·哈克姆:《自由的历程:美利坚图史》,焦晓菊译,上海:复旦大学出版社2006年版,第320页。
② 中国科学院《自然辩证法研究》,1997年第6期,第33、34页。
③ 中央电视台《大国崛起》节目组编:《大国崛起·美国》,北京:中国民主法制出版社2006年版,第164页。

绪论 政治现代化——美国从殖民地到世界之巅的奠基石

85%以上的计算机在靠微软的视窗软件或 Unix 软件运行，全球所有因特网通讯量的75%在传输过程中的某一节点都要通过美国。全球新医药的开发，绝大多数也是在美国完成的。

2006年，该年度的诺贝尔化学奖、物理学奖和生理学—医学奖三大奖项全部被美国科学家包揽，使1983年的状况又得以重现。据统计，截至2004年底，在诺贝尔奖诞生以来共产生的672名得主中，美国人就有284名，占总数的42%。确实，美国的科技实力令世界无语。

欧洲曾有评论认为，美国之所以在诺贝尔奖获奖人数上遥遥领先，是因为美国的基础科研资金远远超过欧洲。而欧洲要想在诺贝尔奖角逐中赶上来，并不是一天两天的事情。据悉，在进入21世纪后的头几年，美国每年用于基础研究方面的经费，超过欧盟25国总经费的两倍还多——美国为2712亿美元，而欧盟25国总经费只有1233亿美元。美国现在的科技基础设施，以及所包含的科学和技术资产，在全世界遥遥领先。美国的研究人员也比其他任何一个国家的都多，而且在专利方面也是遥遥领先于其他国家。在世界排名前20位的研究型大学中，美国即占17个，另3个席位被英国和日本分获，英国2个，日本1个。

从20世纪90年代开始，美国文化也形成了一股强大的美国式力量，向世界各国辐射。在非洲的喀麦隆，有模仿美国音乐的歌手，随处可以看到好莱坞的大片宣传画。在北京的地铁，有人手里拿着好莱坞的电影光盘叫卖。还有风行全球的可口可乐、麦当劳、迪斯尼、好莱坞、CNN、NBA。这些情形表明，美国文化已成为不折不扣的"强势文化"，对地球上几乎所有国家进行着单方面的输出。世界许多地方的一些人口较少的地方性语言、风俗习惯和社会生活方式正在被对美国文化和生活方式的效仿和跟进之风所吞噬。即使是一些人口众多、文化传统深厚的国家，如印度、法国，也感觉到了美国文化铺天盖地而来的压力。

移民因素

美国是一个移民国家，移民可以说是美国的母液。

美国独立战争时期，一个来自法国的移民曾向人提出了这样一个关于美国人的经典问题："究竟什么是美国人这种新人？他既不是欧洲人，也不是欧洲人的后裔,因为他血缘混合之离奇,你无法在其他任何国家找到。有一个家庭,他的爷爷是英国人,奶奶是荷兰人,他们的儿子娶了一个法国妻子,而她又生了四个儿子,分别娶了四个不同国家的妻子。他是一个美国人,抛弃了祖先所有的偏见与习惯,从他所拥有的新的生活方式、新的法律和新的社会制度中找到了新的替代。他被美国伟大的母校所接纳,因此成了美国人。在这里,所有来自不同国家的人相互融合成了一个新的种族。"[1]

1776年建国后,移民人口有增无减,浩浩荡荡的人流通过各种途径——暴力的非暴力的、主动的非主动的、人道的非人道的、合法的非法的,以平均每年近30万人的速度,越洋跨海奔赴到了美国。在这里,人们可以找到来自世界155个国家和地区的后裔,并且会有趣地发现,爱尔兰人的后裔要比爱尔兰人多,犹太人的后裔要比以色列人多,黑人要比大多数非洲国家的人口多。移民美国已是人类历史一大奇观,它不仅给美国带来世界各种族的人群,而且还带来了各民族斑斓多彩的文化,深刻地影响和推动着美国社会的发展和前进。

据美国学者约翰·凯洛洛的研究,美国历史上曾出现过3次外来移民大浪潮。

第1次是1820年至1880年,平均每年约有80万移民来到美国。这一时期,虽然来自英国和其他西北欧国家的移民没有减少,但进入美国的两个人数最多的种族群体则是德国人和爱尔兰人。1847—1854年,约有120万爱尔兰移民来到美国,到南北战争结束时,他们构成了白人比例的7%。1850—1857年,移居美国的德国移民达到100万之多,到1885年时达到200万人。至19世纪末,德国人是美国社会中仅次于英国的第二个最大的种族集团。

第2次外来移民大浪潮发生在1900—1920年之间。移民不再主要是来自西欧的德国人、爱尔兰人和英国人,而是来自南欧和中欧的意大利人、犹太人、斯拉夫人。这些移民来自乡村地区,绝大多数信奉天主教。这次外来移民大浪潮创造了移民新纪录。1900—1910年10年间,有880万人分别从全世界40多个国家迁移到美国。仅在移民数字最高的1907年,就有130万人涌入。

---

[1] 〔美〕卢瑟·路德克主编:《构建美国:美国的社会与文化》,王波等译,南京:江苏人民出版社2006年版,第3页。

绪论 政治现代化——美国从殖民地到世界之巅的奠基石

第3次外来移民大浪潮始于20世纪60年代末，一直持续到90年代。由于1965年通过的移民与归化法和1961—1984年之间通过的一系列难民法，以及这一期间美国经济、政治实力发生变化的缘故，70年代的合法入境者达到430万人，非法入境者达到130万人。

美国国家统计数据表明，1820—2000年，美国移民的来源分布是：欧洲3850万人；美洲1750万人；亚洲880万人，其中中国150万人；非洲70万人；大洋洲26万人；总计6576万人。

2006年10月17日，美国人口突破3亿大关，成为全球大新闻。人们注意到，美国自1776年建国以来，人口增长一直呈强劲势头，每增加1亿人口的周期不断缩短。从建国之日算起，美国用139年的时间，即到1915年达到了1亿人口。然而，到1967年就达到了2亿人口，期间仅用了52年的时间。而突破3亿人口的大关，美国则只用了39年。之所以增长这么迅速，其中一个重要因素就是外来移民。据测算，美国每新增1亿人口，其中有一半就是外来移民及由外来移民生育的子女。

源源不断的外来移民，使美国得到了源源不断的人力资源和高端人才。在这一点上，世界上任何一个国家是都不及美国的。人类有史以来，没有一个国家的人口是从已经具备一定劳动力和技能的青壮年开始的，而美国则通过移民享尽了这一优势。世界各地的人移民美国，他们出生、成长、受教育的"赔钱"阶段是由别国支付，而把最富创造性的年华和辛勤劳动则贡献给了美国；更不消说，进入美国时即为出类拔萃的高端人才在移民中占了相当数量。建国230多年来，美国对于全世界优秀人才的吸引，涌入美国的优秀人才在美国崛起过程中所发挥的作用，是怎么估计也不过分的。

问题还在于，在人才日益国际化的今天，全世界人才的自然流向仍然是美国。这既反映了美国当前的国际地位和相对实力，又预示着美国未来的竞争潜力和社会活力。人才的流动是不可能强迫的，很难想象，一个对人才有如此容量和吸引力的国家会不兴旺，会不强大。

国际因素

对一个国家来说，复杂的国际局势既能够带来重大的机遇，有时候也带来巨大的压力。在重压面前，有的国家软弱、沉沦，有的国家则勇于并善于迎接挑战，在激烈的竞争中胜出，成为强者。美国即属于后者。正如尼克松所说："美国往往是在面对侵略或其他重大国际挑战时才处于最佳状态"，"伟大的事业把我们——无论是作为国家还是作为个人——推上了顶峰。"[①]

在国际上，苏联所构成的威胁曾较长时间左右了美国的外交政策，以至在冷战时期由苏联而引起的焦虑和千方百计消除这种焦虑，成为美国维持其国际主动性的一个陈规。

美国人的这种焦虑情绪发生在冷战开始后不久。

1949年，苏联测试了一颗原子装置。美国人认为，"冷血的斯大林拥有了原子弹，这简直是一场噩梦"。美国笃定，"苏联社会主义共和国联盟敌意的计划与强大的力量"，构成了对美国安全及美国世界角色"最严重的威胁"。美国人还认为，苏联对美国构成的威胁，不仅仅在于其意识形态，不仅仅在于其控制的土地面积、自然资源和人口，也不仅仅在于其科技发展，更重要的是，苏联希望通过"在体育、艺术、科学成就、工业、政治策略和一切其他方面"击败美国，从而"在世界的其他部分的眼中赢得尊严"以及"证明他们的道路才是未来之路"。

正是基于这样的焦虑和挑战，才刺激美国在与苏联的近半个世纪的竞赛中取得了许多成功。其中，上个世纪60年代美国成功登月即是一个典型例子。

1957年，苏联发射了世界上第一颗人造地球卫星，并拥有了将核弹发射到美国本土的能力，这意味着苏联的空间技术已领先于美国。这对于一个习惯性地认为只有自己的科技才能处于领先地位的国家来说不啻一个打击。当时的美国总统科技顾问詹姆斯·基里安即认为，这是对于美国"民族自豪感"的"最强烈的侮辱"。还有人认为，苏联卫星上天是美国的"第二次珍珠港事件"，是经济与技术大国的奇耻大辱。一时，美国哗然，社会各界纷纷指责政

---

① 〔美〕理查德·尼克松：《超越和平》，范建民等译，北京：世界知识出版社1999年版，第10、11页。

绪论 政治现代化——美国从殖民地到世界之巅的奠基石

府的无能和失策。正是在这样的强刺激下，美国才成立了国家宇航局，开始了阿波罗登月计划。终于，1969年7月20日凌晨3时，沉寂千年的月球第一次迎来了生命。美国宇航员乘坐"阿波罗11号"飞船经过75小时50分的飞行首次登上月球，开辟了人类宇航史的新纪元。

另一个国际上促成美国成功的重要因素，就是冷战结束后国际社会没有反对力量或反对力量组成的联盟，无人挑战美国的世界地位。这也进一步成全了美国，助长了美国。

国际社会之所以没有出现反对力量或反对力量组成的联盟，可能主要基于这样几个方面的原因：(1)迄今为止，世界历史上没有任何新兴大国挑战现成大国而成功的纪录；(2)现实世界格局中，力量过于悬殊，且无意挑战美国；(3)即使形成联盟力量挑战美国，其前景难以预测，而代价则可想而知；(4)现有的地区性力量或潜在的世界性力量中，本身是美国的同盟甚至是长期的同盟，不可能自己拆自己的桥。

对于最后一点，美国对世界地缘政治战略向来有独到分析和见解的政治家布热津斯基有过论述。他认为，欧洲是美国的"地缘政治桥头堡"，日本是美国的"全球性伙伴"，因此不可能对美国构成威胁。布热津斯基对欧洲的分析可谓入木三分，认为欧洲的衰落给美国提供了"特殊机会"。他说："欧洲内部的活力正更加普遍地下降。现存的社会经济制度的合法性，甚至连正在露头的欧洲人格意识，都显得十分脆弱。在一些欧洲国家，人们可以看到出现了信任危机，创造性的势头丧失殆尽，且在世界的一些大问题面前采取孤立主义和逃避主义的内向态度。……就连目前已大为减弱的残留的欧洲反美主义情绪也有些玩世不恭：欧洲人对美国的'霸权'耿耿于怀，但他们却又乐于受美国'霸权'的庇护。""对两次世界大战造成的破坏记忆犹新，对经济复兴的渴望以及苏联威胁所带来的不安全感，曾经是形成欧洲一体化的政治势头的三个主要动力。但是到了90年代中，这三个动力已经消失。""欧洲一体化的事业越来越依靠由欧洲共同体及其继承者欧洲联盟这种庞大机制所产生的官僚机构本身的势头来支撑。一体化的思想虽仍得到广大民众的支持，但由于缺乏热情和使命感，这种支持趋于冷淡。一般说来，今天的西欧给人的印象是问题多，不齐心，尽管生活舒适却存在一系列社会问题，没有共同的较远大眼光。欧洲一体化正越来越成为一个进程而不是一项事业。……这种状况便为美国的决定性干预提供了特殊机会。"①

进入新世纪以来，虽然世界上许多国家并不赞成美国的单边主义行径，美国的国际形象也由于伊战不果而大大受损，但即便在这种情况下，国际社会仍然没有重大迹象显示有国家在制约美国霸权，仍然没有形成制衡美国的机制或联盟。非但如此，反而还有些国家与美国越走越近。这一切，都在客观上助长了美国，成就了美国。

三 美国成功的决定性因素

美国学者唐纳德·怀特在他的《美国的兴盛与衰落》这本著作中曾经谈到："要了解美国所发挥的世界作用的根源，必须仔细地探讨美国国内的推动性因素。这项工作包括对美国社会的环境与特征进行广泛的考察。地理学家、人口学家、科学家、经济学家以及军事领导人提出了各种各样的解释。他们列举了产生权力的有关因素：美国的大陆面积，富饶的自然资源，美国人口在人口学意义上的特征，科学的进步，经济生产的规模以及军事力量。我们旨在通过对这些因素与美国历史上及其他国家里的相关因素进行比较的途径，来了解究竟美国有哪些新的或特有的因素把它带进了20世纪中叶世界历史发展的历程中。"②

唐纳德·怀特还认为，当前对这一问题深入研究不够。他说："当代人赋予这一在各个阶段取得的进步的特征，大部分都没有进行过分析。他们把互有分歧的因素罗列在一起——物质的与心理上的，人性上的与技术上的，和平性的与军事性的——但是这些罗列并不足以把一个因素与另一个因素区别开来。例子的列举，没有能够表明哪些因素促成了重大的新的阶段或新的事态的形成，而哪些因素又不是。我们要探求的是思想及分析的构成体系，旨

---

① 〔美〕兹比格纽·布热津斯基：《大棋局》，中国国际问题研究所译，上海：上海人民出版社1998年版，第76、78—79、251页。
② 〔美〕唐纳德·怀特：《美国的兴盛与衰落》，徐朝友等译，南京：江苏人民出版社2002年版，第48页。

绪论 政治现代化——美国从殖民地到世界之巅的奠基石

在弄清楚美国何以最终能够对世界施加影响。"①

不过，虽然唐纳德·怀特颇为担忧人们在研究美国成功的原因时忽视了对其主要因素——决定性因素的分析，但他自己又始终没有给出明确的答案，只是徘徊在"舆论共识"、"民族精神"、"国内信仰"等几个概念层面。倒是其他许多学者和许多美国的政治家，明确地指出并论述了美国成功中的决定性因素——美国的政治体系所起的作用。其中，有不少经典的表述。

19世纪30年代中期，法国政治思想家托克维尔在他的《论美国的民主》这部书中写道："一个国家的地理位置对民主制度的寿命的影响，在欧洲被人夸大了。另外，他们对法制的重要性也评价得过高，而对民情的重要性又评价得过低。毫无疑问，这三大原因都对调整和指导美国的民主制度有所贡献。但是，应当按贡献对它们分级。依我看，自然环境不如法制，而法制又不如民情。我确信，最佳的地理位置和最好的法制，没有民情的支持也不能维护一个政体；但民情却能减缓最不利的地理环境和最坏的法制的影响。民情的这种重要性，是研究和经验不断提醒我们注意的一项普遍真理。""因此，英裔美国人的法制和民情是使他们强大起来的特殊原因和决定性因素。"②

20世纪中叶，美国历史学家康马杰对英国出版的《美国人的性格》、《美国的形象》这两部书进行了研究，他认为，在国家实力的形成上，其民族精神、政治面貌居于中心位置。他说："一个民族的特征，归根结底，是关于这一民族的最重要的东西——比起这一民族所拥有的陆军、海军、生产量、船只或财力的数量的统计结果来，要远为重要得多；因为物质上的东西本身不能够成就任何事业……归根结底，具有决定性重要意义的是我们称之为特征的那些看不见的因素。"③

20世纪70年代，英国肯特大学政治学教授维尔在他主编的《美国政治》这本英国大学政治教材中指出："美国这个地方对其表示倾慕的观察者所产生的巨大吸引力来自两个方面：一是在现代世界已经逐渐形成的所有政治体系

---

① 〔美〕唐纳德·怀特：《美国的兴盛与衰落》，徐朝友等译，南京：江苏人民出版社2002年版，第10页。
② 〔法〕托克维尔：《论美国的民主》，董果良译，北京：商务印书馆1988年版，第358、356页。
③ 〔美〕唐纳德·怀特：《美国的兴盛与衰落》，徐朝友等译，南京：江苏人民出版社2002年版，第79页。

中，美国的政治体系大概是最为复杂的；二是这种政治体系又是人的智能有意识地创造出来的。美国是名副其实的人工产物，是过去350年间在莽莽荒野上形成的国家。这种成就的经历最惊人的方面并不在于美国的技术、经济或物质，虽然它们在过去往往引起人们的注意；而是在于美国国民在如此短暂的时间里用如此多种多样的资料建立了别具一格的社会、国家和政治体系。"①

2000年12月，美国总统选举引发的司法大战结束后，《纽约时报》专栏作者托马斯·弗里德曼发表精彩的评论。尽管他认为最高法院的判决带有政治倾向，"戈尔先生为美国人民挨了一枪子儿。这打在美国人民胸口的一枪是最高法院5位保守派大法官放的，他们出于政治的动机裁定布什为总统"，但是弗里德曼却深信，美利坚民族对宪政法治和其政治制度的信仰是美国强大的决定性因素。弗里德曼撰文指出，美国成功的秘密不在于华尔街，也不在于硅谷；不在于空军，也不在于海军；不在于言论自由，也不在于自由市场；真正的秘密在于长盛不衰的法治及其背后的制度。正是这种制度使每一个人可以充分发展而不论是谁在掌权。美国真正强大的力量，在于"我们所继承的良好的法律与制度体系——有人说，这是一种由天才们设计，使蠢材们可以运作的体系。"②

1988年，第37任美国总统尼克松在他卸任后所著的第6部著作——《1999年：不战而胜》中写道："两个世纪前，美国军力弱小、经济贫困。但是在美国革命中诞生的这个国家对全世界是个鼓舞。我们的吸引力并非来自我们的财富或实力，而是来自我们的思想。"③

尼克松还以苏联为例进行进一步分析，说："这个世界的意义不仅在于国民经济总产值的人均统计数字。几百年后当历史学家编写我们这个时代时，他们将记述对于人及其在世界上的地位的两种针锋相对的观点之间的一场波澜壮阔的斗争。美苏之间的竞争是两种截然相反的人间经历之间的斗争，它们分别以利剑和精神、恐惧和希望为代表。苏联的制度靠利剑统治；我们的制度以精神治理。他们靠征服扩大影响，我们则借助于榜样。我们所熟悉的

---

① 〔英〕维尔：《美国政治》，王合等译，北京：商务印书馆1981年版，第3页。
② 任东来等：《美国宪政历程：影响美国的25个司法大案》，北京：中国法制出版社2005年版，第452、459页。
③ 〔美〕理查德·尼克松：《1999年：不战而胜》，王观声等译，北京：世界知识出版社1989年版，第332页。

是自由、不受束缚、希望和自我实现；他们熟悉的是暴政、屠杀、饥饿、战争和弹压。"①

尼克松接着说："我们认为个人是第一位的；苏联人认为国家是第一位的。我们主张政府的权力应是有限的；他们则信奉由党和国家掌管一切权力的极权主义制度。我们的制度旨在使个人在不违反公共秩序和不侵害他人权利的前提下有最大的活动余地。我们解放了个人的创造力，而苏联人则囚禁了他们之中最有创造力的人。我们创建了一个生机勃勃的制度——其最令人艳羡之处不是它的产品，而是它的自由——而苏联人则建立了一个被官僚机构窒息的停滞的社会。"②

尼克松总结道，这个世界的前进，"归根到底，是思想而不是武器决定历史。当深知世界如何运转的政治家们以强大的思想为武装时，更是如此。"③

就在苏联解体后的第二年，美国前国家安全事务助理布热津斯基也在他的《大失控与大混乱》这部著作中指出："我们正处在全球政治觉醒的时代，因此，政治思想大概会越来越重要，它要么成为精神凝聚力的源泉，要么就是混乱之源；要么成为达成政治共识的基础，要么就是冲突的祸根。"④

上述言论和上述言论中的立场也许很难令人完全认同，其时空局限也显而易见，但是，这些研究和思考的价值是重要的，得出的有关美国成功的决定性因素的结论，应该是符合美国实际的。

在美国的成功中，之所以认为美国的政治现代化起到了决定性作用，主要是基于以下三个方面。

1. 从大国兴衰的历史看，政治现代化在美国的成功中起到了决定性作用。

人类文明史证明，人类群体之间的关键差别是他们的价值、信仰、体制和社会结构，而不是他们的民族、体形、语言和肤色。同种族的人可能因文

---

① 〔美〕理查德·尼克松：《1999年：不战而胜》，王观声等译，北京：世界知识出版社1989年版，第332—333页。
② 〔美〕理查德·尼克松：《1999年：不战而胜》，王观声等译，北京：世界知识出版社1989年版，第333页。
③ 〔美〕理查德·尼克松：《1999年：不战而胜》，王观声等译，北京：世界知识出版社1989年版，第333页。
④ 〔美〕兹比格涅夫·布热津斯基：《大失控与大混乱》，潘嘉玢等译，北京：中国社会科学出版社1994年版，第2页。

明而产生深刻的分裂，不同种族的人则又可能因文明而趋向同一。

自16世纪以来，葡萄牙、西班牙、荷兰、英国、德国、日本、俄罗斯等国家历史上的成功与失败，经验与教训，都反复地证明：政治是国家的灵魂，政治先进，则国家兴盛；政治落后，则国家衰败。在一国的发展过程中，其政治理念、政治制度、政治体制、政治战略和政治领袖集团的现代化程度，都始终起着决定性的作用。

葡萄牙和西班牙最早地形成了民族国家，这对于国家发展来说是非常重要的。因为中世纪的欧洲非常分散，在政治、经济、社会各个方面都是分裂的。形成民族国家之后，就形成了一个统一的力量，在这样一个统一的力量之下，两个国家都迅速地强大起来。曾经，在坚船利炮的猛烈攻击下，一个个海上交通战略要点都相继成为葡萄牙的囊中之物，葡萄牙利用从大西洋到印度洋的50多个据点，垄断了半个地球的商务，成为16世纪的海上贸易第一强国。曾经，仅用不到一个世纪的时间，西班牙即获得世界金银总产量的83%，成为世界上经济最强大、最富有的国家。然而，沉湎于过去则必然落伍，拒绝改革则必然衰败。终于，到16世纪末叶，曾经拥有无以计数的金银和无比强大的国家机器的伊比利亚半岛，在世界性的演出中开始谢幕。

荷兰是凭借一系列现代金融和商业制度的创立，缔造了一个称霸全球的商业帝国。其东印度公司曾在全球开设了15000多个分支机构，悬挂着荷兰三色旗的1万多艘商船曾游弋在世界的五大洋之上。荷兰成立了世界上最早的联合股份公司来聚集资本，曾垄断过全球贸易的一半。荷兰建起了世界上第一个股票交易所，比纽约的证券交易早300年。荷兰还首创现代银行，并发明了沿用至今的银行信用体系。然而，荷兰的历史又证明，没有国家的独立和主权，是不能发展的，即使发展起来了，也会很快落后。

继荷兰之后，英国通过推行自由贸易，建立起全球市场；也于17世纪最早确立了现代的国家制度，并得以长久地保持一种稳定状态，支撑经济和社会的发展。随后，工业革命和技术革命先声夺人，引领世界达一个世纪之久。然而，英国后来的历史又证明，没有适应时代潮流的正确政策，即使工业发展起来，经济和社会也不能实现可持续发展。工业革命和技术革命无疑是生产力进步的手段，是实现社会目标的重要途径，但缺乏与之相适应的政治发展，最终就只能停留在技术层面，成为社会发展的一个过程而不是社会发展的原动力。

作为一个真正意义的民族国家，德意志要比英国晚300年。虽然作为民族国家的德意志的出现是工业文明和经济发展的结果，但是使德意志成为欧洲大陆最为强大的国家的决定性因素却是政治因素。可以说，是三大政治步骤铸就了德国的崛起。第一步是1834年的关税同盟使德国经济具有了国家范围的统一性，而不再是地区性的，因而极大地推动了德意志经济的发展，并由此推动着国家的统一。第二步是1871年德意志帝国的成立使德国经济以更加迅猛的速度发展，很快成为欧洲大陆强国。第三步是德国在经济上推行的是国家资本主义，这种国家资本主义的政治集权、国家资本主义的政治设计强制性地牵引着德国的现代化，因而使德国在短短的20年内(1870—1890年)成为欧洲大陆第一强国，世界第二强国。但是，同样是政治上的原因，又为德国以后的灾难埋下了祸根。首先，帝国的政治体制决定了由决策失误引发大灾难的可能性。在帝国开国之初，俾斯麦的雄才大略保证了德国的稳定性。但是依靠个人的体制是最为危险的，没有了俾斯麦，帝国的灾难随之出现。其次，帝国的政治体制根植于冲突性的社会结构之中，即容克地主阶级与民族资产阶级之间的深刻矛盾之中。这样，灾难就不可避免地一次又一次地降临在这个新兴的民族国家身上。德意志帝国的教训是，集权主义政治可以推动经济增长，却不能保有经济增长的成果。所以，经历了第一次世界大战和第二次世界大战的德国，最终彻底地改变了把民族国家引向灾难的旧体制，成为一个代议制国家。

日本的现代化之路几乎完全是德意志帝国的翻版。自17世纪初开始，封建幕府统治下的日本闭关锁国200多年，经济社会处于分裂状态，无统一性，无竞争力。而19世纪60年代的明治维新使日本成为一个全新的国家，并在20多年的时间里便成为亚洲最强大的国家。明治维新事实上是一条与德国相近的自上而下的国家自主性现代化运动。不仅如此，日本的宪法、商法和有关法律还直接由德国教授帮助起草。因此，作为一个新兴的民族国家，同德国以及其他后发达国家一样，政治规则、国家制度起着决定性的作用。截至20世纪上半叶，日本是唯一一个摆脱西方殖民统治并跻身世界强国俱乐部的亚洲国家。但是，由于日本的明治维新是建立在结构性的利益冲突之上的，其本质是一种新型的旧制度，因而为其自我毁灭埋下了祸根。直到二战后，与德国一样，日本的政治体制被改造。

然而，20世纪90年代以来，日本的政治家又认为，自己的国家是"第一流的经济，第二流的生活标准和第三流的政治制度"。美国前国家安全事务助理布热津斯基也认为："一个人口约1.2亿、国民生产总值居世界第二位的国家，在强大的邻国面前几乎没有防御能力，而是完全依赖一个从前是敌人、现在又是经济对手的遥远盟国的军事保护，这事确实有点古怪。"①布热津斯基后来还指出："简而言之，一个迷失方向的日本，犹如一条在沙滩上搁浅的鲸鱼，无助地四处拍打，十分危险。"②

2008年7月，日本前经济企划厅长官、作家堺屋太一在日本《中央公论》月刊上也以"日本没落的原因"为题发表文章指出，日本经济急剧滑落，外交在过度依赖美国和向中国靠拢之间徘徊，原因在于国家政治目前处于混沌状态，发展理念出现了根本动摇。堺屋太一认为，第二次世界大战结束以来，日本的政治和行政机构是为实现两大国家理念而建立和发展起来的。第一个理念是以日美军事同盟为基础、力争成为经济大国和军事小国的外交理念。不仅日本的外交政策依据这一理念展开，国家的建设也服从这一理念。第二个理念是一个经济理念，即实现官僚领导下的标准化大批量生产型的现代工业社会。为实现这一理念，政府相继推出了所得倍增计划、国土综合开发计划以及各种长期计划。政府各部门都朝一个方向努力前进。但现在的日本却失去了这样的理念。并且，无论是政党、政府机构，还是政治家和官僚，都拿不出能够代替的理念。为此，日本现在处于一种"什么也决定不下来"的状态，这就必然导致衰落。这篇文章说，2000年日本的人均国内生产总值位居世界第三，而到2006年下降到第18位。不具备新理念的日本外交更是惨不忍睹，与中国、韩国、俄罗斯的领土问题没有得到解决；与韩国、中国、荷兰、澳大利亚的历史问题没有得到解决；北朝鲜的绑架问题也没有得到解决；在签订自由贸易协定方面，日本在发达国家中也落在最后。如今，日本已处于"半锁国状态"。③

---

① 〔美〕兹比格涅夫·布热津斯基：《大失控与大混乱》，潘嘉玢等译，北京：中国社会科学出版社1994年版，第134页。
② 〔美〕兹比格涅夫·布热津斯基：《大棋局》，中国国际问题研究所译，上海：上海人民出版社1998年版，第249页。
③ 参见《参考消息》，2008年7月2日，第3版。

绪论 政治现代化——美国从殖民地到世界之巅的奠基石

苏联的兴起和衰亡同样是国家的政治体制在起主导作用。1917年十月革命后形成的苏联模式即斯大林模式，是政治、经济、文化一体化的高度集权。这种模式的历史功绩是利用无所不在的国家力量，把国家迅速推向现代化。但是，政治僵化、社会窒息、丧失了个人能动性的体制是难以长久而有效地运转的。更何况，集权主义使得国家的政治经济关系扭曲变形，现代化终难以为继，结果导致悲剧性后果。

以上这些国家的实践证明，作为一个大国，或一个已经居于世界统治地位的强国，能不能永续发展，其关键在于对国家所具有的政治、经济、军事、科技、文化和精神等资源的战略运用，在于战略的制定和制定者，在于能产生正确的战略和能产生制定正确战略的人的制度，在于政治现代化的程度。

正是因为这一点，所以2001年"9·11"事件发生后，美国的国家安全报告称："恐怖主义攻击了美国繁荣的象征。但他们没有触及其根源。"美国的成功"来源于我们人民的技能，我们的经济活力以及我们体制的适应能力。一个多样化的现代社会拥有内在的、雄心勃勃的、极具进取精神的能量。我们的力量来自于我们对这些能量的充分利用。"①

2. 从美国的发展实践看，政治现代化在美国的成功中起到了决定性作用。

一是，美国的政治现代化保障了美国社会强大的向心力和凝聚力。

从美国建国230多年的历史看，除发生过南北内战外，建国以来没有出现过反对阶级，没有出现过制度之争，也没有发生过大的政治动乱，美国政府享有了美国民众未曾动摇过的忠诚。而且，美国是在不同于一般民族国家的条件下实现国家的高度稳定的。

对于一般民族国家而言，不论国家政治体制、政治制度如何，其种族、文化、宗教往往即能起到很强的向心和凝聚作用。而对美国来说，却不具有这个条件。因为，美国人的种族、文化、宗教都是多元的，其社会凝聚力不可能靠同一族群、同一文化或同一宗教的力量来产生。在这种情况下，政治理想、政治价值即成为凝聚美国社会的核心要素。事实上，自建国之日起，正是共同的政治理想和政治价值成为美国民族主义的主体；正是共同的政治

---

① 黄柏富主编：《"9·11"事件后美国国家安全战略文件选编》，北京：军事谊文出版社2002年版，第677、682页。

理想和政治价值保障了美国社会强大的向心力和凝聚力。可以说，基于政治上的理想而非文化或种族上的理想而对社会产生引导、凝聚和激励作用，既是美国社会强大向心力和凝聚力的来源，又是美国区别于其他任何民族国家的一个显著特征。

美国成功的历史表明，美国的政治理想和政治价值对美国民众具有一种无形的引导作用。尤其是，在战争状态——民族与民族、国家与国家对决的情况下，这一点体现得更为充分。

在第二次世界大战中，世人记忆犹新的是，对德战场上的美籍德国人并没有表现出强烈的亲德情绪，而是在为盟军的胜利而浴血奋战。指挥美军在欧洲登陆以帮助打败德国的，正是一位具有德意志血统的将军——艾森豪威尔——后来的美国第34任总统。艾森豪威尔是宾夕法尼亚德国人的后裔。1943年12月，罗斯福总统任命艾森豪威尔担任最高盟军总司令，并且命令其发动一场针对欧洲的决定性行动——诺曼底登陆。在艾森豪威尔的指挥下，这次作战取得了圆满成功。1944年12月，艾森豪威尔被晋升为五星上将，亲自指挥了对德国发起的最后一轮进攻，并接受了德国在汉斯的投降。二战时期，美军还有其他许多高级军官是德裔，包括海军上将尼米兹和空军上将施巴茨，施巴茨曾出色地执行过将德国城市夷为废墟的轰炸任务。

日裔美国人在第二次世界大战中也有30多万人为美国的利益而战。单独由日裔美国人组成的团队曾被派往打得最惨烈的欧洲战场去拼搏，其中的442团是美军二战中获得荣誉最多的一支劲旅。在太平洋战场上，几千名日裔美国人在担任美军的翻译工作中也发挥了十分重要和特殊的作用。当时，日军以为美国人不懂日语，就没有把军事情报处理成密电码。而实际上每个战场都有随军的美籍日本人，他们把捕获的日军情报和文件及时传递给盟军。

同德国移民、日本移民一样，美籍意大利人在第二次世界大战中，同样毅然决然地参加了美军对意大利的战斗，也并未产生爱国心方面的矛盾感。并且，他们在美军中的存在还在很大程度上促进了意大利民众对美军的友好态度。

许多学者认为，正是包括外裔移民在内的美国民众将国家的政治理想和政治价值转化成个人的自觉行动，实现了个体目标与整体目标、国家目标的契合，才产生了强大的向心力和凝聚力。在美国，自由、民主、平等、竞争、

绪论　政治现代化——美国从殖民地到世界之巅的奠基石

爱国主义、个人主义等等政治理想和价值,已经成为社会成员的普遍共识。这种共识就像一种粘合剂,就像一面旗帜,已把美国民众的意愿、利益紧密地联系在一起。人们基于共同的人生态度、情感方式、思维模式和价值观念,已经形成一个整体。

二是,美国的政治现代化保障了美国经济现代化。

一个民族、一个国家的成功,莫过于经济的成功。而经济的成功,只有在政治与经济协调发展,只有在建立了有利于经济发展的政治制度和政治体制以后才有可能。

从美国230多年的历史看,最为重要的是,美国的政治稳定,为其经济的持续发展和繁荣提供了良好的社会条件。即使在美国历史上发生联邦危机的南北战争时期和南北战争结束后的30多年的社会矛盾尖锐期,也是美国政治的力量保证了这一时期——美国经济发展的关键期——的顺利过渡。当时,由于工业革命高潮的兴起,机器代替了手工,工厂代替了作坊,大批中等阶级中的劳动分子变成了无产者,从前的大商人变成了工厂主,工人和资本家之间的对立加剧,劳资矛盾尖锐化,爆发了多次大规模的罢工和冲突。但是,由于美国政治制度的弹性和美国政治文化的宽容,许多矛盾从政治的角度得到了化解,仍然保持了经济的飞速发展。所以,至19世纪末——建国100年后,美国即成为世界第一经济强国。

美国政治现代化在保障美国经济现代化方面的重要作用,还不仅仅体现在美国的政治稳定,为经济的发展和繁荣提供了良好的社会环境,而且还直接表现在通过政府手段干预市场、促进经济发展上。20世纪30年代经济危机时期是如此,20世纪70年代经济衰退时期是如此,进入新世纪后,在次贷危机和新的经济衰退面前又是如此。特别是,在20世纪30年代的经济大危机时期,"罗斯福新政"的实施,不止挽救了美国经济,而且连同挽救了美国的资本主义制度。

美国政治现代化对于美国经济的发展,还具有引领作用。

第二次世界大战结束以后,一些重大政策纲领的出台,都极大地刺激了经济复苏,推动了经济发展。20世纪60年代肯尼迪总统"新边疆"战略的实施,带动了航天航空事业和"硅谷"——半导体工业的高速发展,有力地支撑了美国经济增长。20世纪80年代,"里根经济学"和"星球大战计划"的推进实施，在使美国经济一片繁荣的同时，引领一大批新兴高科技企业蓬勃发展，为20世纪90年代的经济持续增长和美国进入信息社会打下了坚实基础。因此，时任美国总统克林顿称："我们的民主制度不仅是世界的典范，而且是我们自我振兴的动力。"①

三是，美国的政治现代化保障美国度过了若干宪政危机。

美国政治现代化的一个重要成果是宪政法治的稳定和至高无上地位，其作用和力量在危机时刻更显宝贵和重要。

在美国宪政历史上，因总统选举纠纷、弹劾纷争，总统被暗杀或突然死亡，曾造成不少危机。包括1801年的正副总统之争，1865年林肯总统被暗杀身亡，1881年加菲尔德总统被暗杀身亡，1901年麦金利总统被暗杀身亡，1963年肯尼迪总统被暗杀身亡，1974年尼克松总统辞职，以及2000年的总统选举危机等等，每次危机出现时，都是依靠宪法的力量、体制的力量使危机得以化解，没有造成国家政治动荡。

对于美国政治体制的这种特殊机制和功能，美国第21任总统亚瑟这样评价："人的生命有限，但自由国家的制度不会因此而动摇。证明民选政府的力量和永恒存在，其最好事实就是：虽然民选的国家元首死于非命，但是根据宪法，他的继任者风平浪静地接任了这个职位，而没有引起震惊或紧张，人们只是为逝去的人而感到哀痛。"②

1974年的水门危机以尼克松总统宣布辞职、福特继任总统并立即宣布无条件赦免尼克松后，美国学者布拉西赞扬："千百年之后，如果美利坚合众国还存在，当有人要求拥护司法审查的人举出实例，证明法官们的裁决时常会有利于民主时，他们最先举出的案例就将是美国诉尼克松案。"③

2000年的总统选举危机由美国最高法院最终裁决化解后，当选总统小布什说："这次权力的和平过渡在历史上是罕见的，但在美国是平常的。我们以朴素的宣誓庄严地维护了古老的传统，同时开始了新的历程。""这就是美国

---

① 〔美〕威廉·德格雷戈里奥：《美国总统全书》，周凯等译，北京：社会科学文献出版社2007年版，第777页。
② 〔美〕威廉·德格雷戈里奥：《美国总统全书》，周凯等译，北京：社会科学文献出版社2007年版，第339页。
③ 任东来等：《美国宪政历程：影响美国的25个司法大案》，北京：中国法制出版社2005年版，第344页。

绪论 政治现代化——美国从殖民地到世界之巅的奠基石

史：它不是一部十全十美的民族发展史，但它是一部在伟大和永恒理想指导下几代人团结奋斗的历史。""血缘、出身或地域从未将美国联合起来。只有理想，才能使我们心系一处，超越自己，放弃个人利益，并逐步领会何谓公民。"①另一位仅以几百票之差而落选总统的竞选对手戈尔也称："我们都属于一个民族，有着共同的历史和共同的命运。"②

从这些宪政危机的化解中，人们不难看到，每一次纷争的解决，最终都是在美国理想的旗帜下得到统一；都是以"接受法治以及法治背后的制度为最终的合法的原则"；都是以政治家放弃党派成见，置国家利益于第一位而取得了共识。美国政治生活中的这种特殊的机制和力量，是世界上许多国家都不曾有的。而作用其间的国家至上、理想为先、尊崇法治、宽容忍让这些思想精髓，正是政治现代化的要义。

四是，美国的政治现代化保障了美国不可或缺的世界影响力。

按照美国哈佛大学政府学院前院长、教授约瑟夫·奈的观点，一个国家的影响力，不仅依靠国家的经济、军事、自然资源等硬权力，还尤其来自于一个国家以其政治价值、政治制度、政治文化为核心内容的软权力。而美国从20世纪初叶成为一支世界力量以来，正是依靠其政治现代化的成功，不断地获得并拥有越来越大的软权力——世界影响力。

约瑟夫·奈在其1990年出版的《注定领导世界：美国权力性质的变迁》一书中写道："不管我们做什么，美国的大众文化都具有全球影响。好莱坞、有线电视网和互联网的影响无所不在。美国的电影和电视节目宣传自由、个人主义和变革。笼统地说，美国文化的全球影响力有助于增强我们的软权力，即我们的文化和意识形态的号召力。"③他在2000年发表的另一篇文章中又说："美国软权力的一个源泉是其价值观念，在某种程度上美国被认为是自由、人权和民主的灯塔，而其他国家则纷纷效仿；软权力的另一个源泉是文化输出、电影、电视节目、艺术和学术著作，以及因特网上的材料；软权力也通过国际组织，例如国际货币基金组织、北约或美洲人权委员会等发挥作用，它们

---

① 〔美〕威廉·德格雷戈里奥：《美国总统全书》，周凯等译，北京：社会科学文献出版社2007年版，第823页。
② 任东来等：《美国宪政历程：影响美国的25个司法大案》，北京：中国法制出版社2005年版，第450页。
③ 《美国研究》，2005年第1期，第23—24页。

在一定程度上为其他国家提供了多样化的、与美国利益相一致的选择，这些国际组织巩固了美国的软权力。"①

从约瑟夫·奈的这些论述中，可见美国政治现代化所创造出的政治价值、政治制度具有何等的吸引力和影响力。

自第二次世界大战结束以来，依仗这种吸引力和影响力，美国实际上还获得了一种塑造国际规则的能力。当美国需要寻求国际合作时，即能够创造一种秩序，运用适当的机制就可把整个世界联系在一起，从而没有必要再使用代价高昂的"胡萝卜与大棒"。对于这一点，担任过德国副总理和外交部长的约施卡·费舍尔曾讲过这样一段话："联合国、北约、世界货币组织和世界银行、国际法和国际刑法，甚至今天自由和一体的欧洲，都是美国外交政策的至高无上的成就。它们记载了美国的强权被用来推动世界秩序的历史时刻，虽然同时也是美国有效和可持续地获取其自身利益的时刻。"②应该说，费舍尔的这段话是对美国所曾拥有的世界影响力的一个恰当说明。

总之，从美国的政治成果对美国社会的凝聚功能、对美国经济发展的保障功能、对联邦宪政危机的化解功能、对国家形象的塑造功能来看，美国政治现代化在美国成功中的决定性作用是显而易见的。

3. 从马克思主义的唯物观看，政治现代化在美国的成功中也起到了决定性的作用。

马克思主义经典作家从物质生产活动是维护人类生存的基本前提出发，揭示了人类在从事物质生产活动过程中所结成的关系具有其历史必然性："人们在自己生活的社会生产中发生一定的、必然的、不以他们的意志为转移的关系，即同他们的物质生产力的一定发展阶段相适应的生产关系。这些生产关系的总和构成社会的经济结构，即有法律的和政治的上层建筑竖立其上，并有一定的社会意识形态与之相适应的现实基础。物质生活的生产方式制约着整个社会生活、政治生活和精神生活的过程。"③

马克思主义经典作家还指出："政治就是参与国家事务，给国家定方向，

---

① 《美国研究》，2005年第1期，第24—25页。
② 《台港澳报刊参阅》，2007年第4期，第17—18页。
③ 《马克思恩格斯选集》第2卷，北京：人民出版社1995年版，第32页。

绪论　政治现代化——美国从殖民地到世界之巅的奠基石

确定国家活动的形式、任务和内容。"①

这些经典论述，揭示了人类政治生活的根本动因和内容，即：出于满足人类自身的物质生活和精神生活的需要，人们一定会结成共同体，形成社会和国家；出于满足不同群体、不同阶级的特定物质利益，人们一定会借助于社会公共权力。由此，即形成了经济基础与上层建筑的关系或经济与政治的关系。而对于经济基础与上层建筑的关系或经济与政治的关系，马克思主义又认为，它们之间存在着决定与被决定、作用与反作用的辩证关系。

从总体上看，经济基础决定上层建筑——决定上层建筑的产生，决定上层建筑的性质，决定上层建筑的形式和内容，决定上层建筑的发展和消亡。但是，马克思主义经典作家从来也认为，上层建筑又反作用于经济基础，并且在一定情况下，这种反作用还具有决定性的意义。这是因为，上层建筑虽然是受经济基础制约的，反映着经济基础的要求和发展，但是，上层建筑尤其是政治上层建筑一经产生便具有了较大的独立性，便拥有了庞大的政治机器，凭借这种特殊地位，上层建筑即不是机械地简单地受经济基础的制约，而是能动地积极地反作用于经济基础。

恩格斯的论述令人信服地说明了这一点。他在 1890 年致友人的一封信中精辟地指出："国家权力对于经济发展的反作用可以有三种：它可以沿着同一方向起作用，在这种情况下就会发展得比较快；它可以沿着相反方向起作用，在这种情况下，像现在每个大民族的情况那样，经过一定时期就都要崩溃；或者是它可以阻止经济发展沿着既定的方向走，而给它规定另外的方向，这种情况归根到底还是归结为前两种情况中的一种。但是很明显，在第二和第三种情况下，政治权力会给经济发展带来巨大的损害，并造成人力和物力的大量浪费。此外，还有侵占和粗暴地毁灭经济资源的情况；由于这种情况，从前在一定条件下某一地方和某一民族的全部经济发展可能被毁灭。"②

从恩格斯的这一论述中可以看到，政治及其政治现代化作为上层建筑之对于经济基础和整个社会生活的反作用，能动地表现在：(1) 当其同经济基础吻合，适合生产力、生产关系的发展要求时，它就起同方向的作用，即发挥

---

① 《列宁文稿》第 2 卷，北京：人民出版社 1978 年版，第 407 页。
② 《马克思恩格斯选集》第 4 卷，北京：人民出版社 1995 年版，第 701 页。

积极的促进作用；(2) 当其同经济基础不吻合，不适合生产力、生产关系的发展要求时，它就起反方向的作用，即发挥阻碍和破坏性作用；(3) 当其同经济基础严重不吻合的时候，与生产力、生产关系的发展要求处于对抗性的时候，它就起毁灭性的决定性作用，直接导致制度更替、社会变迁。应该说，美国即为第一种情况的典型例子。其自由民主的政治制度由于与其自由市场的经济制度互为配套、高度契合，因而在美国的经济社会发展中所起到的决定性作用就更为明显更为强大。而作为第二种、第三种情况的极端典型，应该说，二战期间的法西斯轴心国——德国、日本、意大利——都是毁在其国家的政治上层建筑上。

从辩证唯物主义所揭示的上层建筑与经济基础之间作用与反作用的关系看，政治及其政治现代化对于经济社会发展的决定性作用是存在的；从历史唯物主义所揭示的人类社会发展的根本规律看，政治及其政治现代化对于经济社会发展的决定性作用同样也是存在的。

历史唯物主义认为，人类社会发展的根本动力是人民群众——是人民群众创造了历史，是人民群众推动了历史的前进。无论是上古中古的历史还是近代现代的历史，都证明最终是人民的力量在决定着一个文明或国家的兴衰。人们已经反复地看到，凡是比较兴盛的国家，那里的人民群众大都在不同程度上对自己的生活怀有满意感，怀有创造新的生活境界的积极性、主动性、创造性和信心；而哪里的人民群众满怀忧愁，对生活充满悲观甚至失望的情绪时，哪个国家就必定是衰落的，或者必定很快就要衰落。这已被历史所反复证明。但是，怎样才能保证人民群众具有最大的积极性、主动性和创造力呢？怎样才能创造出人民群众最大的认同感、满意度和对政府、对未来的忠诚和信心呢？显然，仅仅靠物质的力量是不够的，在更大程度上，还取决于精神的力量——政治现代化的成果。而从美国成功的实践过程看，也如前所述，其民主自由政治制度的建立，在激发民众对新的生活的憧憬和激情、对政府的拥戴、对未来的热望方面，是具有决定性意义的。

实践是检验真理的唯一标准。虽然从人类历史的总体上、宏观上，是社会生产决定社会上层建筑，但在一些国家，或一些国家的一定历史时期、一定历史条件下，也往往会有例外——政治因素也可以对社会发展起到决定性作用。这丝毫不是对马克思主义的颠覆和违背，而正是科学的鲜活的马克思主义的应有之义。这也正如马克思所预言的社会主义首先会在资本主义高度发达的社会里建成而实际上又首先在经济最为薄弱、最不平衡的国家取得胜利一样。美国的政治现代化对于美国的成功起到决定性作用,结论来源于美国的实践,来源于美国230多年的建国史。

第一章
Chapter One

美国政治现代化的概念

虽然美国政治家、政府官员和学者的话语中少有政治及其政治现代化这类词，但千万不能认为美国人不重视政治。其实，美国人是最讲政治的。在国内，一部美国史就是一部美国政治现代化史；在国外，一部美国对外史就是一部美国政治输出史。只不过，美国的政治从开始就是现代化的，所以他们不用担心自己的政治不现代化，他们大多数时候也把民主自由等同了政治现代化，并且还习惯了在全世界开展价值观外交，向别人输出政治现代化，因而淡忘了给自己的政治现代化冠名。

第一章　美国政治现代化的概念

作为对同类事物共同的一般特性和本质属性的概括，政治现代化一般是指政治社会由传统走向现代的变革过程。这个过程，既是政治社会随着所依赖的各种条件发展而发展的一种自然过程；又是人们根据一定目的自觉推进政治发展的活动，是一种有目标、有计划的人为政治变迁过程。

在美国政治家、政府官员和学者的话语中虽然少有美国国内政治及其政治现代化这类词，但政治及其政治现代化对美国人是具有特殊意义的。美国人是最注重政治及其政治现代化的。并且可以说，于国内，一部美国史就是一部美国政治现代化史；于国外，一部美国对外史就是一部美国政治输出史。只不过，美国的政治从开始就是现代化的，所以他们不用担心自己的政治不现代化。只不过，他们的口头禅是民主自由，大多数时候他们把民主自由等同了政治现代化。只不过，他们的全球地位使他们习惯了开展民主攻势，向别人输出政治现代化——民主自由，而淡忘了给自己的政治现代化冠名。不过，这并不影响人们对于美国式的政治及其政治现代化的认识。

一　政治与政治现代化

在美国，把政治作为一门科学来研究和发展，起步于19世纪80年代。就其过程来看，大致经历了以下四个阶段：

第一阶段：1880—1903年。在1880年以前，美国几乎没有政治科学这门课程。1880年，哥伦比亚大学建立了具有明确目标的政治科学院，力图把德国的政治科学引进美国。该学院是美国最早的政治科学机构。这一时期，出现了一批有名的政治科学学者，分别写出了一批政治学术著作。1882年，霍普金斯大学开始出《历史和政治科学研究》刊物。1886年，哥伦比亚大学《政治科学季刊》面世。这一时期，人们研究政治的兴趣虽然不浓厚，在社会上虽然没有形成气氛，但毕竟起步了。

第二阶段：1903—1921年。在1903年，美国政治科学协会的建立，标志着在美国政治科学正式成为一门独立学科。1906年，该学会开始出版刊物《美国政治科学评论》。这是美国该学科的主要学术杂志。学会会员最初为200人，后来达到1500人。这一时期，是美国政治科学在组织上发展的时期。

第三阶段：1921—1945年。1921年，学者梅里亚姆在《美国政治科学评论》上发表了《政治研究现状》一文，呼吁创立"新的政治科学"，要求重新确立政治学分析的方法，主张运用统计学来弥补主要以经验为根据而带来的不足。由此曾在政治学界引起一场比较广泛的争论。这一时期，政治科学研究在美国大学发展加快。政治科学每年的在读博士生由1925年的35人增加到1940年的80人。授予政治科学学位的大学也有增加。

第四阶段：1945年以来。这是美国政治科学发展的黄金时期。全美政治科学协会会员由1946年的4000人增加到1980年的15000人。在大学中共设有500多个单独的政治科学学科，每年培养出300多名政治学博士生。这一时期，政治科学界的研究和争论多集中在对现代政治的更科学的研究问题上。20世纪50年代中期到60年代中期，以研究"民主"为主导。60年代中期到70年代初期，又以研究"秩序"为主导。自70年代初以来，则主要以研究"公共政策"为主导，越来越多的政治学家、行政学家将其研究聚焦于公共政策的规划、制定和执行中来，甚至形成一种"政策过程"研究法。

在美国政治学界，"政治是人类所参与的旨在决定哪些社会成员得到利益或特权、哪些人则被排除在利益或特权之外的斗争或过程"。"政治的一个最根本问题是，哪一个人或人类团体通过政府来控制社会，就何人得到何物和社会利益如何在民众中分配，谁拥有作出决定的权力……"①

美国社会学家、政治学家弗朗西斯·福山认为："现代政治的使命就是对国家的权力施加制约，把国家的活动引向它所服务的人民认为是合法的这一

---

① ［美］斯蒂芬·施密特等：《美国政府与政治》，梅然译，北京：北京大学出版社2005年版，第4、6页。

第一章　美国政治现代化的概念

终极目标上,并把权力的行使置于法治原则之下。"①

而在另外许多美国学者眼里,"国内政治包括的主要范畴有:政党政治、政治组织、政治社会化、政治参与、公共政策及行政管理等"。

关于政治现代化的概念,美国学者一般认为,政治现代化是政治的进化和完善过程,是指由传统社会(农业社会)中的传统型政治体制、政治结构,转变为现代社会(工业社会)中的现代型政治体制、政治结构,以及由传统的政治心理、政治观念、政治行为和政治管理手段,转变为现代的政治心态、政治理念、政治行为和政治手段。

对于这一概念的特征,被引证较多的是美国学者拉斯托所提出的现代政治体系的八个方面:(1)一个有高度差异和功能专门化的政府组织体制,即一个部门不能履行所有的政治职能;(2)政府结构内部高度一体化,即政治职能专门化但不妨害政治上的统一;(3)理性的和世俗化的政治决策程序,即决策程序和决策机构规范,信息渠道畅通;(4)政治决策和行政决策数量多,范围广,效率高;(5)人民对本国的历史、领土和民族性有广泛的和有效的认同;(6)人民怀有广泛的兴趣积极参与政治,虽然他们未必参与决策;(7)政治职务的分配是依据个人的成就而不是依据裙带关系来决定;(8)独立的司法制度。②

美国政治科学协会前会长、哈佛大学教授塞缪尔·亨廷顿曾论述过政治现代化的概念、内容和主要标志。

关于政治现代化的概念,亨廷顿说,政治"现代化是一个多层面的进程,它涉及人类思想和行为所有领域里的变革。……从心理的层面讲,现代化涉及价值观念、态度和期望方面的根本性转变。……从智能的层面讲,现代化涉及人类对自身环境所具有的知识的巨大扩展,并通过日益增长的文化水准、大众媒介及教育等手段将这种知识在全社会广泛传播"。"把政治现代化定义为从传统政体到现代政体的一种运动,抑或把政治现代化定义为社会、经济和文化现代化在政治上的表现和后果,这两种定义之间有着常被人们忽视的基本区别。前者给政治变革在理论上指出了方向,后者则描绘了在实现现代

---

① 〔美〕弗朗西斯·福山:《国家构建:21世纪的国家治理与世界秩序》,黄胜强译,北京:中国社会科学出版社2007年版,第1页。
② 杨光斌主编:《政治学导论》,北京:中国人民大学出版社2007年版,第317页。

化的国家里实际上发生的政治变革。"①

关于政治现代化的内容,亨廷顿认为:"政治现代化最关键的方面可以大致归纳为以下三个内容:

第一,政治现代化涉及权威合理化,并以单一的、世俗的、全国的政治权威来取代传统的、宗教的、家庭的和种族的等等五花八门的政治权威。这一变化意味着,政府是人的产物而不是自然或上帝的产物,秩序井然的社会必须有一个明确的来源于人的最高权威,对现存法律的服从优先于履行其他任何责任。政治现代化的含义还包括,民族国家享有的对外主权不受他国的干扰,中央政府享有的对内主权不被地方或区域性权力所左右。它意味着国家的完整,并将国家的权力集中或积聚在举国公认的全国性立法机关手里。

第二,政治现代化包括划分新的政治职能并创制专业化的结构来执行这些职能。具有特殊功能的领域——法律、军事、行政、科学——从政治领域分离出来,设立有自主权的、专业化的但却是政治的下属机构来执行这些领域里的任务。各级行政机构变得更加细致、更加复杂并具有更加严明的纪律。官位和权力的分配更多地根据实绩,选贤任能,摒弃阿谀奉承,使庸碌之辈无进身之阶。

第三,政治现代化意味着增加社会上所有的集团参政的程度。广泛的参政可以提高政府对人民的控制,如在集权国家那样;或者可以提高人民对政府的控制,如在许多民主国家那样。但是在所有现代国家里,公民是直接参与政府事务并受其影响的。因此,权威的合理化、结构的离异化及大众参政化就构成了现代政体和传统政体的分水岭。"②

关于政治现代化的标志,亨廷顿认为:"区分现代化国家和传统国家,最重要的标志乃是人民通过大规模的政治组合参与政治并受到政治的影响。在传统的社会里,政治参与在村落范围内可能是广泛的,但在高于村落的任何范围内,它都局限于极少数人。规模巨大的传统社会,也许能够获得相对来说高水平的权威合理化和机构分权化,但同样的政治参与仍然局限于相对来

---

① 〔美〕塞缪尔·亨廷顿:《变化社会中的政治秩序》,王冠华等译,北京:生活·读书·新知三联书店1989年版,第30、33页。
② 〔美〕塞缪尔·亨廷顿:《变化社会中的政治秩序》,王冠华等译,北京:生活·读书·新知三联书店1989年版,第32页。

说一小部分贵族和官僚上层人士的范围内。因此，政治现代化最基本的方面就是要使全社会性的社团得以参政，并且还需形成诸如政党一类的政治机构来组织这种参政，以便使人民参政能超越村落和城镇范围。"①

关于政治现代化的实现模式，有多名重量级美国学者也进行了研究并分别提出了自己的见解。

巴林顿·摩尔通过历史比较研究，根据演进形式和目标结果的不同，认为世界各国政治现代化的道路有三种情况：(1)以美英法为代表，通过资产阶级革命，实现西方式民主的模式；(2)以德日为代表，通过自上而下的改良，实现资本主义工业发展与繁荣的模式；(3)以苏联和中国为代表，通过阶级革命，实现向共产主义转变的模式。此外，摩尔认为可能还会有第4种模式如以印度为代表的模式，即通过非暴力不合作和改良而实现政治现代化，但是他不能肯定这种模式能否成为一种现实的独立类型。②

布莱克提出了划分政治现代化模式的5项指标特征和据此划分的7种政治现代化模式。

布莱克提出的五项指标特征是：(1)一个社会的政治权力从传统领袖向现代化领袖转移的时间早晚；(2)现代性对该社会传统领袖的直接政治挑战是内部还是外部；(3)该社会在现时代是热心于疆界和人口的连续性还是经历着领土和人民的根本重组；(4)该社会在现时代是自治还是经受着拖延的殖民统治；(5)该社会的传统体制能在多大程度上适应现代政治的各种功能。

根据这五项指标特征，布莱克将世界170多个国家和地区的政治现代化划分为这样七种范型：(1)英国和法国，率先进入政治现代化，未受到激烈的外来干预，变革依据的是国内各种利益的冲突与平衡；(2)美国、加拿大、澳大利亚和新西兰，其政治现代化的最重要特征是这些社会脱离了母国的传统社会结构；(3)德国、西班牙、葡萄牙、荷兰、波兰等欧洲国家，政治现代化过程受到外国模式的决定性影响，而且民族建设的过程漫长而艰难；(4)阿根廷、墨西哥等拉丁美洲20多个国家，政治现代化受外国影响的程度更深，尤

---

① 〔美〕塞缪尔·亨廷顿：《变化社会中的政治秩序》，王冠华等译，北京：生活·读书·新知三联书店1989年版，第34页。
② 〔美〕巴林顿·摩尔：《民主和专制的社会起源》，拓夫译，北京：华夏出版社1987年版，第334—336页。

其是受到第三范型社会的影响；(5)俄国、日本、中国、伊朗、土耳其等国家，政治现代化未直接受外来的干涉，但受率先现代化的社会间接影响而进行现代化，本质上是自主地实现现代化，而且具有源远流长的领土与人口的连续性；(6)埃及、印度、马来西亚等50多个国家和地区，经历过殖民统治，充分发展的传统文化在适应现代功能的过程中能够与更现代的监护社会的文化相互作用；(7)次撒哈拉沙漠和大洋洲近50个国家和地区，也经历过殖民统治，没有充分发展的宗教、语言、政治体制，面临现代型挑战不容易适应现代条件。①

亨廷顿认为，西方国家的政治现代化可以划分为三种模式，而发展中国家的政治现代化则可以划分为五种模式。

对于西方国家的政治现代化，亨廷顿划分的三种模式是：(1)欧洲大陆模式，其主要特点是，权威合理化和结构区分化明显先于参政的扩大，现代国家取代了封建公国，对国家的忠诚取代了对教会和王朝的忠诚，现代化强调的是职能的区分和权力的集中；(2)英国模式，其主要特点是，政治现代化的模式在性质上与大陆模式相似，实现了权力集中化，但权力不是集中于国王而是集中于议会；(3)美国模式，其主要特点是，参政扩大要比欧洲早，而且范围也广泛得多，但最后实现传统政治结构现代化强调的是职能的融合和权力的分立。

对于发展中国家的政治现代化，亨廷顿划分的五种模式是：(1)自由模式，即学习美国的经验，通过社会和经济的迅速发展，提高福利水平，达到更平等的财富分配，实现政治稳定和广泛的政治参与；(2)中产阶级的模式，即优先满足新兴的城市中等阶层分享政治权力的要求，促进经济迅速增长和政治短期稳定，当政治参与扩大到城市和乡村其他阶层时，再选择"大众的模式"或"技术统治的模式"；(3)专制的模式，即通过政治权力压制城市中等阶层的政治参与，鼓励经济增长，通过促进社会经济平等来争取城市和乡村其他阶层的支持；(4)大众的模式，即维持低水平的经济增长率、推动高水平的政治参与和促进社会经济平等；(5)技术统治的模式，即限制政治参与和容忍

---

① 〔美〕C.布莱克：《现代化的动力》，段小光译，成都：四川人民出版社1988年版，第94页。

第一章 美国政治现代化的概念

社会经济不平等扩大而强调经济快速发展。①

阿尔蒙德又根据政治能力、政治参与、经济增长速度与分配几个方面的指标差异，概括了第三世界国家政治现代化的五种模式：(1)民主的平民主义模式，即建立议会民主型政权形式和市场经济，包括亚非拉的多数新兴国家如印度、加纳等，其中有些国家遭受军事政变向独裁—技术型转变，如印度尼西亚；(2)独裁—技术型模式，即取消竞争性的公民参政，强调提高政府维持秩序的能力，通过税收、投资、工资等政策促进经济快速增长，忽视社会经济不平等的加剧，如巴西；(3)独裁—技术—平等型模式，即在第二种模式的基础上注意促进社会经济平等，如秘鲁和韩国；(4)独裁—技术—动员型模式，即通过政党实行广泛的政治动员和政治社会化，制定和执行公共政策，如古巴、墨西哥、坦桑尼亚；(5)新传统主义模式，即延续传统社会的基本结构和文化，或者是军官集团引进现代军事组织和技术以维持统治，或者文官集团通过在农村传统的部落和村庄结构中活动的政治机器建立自己的控制，城市化工业化进程慢，经济增长率和识字率低，如撒哈拉沙漠以南的非洲地区等。②

关于政治现代化的过程特征，美国学者也进行过深入研究。亨廷顿认为，可以概括为这样九个方面：(1)现代化是革命的过程，因为从传统性向现代性的转变必然涉及人类生活方式根本的和整体的变化；(2)现代化是复杂的过程，因为现代化包含着人类思想和行为一切领域的变化；(3)现代化是系统的过程，因为一个因素的变化将联系并影响到其他各种因素的变化；(4)现代化是与全球相联系的过程，因为现代化虽然起源于15世纪16世纪的欧洲，但现在已经成为全世界的现象；(5)现代化是长期的过程，因为现代化所涉及的整个变化，需要时间才能解决；(6)现代化是有阶段的过程，因为一切社会的现代化过程，有可能区别出不同水平或阶段；(7)现代化是同质化的过程，因为传统社会以不同的类型存在，相反，现代社会却基本是相似的；(8)现代化是不可逆的过程，因为在现代化过程中虽然某些方面可能出现暂时的挫折和

---

① 〔美〕塞缪尔·亨廷顿：《难以抉择：发展中国家的政治参与》，汪晓寿等译，北京：华夏出版社1988年版。
② 〔美〕加布里埃尔·阿尔蒙德：《比较政治学：体系、过程和政策》，陈峰等译，上海：上海译文出版社1987年版。

偶然的倒退，但在整体上现代化是一个长期的趋向；(9)现代化是进步的过程，因为从长远的观点来看，现代化不仅是不可避免的，而且是人心所向的，现代化增加了人类在文化和物质方面的幸福。①

二 政治现代化与政治发展

政治发展作为一个重要的政治范畴和研究领域，是20世纪50年代由美国学者首先提出，并在60年代以来在西方得到广泛使用的。

在美国，政治发展被理解为政治生活和政治社会形态由简单、原始状态到复杂、高级的较为完善状态的演变过程。政治发展研究就是把政治生活视为一个动态过程，从发展变化的角度，探讨影响一个政治体系变迁的内部和外部各要素之间的关系，以研究和说明政治社会的转变过程。美国学者认为，从形式上看，发展是一种持续的过程，表明一事物从一点到另一点，从一个层面到另一层面的连续转化的现象；从价值上看，这种转化意味着向着更好的更理想的目标趋近；从性质上看，发展意味着一个事物内部结构的变化。在美国学者看来，发展不仅被看作是一种定向的运动，而且是一种渐趋完善的运动。在这种运动过程中，很重要的就是政治体系综合能力的发展。其中包括，政治合理性基础的扩大，政治制度化水平的提高，政治参与机会的增加，民主程度的提高，公民自由权利的保障和实施等等。

也许正因为因素众多，内容庞杂，所以美国学者劳伦斯·迈耶认为："政治发展是一个有多种定义的复杂术语，这里的意思包括工业化、城市化、人类的政治化(或者政治动员)，社会成员的日益复杂，以及政治体制的能力加强。"②

另一位美国学者路辛·派伊则在《政治发展的诸方面》一书中，把政治发

---

① 燕继荣主编：《发展政治学：政治发展研究的概念与理论》，北京：北京大学出版社2006年版，第58页。
② [美]劳伦斯·迈耶等：《比较政治学：变化世界中的国家和理论》，罗非等译，北京：华夏出版社2001年版，第12页。

第一章　美国政治现代化的概念

展的概念解释为十个方面：(1)政治发展是经济发展的先决条件；(2)政治发展以工业社会的政治为模范；(3)政治发展是政治现代化；(4)政治发展是一个民族国家的运动；(5)政治发展是行政和法制的发展；(6)政治发展是大众动员和参与；(7)政治发展是民主政治的建立；(8)政治发展是稳定的有序的变迁；(9)政治发展是动员和权力；(10)政治发展是社会变化过程中的一个方面。①

关于政治发展与政治现代化的关系，美国学者认为，它们两者之间存在着一种互促关系，在一定的条件下会相互促进，共同发展。

对政治发展而言，政治现代化往往是动力，能起到推动政治发展的作用。这种作用主要表现在以下三个方面：

一是结构分化产生推动作用。实践证明，一个未经发展的传统政治体系，总是由少数结构担负着许多尚未分化的功能；由一小部分社会集团或个人承担整个政治体系的一切功能。而现代政治体系则存在着明显的分工细化趋势，即愈现代的政治体系，其结构愈是分化。美国学者阿尔蒙德将这种政治结构分化分为"角色分化"和"次体系自主性"两个方面。角色分化是指在原有结构中，旧有的多功能角色发生变化，变得更加专门化，因而产生出许多新型的、相对专门化的角色，形成新的结构和次体系。次体系自主性是指这些分离出来或新建立的角色、结构之间是一种以自主性为前提的相互依存与协调的网络关系。阿尔蒙德认为，在一个政治体系中，政治角色越是分化，新型角色越多；同时，各种次体系，如行政、司法、政党、利益集团、工会等等组织机构的自主性越高，则政治发展的程度也越高。

二是对政治能力产生提升作用。结构分化意味着把每个个体纳入一个更为专门化的角色，并创造出能够指导它们担当这些有限角色的引导模式。因而，分化促成每一个个体都能集中精力投身于一项极具体的细微工作中，从而增强这一具体工作的效能，并在总体上提高政治系统的能力。阿尔蒙德把这种能力归纳为四种类型：(1)提取能力；(2)分配能力；(3)管制能力；(4)象征能力。

三是对世俗化产生维护作用。世俗化是政治现代化的重要表现。阿尔蒙

---

① 《攀登》，2000年第6期，第62页。

德认为,世俗化"包括一国居民当时盛行的态度、信仰、价值观和技能"。阿尔蒙德从政治体系发挥功能的三个层面分别考察了世俗化过程。首先,从体制层面来看,"世俗化代表性地意味着以习惯和超凡魅力为基础的合法性标准的削弱,而政府实际作为的重要性日益成为合法性的基础"。人们不再看重政治体系的"正统"或"神圣",而只是把功利性的合理标准当作合法性的基础。同时,人们对政府领导人的要求也不再苛求其"尊严"或"神圣性",而只是从工作成效上来要求他。其次,从过程层面来看,"世俗化是指对于政治机会有较强的意识,以及利用这些可能改变个人命运的政治机会的意愿",这意味着政治参与人数的扩大、参与意愿的提高,从而使政治系统在输出(各种政策)和输入(参与者的要求与支持)之间的流程趋于更加平衡。其三,从政策层面来看,"世俗化的主要影响在于它指出有可能慎重考虑的政策,按照所需的方式来控制社会和经济环境",从而使政策倾向于改善生活质量。正是从这些方面,政治现代化提升和强化了政治体系的功能。①

对政治现代化而言,政治发展所能起的促进作用主要表现在以下两个方面:

首先,政治发展有利于为政治现代化提供稳定的政治环境。亨廷顿指出:"任何一种给定政体的稳定都依赖于政治参与程度和政治制度化程度之间的相互关系";"从某种角度来说,现代政体之有别于传统政体就在于它的政治参与水平,而发达政体之有别于不发达政体则在于它的政治制度化水平。"②基于政治参与程度和政治制度化水平的不同,亨廷顿对"普力夺政体"和"公民政体"进行了分析和区分。亨廷顿认为,普力夺政体是在制度化程度相对较低的政治体制内,社会力量借助它们各自的方式直接在政治领域里进行活动的政体;而公民政体则相反,是制度化程度比较高的政体。亨廷顿还指出,公民社会更有利于创造稳定的政治环境。这是因为,社会组织和政治程序愈复杂,政治体系的稳定性就愈高;"在强化和维持制度的前提下,渐进、适度地动员社会,更有利于避免政治衰败"。③

---

① 《攀登》,2000年第6期,第63页。
② 〔美〕塞缪尔·亨廷顿:《变化社会中的政治秩序》,王冠华等译,北京:生活·读书·新知三联书店1989年版,第73页。
③ 〔美〕塞缪尔·亨廷顿:《变化社会中的政治秩序》,王冠华等译,北京:生活·读书·新知三联书店1989年版,第74页。

第一章 美国政治现代化的概念

其次，政治发展有利于提升政治体系的制度化水平，提高政治体制在现代化过程中的适应能力。在现代化过程中，一方面，政治体制必须作出适应现代化进程的相应变革，另一方面，又要避免出现那种迅速的、根本性的剧烈革命，以免引发社会动荡。这就要求在政治现代化的过程中，政治体系要有足够的能力来适应和反映社会的要求。而社会的政治发展，可以通过对新参与政治的公民进行有效的政治教育，使他们学会遵循现行政治体系实行的规范，获得有关这些政治规范的适当知识，形成相应的价值观和态度；可以通过把社会各阶层不同的利益团体纳入体系之中，吸引它们的参与要求，但又能有效地防止这些团体根据自己的政治主张控制政府、实行独裁；可以通过将权力集中起来，改变或摧毁传统势力，促进社会和经济的改革；还可以通过将权力重新分配，使其掌握在热心推行政治现代化方案的人手中，从而保证政治现代化的实施。但是，政治发展并不是限制政治参与，而是要控制政治参与；政治参与也并不必然意味着民众对政府的控制，而是意味着政府通过使民众"卷入"政体而同民众共同对社会进行控制。这种参与政体，不在于形式而在于目的，在于控制和秩序，因为只有秩序才能保证政治现代化的顺利推进。

对于政治现代化与政治发展的关联与异同，在美国政治学界也曾存在过两种观点，一种是主张将政治发展与政治现代化相等同，再一种是主张将政治发展从政治现代化中分离出来。

主张将政治发展与政治现代化相等同的主要理由是认为，政治发展与政治现代化尽管具有不同的发展趋势以及演变规律，但在发展阶段上，当代的政治发展与政治现代化具有阶段重合的倾向，而且就两者的发展内涵来说，也具有实质内涵的相似性，即两者都内蕴着政治民主、政治多元、政治自由、政治理性等等；加之，政治现代化是政治发展无法逾越的发展阶段，现阶段政治发展的主要目标就是实现政治现代化。正是在这个意义上，所以布莱克指出："政治发展只是现代化的一个方面，即政治发展就是政治现代化。"[1]

而亨廷顿则主张把政治发展与政治现代化区别开来，主要理由有如下两点：

---

[1]《青岛科技大学学报(社会科学版)》，2006年第4期，第70页。

第一,政治现代化与现代人、现代社会、现代经济有着密切的关系,而政治发展的概念则不仅可以应用到现代社会,而且也可以应用到非现代的情境中。如果将政治发展和政治现代化视为同一的东西,则限制了政治发展概念在时间和空间上的应用。那样,政治发展就变成一个历史演化的特殊阶段。亨廷顿认为,从时间上来看,政治发展是从人类社会诞生或出现政治现象以后就存在着的,而且这一发展还将伴随着人类社会的不断向前发展而逐步完善,具有无限延伸的特性。而政治现代化则不同,它不是从来就有的,它是伴随着近代以来市场经济的不断发展壮大,以及市民社会的培育,尤其是市民社会同政治国家相分离的基础而形成的。从时间上来看,世界政治现代化进程从开始到现在不过 300—500 年的历史;并且,这一过程也不是一个无限延伸的过程。政治现代化作为社会现代化的一部分,很可能将伴随着社会现代化的实现,即人类历史实现由"民族史"向"世界史"的转变而完成其历史使命。政治现代化是一个相对的概念,其范围是有一定限度的。而政治发展则是一个绝对性概念,是一个向前无限延伸的过程。

第二,亨廷顿认为,就政治现代化的结果来说,尽管理论上说政治现代化是从传统政体向现代政体的运动,但在实际上,政治现代化的结果并不总是正向的进步的。有时候,"现代化免不了带来异化、沉沦颓废和无常等一类新旧价值观念冲突造成的消极面。"[1]

随着研究的深入,美国政治学界大部分趋同亨廷顿的观点,已逐渐把政治发展与政治现代化相区分。

不过,从美国学者的争论中可以看到,政治发展与政治现代化其实是两个既相联系又不相同的概念。政治发展是自有国家和阶级社会以来,人们即以不断的扬弃为代价,不断地寻求发挥人的政治潜能的政治体制和政治生活方式的过程,是一个从古到今并向未来社会延伸的过程。只要有国家和阶级社会存在,就有政治发展的条件和空间。在政治发展的过程中,既有前进环节也有倒退环节,既有渐进模式也有激进模式。而政治现代化不过是政治发展过程中的一个特殊阶段。它属于社会转型性的政治发展,即从传统的政治社会转向现代的政治社会的过程,而不属于一般性的政治发展。政治现代化

---

[1] [美]塞缪尔·亨廷顿:《变化社会中的政治秩序》,王冠华等译,北京:生活·读书·新知三联书店 1989 年版,第 34 页。

第一章 美国政治现代化的概念

是由一个国家的统治集团或政治家以国家的名义进行的有目的、有计划的行为，并形成了明确的发展纲领和发展目标。政治现代化是一种全面的政治进步，是一种全球性的政治现象。

有必要指出的是，美国学者提出政治现代化与政治发展这两个概念时，由于他们自己国家的政治现代化早已完成，所以他们研究的所有指向，都是针对传统国家和发展中国家的，政治现代化的目标和政治发展的目标也都是以某种既定的政治模式，即西方发达国家民主政治的模式作为唯一目标取向的。因此，这种绝对化的政治现代化观，是难免不存在误区和局限的。

同时，还应该看到，亨廷顿根据"二次世界大战以后，一些国家的政治演变具有以下特征：种族和阶级冲突不断加剧；骚动和暴力事件层出不穷；军事政变接二连三；反复无常、个人说了算的领导人物主宰一切，他们常常推行灾难性的社会和经济政策；内阁部长和公职人员肆无忌惮地腐化；公民的权利和自由遭受恣意侵犯；政府效率和公务水平日益下降；城市政治集团纷纷离异；立法机关和法庭失去权威；各种政党四分五裂，有时甚至彻底解体"，就认为政治现代化"免不了带来异化"。[①] 这样的结论也同样过于简单和绝对。应该说，亨廷顿所列举的这些问题的出现，不但不是政治现代化本身存在的问题，而且恰恰是发生这些问题的国家和地区，政治还没有实现现代化或者政治还不够现代化的结果。

三 政治现代化与民主化

在美国，早期的政治现代化理论主要是研究民主化问题。在许多人眼里，现代政治就是民主政治，政治现代化就等同于政治民主化，两者基本上是同义反复。只是到了20世纪60年代后期，更多的人意识到政治现代化是一个多方面的变化过程后，才使各自的内容有了明确的区别。

关于民主化的概念和内涵，美国学者大卫·波特尔认为，民主化是指这

---

① 〔美〕塞缪尔·亨廷顿：《变化社会中的政治秩序》，王冠华等译，北京：生活·读书·新知三联书店1989年版，第3、34页。

样一种政治变革过程，即由较少负责的政府，到较多负责的政府；由较少竞争或者干脆没有竞争的选举，到较为自由和公开的竞争性选举；由严厉限制人权和政治权利，到较好地保障这些权利；由市民社会只有微弱的或者干脆没有自治团体，到享有较充分自治和数量较多的自治团体。①

关于民主化的起源和发展，罗伯特·达尔把人类的民主化归纳为三大历史性运动。他认为，第一个民主运动发生在古代的希腊和罗马，但是只有部分成功，因为公民的人数总是少于非公民的人数。雅典的民主政治由于排除奴隶和女性而受到玷污。罗马人在他们扩张领土的时候，从未使那些无法到罗马城的民众能有效地参与统治共和国。第二个民主运动发生在意大利北部的独立城邦，但是民主的动力却在暴政和外国的统治下枯竭。第三个民主运动从18世纪末美国和法国革命算起，这已不是城邦式的民主化，而是民族国家的民主化。罗伯特·达尔认为，在美国之前，没有一个政治制度曾完全彻底地民主化过，民主也从未实现过它的理想。②

关于现代意义的民主化，亨廷顿提出了三次民主化浪潮的观点。亨廷顿认为，所谓民主化浪潮，就是在一个特定的时间内发生的由非民主政体向民主政体的成批的转变。亨廷顿对三次民主化浪潮的界定是：第一次长期的民主化浪潮——1828—1926年，约有33个国家建立了民主制度，但在1922—1942年间，这其中又约有22个国家的民主制度被颠覆；第二次短促的民主化浪潮——1943—1962年，约有40个国家建立了民主制度，但同样在1958—1975年间，有22个国家的民主制度被颠覆；第三次民主化浪潮从1974年起到1990年，有33个国家建立了民主制度，其中也有3个国家出现回潮。③

亨廷顿还指出，现代历史上的这三次民主化浪潮并不是简单的重复，而是各有其特点。

从民主化的历史背景看，亨廷顿认为，第一次民主化浪潮所取代的政体一般是绝对君主制的政体、残存的贵族政体和大陆帝国的后继国；第二次民

---

① 燕继荣主编：《发展政治学：政治发展研究的概念与理论》，北京：北京大学出版社2006年版，第258—259页。
② 燕继荣主编：《发展政治学：政治发展研究的概念与理论》，北京：北京大学出版社2006年版，第259页。
③ 燕继荣主编：《发展政治学：政治发展研究的概念与理论》，北京：北京大学出版社2006年版，第264—265页。

主化浪潮主要发生在法西斯国家、殖民地和个人军事专制的国家，其中一些国家曾有过民主的经历；而第三次民主化浪潮中转向民主的国家，原来的政体大多是一党制、军人政体和个人专制。

从促成民主化的原因看，亨廷顿认为，第二次民主化浪潮在很大程度上是由于外部的压力而实现的，而第三次民主化浪潮除格林纳达、巴拿马和加勒比海的几个英属小殖民地外，民主化的主要原因都来自其内部。由此，亨廷顿进一步认为，第三次民主化浪潮已经证明民主价值能够超越文明界限，能够在现代世界得到普遍认同。

从实现民主化的方式和途径看，亨廷顿认为，第一次和第二次民主化浪潮都是以暴力为杠杆。17—18世纪的革命启动了第一次浪潮，第二次世界大战中法西斯国家的战败为第二次浪潮又扫清了障碍。而第三次民主化浪潮则是在和平的条件下发生的，并且以妥协、选举和非暴力为特征。

从美国学者的上述论述中可以看到，虽然政治现代化与民主化的概念在美国已经被区分开，但实现民主化仍然是政治现代化的主要内容。

四　政治现代化与革命

在美国政治学界，"革命"是与政治现代化关联度密切的又一个重要词汇。美国学者对于革命的概念、革命的性质和特点、革命与政治现代化的关系等，也都有着自己特有的诠释。

关于革命的概念，亨廷顿认为："革命，就是对一个社会占据主导地位的价值观和神话，及其政治制度、社会结构、领导体系、政治活动和政策，进行一场急速的、根本性的、暴烈的国内变革。因此，革命可以区别于叛乱、起义、造反、政变和独立战争。政变就其本身而言，只改变领导权，可能还改变政策；起义或造反可能会改变政策、领导权和政治制度，但不改变社会结构和价值观；独立战争是一个政治共同体反对外来政治共同体统治的斗争，它未必在这两个共同体的任何一方引起社会结构方面的变更。……革命是罕见的。大多数社会从未经历过革命，许多历史时代在进入现代以前亦不知革命为何物。……古代埃及、巴比伦、波斯、印加、希腊、罗马、中国、印度和阿拉伯世界的伟大文明，经历过叛乱、起义和朝代更替。但是，这些皆没有构成任何类似西方伟大革命的东西。古代帝国的兴衰，希腊城邦从寡头政治到民主政体的来回变更，只是政治暴力的实例，而不是社会革命。较确切地说，革命是现代化所特有的东西。它是一种使一个传统社会现代化的手段。所以，革命对于西方的传统社会，就像对其他地方的传统社会一样，不为世人所知。革命是现代世界观的最高表现，这种世界观相信人有能力控制和改变其所处环境，他们不仅有能力而且有权利这样去做。……用暴力和变革来描述革命现象都是不够的。只有在变革的发生意味着一个新的起点，在暴力被用来构成一个完全不同的政府形式，并导致形成一个新的政体时，才谈得上革命。"①

关于革命的性质，亨廷顿指出："在政治上，革命的实质是政治意识的迅速扩展和新的集团迅速被动员起来投入政治。其速度之快，以致现存的政治制度无法融化它们。革命是政治参与的爆炸性的极端事例。没有这种爆发，就不可能有革命。然而，一场全面的革命还包括另一个阶段，即建立新的政治秩序并使之制度化的阶段。成功的革命把迅速的政治动员和迅速的政治制度化结合起来。但不是所有的革命都产生新的政治秩序。衡量一场革命的革命性如何，应看其政治参与扩大的速度和范围。而衡量一场革命成功到什么程度，则应看其所产生的制度的权威性和稳定性。因此，一场全面的革命意味着对现存政治制度的迅速而猛烈的摧毁，意味着动员新的集团投入政治，并意味着新的政治制度的创立。"②

关于革命的特点，美国学者经过世界现代历史上革命的研究，发现了一些被称为"重要的、规律性的、几乎所有具有经典意义的革命的历史经验中都存在的现象"。这些现象有以下十个方面：

（1）在革命发生之前，往往有一些知识分子，如新闻工作者、作家、教师、神职人员和受过专业训练的官吏，开始不再支持现政权，并且开始批评

---

① 〔美〕塞缪尔·亨廷顿：《变化社会中的政治秩序》，王冠华等译，北京：生活·读书·新知三联书店 1989 年版，第 241—242 页。
② 〔美〕塞缪尔·亨廷顿：《变化社会中的政治秩序》，王冠华等译，北京：生活·读书·新知三联书店 1989 年版，第 243 页。

政府，要求进行深入彻底的改革。

（2）在作为革命对象的政权倒台之前，该政权通常会对社会改革的要求作出回应并开始实行一些改革措施。

（3）政权倒台的直接原因常常是因为现政府对一些严重的经济、政治、军事挑战无力应对而产生的深刻危机，而不是由于反对政权的革命势力的反叛行动。

（4）革命势力在推翻旧政权的问题上也许是团结的，但当做为革命对象的政权倒台后，革命力量内部的分歧就会开始显现。

（5）一般情况下，第一个创立新政权的革命力量是相对温和的改革集团。

（6）当比较温和的改革集团试图根据政治变革计划而利用旧政权遗留下的政府组织资源重建政治秩序时，比较激进的、用大众动员的新组织方式的革命力量便开始"发酵"，在社会上增强支持力量。

（7）真正的革命性的变革并不发生于作为革命对象的政权倒台之时，而表现在代表新的革命力量开始替代了温和的改革集团而掌握政权时。

（8）因为剧烈的革命行动而产生失序，激进的控制力量开始实施他们的政策，通常表现为革命力量用暴力强加给社会一个新的政治秩序。

（9）那种发生在温和派和激进派、革命的维护者和外部敌人的维护者之间的争斗，通常会导致革命势力中的军事领袖走到前台，甚至建立绝对独裁统治以维持新政权和恢复政治秩序。

（10）激进的革命阶段将被比较务实的现实主义的阶段所代替，而相对温和的改革力量也将最终建立革命后新的既成事实和政治秩序。①

关于革命与政治现代化的关系，美国学者认为，革命是政治现代化的一个方面，政治现代化往往是革命的目的，革命的最重要的结果正是在政治领域之中，或者直接与这个领域有关。

亨廷顿指出："革命是现代化的一个方面。它不是在任何类型的社会或在其历史上的任何阶段都可以发生的。它不属于一个普通的范畴，而只是一种有限历史现象。它不可能发生在社会和经济发达水平很低的高度传统化的社会里。它也不会发生在高度现代化的社会里。与其他的暴力和动荡形式一样，

---

① 华世平主编：《政治学》，北京：中国人民大学出版社2007年版，第138页。

它最可能发生在曾经经历过某些社会和经济发展而政治现代化和政治发展进程又已落后于社会与经济变化进程的社会里。"①

亨廷顿认为,一场全面的革命包括摧毁旧的政治制度以及旧的正统模式,动员新的集团进入政治,重新界定政治共同体,接受新的政治价值观和新的政治合法性概念,由一批新的、更有生气的精英人物取得政权,创立新的、更强有力的政治制度。而这些方面,与政治现代化的目的也是趋同的。亨廷顿说:"革命为所有获得政治意识的新团体带来新的团体感和认同感。如果认同是现代化过程中的关键问题,那革命就为这个问题提供了一个结论性的(虽说是代价昂贵的)答案。革命建立起一个人人平等的民族或政治共同体,意味着从一种政治文化到另一种政治文化的根本转变,在前者中,臣民把政府看作是'他们',在后者中,公民把政府看作是'我们'。就政治文化而言,没有什么比人民对政治制度认同的范围和强度更为重要了。一场革命最有意义的成就便是政治价值观和政治态度方面的迅速变化。"②

在这里,同样需要指出的是,美国学者的这些研究,并不是针对美国国内的,而主要是出自对世界其他国家,尤其是二战结束以来一些第三世界国家的研究。

五 政治现代化与宗教

虽然建国伊始美国就是一个政教分离的国家,但在其现实生活中,政治却又与宗教密不可分。正如英国学者维尔所指出:"自从移居美洲的英国清教徒在科德角登陆时起,宗教就一直是美国政治上的一个因素。……在全国政治生活中起着重要的但不同的作用。"③也正如托克维尔所得出的结论:"在美国,宗教

---

① 〔美〕塞缪尔·亨廷顿:《变化社会中的政治秩序》,王冠华等译,北京:生活·读书·新知三联书店1989年版,第242页。
② 〔美〕塞缪尔·亨廷顿:《变化社会中的政治秩序》,王冠华等译,北京:生活·读书·新知三联书店1989年版,第283页。
③ 〔英〕维尔:《美国政治》,王合等译,北京:商务印书馆1981年版,第37页。

第一章 美国政治现代化的概念

从来不直接参加社会的管理,但却被视为政治设施中的最主要设施。"①

美国人的宗教意识源自欧洲。由于中世纪漫长的教会统治,在欧洲人的思想中形成了对上帝的绝对敬畏。很久以来,人们借助上帝的灵光,执着地寻求前进道路上的灯塔。人们相信,自己的智慧与上帝的护佑之灯,同茫茫征途中所希望的灯塔是融为一体的。正是抱着这一信念,早期的殖民者们横渡汹涌的大洋,来到了北美大陆寻求生命之源,开辟希望之路。

然而,美国人笃信宗教又是有别于欧洲人的,其中最主要之处,就是把对宗教的虔诚与对现实政治的现代化互相结合而不是互相排斥。对此,托克维尔在《论美国的民主》一书中写道:"英裔美国人文明的真正特点,是两种完全不同成分结合的产物,而这两种成分在别处总是互相排斥的,但在美国却几乎彼此融合起来,而且结合得非常之好。我们说的这两种成分,是指宗教精神和自由精神。新英格兰的建设者们既是自己教派的热心拥护者,又是大胆的革新者。尽管他们的某些宗教见解失于偏颇,但他们却不怀任何政治偏见。"②

托克维尔的这一观点,在一代又一代美国政治家的身上得到了最有说服力的证明。美国历史上的绝大多数总统,都是既具有世俗的政治观念,又具有强烈的宗教情绪,既是卓越的政治领导人,又是虔诚的基督教教徒。

美国首任总统华盛顿在就职典礼上手按《圣经》宣誓,并亲吻《圣经》,祈求上帝的保佑。这一经典做法成为后来历届总统宣誓就职时的固定模式。

第2任总统亚当斯是第一位迁入白宫居住的总统,他曾希望做一名全职的基督教牧师,为此进了哈佛大学专修神学。在总统府迁入白宫后,亚当斯下令在餐厅刻上如下祷告词:"我祈求上帝,将最好的祝福赐予这座屋子和以后居住在这里的每个人。但愿唯有诚实睿智的人永远在这屋檐下治理!"这一祷告词至今仍在白宫的餐厅里。

第16任总统林肯在南北战争的困难时刻,当他的牧师让他祷告,祈求主站在联邦军队一边时,他回答说:"我更愿意祷告,让我的军队站在主的一边。"正是林肯,于1863年末签署感恩节公告,使一个早期清教徒创造的庆典活动成为美国历史上的永久性节日。

---

① 〔法〕托克维尔:《论美国的民主》,董果良译,北京:商务印书馆1988年版,第339页。
② 〔法〕托克维尔:《论美国的民主》,董果良译,北京:商务印书馆1988年版,第47—48页。

第 25 任总统麦金利曾经发动了美西战争,是卫理公会的教友。他说:"我相信基督的神性,并认为基督教是世界文明最强大的因素。"麦金利也是位被暗杀的总统,遇刺中弹后他坚持要求要善待刺客。临终前还说:"这是上帝的旨意,愿上帝的旨意成就。"

第 33 任总统杜鲁门是浸礼会的信徒。他在 1952 年签署了设立全国祈祷日的国会联合决议案。在杜鲁门的口袋里随身携带着这样的祈祷文:"全能永恒的上帝,天地万物的创造者,帮我为人正义,帮我思考正义的事,帮我采取正义的行动"。

第 34 任总统艾森豪威尔不仅被称为"冷战英雄",而且根据他的要求,美国在货币上印上了"我们信赖上帝"的字样。

第 40 任总统里根以保守的基督教信仰著称。里根说,"我始终坚信凡事都有某种神意的安排","除了相信这是上帝的计划,我解释不清楚我是怎么当选为总统的"。

第 42 任总统克林顿是南方浸礼会的信徒,熟知《圣经》和基督教神学,可以自如地运用基督教福音派的言辞。

第 43 任总统布什是美国基督教保守势力的代表。2001 年"9·11"事件发生后,布什怎么也想不通会有人恨美国,于是又从上帝那里寻求慰藉。在"9·11"一周年的纪念日,布什率全体阁员参加了在纽约圣爱匹斯克教堂举行的纪念仪式。仪式上,牧师朗读了《圣经》中《神的仆人》一节,起头是:"神说,看哪,我的仆人,我扶持他;我拣选他,喜爱他;我以我的灵充满他;他要为万国带来正义。"牧师朗读完后,国务卿赖斯起身,接着朗读了《圣经》中《神是我的避难所》一章,其中说:"神是我们的避难所,是我们的力量,是我们在患难中随时的帮助。"赖斯朗读完后,白宫顾问休斯又朗读了《圣经》中《罗马书》第八章:"我们现在的苦难,跟将来要显明给我们的荣耀相比,算不了什么。"仪式进行到这里时,布什已热泪盈眶,双手捂面,唏嘘不已。①

在美国的政治和社会生活中,政治价值与宗教精神同时并存、既世俗化又充满浓厚宗教色彩的特性,在普通民众身上同样表现得非常突出。

托克维尔曾就此在《论美国的民主》一书中写道:

---

① 参见于歌:《美国的本质》,北京:当代中国出版社 2006 年版,第 136 页。

第一章 美国政治现代化的概念

在美国,每星期的第七天,全国的工商业活动都好像完全停止了,所有的喧闹的声音也听不到了。人们迎来了安静的休息,或者勿宁说是一种庄严的凝思时刻。灵魂又恢复了自主的地位,并进行自我反省。

在这一天里,市场上不见人迹;每个公民都带领自己的子女到教堂去,在这里倾听他们似乎很少听到过的陌生的布道讲演。他们听到了高傲和贪婪所造成的不可胜数的害处。传教士们向他们说:人必须抑制自己的欲望,只有美德才能使人得到高尚的享乐,人应当追求真正的幸福。

他们从教堂回到家里,并不去看他们的商业账簿,而是要打开《圣经》,从中寻找关于造物主的伟大与善良,关于上帝的功业的无限壮丽,关于人的最后归宿、职责和追求永生权利的美好动人描写。

美国人就是这样挤出一点时间来净化自己,暂时放弃其生活上的小小欲望和转瞬即逝的利益,而立即进入伟大、纯洁和永恒的理想世界的。①

从以上可以看到,宗教信仰确实是美国人的精神享受、思想抚慰、心灵鸡汤,公民与信徒、政治家与几近布道者的双重身份,在美国人身上达到了完美的统一。

所以亨廷顿指出:"美国人的宗教虔诚存在着一种全面往下传播的趋势。在21世纪初,美国人对基督教的认同,与他们在历史上的任何时期相比,是同样坚定,很可能是更加坚定。"②

总的看,在美国的政治话语中,政治与政治现代化、政治现代化与政治发展、政治现代化与民主化、政治现代化与革命、政治现代化与宗教,既有世界性,又有国别性;既有联系,又有区别;既有共性,又有各自特定的内涵。

---

① [法]托克维尔:《论美国的民主》,董果良译,北京:商务印书馆1988年版,第675页。
② 刘国平:《美国民主制度输出》,北京:社会科学文献出版社2006年版,第94页。

第二章
Chapter Two

美国政治现代化的渊源

> 机遇、战争和征服是人类历史上创建新国家的仅有的几个动力。美利坚是有史以来第一个靠人的理念和伦理道德的选择而创立的国家。
>
> ——〔美〕雅各布·尼德曼①

> 我们将成为整个世界的山巅之城,所有人的目光都将注视着我们。
>
> ——〔美〕约翰·温斯罗普②

---

① 〔美〕雅各布·尼德曼:《美国理想:一部文明的历史》,王聪译,北京:华夏出版社2004年版,第1页。
② 〔美〕丹尼尔·布尔斯廷:《美国人:开拓历程》,中国对外翻译出版公司译,北京:生活·读书·新知三联书店出版社1993年版,第3页。

第二章 美国政治现代化的渊源

正如美国学者戴维·兰德斯所言,"历史憎恶跳跃,大的变化和经济革命都不是突然来临的,它们必定是经过了周全的和长期的准备"①。美国政治现代化的缘起、发展和实现,虽然过程短暂,起点很高,但也不是无缘之水,空穴来风,而是北美殖民地各种政治与社会因素累积和发展变化的结果。

一 思想源头——美国政治脱胎于欧洲

美国的建国得益于最早殖民、开拓北美新大陆的欧洲国家移民。

美国文化的源头在欧洲,美国政治文化的源头同样在欧洲。

如同美洲文明的显著特点是多源性一样,美国政治现代化的思想源头也呈多源性的特点。

源头之一:以约翰·加尔文教义为核心的清教主义信仰

约翰·加尔文出生于法国北部,父亲曾任当地的主教秘书,颇孚众望。1523年,加尔文赴巴黎,先后就读于马歇学院和蒙太古学院,1528年获文学硕士学位。同年又入奥尔良大学攻读法律,并受到人文主义的深刻影响。1532年改信新教,1534年定居于新教中心瑞士的巴塞尔,潜心研究《圣经》和神学,于1536年发表《基督教要义》一书,从此成为新教的权威发言人。1538年赴法国推行新教。1541年返回日内瓦,获得市政当局的支持,建立日内瓦归正会,即新教长老会,制定教会新规章。根据新规章,每一教会设教师、牧师、长老、执事等职,均由信徒选举。这期间,加尔文还推动教会与城市

---

① 〔美〕戴维·兰德斯:《国富国穷》,门洪华译,北京:新华出版社2007年版,第197页。

委员会密切合作，由教会派出几名神职执事，与 12 名世俗长老共同管理城市。城市委员会与教会两套人马互相渗透，成为一个共同权力体的两个侧面。城市委员会和教会还制定了严格的规章制度，对市民进行管理和监督。同时，城市委员会与教会也十分重视城市的物质建设，主张城市的财产应该由它的成员共同享用；社区应该照顾好每个人的生活，政府特别要对穷人实行救济，向穷人发放无息贷款；要发展工业和商业，给予每个日内瓦公民以工作的机会。

马克思曾称赞加尔文说，"加尔文的教会组织是完全民主的和共和的"①。加尔文热衷并推行的清教起源于 16 世纪初英国的宗教改革。

16 世纪初英国宗教改革后，虽然英国国教本质上是反对罗马天主教的，但它在教义和教仪方面的改革是不彻底的。因此其中一部分激进的教徒要求清洗教内保留的天主教旧制和繁琐礼仪，提倡过简朴的生活，于是，他们脱离国教，组成了新的宗教派别——清教。由于深受英国自由主义传统的影响，清教徒们的改革要求不断扩大。除了礼仪方面的改革外，他们还要求进行制度方面的改革，废除教阶制。这就严重地触犯了既有秩序和既得利益者，因此受到英国王室和英国国教的迫害。清教的活动也由此转入地下，许多清教徒选择背井离乡，到处寻找心中的希望之乡。就是在这一背景下很多清教徒来到了北美这块崭新的土地。

然而，清教徒们的到来并不是单纯的避难，而是从一开始就肩负着重新安排世界、施惠于世界、建立一座山巅之城，实践加尔文的"预定论"这一特殊使命而登陆的。

1620 年，100 多名朝圣者在普利茅斯上岸之前，写下了如下一些文字："为了上帝的荣耀，为了增强基督教信仰，为了提高我们国王和国家的荣誉，我们漂洋过海，在弗吉尼亚北部开发第一个殖民地。我们这些签署人在上帝面前共同庄严立誓签约，自愿结为民众自治团体。为了使上述目的能得到更好的实施、维护和发展，将来不时依此而制定颁布的被认为是对这个殖民地全体人民都最适合、最方便的法律、法规、条令、宪章和公职，我们都保证遵守和服从。"②

---

① 《马克思恩格斯选集》第 3 卷，北京：人民出版社 1965 年版，第 391 页。
② 中央电视台《大国崛起》节目组编：《大国崛起·美国》，北京：中国民主法制出版社 2006 年版，第 5 页。

这纸被后来称之为《五月花号公约》的文书，看似简单，字数不多，形成似乎也有些仓促，但它却凝聚着新英格兰清教徒们的理想信念，并且开创了一个先例，树立了一个典范：人们可以通过自己的公意决定集体行动；人们可以采取自治的方式管理自己的生活；行使统治，必须经过民众的同意；建立秩序，可以通过公议的契约来确立，而不是由人民之上的权威予以强加。这些全新的观念和做法，成为美国民主政治的先驱。

在整个美国殖民时代，清教徒都是移民的主体，清教主义作为一种宗教理念，也扮演了殖民时代政治理念的角色。从根本上说，美国有史以来就是一个建立在新基督教意识形态之上、为新基督教意识形态所驱动、为实现新基督教意识形态之目标的国家。清教主义中蕴含的个人主义、理性原则、自治精神，为美国自由的民主政治提供了精神性的因素。新教的价值观既是美国产生的动力，也是美国政治、经济和社会生活的主导力量。清教思想深深地影响了美国，是美国精神的核心。

源头之二：17 世纪英国哲学家和政治思想学家约翰·洛克关于人权、法律的理论

洛克是英国资产阶级革命时代的政治人物，西方自由主义的创始人。洛克出生于英国默塞特郡的格顿城。父亲是一个虔诚的清教徒，担任过律师。1652 年，20 岁的洛克进入牛津大学基督教会学院学习。在家庭和学校的教育与熏陶下，洛克在青年时代就萌发了反对封建专制的激情，并著文为资产阶级革命大声呐喊。从 1667 年起，洛克长期担任新贵族领袖人物——艾利希勋爵的秘书。1683 年由于复辟派的迫害，洛克随艾利希逃往荷兰，1688 年光荣革命后返回英国，跟随艾利希在新政府中任职。1689 年，洛克出版了他的政治学著作《政府论》，对菲尔麦的君权神授论进行了系统而深刻的批判，全面阐述了他的政治主张，并为议会民主制的合理性进行了有力的辩护。此外，他还写了大量的哲学和政治学方面的论著，如《人类理智论》、《论宗教宽容》等。恩格斯称洛克为"1688 年阶级妥协的产儿"。

洛克提出的人权理论，不仅为英国的君主立宪制提供了理论依据，而且对整个西方世界发生的革命都产生了不可估量的影响。马克思曾因此称洛克为"一切形式的资产阶级的代表"。洛克认为，人类社会在出现国家之前处于一种自然状态之中；在这样的状态下，人人过着充分自由的生活，不受任何权力的限制和侵犯，每个人都平等的享受着生命、财产、自由的权利，没有一个人有多过别人的权利，也不必服从别人的意志；每个人所拥有的对生命、财产、自由的自然权利，是天然的，上帝赋予的，因此不能把这些权利移交给另一个专断的权力；建立政府是为了保障这些权利而不是损害这些权利，因而政府也不能不经同意就取得或再分配财产。洛克的这些思想，被美国《独立宣言》的起草人杰斐逊比较完整地进行了吸收。

洛克关于法律的观点是，人们立法不是为了取消自然法或自然权利，而是为了赋予法律在自然状态下所缺少的明晰、精确以及公正的实施；自然权利应当保留，而且应该制约所有的人，"立法者与他人平等"。洛克写道："人是万能的和无限智慧的造物主创造出来的，是一个至高无上的主宰的仆人，奉他的命来到世上为他做事；人是他的创造物，是他的财产，是他的而非彼此的意志使他们存在下去；人具有同样的机能，生活在同一个自然界里；正因为如此，不能设想我们之间有任何从属关系，使我们有权彼此毁灭，仿佛我们生来是供彼此利用，就像低等动物生来是供我们利用一样。"①

显然，在洛克看来，自然法是国家和国家法律的根本，人是按照自然法享有基本的自然权利，其中最重要的就是生命、财产和自由；人们之所以成立政府，就是为了保护这些基本权利；政府的行为是否合法，唯一的判断标准也就在于它是否有效地承担了这样的责任，否则，人们就有权推翻它而另建一个新的、真正为他们所满意的政府。

同样，洛克的这些思想也随着杰斐逊的畅想进入到美国的《独立宣言》。

源头之三：法国思想家、哲学家孟德斯鸠三权分立的思想

孟德斯鸠是18世纪法国启蒙运动中的卓越人物，曾被选为法国科学院院士、英国皇家学会会员和柏林皇家科学院院士。孟德斯鸠在政治民主方面的著述，成为法国大革命中雅各宾派的理论向导。孟德斯鸠在《论法的精神》这部著作中，把政体分为共和、君主、专制三种，认为共和政体是良好的政体，并对这一良好的政体极力褒扬，而对专制政体则作了无情的抨击。

---

① 〔英〕格雷厄姆·沃拉斯：《政治中的人性》，朱曾汶译，北京：商务印书馆1995年版，第76页。

第二章　美国政治现代化的渊源

孟德斯鸠认为，"每一个国家有三种权力：（一）立法权力；（二）有关国际法事项的行政权力；（三）有关民政法规事项的行政权力"。① 孟德斯鸠主张，立法、行政、司法这三种权力应该分属于三个不同的国家机关。他说："当立法权和行政权集中在同一个人或同一个机关之手，自由便不复存在了；因为人们将要害怕这个国王或议会制定暴虐的法律，并暴虐地执行这些法律。如果司法权不同立法权和行政权分立，自由也就不存在了。如果司法权同立法权合而为一，则将产生对公民的生命和自由施行专断的权力，因为法官就是立法者。如果司法权同行政权合而为一，法官便将握有压迫者的力量。如果同一个人或是由重要人物、贵族或平民组成的同一个机关行使这三种权力，即制定法律权、执行公共决议权和裁判犯罪或私人争讼权，则一切便都完了。"②

孟德斯鸠还特别指出："一切有权力的人都容易滥用权力，这是万古不易的一条经验。"③

孟德斯鸠的这些思想在很大程度上是建立在这样一个基础上的，即他认为，世界上理想的国家是政治自由；而实现政治自由，只有建立三权分立的政府才有可能。孟德斯鸠指出，对一个社会来说，政治自由就是"一个人能够做他应该做的事情，而不被强迫去做他不应该做的事情"；对一个公民来说，"政治自由是一种心境的平安状态。这种心境的平安是从人人都认为他本身是安全的这个看法产生的。要享有这种自由，就必须建立一种政府，在它的统治下一个公民不惧怕另一个公民。"④

在孟德斯鸠之前，洛克也曾提出，个人大权独揽不利于法治，立法权、行政权与对外权要分开，但他没有提出对权力要制衡，只是强调掌握行政权的君主要从属于议会，议会虽然享有最高立法权但不能为所欲为。显然，这是从防范君主的角度来论述分权的，对于如何防范议会专权，他还没有提出来，只是抽象地谈到由人民来防范和制约。孟德斯鸠不仅明确地提出了三权相分的思想，而且更为主要的是强调了要建立一种权力之间相互制约的机制。

---

① 〔法〕孟德斯鸠：《论法的精神》上册，张雁深译，北京：商务印书馆1959年版，第185页。
② 〔法〕孟德斯鸠：《论法的精神》上册，张雁深译，北京：商务印书馆1959年版，第185—186页。
③ 〔法〕孟德斯鸠：《论法的精神》上册，张雁深译，北京：商务印书馆1959年版，第184页。
④ 〔法〕孟德斯鸠：《论法的精神》上册，张雁深译，北京：商务印书馆1959年版，第183、185页。

美国初创时期，北美的报刊杂志曾大量介绍孟德斯鸠的著作，美国独立战争的领袖们也曾熟读《论法的精神》这部孟德斯鸠的代表作。正是在这样的基础上，孟德斯鸠的分权思想进入美国宪法。

源头之四：法国启蒙时代思想家卢梭的社会契约论和人民主权学说

卢梭出身于一个钟表匠之家，幼年丧母，少年时代其父亲又因与人决斗而离家逃亡。卢梭尚未成年便已开始一种类似流浪的生活。后来偶然遇到一位贵妇人并得到这位贵妇人的庇护，有机会在她的庄园中度过了一段潜心读书的平静时光。与这位贵妇人失和后卢梭只身到巴黎，开始了自己的文人生涯。卢梭先后发表了《论人类不平等的起源和基础》、《新爱洛依丝》、《社会契约论》、《爱弥儿》等政治、教育论著和小说。

卢梭是社会契约论和人民主权学说的集大成者。

卢梭社会契约论的主要思想是：

（1）人们订立社会契约时，不是"在上者"与"在下者"之间的一种约定，不是一个"担负完全归你而利益完全归我"的约定，而是共同体各个成员之间的一种公平的约定。"它是合法的约定，因为它是以社会契约为基础的；它是公平的约定，因为它对一切人都是共同的；它是有益的约定，因为它除了公共的幸福而外就不能再有任何别的目的；它是稳固的约定，因为它有着公共的力量和最高权力作为保障。"① 由于这个共同体是基于人们在自愿与平等的基础上建立的，因此人们遵守自己的约定，服从共同体的最高权力，就不是在服从任何别人而只是在服从人们自己的意志。

（2）人们订立社会契约时，每个缔约者都向共同体奉献出自己的一切权利，人人奉献，条件是同等的，没有任何例外，所以也就没有人成为别人的负担者。"每个人既然是向全体奉献出自己，他就并没有向任何人奉献出自己；而且既然从任何一个结合者那里，人们都可以获得自己本身所让渡给他的同样的权利，所以人们就得到了自己所丧失的一切东西的等价物以及更大的力量来保全自己的所有。"②

（3）人们把权利交给社会的同时，自己又从社会获得了同等的权利。人们

---

① 〔法〕让·雅克·卢梭：《社会契约论》，何兆武译，北京：商务印书馆1982年版，第44页。
② 〔法〕让·雅克·卢梭：《社会契约论》，何兆武译，北京：商务印书馆1982年版，第24页。

第二章 美国政治现代化的渊源

放弃了自然的自由,但却又获得了社会的自由,这是更高一级的自由。同时,社会契约也没有摧毁和取消平等,而是以道德和法律的平等代替了自然造成的人类在体力和智力上的不平等。卢梭认为,人们订立这样的契约,是做了一件有利的交易:它以更加稳定和更加美好的生活方式代替了自然状态下的不够稳定的生活方式;它以社会自由代替了个人的孤独;它以自身的安全代替了互相侵害;它以一种社会结合产生的强大权利代替了自己随时可能被人制服的权利。人们既然把人身和生命奉献给共同体,他的人身和生命安全也就获得了共同体的保障;他保卫着共同体,共同体也就保护着他。因为"一旦人群这样地结成了一个共同体之后,侵犯其中的任何一个成员就不能不是在攻击整个的共同体;而侵犯共同体就更不能不使它的成员同仇敌忾。这样,义务和利害关系就迫使缔约者双方同样地要彼此互助,而同是这些人也就应该力求在这种双重关系之下把一切有系于此的利益都结合在一起。"①

(4)社会契约缔结之后,人民便永远成为国家的立法者,契约如遭到政府破坏,每个公民都有权立即自动地恢复自己原来的权利,如果丧失契约规定的自由,便可以自动恢复原先的自然自由。卢梭认为,人民有反抗暴政的权利。如果政府越权,并使用暴力来镇压人民,人民便可以起来推翻政府。他说:"当人民被迫服从而服从时,他们做得对;但是,一旦人民可以打破自己身上的桎梏而打破它时,他们就做得更对。因为人民正是根据别人剥夺他的自由时所根据的那种同样的权利,来恢复自己的自由的,所以人民就有理由重新获得自由;否则别人当初夺去他们的自由就是毫无理由的了。"②

卢梭认为,通过社会契约建立民主的共和国之后,人类才真正脱离了自然状态。

卢梭人民主权学说的思想是:

(1)主权是至高无上的。卢梭认为,构成主权的公意即人民的整体意志在国家政治生活中居于最高指导地位,没有任何一种权力可以凌驾于人民意志之上,也没有任何一种权力可以约束和支配人民。社会契约产生的国家具有"普遍的强制性力量",那只是当它受公意"指导"时才如此,而当它和人民的意志相违时,人民有权废除这个契约,重新缔结新的契约,以保障人民的天

---

① 〔法〕让·雅克·卢梭:《社会契约论》,何兆武译,北京:商务印书馆1982年版,第27页。
② 〔法〕让·雅克·卢梭:《社会契约论》,何兆武译,北京:商务印书馆1982年版,第8页。

赋权利不受侵害。"公众的决定可以责成全体臣民服从主权者,然而却不能以相反的理由责成主权者约束其自身",因为主权者就是人民,人民若以自己不得违背的法律约束自己,就"违反了政治共同体的本性了"。①

(2)主权是不可转让的。主权是人民意志的体现,是公意的运用,集体的生命。转让主权在逻辑上无异于说在主权之上还有一个可以支配主权的所有者,这与主权的第一原则——主权至高无上是矛盾的,它的必然结果是导致人民的自我毁灭。

(3)主权是不可分割的。"由于主权是不可转让的,同样理由,主权也是不可分割的。"卢梭认为,构成主权的公意是一个整体,意志要么是公意的,要么不是,要么是人民共同体的,要么只是一部分人的。在前一种情况下,这种意志一经宣示就成为一种主权行为,并且成为法律;在后一种情况下,它只是一种个别意志或行政行为。因此不能把主权权威与主权权威所派生出来的东西混为一谈。卢梭认为,立法权是属于人民的,行政权是主权者和臣民之间的一个中间体,是主权者建立的一个管理公共事务的机构,它永远要以至高无上的人民意志为意志,并以执行这一最高意志为职责。

(4)主权是不能代表的。卢梭指出:"正如主权是不能转让的,同理,主权也是不能代表的;主权在本质上是由公意构成的,而意志是绝不可以代表的;它只能是同一个意志,或者另一个意志,而绝不能有什么中间的东西。"②

卢梭的社会契约论和人民主权学说第一次以如此完整的形式、如此彻底的精神打开了西方近代政治的大门,深刻地影响了欧洲政治制度的建立,同样也深刻地影响了美国政治制度的建立。早期的清教思想家们到达北美大陆后正是以契约的方式来建立殖民地政府。潘恩和杰斐逊更是运用和发展了卢梭的人民主权学说。潘恩认为主权作为一种权利,只能属于国民,而不属于任何人;一国的国民任何时候都具有一种不可剥夺的固有权利去废除任何一种他认为不合适的政府,并建立一个符合其利益、意愿和幸福的政府。杰斐逊提出了人民参政的主张,认为应该实行普选制,废除财产资格的限制,对选出的代表实行人民监督,按多数人的意志来行使权力。这些思想都无一例

---

① 曹沛霖等主编:《比较政治制度》,北京:高等教育出版社2005年版,第84页。
② 曹沛霖等主编:《比较政治制度》,北京:高等教育出版社2005年版,第85页。

第二章 美国政治现代化的渊源

外地进入到美国的《独立宣言》。

二 历史条件——被殖民给美国政治
　　打下了深刻烙印

马克思曾经深刻地指出:"人们自己创造自己的历史,但是他们并不是随心所欲地创造,并不是在他们自己选定的条件下创造,而是在直接碰到的、既定的、从过去承继下来的条件下创造。"①

有一种说法认为,在美国,他们的政治制度是人为的,只是制宪者们的设计和选择。然而,这并不准确和完整,从根本上看,美国的政治制度也是由当时美国的历史条件所决定的,是由历史所定义的,其中最重要的就是其殖民历史。

就美国建国前后的殖民历史条件来看,以下几个方面的因素所起的作用是比较大的。

欧洲民主政治发展的影响

18 世纪初,首先从英国开始启动了国家政治制度方面的改革,为经济增长提供了一个适宜的环境,使劳动力得以自由流动,经济、技术领域的创新得到专利法的保护和鼓励,为产业革命铺平了道路。产业革命的兴起和扩散又从根本上动摇了传统国家赖以生存的经济基础和上层建筑,这不仅在经济领域掀起了翻天覆地的革命,而且对社会的政治、文化诸领域也形成了强有力的冲击。工业革命促动的生产力发展以及由此而引起的剧烈竞争,不仅使政府面对复杂多变的经济、社会事务,而且陷入日益尖锐的阶级矛盾的漩涡之中。为了应付越来越繁杂的经济和社会事务,缓和日益激烈的阶级斗争,客观上要求建立廉洁而有效的政府;在产业革命中发展壮大起来的资产阶级和其他社会阶层也要求更多地参与社会政治事务。同时,产业革命对传统农

---

① 《马克思恩格斯选集》第 1 卷,北京:人民出版社 1995 年版,第 585 页。

业社会的改造和工业社会的建构，也为先进政治制度的产生奠定了经济基础。

18世纪中期，作为现代欧洲一个重要组成部分的民主政治得到迅速扩展，到18世纪末19世纪初便使西方世界发生了根本性的改变。在这一进程中，一个与众不同的中产阶级形成，它彻底革新了资本主义制度以适应第一次工业革命的浪潮。它还创造出了一种社会新生活——新式公民与政府之间的新型关系。

陆续移居北美大陆的欧洲人多数民主意识较强，再加上英国工业先进技术通过各种渠道的输入，这就给北美殖民地资本主义经济的发展和民主政治的发展提供了范式和便利条件。

殖民地资本主义经济发展的呼求

在美国宣布独立前，资本主义成分已经是北美地区经济发展的主流。

18世纪下半叶，资本主义经济在北美殖民地十分活跃。北部地区，重要的工业部门已有造船业和冶铁业。酿酒、面粉、锯木、玻璃、麻织等资本主义手工业和捕鱼业发展很快。工商业中心城市的雏形也在波士顿显现。中部的自由小农经济和南部的种植园经济，在重要环节上也都与资本主义生产有着不可分割的联系。尤其是，一些大商人从事黑奴贩卖活动，从中获取巨额利益，成为资本主义原始积累的重要手段。种种情况都表明，北美的社会经济已经在朝着资本主义的方向迅速发展。

正因为北美殖民地的经济模式主要是资本主义的，所以，在北美殖民地的土壤中滋生出资产阶级民主精神就比较自然比较容易。事实证明，独立前的北美殖民地，社会经济条件已经孕育着如下民主政治的基因：

——比较民主化的议会。北美殖民地议会始于17世纪前半期，是英国背景与北美特殊环境相结合的产物。虽然从英国移植过来，但是在北美的特殊环境下，又比英国议会更具有民主性。在北美，议会经选举产生，选民范围比英国选民广泛，北美白人成年男子大多数享有选举权。北美选区制度与英国相比，更为合理。在北美，一旦一个居民点的人口增长到一定数量，就立即成为选区。北美议会，作为立法机关的下院（上院是参事会兼任），是代表殖民地居民利益的，它从一开始就与总督既合作又斗争。到18世纪中叶，大多数殖民地的议会扩大了权力，不但享有立法权、财政权，而且还从总督手中夺取了一部分行政权。

——相对自由和平等的社会经济生活。虽然北美有剥削制度，但移民谋生比较容易，只要垦殖者肯流汗，就比较容易取得土地。如果一个人有一技之长，再加上勤劳和机遇，就有可能成为富人。在北美，白人契约奴为主人服务5至7年后，不但可以得到解放，而且还可以领到小块土地以及农具。在北美，贫富差距也不像欧洲那样悬殊，没有超级富翁，没有国王，很少有无产者。托克维尔曾就这一现象指出："在新英格兰海岸落户的移民，在祖国时都是一些无拘无束的人。他们在美洲的土地上联合起来以后，立即使社会呈现出一种独特的景象。在这个社会里，既没有大领主，又没有属民；而且可以说，既没有穷人，又没有富人。"①

——普遍实行的地方自治。英格兰新教徒把古老英国在郡和镇的基础上长期实行自治的经验带到了北美殖民地。北美殖民地的地方自治有两种基本形式，一种是以城镇为基础，一种是以郡县为基础。在各殖民地，年满21岁的成年男子都参加市镇大会。大会选举市镇行政委员会、殖民地议会的代表等。大会还提出、讨论和通过议案，处理地方重大事务，如征税、分配土地、制定地方法规以及为学校、教会制订章程等。可以说，从早期殖民起，自治即在北美获得了它的典型含义。

以上这些，虽然不是成熟的政治和社会制度，但其中所蕴含的民主因素却是新鲜的、先进的，并且成为美国民主政治的启蒙。

无封建等级制度的历史包袱

由于北美大陆没有经过传统的封建社会，各殖民区等级概念比较淡薄，就不存在欧洲式的封建特权，也没有等级森严的制度。在北美殖民地固然有高踞于人民头上的有钱有势的上层集团，但是，他们与欧洲的封建贵族有着本质的区别。北美贵族的形成不是靠封建君主的封赠，而是靠经济力量；其经济力量又不是靠特权或门第获致，而主要是靠个人的努力、个人的才干和机遇。许多商界名流和政治人物都是通过个人奋斗并得到社会承认而进入社会上层的。同时，殖民地人口分散，政府机构和军队的人员少，新教上层也

---

① 〔法〕托克维尔：《论美国的民主》，董果良译，北京：商务印书馆1988年版，第35页。

比较富有竞争精神。所有这些因素，都使得殖民地的等级制度远比欧洲的等级制度脆弱，消除这些等级制度也就显得比较容易。

美国学者罗伯特·威布曾对独立前和独立初期美国社会等级制度的瓦解过程进行分析。他指出，在18世纪的30和40年代，那些反复出现的被称作"大觉醒"的运动在殖民地到处蔓延，已经动摇了殖民地本不牢固的等级制度的根基；18世纪50年代，殖民地居民即持有一种上下级关系应该更宽松、更对等的想法，所以后来发起了反对长子继承权、政府浮华、英国习惯法以及所有等级制度支持者的运动。罗伯特·威布还认为，美国的等级制度不仅宽松而且还有弹性。在经济机会和政治特权方面，在服装和语言方面，在信息的掌握和话语的权利方面，在明显的和微妙的社会生活的各个方面，等级制度的规则时常被违反。不过，罗伯特·威布认为，在美国消除这些等级制度虽然是一件容易的工作，但等级制度大规模地瓦解，还是在独立革命成功以后。罗伯特·威布说："在美国就发生了这样的等级制度的全面瓦解，这一全面瓦解是从1800年左右开始的，在1815年至1825年之间速度加快，接着在19世纪30年代期间巩固了一个又一个的胜利。"①

上述历史条件，可以说是美国政治现代化得以产生的土壤。

三 民族性格——人民从土地上产生了对世界的态度和看法

不同的民族具有不同的性格特征；并且，发生在任何一国的社会政治变迁都是以该国国民的性格特征为其底气的。在美国，其政治现代化的生成同样是以美利坚这个民族的性格特征为基础的。否则，缺乏社会共识和共振的政治现代化是难以行得通的。

随着美国世界地位的产生和强化，世界上许多学者对美国人的性格特征曾从不同的角度进行过研究和探索。

---

① 〔美〕罗伯特·威布：《自治：美国民主的文化史》，李振广译，北京：商务印书馆2006年版，第22—23页。

第二章 美国政治现代化的渊源

托克维尔认为,个人主义与理想主义、服从大局和物质主义都是美国风格的特征。托克维尔对美国人的两张脸感到吃惊,不解"大部分人的行为的易变性和某些原则独有的稳定性",对"平等驱使他们前进,同时又拖着他们的后腿;平等激励他们,又把他们牢牢拴在地面;点燃他们的欲望,却又限制他们的权力"感到困惑。托克维尔还认为,虽然美国人一直处在无休止的争论中,但他们的思维是固定的,一种观念一旦生根,地球上就没有什么力量可以把它移开。①

英国学者詹姆斯·布赖斯评论道:如果说美国人是精明而意志坚定的,那他们也是易受影响的;如果说他们是好动多变的,那他们也是相当有合作精神的。布赖斯形容说,虽然原子处于不变的运动中,但它们相互之间有着强大的吸引力——这就是美国人。②

美国学者詹姆斯·拉塞尔·洛厄尔说:"新世界的环境确实造就了一个奇怪混血儿,是清教徒的古老砧木和这片土地造就了它。以前,这片土地从未经历过如此神秘的求实主义,如此吝啬的亲切,如此精明的狂热,如此严格的热情,如此脸色难看的幽默和如此拳头紧握的慷慨。"③

美国历史学家康马杰认为,美利坚民族来源于外国,是一些旨在逃避压迫或者改善物质条件的移民在定居广袤的北美大陆的过程中改变了本身古老的生活方式,变成了典型的美国人——即敢想、敢干、开拓、富有、乐观、平等以及自由精神。美国的天赋在于它有创造性,注重实验与实践。美利坚民族一直是"无忧无虑、天性善良、随和、慷慨以及言行不拘"。④

美国第3任总统托马斯·杰斐逊说:"就让这成为美国人的明显标志:发生混乱时,他不会站在任何人的旗下,仰仗任何人的名声,而是诉诸法律准绳。"⑤

总起来看,因为美利坚民族是在短时间内急剧成长起来的最年轻的民族,

---

① 肖德甫:《美国崛起沉思录》,北京:中国华侨出版社2008年版,第69页。
② 肖德甫:《美国崛起沉思录》,北京:中国华侨出版社2008年版,第69页。
③ 〔美〕迈克尔·卡门:《自相矛盾的民族:美国文化的起源》,王晶译,南京:江苏人民出版社2006年版,第67页。
④ 〔美〕唐纳德·怀特:《美国的兴盛与衰落》,徐朝友等译,南京:江苏人民出版社2002年版,第79页。
⑤ 〔美〕迈克尔·卡门:《自相矛盾的民族:美国文化的起源》,王晶译,南京:江苏人民出版社2006年版,第25页。

因而整个民族富有朝气，精力充沛，充满活力；因为美利坚民族是一个主要由外来移民及其移民后裔组成的国家，因而整个民族对外来文化的吸收和包容有如水由高处往低处流那样很自然；因为美利坚民族是一个由许多民族组合起来的"民族大熔炉"，因而整个民族的性格又具有多元性、多重性、多变性。从与美国政治现代化相关联的角度来看，以下几点应视为美利坚民族性格的主导方面。

乐观自信

"在欧洲，1776 年 7 月 4 日似乎只是一个平常的日子。但是，如果英王乔治三世把耳朵贴到地上，他也许能感觉到地球的颤抖。因为这天发生的事情将改变美洲、欧洲，以至最终改变整个世界。"早在美国建国之初，一位美国作家就对他们国家的未来作了这样的描写，溢满自豪之情。①

"我想要的美国不是'假如，第一'；不是'第一，但是'；不是'当……时，第一'；不是'也许，第一'；而是'第一，句号'。"这是 1960 年美国第 35 任总统肯尼迪竞选演说中的一部分。他的这一演说，曾使美国沸腾。②

"幸福并不驻足于对钱财的占有之中，而是根植于对成功的喜悦和对创造的兴奋之中。""采用一种方法并进行试验，这是一种常识。如果失败了，就坦率地承认，再试验其他方法。但是不管怎样，一定要进行试验。"③这是在实施在美国历史上被认为具有里程碑意义的"罗斯福新政"前，罗斯福总统讲的一番话。当时，美国正处于历史上最严重的经济危机时期。美国人认为，这是一个只有洋溢着自信的人才能说出的话，这反映了美国人的典型特征，这也正是当时的美国所需要的。美国人评论罗斯福："哦，老天！他很勇敢——从腰部以下毫无知觉，但他却强迫自己行走。凭借坚毅如钢与热情似火的性格，他不断把自己的意志贯注到剩下的肌肉里，设法再次迈步行走。"

1836 年，因风湿病导致瘫痪，曾任美国第 4 任总统的詹姆斯·麦迪逊，生命中的最后 6 个月已没有出过家门，身体状况越来越差。最后一个月，他

---

① 〔美〕乔伊·哈克姆：《自由的历程：美利坚图史》，焦晓菊译，上海：复旦大学出版社 2006 年版，第 6 页。
② 〔美〕唐纳德·怀特：《美国的兴盛与衰落》，徐朝友等译，南京：江苏人民出版社 2002 年版，第 422 页。
③ 〔美〕J. 艾捷尔编：《美国赖以立国的文本》，赵一凡等译，海口：海南出版社 2000 年版，第 393 页。

第二章　美国政治现代化的渊源

的医生建议使用兴奋剂,将生命维持到当年7月4日——美国的建国日,这样他就可以像杰斐逊和亚当斯总统一样在这个具有历史意义的日子里离去,但被麦迪逊拒绝了。是年6月28日大约清晨6点左右,麦迪逊几乎无法吞咽早餐。"你怎么了,叔叔?"他的一个侄女问道。"不过是改变了主意,亲爱的。"麦迪逊回答。① 这就是他的临终遗言。说完,麦迪逊的头垂了下去,因心脏衰竭而平静地离世,享年85岁。

第40任总统里根被认为是一位伟大的交流者——事实上,人们早就这样称呼他。尽管他当选总统时已经69岁,却很少有人把他看作老人。他孩子气十足,平易近人,十分友善。他富于幽默感,有一副让人难以抗拒的笑容。他也曾经是好莱坞的电影明星,比此前的任何总统都善于利用电视。许多美国人认为,经过20世纪60年代和70年代的混乱以及不稳定的福特和卡特时代之后,里根当选恰逢其时。他自称"普通人",似乎并不看重自己。里根就任总统几个月之后,一个刺客在华盛顿的大街上瞄准了他,刺杀虽然失败,但却在他的肺里留下了一颗子弹,被送到医院时呼吸已十分困难。后来医生们说,由于失血过多,如果对他的治疗再耽误5分钟,里根就会丧命。然而,就在里根被推进手术室的时候,他还对妻子南希开玩笑说:"亲爱的,我忘了躲。"此语一出,全场为之动容。②

水门事件曾使尼克松在政治上和精神上遭到极大打击,但他并未颓废消沉。面对惨败和羞辱,他坚韧地表示:"失败固然令人悲哀,然而最大的悲哀是在人生的征途上既无胜利,也无失败。"③因面临弹劾而辞职后,尼克松闭门读书,潜心写作,先后出版了《尼克松回忆录》、《真正的战争》、《领导人》、《真正的和平》、《不再有越战》、《1999年:不战而胜》、《角斗场》、《只争朝夕》、《超越和平》等9部著作,几乎每一本都成为国际政治畅销书。尼克松还这样总结人生,认为人就是要在极度挫折中才能充分发挥出人的潜能。他说:"如果一个人从来没有迷失在一项比他自己要伟大的事业中,那么

---

① 参见〔美〕威廉·德格雷戈里奥:《美国总统全书》,周凯等译,北京:社会科学文献出版社2007年版,第74页。
② 参见〔美〕威廉·德格雷戈里奥:《美国总统全书》,周凯等译,北京:社会科学文献出版社2007年版,第696页。
③ 任东来等:《美国宪政历程:影响美国的25个司法大案》,北京:中国法制出版社2005年版,第346页。

他就没有体会过生命的极端体验。只有迷失过，才能找到自我；只有到那个时候，他才会发现他从未发掘出的潜在能量，而如果没有这种体验，那些能量就会永远处于休眠状态。"①

也许，从以上这些代表人物的言行中，人们已经看到，乐观自信早已渗入美国人的思想意识并成为美国人的一种生活态度。

美国人之所以如此乐观自信，与他们所遇到的良好机遇是联系在一起的。美国历史学家康马杰认为，美国成长中的一帆风顺和得天独厚的自然条件对培育美国民族乐观自信这种气质起了特殊作用。康马杰说："在整个历史上没有哪个国家像美国这样万事顺利，每一个美国人都了解这一点。地球上没有任何地方自然条件如此优越，资源如此丰富，每一个有进取心和运气好的美国人都可以致富。由于大自然和经验都告诉他们应该保持乐观，美国人的乐观精神是异乎寻常的。就总体来说，他们从来不知道失败、贫困或是压迫；他们认为这些不幸是旧世界所特有的。"②

美国人之所以如此乐观自信，还与他们对未来的期许每每实现有关。从早期殖民者来到北美大陆起，他们就把新大陆视为"希望之乡"，认为在这块幸运的土地上，有了政治自由和经济机遇，任何问题都会有答案，任何困难都能够克服，任何成功都不难实现。而现实情况又如第32任美国总统罗斯福和美国历史学家康马杰所说，"通往富裕的道路就像去市场一样容易"，"对他们来说进步不是抽象的概念，而是日常的经验：他们每天看到荒野变成良田，村庄变成城市，社会和国家不断变得富有和强大。"③

这种对于未来的自信和对于未来前景的乐观期待，在新世纪美国政治人物的话语中也不难求证。正是在发生"9·11"这个美国历史上最重大的灾难性事件后不久，国务卿赖斯说："我觉得，我的信仰使我对于未来充满乐观的期待。当你环顾这个世界时，你会看到很多苦难、罪恶和错误的现象，人们自然会感到消沉。……但是，对此我找到的唯一的回答是，这是上帝的安排和考验。因此，我充满了乐观的情绪，如果我们相信上帝，虔诚地祈祷，紧紧

---

① 〔美〕威廉·德格雷戈里奥：《美国总统全书》，周凯等译，北京：社会科学文献出版社2007年版，第641页。
② 李其荣：《美国精神》，武汉：长江文艺出版社1998年版，第50页。
③ 李其荣：《美国精神》，武汉：长江文艺出版社1998年版，第10、50页。

第二章 美国政治现代化的渊源

跟随上帝指引的方向前进,所有问题都会得到成功的解决。"①

应该说,赖斯所言不仅仅是一种政治誓言,其中更主要的还是美利坚民族性格中乐观自信这种天性的反映。

勤劳务实

美国人对待劳动的态度、靠勤劳致富的思想向来被世人称道。

托克维尔游历美国后评价说:"世界上恐怕没有一个国家能像美国那样很少有游手好闲的人。在美国,凡是有劳动能力的人,都热火朝天般地去追求财富。""劳动是人生的必要的、自然的和正常的条件,所以劳动的观点从四面八方进入人的思想。在这样的国家里,劳动不但不下贱,反而光荣。舆论不反对劳动,都赞成劳动。在美国,每个富人都认为,由于有舆论支持,他们才可用自己的余暇去尽某些公共义务。""在美国,从事服务行业的人决不认为自己低人一等,因为他们觉得自己是在劳动,而且看到周围的人无不劳动。他们不会由于想到自己领取工资而觉得下贱,因为美国总统也是为了领取薪俸而劳动的。总统为发号施令而得报酬,同他们为服从命令而得报酬完全一样。在美国,各种职业都是比较辛苦的,也是比较容易赚钱的,但从无高低之别。所有的正当职业都是高尚的。"②

从殖民时代起,勤劳致富的价值观就植入美国人的生活。早期移民横渡大西洋驶达美洲之后,凭自己的一双手搭房子、开荒、种地、打猎,获得生活资料。许多清教徒为了成为上帝的选民而崇尚劳动,认为劳动直接关系着能否得到上帝的拯救。清教徒们确信自己的生命源于上帝,上帝给安排了一切,包括职业。由于是上帝的安排,这份职业就有了神圣的意义。劳动成了一种天职,是"获得恩宠确实性的唯一手段"。于是,在这种"神召"下,一种全力以赴的工作态度便出现了。在美国人看来,要想过更好的日子,改善自己的处境,就必须更加勤奋地劳动,像信仰上帝一样信仰职业,像热爱生命一样热爱工作。这已经是一个根深蒂固的观念。

在美国,勤奋还有更广泛的涵义,包括赢得社会的尊重。正像美国历史

---

① 〔美〕迪克·莫里斯等:《希拉里与赖斯:谁是美国女总统最佳人选》,杨凤妍等译,北京:社会科学文献出版社 2007 年版,第 151 页。
② 〔法〕托克维尔:《论美国的民主》,董果良译,北京:商务印书馆 1988 年版,第 673、687、688 页。

学家霍夫施塔特所指出的那样，许多美国人大都属于中产阶级，而在此之前，他们只不过是"雇佣劳动者——农场雇工、职员、教师、技工、船工以及劈围栏横木者——以后终于成了农场主、富裕的食品商、律师、批发商、内科医生和政治家"。他们的信念是："只要勤劳节俭，克己自制，锲而不舍地发挥能力，有朝一日终能跻身有产阶层或职业阶层，即便不能致富成名，也可赢得独立和尊敬"。

所以，许多美国人的人生理想和准则即是：工作——挣钱——更好地工作——更多地挣钱。一名公司职员若另有高就向其上司辞职时，除非上司舍不得放他而以同样的高待遇来挽留他，否则就只得客客气气地接受他的辞职，还往往要祝福他取得更大的成就。在美国社会，除了缺乏或丧失劳动能力的人之外，谁要是不想找一份职业而想吃闲饭，便会遭到鄙视。有些年轻大学生，尽管父母有钱，也不愿呆在家中混日子。他们毕业后即使找不到合适的职业，用不上专业特长，哪怕降格，大材小用，也要找工作做，自己挣钱独立生活。他们认为，生活就是自我表现，就是创造。对美国人而言，阶级、地位、家庭，甚至连继承的财产，都只不过是背景而已；而背景充其量只能为自己的发展提供原材料。任何个人的成功，对社会贡献的大小，能不能超过父辈，都要靠自己奋斗。这也就是美国人之所以不恋守父母家庭，不满足于现存和既有的根源。

美国人勤奋工作的价值观念不仅表现在职业领域，而且反映在人们行为的各个方面。这种精神和道德追求有力地促进了美国政治和社会的发展。

竞争进取

自由竞争，通过自由竞争获取或保持优势地位与财富，是美国社会的显著特点。自美利坚合众国诞生起，无论人们是否讨厌竞争、反对竞争或者试图消灭竞争，竞争都在按照它自己的规律在发展，在起作用。无论是市场的争夺，产品的竞争，还是职位的谋取，都是强者兴，弱者衰。"铁饭碗""铁工资""铁交椅"的概念是不存在的。竞争进取，是人们产生积极性、创造性的源泉，是国家、社会、个人发展的强大动力。可以说，竞争在美国是无所不在，无处不有，无孔不入，已经渗透到社会生活的方方面面，融进人们的心灵。

第二章 美国政治现代化的渊源

在学校，学生想要得到奖学金或其他奖励，必须勤奋学习，在学业成绩上超过别人。教师想要晋职提薪，除本人的著述外，还要看学生对其教学工作的评比。

在公司，即便是做勤杂活的小职员，也要力求干得比其他同事出色，才有希望晋升或加薪。

在市场，商品只有物美价廉，胜人一筹，才能打开销路。

科学家、政治家、公务员，都无一不是靠竞争进取才能胜出。

在美国，竞争被认为是合情合理、正大光明的活动，是事物发展的规律，是一种价值观。虽然竞争并不是美国所独有，但美国的竞争确有不同之处。这不仅在于竞争在美国已经成为人们普遍的生活态度，更重要的还在于，美国社会在政治原则上和组织结构上为竞争提供了有利的条件并从总体上给予了公平竞争和有效竞争的保障。比如政治竞争中的选举制、企业竞争中的反垄断法等。

开拓创新

"安于现状不是美国人的特点。在美国历史上，宁静期和蓬勃变化期交替出现。但这种宁静历来只是表象，而不是实质。一种力的躁动在表壳下翻腾着。现状充其量只是进一步大显身手之前的小憩——稍事停顿、充满电池以便接受新的挑战。而美国历史周期中的另一个阶段破土而出，只是个时间的问题。对于伟大民族和伟大人物来说，真正的满足不在于玩味过去的成就，而只能来自从事新的冒险。"[1]前总统尼克松的这段话，再恰当不过地描述了美国人性格中所固有的一种不断探索新的领域的激情与基因。

美国人的这种精神也被认为来源于履行上帝赋予的世俗责任。既然是上帝的安排，就应该终生去做，全力去做。而终生去做、全力去做是没有止境的，就产生了持续不断的动力，即开拓创新精神。美国人继承了祖先给他们留下的这个传统。清教徒的移民史实际上是一部悲壮卓绝的创业史。在北美荒芜的土地上，他们披荆斩棘，勇往直前，将一个蛮荒之地建成一个生机勃勃的新大陆。这种顽强的、不屈不挠的、自主独立的精神充满了整个新英格

---

[1] 〔美〕理查德·尼克松：《1999年：不战而胜》，王观声等译，北京：世界知识出版社1989年版，第317页。

兰殖民区及后来其他殖民区成长、成熟和繁荣的全过程。

以后，美国人的这种精神又在西进运动中进一步得到了强化和展示。如果说，殖民时期对北美的开发是美利坚民族开拓精神的发端的话，那么，促使它巩固和完善起来的则是19世纪的西进运动。

几乎贯穿整个19世纪的西进运动，既意味着美国版图的扩展，土地的开发，人口的增加以及联邦政府的壮大，同时也锻炼了美利坚民族。美国西部，以它那博大、粗犷、饱浸神秘色彩的蛮荒土地磨砺出美利坚民族弥足珍贵的开拓创新精神。

西进运动的历史虽然可以追溯到19世纪初叶，但真正达到高潮是在1862年新的宅地法颁布以后。人们起初是向阿巴拉契亚山脉以西地区进发，后来是向密西西比河流域进发，最后是在起自墨西哥终于加拿大之间的广大地域上都遍布开拓者的足迹。但是，西进并不是田园小诗。饥饿、寒冷、疾病，还有人与人的残酷竞争。只有强者才能生存！就是在这样的艰苦条件下，拓荒者们改造了西部，西部也改造了他们。通过西进运动，美利坚拥有了一批又一批富于理想、充满信心和勇于开拓进取的新人，给国家发展注入了强大的活力。

1893年，当美国终于停息西部边疆的拓展后，美国人口普查委员会主管——弗雷德里·杰克逊·特纳在一篇名为《边疆的终结》的总结报告中，对美国西部拓荒对美国民族性格的形成和影响也进行了总结。特纳在报告中写道："边疆的生活条件形成了美国人的某些重要特点。……既粗犷、强壮、敏锐，又充满求知欲；既注重实际，又富有创造性和随机应变的能力；虽然有时不拘小节，但仍颇具实力，所以总能实现宏伟目标；虽躁动不安，却又精力充沛；占统治地位的个人主义，为善亦为恶；此外还有自由所带来的那份乐观和热情——这些都是边疆的特征所在，或者说正是由于边疆的存在而引发了这些特征。自从哥伦布的船队开进了新大陆的水域，美国即成为机遇的又一代名词。美国人民从不断的边疆拓展中形成了自己的特性。"[1]

今天，美国人经济富裕，生活舒适，大可不必再为生存而奋斗，但是，他们骨子里的那种拓荒精神并没有熄灭。尤其是年轻一代的追求新奇、富于

---

[1] 〔美〕J. 艾捷尔编：《美国赖以立国的文本》，赵一凡等译，海口：海南出版社2000年版，第597—598页。

冒险，不愿意按部就班、循规蹈矩，正是这种民族性格的一种反映。

崇尚科学

作为一种性格和精神，美利坚民族对于科学的崇尚既世人皆知又令世人称道。

中国科学家竺可桢曾将西方科学精神总结为三个方面：（1）不盲从，不附和，一切依理智为依归。如遇横逆之境，则不屈不挠，只问是非，不畏强暴，不计利害。（2）虚怀若谷，不武断，不专横。（3）专心一致，实事求是。①

从总体上看，美国人不乏西方这种追求真理的普遍科学精神，并且还富有自己的特点。据美国社会学家巴伯的研究，这主要体现在以下三个方面②。

第一，美国人崇尚科学与其比较富于理性地思考问题这一特点是紧密联系在一起的。巴伯认为，任何追求科学的人，对于理性的信赖特别强烈，因为只有相信理性，当人们在其工作中遇到巨大的困难和一次又一次的失败时，才能把这一信仰坚持下去。人们相信，在高度发达的以科学的形式表现出来的理性面前，所有的事物都是可能的。

第二，在美国人的眼里，之所以谓"科学精神"，就在于对真理的追求是无止境的。"像阶梯一样，通过登攀，科学的视野会越来越开阔"。美国人认为，科学永远处于不断的发展变化之中，任何凭借传统或政治权威而一劳永逸地把握真理的企图都是不符合科学精神的。科学永远是临时的和近似的——正是这一特点构成了科学永恒的主题，人们也才值得为此付出无穷的努力。

第三，美国人认为，科学精神具有普遍主义价值。巴伯说，在美国社会，所有工作的人在理性知识的发现和拥有方面具有精神上的平等权利，正如在自由社会中所有的人对于生活、自由和幸福的追求具有平等的权利，以及在基督教上帝面前所有的人对于善行和慈悲具有平等的权利一样。尤其是在美

---

① 李其荣：《美国精神》，武汉：长江文艺出版社1998年版，第204页。
② 参见[美]伯纳德·巴伯：《科学与社会秩序》，顾昕等译，北京：生活·读书·新知三联书店1992年版，第103—106页。

国科学界，科学真理不依赖于个别科学家的社会或个人属性。不论其种族、信仰、肤色如何，每一位对科学理论体系做出贡献的人都成为"科学家和学者共同体"中的一员，分享与其成就相当的特权和荣誉。

对于美国人富于理性、追求真理、崇尚科学这一点，托克维尔也肯定有加。他说："不难发现，几乎所有的美国居民，都在用同样的方法指导他们的头脑，根据同样的准则运用他们的头脑。也就是说，美国人虽然从未下过工夫界说他们的准则，但他们却有一个大家共通的确定的哲学方法。摆脱一统的思想、习惯的束缚、家庭的清规、阶级的观点，甚至在一定程度上摆脱民族的偏见，只把传统视为一种习得的知识，把现存的事实视为创新和改进的有用学习材料；依靠自己的力量并全靠自己的实践去探索事物的原因；不拘手段去获得结果；不管形式去深入本质。……每个人在运用他们的头脑时，大部分只依靠一己的理性努力。"①

美国人对于科学的崇拜，还突出表现在热衷教育上。在殖民时代，早期移民从欧洲继承过来的最优良的政治遗产之一就是办教育。1620年五月花号载着第一批清教徒在北美登陆后，他们第6年即私人集资在麻省建了一所大学。拓荒者每到一处聚居成小镇后，最先建立的一是教堂，二是学校，三是邮局，他们认为这是保证与文明世界联系的必不可少的设施。1636年10月28日，哈佛大学的章程在国会注册，从此开始了北美创办大学的新阶段。在美国，其实不只是"先有哈佛，后有美国"，除了哈佛外实际上还有耶鲁、普林斯顿等名牌大学的历史都比美国国家的历史长100多年。到1776年独立时，美国已有9所大学，而当时的英国仍然只有牛津和剑桥两所。建国以后，发展教育更是美国的基本国策。第3任总统杰斐逊卸任后曾亲自创办弗吉尼亚大学，并引为自豪。

包容忍让

中国作家、艺术理论家余秋雨曾经讲道："任何一个真实的文明人都会自觉不自觉地在心理上过着多种年龄相重叠的生活，没有这种重叠，生命就会

---

① 〔法〕托克维尔：《论美国的民主》，董果良译，北京：商务印书馆1988年版，第518页。

第二章 美国政治现代化的渊源

失去弹性，很容易风干和脆折。"①

其实，人如此，国家和民族也是如此。曾任美国国务卿的鲍威尔即认为："美国是一株巨大的杂交植物，多元的美国社会有这种植物的力量、坚强和适应力。"②

鲍威尔的结论不无道理。在移民的基础上建立的美利坚合众国，其社会思想的多源性、意识形态的多元性、种族民族的多样性，决定了美国人比较容易摆脱绝对化的处世态度，承认不同价值的合法性，呈现出一种包容、大度、开放的民族精神。

不过，美国政治和社会生活中的包容忍让，虽然允许不同价值和信仰共存，但决非放弃价值判断，更不是价值真空。美国人的包容忍让，实际上是容忍异议或异端，允许各人有各人的选择，我可以不同意你的价值信仰，你可以不同意我的价值信仰，但互相都不把自己的价值信仰强加给对方。包容忍让既不同于赞同许可，也不同于漠不关心，而是互相冲突的观点和立场之间互相理解、彼此允许对方存在，并力求说服和影响对方的行为态度。在必须合作的时候，本着求同存异的原则进行合作；在发生争议的时候，本着理性说服的原则影响对方；在不能合作或不必合作的时候，本着自己活也让别人活的原则，互不干涉。包容忍让不以美德相求，但却以法纪约束。所以，在美国的政治和社会生活中，折中、妥协是包容忍让的应有之义。

1787年召开的制宪会议和这次会议上联邦宪法的产生，就被认为是美国历史上"最伟大的妥协"。

在这次有55人参加、历时116天的会议上，开国先贤们曾有过激烈的交锋，其中不乏尖锐的争吵，反复的辩论，无尽的猜忌、气愤和恐恨，会议甚至面临破裂；但是最终，制宪者们还是在理性和包容上交集，有些问题互相退让，有些问题留给未来，求大同存小异，终使宪法得以通过。可以说，宪法是争吵、折中、忍让、妥协和漫长等待的产物。人们普遍认为，这是一种在政治上理性和成熟的妥协，是一种充满建设性的妥协。这种妥协，是各方利益的聚焦和对等，而不是阴险的诈骗和出卖；是不背离原则的明智和机变，

---

① 余秋雨：《文化苦旅》，北京：东方出版中心1992年版，第1页。
② 〔美〕科林·鲍威尔：《我的美国之路》，王振西译，北京：昆仑出版社1996年版，第686页。

而不是丧失灵魂的背叛；是高瞻远瞩的预见和综合，而不是固执于自身利益的狭隘和偏见。

美国联邦宪法以这种方式落成，在世界上是一个先例。此前，各个国家的制度或是历史遗留的，或是入侵者强加的，或是通过流血建立的，只有美国是由开国元勋们坐在一起，在审时度势、比较反复中以和平的方式协商和设计出来的。而在这中间，包容忍让这种美利坚民族所具有的优良品格所做出的贡献是绝不可忽视的。

1801年，在决定杰斐逊与伯尔谁任美国第3任总统、众议院的投票历时7天达到36轮的过程中，被称为"生死都是冤家"的政治宿敌汉密尔顿放弃个人宿怨，促使联邦党人支持杰斐逊，从而起到决定性作用，最后终使杰斐逊胜出。这体现的是包容忍让精神。南北战争结束后，林肯总统到一所帐篷里看望反政府军的俘虏和伤病员，与每一个人都握手。当时，一个年轻军医曾提醒说，"总统先生，别进去，这里都是叛军的俘虏和伤号"。可林肯说，"这正是我要去的地方"。林肯的博爱和超凡之举使叛军俘虏和伤号一个个热泪盈眶。这体现的还是包容忍让。在美国的政治和社会生活中，类似的经典事例是举不胜举的。

人们的印象尤其深刻的是，美国的总统竞选向来是认真和激烈的，有时候甚至达到白热化的程度。其中不乏政见的纷争，能力的较量，隐私的曝光，品行的攻击；但是一旦尘埃落定，第一个向获胜者表示祝贺的往往就是其竞争对手。这其中所反映的其实不只是政治上的成熟和老道。

2008年总统大选民主党党内预选阶段，希拉里同奥巴马曾激烈角逐。但是，当奥巴马赢得党内提名所需要的代表人票后，希拉里即称，要从"坚定对手转为绝对盟友"，帮助把奥巴马"送入白宫"。希拉里呼吁她的支持者说："今天，我结束了我的竞选，我祝贺他取得胜利。我将全力支持他，我也请求你们和我一道，像支持我那样支持他。"随即，奥巴马发表声明，说他自己为得到希拉里的支持而感到"激动和荣幸"。

应该说，在美国，包容忍让既是个人自由和社会发展的手段和条件，也早已是人们政治和社会生活的核心原则。

第二章 美国政治现代化的渊源

矛盾多悖

深入了解美国不难发现,美国几乎在政治和社会生活的所有领域都具有鲜明的个性。

同其他世界大国相比,美国的历史最短,但历史延续性很强,宪政制度最稳定;

美国的经济最发达,但社会中的贫富悬殊最大;

美国的法制很健全,但犯罪率很高,甚至监狱人满为患;

美国的政治为整个西方世界所推崇,提倡思想自由、制度创新,但却又是西方世界宗教色彩最为浓厚的国家;

美国的小学和中学教育遭到诸多批评,似乎乏善可陈,但却又能源源不断地吸引世界上一流的科学技术人才;

美国的人口种族构成十分复杂,至今有大批新移民涌入,但却又能保持很强的社会凝聚力和文化同一性;

美国的国内政治标榜民主、自由,提倡包容、多元,但在国际事务中却又恃强凌弱,霸道专横。

如此种种,不能不说明美利坚民族确实是一个多面体,确具有多悖性的一面。

美国国家暴力原因和预防委员会即称,美国"自相矛盾的是,我们既是一个相对稳定的共和国,又是一个喧嚣的民族"①。

美国有学者认为,美国是世界上最大的反差之地、悖论之地。埃里克松在他的《童年与社会》一书中写道,在美国"任何被人们视为具有真正美国特性的事物都可能具有与之相反的特性,这已经是老生常谈了"②。迈克尔·卡门认为,虽然"不能说美国公民是独一无二的一群自相矛盾的民族",但完全可以"开出一长串前后矛盾的清单","美国作为著名的反差之地——充满赤裸裸

---

① 〔美〕迈克尔·卡门:《自相矛盾的民族:美国文化的起源》,王晶译,南京:江苏人民出版社2006年版,第216页。
② 〔美〕迈克尔·卡门:《自相矛盾的民族:美国文化的起源》,王晶译,南京:江苏人民出版社2006年版,第75页。

的、显眼的、刺激的矛盾"①。

甚至在美国的宗教话语里,其悖论和矛盾性也体现无疑。在一本称为《未解开的谜或基督教悖论》的书中即有这样的诗句:

> 黑暗中的亮光,
> 生病的人却健康;
> 虚弱中的力量,
> 贫穷的人却小康。
> 在禁闭中享受自由,
> 在孤独中拥有良伴,
> 神圣的王冠代表,
> 多刺的花环。
> 在接下来的诗篇里,
> ——呈现在你眼前。②

许多美国学者对美利坚民族性格中为什么充满这么多矛盾和悖论进行了研究,认为其原因主要有如下方面:③

第一,在早期殖民时期,殖民者"受到矛盾和对立趋势的罕见折磨"。如殖民者与当地人的冲突、清教徒与天主教徒的冲突、保皇党与圆颅党的冲突等。

第二,在离乡背井、移居入境的过程中,殖民者的思想部分地起了变化。"许多殖民者为了逃避国内令人忧心的事而移民;但是来到这里,其他忧心的事被激活了,他们重又开始担忧"。

第三,不同国度、不同种族的移民聚居在一起,并不能彼此适应。"多重出身、种族差异和社会异质制造出令人不快的矛盾"。

---

① 〔美〕迈克尔·卡门:《自相矛盾的民族:美国文化的起源》,王晶译,南京:江苏人民出版社2006年版,第78、82页。
② 〔美〕迈克尔·卡门:《自相矛盾的民族:美国文化的起源》,王晶译,南京:江苏人民出版社2006年版,第130页。
③ 参见〔美〕迈克尔·卡门:《自相矛盾的民族:美国文化的起源》,王晶译,南京:江苏人民出版社2006年版,第87—90页。

第二章 美国政治现代化的渊源

第四,新大陆自然与社会进步的矛盾。"还有什么地方能如此有力地让公民的世界裂为两半?一半是自然世界的广袤与美丽,另一半是城镇化与科技势不可挡的影响"。

第五,新大陆高强度的生活节奏和高速度的社会变化,使人应接不暇,人们的思想也必须时时履新。"快速的自然流动性和社会流动性迅速地把人们从一个地区带向另一个地区、一种地位带向另一种地位,使他们置身于意想不到的环境中,要求他们接受各种各样的可能"。

美国学者还认为,"渴望归属感和寻找自由两种动力"是美国社会生活充满矛盾和悖论的根源,"也是对位法文明诞生的环境因素"。

"一方水土养一方人"虽是一句东方格言,但也为美国人所接受。许多美国学者认为,正是美国的地理环境、文化背景以及历史进程的独特性,造就了美利坚民族独特的性格和人文精神。

美国学者唐纳德·怀特在《美国的兴盛与衰落》这部书中写道:"土地很久以来就被解释为构成一个国家实力的基本的要素。但是美国的幅员提供的可不只是诸如木材、石头、矿物以及水力等资源。人们对全部的土地——森林、奔腾的溪流、太阳与土壤、风与雨及雪——有一种深深的意识。毕竟,人们普遍地认为,土地把人民团结在一起,土地与人民之间的纽带与民族感联系在一起。人民对土地的情感与他们对自己家乡、对自己的语言以及他们的风俗习惯的偏爱之情相呼应。一种普遍一致的观念是,人民从土地上产生了对世界的最基本的态度和看法。"①

美国学者卢瑟·路德克则进一步形容说:"美国人的性格就像密西西比河一样,是一个汇集了支流、边缘河流和主干河流的复杂体系,体系中充满了大大小小各种河堤,既为游人服务也为商业运输服务,既浇灌了大片田地也毁坏了不少土地。"②

卢瑟·路德克的这一席话,既说明了美国民族性格的复杂性,又肯定了这种民族性格重要的建设性作用,还指出了这种民族性格具有消极和毁坏性

---

① 〔美〕唐纳德·怀特:《美国的兴盛与衰落》,徐朝友等译,南京:江苏人民出版社2002年版,第171页。
② 〔美〕卢瑟·路德克主编:《构建美国:美国的社会与文化》,王波等译,南京:江苏人民出版社2006年版,第29页。

的一面，比喻是恰当而深刻的。

美国经典现实主义大师汉斯·摩根索特别看重民族性格对国家政治的影响。他在谈到这一问题时说，在影响国家权力的具有决定性性质的因素中，民族性格是突出的因素——"既因为人们难以对它进行合理的预测，也因为它对于一个国家在国际政治的天平上所占的重量有着持久的决定性的影响"。①

总起来看，美国的民族性格呈现出多元性、多样性、多悖性的特征，富于想象，富于理性，也富于创造。也许，这种自信、这种进取、这种质疑、这种科学、这种笃信、这种矛盾、这种不羁、这种浪漫……这些永不消退的民族性格，才真正是美利坚这个民族思想永不停息、变化永远迅速、目标永无止境，在世界上长期处于一种新鲜主体的奥秘。

四　精神动力——山巅之城的理想是美国政治现代化乃至举国前进发展的不竭动力

美国学者卡尔顿曾经这样评论早期殖民者来到北美大陆的动机："虽然，移民们出于不同的原因从世界各地来到这片新土地上，但是他们中的大部分人把它当做了栖息地、避难所和一个能为之提供新机遇的国家。那些17世纪来到新英格兰的人们确实也相信如此。他们英勇无畏，坚忍不拔，并且遵守法律，崇尚道义，尊重个人宗教信仰。实际上，这些移民也正是因为宗教信仰才来到了这里。他们坚定于心的清教徒欲望使他们坚信能在此得以'再生'，并感受到上帝的庄严和正义。在这些信念之中，他们更确信自己是上帝的选民——就如那些以色列人一样，他们来到这片荒野之上担负起神圣的使命，而且坚信上帝与他们同在。毕竟，上帝已经让他们安全地漂渡重洋，他们之间也已签下了一份契约，这份契约把签约双方紧紧地联系在了一起。按照契约，他们的义务便是服从上帝的旨意，无比忠诚于他。用海湾殖民地第一任总督约翰·温斯罗普的话来说，就是要建造一个圣徒的社区，并在此建造一

---

① 《美国研究》，2005年第1期，第29页。

座山巅之城。"①

卡尔顿的这一深刻评论,阐述了早期殖民者来到北美大陆的动机,也使美国先驱者们的政治理想一览无余。横渡大西洋抵达北美大陆的清教徒们,从来即认为自己已从耶稣那里领命,自己才是上帝的宠儿、耶稣的化身,只有自己才能肩负起主宰世界的责任。在他们的潜意识中,"我是世界之光,跟从我的,就不在黑暗里走,必会得到生命的光。我就是道路、真理、生命,若不借着我,没有人能到天堂那里去"。

应当承认,初始的美国虽然是一个由众多移民组成的国家,是靠来自四面八方的移民共同劳动,在共同的际遇下铸成了美利坚民族;但是,一个重要的事实却又是,主要是由来自欧洲的移民——既信仰基督教又渴望自由,并崇拜资本主义的移民——特别是英国的移民,铸造了美利坚民族的主体精神。这种主要建立在基督新教之上的主体精神,不仅是形成美国政治和社会制度的重要因素,而且是美国前进发展的持久动力。包括在世界事务中,美国每每扮演调停者、仲裁者、救世主的角色,处处用自己的制度、标准、价值观来塑造整个世界,原因都盖出于此。可以说,美国的思想文化、民族传统和政治理想,美国政治和社会发展的原始动力,主要就在于其与生俱来的对基督新教中的天定命运、天赋使命、普天一统的顶礼膜拜。

天定命运

在美国人的思想意识中,天命意识一直是一种不容置疑的价值判断,被认为是绝对正确的,有道理的。美国人天经地义地认为,他们的国家是最走运的国家,是最幸福的社会,是受上帝庇佑并体现上帝荣耀的国度。

华盛顿是持这一观点的第一位美国总统。他在给美国各州州长的一封信中曾写道:"现在,获得了完全的独立和自由的美国人成了全世界最受人注目的角色,站在舞台中央。这个舞台,是上帝为了显示人的伟大与杰出而特意设计的。"②

19世纪的美国作家约翰·奥萨利班在一篇题为《前途远大的伟大国家》的

---

① 〔美〕J. 艾捷尔编:《美国赖以立国的文本》,赵一凡等译,海口:海南出版社2000年版,第229—230页。
② 于歌:《美国的本质》,北京:当代中国出版社2006年版,第71页。

文章中说："美国命中注定要采取好的行动……在我们的心中，有上帝的真意和慈悲的目标，有没被过去污染的良心，我们正在进入人类未曾踏入过的空间。我们注定要成为引导人类进步的国家，任何障碍都不能阻挡我们的前进，上帝的意志与我们同在。"①

另一位美国早期历史人物赫尔曼·梅尔维尔还说："我们美国人是独特的选民——我们时代的上帝的选民。……上帝从我们的民族中预先确定了伟大的事情，人类也从我们的民族中期望着伟大的事情，我们在我们的灵魂中也感受到了伟大的事情。其他的民族一定会很快落在我们的身后。我们已经对自己怀疑得够久了，我们确实怀疑政治救世主是否降临。而他已经降临到世间，并和我们结为一体。"②

如同美国许多民族性格的形成与美国的西进运动紧密相关一样，美国人天定命运的观念也在西进运动中得到进一步强化。

1845 年，美国兼并得克萨斯后，《美国杂志和民主评论》的编辑约翰·奥沙利文在为该杂志撰写的社论中竟把美国兼并得克萨斯说成是"天定命运"，认为美国政府在兼并得克萨斯过程中的所作所为不过是顺天行事，完成自己的使命而已。

1845 年底，《纽约早晨新闻》报在评论俄勒冈争端的时候又一次在同样的意义上使用"天定命运"这个词，并大肆渲染说，"上帝赋予我们在整个大陆发展的权利是天定命运"。对于《纽约早晨新闻》报"天定命运"的这一说法，一时成为舆论界的焦点话题。《纽约先驱报》、《纽约太阳报》、《波士顿时报》、《新罕布什尔州报》等都争相进行了报道。

有了这些舆论作铺垫，在 1846 年年初联邦国会举行有关俄勒冈问题的辩论时，共和党参议员罗伯特·温思罗普终于在国会正式会议上使用了"天定命运"这个词。从此，"天定命运"一说即成为美国社会最吸引民众并"使得感情高涨的名词"。

美国学者德格雷戈里奥形容这一时期——19 世纪 40 年代的美国说，"天定命运"这个词语描述了美国人"所坚持的一种观念，他们认为天意将引导美国统治横跨东海岸到西海岸的美洲大陆。当时这种观念风靡全国，尤其是在

---

① 于歌：《美国的本质》，北京：当代中国出版社 2006 年版，第 72 页。
② 《中国社会科学文丛：政治学卷》，北京：中国政法大学出版社 2005 年版，第 650 页。

西部和南方地区。波尔克总统全心全意地支持这个理念"①。

就这样,"天定命运"的观念先是迎合了政府首脑人物的心理,又由他们和舆论媒体影响民众,从而在美国社会各个阶层发挥重大作用,成为人们的重要精神支柱。

天赋使命

有三位美国学者在他们合著的《美国政府与政治》这部书中,曾这样描述美国人的天赋使命观:"自美国立国之初起,美国人就认为他们的国家有一个特殊的命运和责任。人们认为,美国在民主政府和资本主义方面的试验将为人类提供尽可能最好的生活,并为其他国家树立榜样。随着美国作为一个强国在世界政治中获得更高的地位,美国人开始相信,各个国家在世界舞台上的行动应受美国政治和道义原则的指引……美国应担当领导。"②

实际上,美国应该领导世界、美国注定负有拯救世界的责任,在一代又一代美国政治家的思想意识中早已根深蒂固,并且,他们的主要任务似乎不是领导美国而是领导整个世界。

1837年,时任美国总统安德鲁·杰克逊说,"上帝把无数的福祉赐给了美国这片受到优待的土地,选择了美国作为自由的保护人,美国代表着整个人类的利益"③。

1917年,时任美国总统伍德罗·威尔逊说,美国的旗帜"就不仅是美国的旗帜,而是人类的旗帜","唯一的问题是我们是否能够拒绝别人赋予我们的道德领导责任,我们是拒绝还是接受世界对我们的信任"。④

1948年,时任美国总统杜鲁门说:从大流士一世的波斯,亚力山大的古希腊,哈德良的古罗马,到维多利亚的英国,没有哪一个国家或国家团体拥有过我们所拥有的责任。美国已经超越了早期所有帝国所取得的成就,美国

---

① 〔美〕威廉·德格雷戈里奥:《美国总统全书》,周凯等译,北京:社会科学文献出版社2007年版,第180页。
② 〔美〕斯蒂芬·施密特等:《美国政府与政治》,梅然译,北京:北京大学出版社2005年版,第369页。
③ 李其荣:《美国精神》,武汉:长江文艺出版社1998年版,第307页。
④ 〔美〕乔伊·哈克姆:《自由的历程:美利坚民史》,焦晓菊译,上海:复旦大学出版社2006年版,第253页;〔美〕罗·麦克纳马拉等:《历史的教训:美国国家安全战略建言书》,张立平译,北京:世界知识出版社2005年版,第13页。

是"历史上最伟大的、太阳底下最伟大的——承担了世界的领导责任,不但要为我们自己而且更要为全世界人民谋求繁荣与昌盛"的国家。①

1965年,时任美国总统约翰逊在一份声明中称:"历史和我们自身的成就赋予我们保护地球上自由的主要责任。"②

1982年,时任美国总统里根同样宣布:"我始终相信,这片救世主的土地是以不同寻常的方式预留的,相信一个神圣的计划把这一伟大的大陆安置在两个大洋之间。"③

1991年,时任美国总统老布什在提交给国会的国情咨文中说:"两个世纪以来,美国给世界树立了一个鼓舞人心的、自由民主的榜样。数十年来,美国领导了保持和扩大自由之福泽的斗争。在当今千变万化的世界上,美国的领导是不可或缺的。"④

1993年1月卸任前,布什在西点军校发表演说时还说:"冷战以后,我们成了世界上唯一的超级大国,美国的职责就是运用自己的道德与物质资源,以促进民主与和平。我们有责任,也有机会进行领导。没有其他国家能担当这一职责。"⑤

1994年,卸去美国总统职务多年的尼克松撰文称:"只有美国才具备一个肩负领导责任的国家所必须具备的军事、经济和政治力量;只有美国才能承担保卫并拓展自由、威慑并抵抗侵略的领导责任。德国和日本或许具有经济影响力,但它们的军事力量不够。中国和俄罗斯拥有潜在的军事能力,但它们缺乏经济力量。所有这些世界大国,没有一个具有足够高的国际地位,也没有一个具有领导世界达半个世纪之久的经历。""美国必须领导。"⑥

1995年,时任美国总统克林顿发表对外政策称:"冷战结束后,美国具有独一无二的责任和具有独一无二的能力,担负起领导世界的责任,在全世界

---

① 〔美〕唐纳德·怀特:《美国的兴盛与衰落》,徐朝友等译,南京:江苏人民出版社2002年版,第8、153页。
② 《中国社会科学文丛:政治学卷》,北京:中国政法大学出版社2005年版,第653页。
③ 《中国社会科学文丛:政治学卷》,北京:中国政法大学出版社2005年版,第653页。
④ 李其荣:《美国精神》,武汉:长江文艺出版社1998年版,第336页。
⑤ 〔美〕理查德·哈斯:《新干涉主义》,殷雄、徐静译,北京:新华出版社2000年版,第216页。
⑥ 〔美〕理查德·尼克松:《超越和平》,范建民等译,北京:世界知识出版社1999年版,第33、192页。

第二章 美国政治现代化的渊源

推进美国的价值观和促进美国的利益。"①

2001年底，现任美国总统小布什批准的美国《防务报告》称："美国的领导地位以维持一个尊重法制的国际体系为前提。……即使现在，当整个国家还在哀悼五角大楼和世贸中心死于恐怖袭击的遇难者时，美国的宗旨依然明确，它的决心依然坚定。"②

美国统治者如此强烈的世界责任和使命意识，来源于他们的种族优越论、美国例外论。

早在踏上北美大陆之初，其救世主的基因就已注入。清教徒们确信，是上帝把自己安置在一个全新的世界并赋予了特殊的使命。作为上帝的选民，自己已经优越于欧洲同族。而北美的印第安人和非洲裔黑人都是上帝的"弃民"，自己来到这里便是奉上帝的旨意对其进行开化和统治。

到19世纪末，一些文化上占统治地位的英裔美国人还列出精细的种族等级表，对世界上的各民族进行了宝塔式的层级分类。他们认为：盎格鲁-撒克逊人具有勤奋、聪明、道德观念强、管理能力卓越等种族特性，理应占据种族等级的顶尖，理应领导世界事务，主宰国际舞台。其次是德国人，他们是盎格鲁-撒克逊人的"表兄弟"。只是因为德国人已失去了对自由的热爱，只能跟在盎格鲁-撒克逊人的后面行事。再是斯拉夫人，他们是国际舞台上令人生畏的竞争者，具有粗鲁、质朴的农民气质，表现出巨大的毅力、耐力、强劲。种族等级再往下数是欧洲的拉丁民族，包括法国人、意大利人、西班牙人。他们缺少活力、神经质、不守纪律、迷信，在国际事务中只能充当小角色。再往下就是不足道的几个等级，有犹太人、拉丁美洲人和亚洲人，他们或愚昧无知，或怯懦颓废，或腐化堕落，已经处于不可救药的边缘。等级最底层的是非洲各民族，他们是野兽般的野蛮人，比其他任何人更需要白人去统治。③

自20世纪中期以来，一些美国人虽不再渲染"野蛮的"或"落后的"民族的境况和特性，但在他们的潜意识中种族等级概念是依然存在的，并且其排列

---

① 齐世荣主编：《美国：从殖民地到唯一超级大国》，西安：三秦出版社2005年版，第291页。
② 黄柏富主编：《"9·11"事件后美国国家安全战略文件选编》，北京：军事谊文出版社2002年版，第13—14页。
③ 参见马维野主编：《全球化时代的国家安全》，武汉：湖北教育出版社2003年版，第89页。

结果同先祖们的排列如出一辙。英裔美国人依旧处于族类的顶端。接下来是欧洲各民族。然后是"第三世界",认为这是一个冲突地带,需要美国人去提携和拯救。亚洲人和拉美人仍具有异己味道,难以识别。而非洲则是"不可救药的完全伤残者和毫无希望的贫穷大陆"。

2001 年"9·11"事件之后,美国又把一些所谓不听话的强硬国家称为"邪恶轴心国",动辄对朝鲜、利比亚、伊朗、古巴等国家予以制裁和歧视。

长期以来,美国人就是利用这种种族等级观念来追求和输出自己的价值理念。美国人历来相信,自己的民族代表了人类身体的、心智的、道德的水平。因此,在世界上推行优等民族的价值就不是侵略、渗透,而是哺育、呵护和拯救,这是历史赋予美国的责任与义务。

进入 21 世纪,美国之所以强调并且坚持自己的世界领导地位,回答就更为简单——世界需要美国。在他们看来:(1)美国所代表的西方文明不仅是一种成就,而且还是一种进程。这是一种寻求高度自由、有抱负、献身于创造以及高效率的进程。在这其中,美国体现了自由、高效与创造性。(2)美国作为一个举世无双的超级大国在世界舞台上起领导作用,是美国实力强大的必然结果。(3)美国始终不渝地捍卫了这样的价值观,即民主、自由和人权,这是文明社会的标志,是人类追求的目标,对全世界来说具有最高的也是最终的价值。(4)美国建立在上述价值观念基础上的进步与成就是空前的令人信服的。美国是世界上最富有的国家,也是最强大的国家。美国拥有道义上的和物质上的多重优势,领导世界非它莫属。

普天一统

世界美国化,或者美国世界化,在美国人看来,这是符合天定命运、天赋使命这些"主的旨意"的逻辑必然。

19 世纪末期,海权理论的创始人弗雷德·马汉即提出:"摆在基督教世界面前的重任,就是将包围着自己的众多古老的异域文明——首先是中国、印度和日本的文明——纳入自己的胸怀,并融入自身的理念之中。"①

美国社会学家、政治学家弗朗西斯·福山也坦言:"对美国人来说,他们

---

① 于歌:《美国的本质》,北京:当代中国出版社 2006 年版,第 155 页。

的《独立宣言》和《宪法》都不只是北美大陆的法律和政治秩序的基石,也是放之四海而皆准的价值观,对美国边界以外的人类而言也具有意义。当年里根总统多次引用约翰·温斯罗普州长的名言,把美国称为一座'山巅上的光辉之城',曾引起了许多美国人的共鸣。这种感觉不时地导致美国人产生一种把自身的国家利益与整个世界更大的利益混为一谈这种典型的美国倾向。"①

历史上,这种建立在天命意识、天赋使命基础之上的普天一统观念,曾帮助塑造美国的身份与认同,鼓励美国对外扩张,促进美国从地区大国向世界大国转变。尤其是两次世界大战孕育和推动了国际关系体系的诞生和塑造,造就了美国性与世界性的结合,产生了所谓"美国的世界主义":凡是世界的事务都与美国有关;凡是美国的东西,都是世界可适用的。

为了普天一统,美国从未停止过输出自己自由的市场化的经济制度,在全世界建立美国的公司,推销美国的产品。一个世纪以来,美国的资本、美国的技术、美国的公司管理模式、美国的消费方式充斥全球。

为了普天一统,美国不遗余力直至不惜动用武力,向全球各地输出自己自由的民主化的政治制度,希望全世界都实行多党制和民选。

为了普天一统,美国千方百计输出自己意识形态化的文化,通过教育、文娱、体育、媒体、网络等多种方式,对世界广泛施加影响。

为了普天一统,美国还到处输出自己世俗化的宗教,派出近10万名传教士,用80多种语言,在全世界170多个国家宣传基督教信仰也宣传美国的价值观。

可以说,对于普天一统,美国表现出了惊人的执着。仿佛,世界上的人如果不能像美国人一样——信仰美国人的信仰,消费美国的产品,享受美国的文化,遵从美国的制度,按照美国人的生活方式生活,就辜负了上帝。正如前总统里根所曾讲到的:"如果我们在所承担的这项使命中虚伪地对待我们的上帝,并因此促使他不再像现在这样保佑我们,那么我们必将成为世人谈论的趣闻和笑柄了。"②

如同三位一体的基督教基本信条——上帝只有一个,但包括圣父、圣子、

---

① 〔美〕弗朗西斯·福山:《国家构建:21世纪的国家治理与世界秩序》,黄胜强译,北京:中国社会科学出版社2007年版,第108—109页。
② 于歌:《美国的本质》,北京:当代中国出版社2006年版,第72页。

圣灵一样，上述天定命运、天赋使命、普天一统三个概念，虽各有特定的内容，却完全同具一个本体，这就是美国例外论。美国人从骨子里就有一种与生俱来的优越感，认为美国是自由之乡、希望之地、世界之光，绝对不能与其他国家或民族相等同。

由以上可以看到，美国政治理想的渊源一方面来自民主、自由、法治、人权等现代的政治思想观念，另一方面则又来自美国的传统——一种基督教信仰与建立在资本主义经济基础之上的意识形态相结合的混合物。而以这两个方面为渊源、以北美自然地理和人文环境为沃土的政治理想，则又反过来成为一种强大的精神动力，推动着美国的政治与社会发展。

第三章
Chapter Three

美国政治现代化的历程

15世纪中期，当资本主义的幼芽已在欧洲破土而出时，美洲这块广袤的土地尚沉睡在原始社会的梦乡之中，只是由于哥伦布的远航才打破了这里的千年寂静。

1607年，当英国殖民者来到北美东海岸的切萨皮克湾建立第一块殖民地时，这里仍处于蛮荒状态。

1776年，当13块殖民地的人民不堪母邦压迫终于挣得了独立时，摆在刚刚坠地的新国家面前的，也是一条未知的充满挑战的道路。然而，美国成功地制定了宪法，治愈了战争创伤，拓展了国家领土。所以富兰克林说，现在我终于高兴地明白了，这是一轮喷薄东升的旭日，而不是一轮沉沉西下的落阳。

后来，虽然由于奴隶制与南北内战曾一度停下了脚步，但噩梦醒来，美国又前进了，并且是以更快的速度。

第三章　美国政治现代化的历程

在人类文明史上，美国的崛起无疑是一个奇迹。世界上人口比它多的国家有，土地面积比它大的国家有，国家历史比它悠久的更比比皆是，但却都不曾拥有它的发达，拥有它的辉煌。

15世纪中期，当资本主义的幼芽已在欧洲国家破土而出时，美洲这块广袤的土地尚沉睡在原始社会的梦乡之中。只是由于1492年哥伦布的远航才打破了这里的千年寂静。

1607年，当英国殖民者来到北美东海岸的切萨皮克湾，在这里建立英属第一块殖民地时，这里仍然处于蛮荒状态。

1776年，英属北美13块殖民地的人民不堪母邦的压迫，通过血与火的斗争，挣得了自身的独立。一个崭新的国家——美利坚合众国由此诞生。然而，刚刚坠地的美利坚合众国：只有89万平方英里的区区国土；只有约等于英国十分之三的300万人口；正值贫穷落后，工商衰退，负债累累；正面临政府危机，地方扰攘，民众躁动；正面临强大、伺机报复的邻邦英国的威胁；……摆在新国家面前的，是一条未知的充满挑战的道路。

但是，美国成功地制定了宪法，组成了政府，平息了社会动乱，粉碎了英国干涉，治愈了战争创伤，拓展了国家领土。只是由于奴隶制与内战，曾一度停下了脚步。然而，噩梦醒来，美国又前进了，而且是以更快的速度。

美国没有经历过古代近代，从一开始就是现代的。就建国230多年的发展过程看，可以有不同的期划方案。

从其工业和经济现代化的进程看，美国的全面起飞是在南北战争后。至1894年，美国成为世界第一经济大国。此后，世界第一的头把交椅再没有易主。

从其综合国力看，虽然建国118年（1776—1894年）即为世界第一经济大国，但限于那时的国家战略，国力发展不均衡。只是到了第二次世界大战结束，美国才在政治、经济、科技、军事等方面全面领先，成为世界上综合国力最为强大的国家，并保持至今。

从其全球地位看，尽管美国建国后就没有停止过领土扩张，但直到1898年美国—西班牙战争前，其势力范围不过是在美洲，只能称为地区大国。而在这之前，其国家战略也一直奉行孤立主义方针。真正使美国步入世界舞台的是两次世界大战——第一次世界大战美国初试锋芒，令世人刮目相看；第二次世界大战美国同苏联力挽狂澜，从此奠定了两个超级大国的全球定位。而20世纪90年代初苏联解体后美国终成正果，耸立在世界之巅。

如果把以上几个方面综合起来，从美国崛起的过程、在世界上的实力，以及所表现出来的地位和作用来看，在230多年的历程中，美国大体经历了五个时期，实现了五次历史性跨越。

首先是奠基时期，大体为1776年建国到1788年联邦宪法生效、1789年产生第1任美国总统。在这一时期，美国实现了从殖民地到独立国家的跨越。

第二是扩张时期，大体为1789年至1898年美国—西班牙战争。在这一时期，美国实现了从蚂蚁到大象——国土面积和经济规模急剧膨胀的跨越。

第三是列强时期，大体为1898年至1945年第二次世界大战结束。在这一时期，美国实现了从经济单项领先到综合国力全面领先的跨越。

第四是两极时期，大体为1945年至1991年苏联解体。在这一时期，美国彻底摆脱了二战前群雄逐鹿的国际格局，与苏联称霸世界并在两霸相争中长期处于上风地位。

第五是独大时期。从1991年底苏联解体以来，美国凭借其超强实力，即以自己为主主导全球事务，实现了梦寐以求的全球地位。

美国政治现代化的历程，从总体上看，与其整个国家的现代化基本是协调的，大致同步，但也有自己的轨迹。其大的时期和标志性节点大体可划分如下。

一 奠基时期(1776—1789年)
——华盛顿开启了美国政治新纪元

在美国230多年的历史中，这一时期只有13年。

第三章　美国政治现代化的历程

之所以把这一时期称为美国政治现代化的奠基时期，主要是基于这样的考虑：虽然这一时期只有10多年，但这不是一个时间长短问题，关键是这一时期的政治作为，不仅孕育着美国后来政治现代化的所有基因，而且具有定型作用，实际上是在为美国的政治大厦奠基。

这一时期，美国的主要政治进程如下：

——1776年7月4日，北美大陆会议通过《独立宣言》，宣告美利坚合众国成立。

——1777年11月15日，北美大陆会议通过《邦联条例》，提交各州批准。1781年3月《邦联条例》生效。

——1783年4月11日，邦联国会宣布与英国停战，独立战争胜利结束。

——1787年5月25日，制定新宪法的会议在费城召开，至9月17日结束。9月28日，邦联国会将新宪法提交各州批准。1788年7月2日，邦联国会宣布《美利坚合众国宪法》生效。

——1789年4月1日，依据新宪法，国会众议院成立。

——1789年4月6日，依据新宪法，国会参议院成立。

——1789年4月30日，依据新宪法选举产生的美国首任总统华盛顿宣誓就职。

——1789年9月24日，国会通过《联邦司法法令》，联邦最高法院随即组成。

——1789年9月25日，国会将制宪会议通过新宪法时提出的《权利法案》提交各州批准。①

这一时期，具有里程碑意义、堪称美国政治现代化奠基石的莫过于以下四大事件。

1. 以《独立宣言》为标志，确立了美国政治和社会的核心价值，成为美国政治现代化的思想基础。

1776年6月11日，北美大陆会议设立由5人组成的专门委员会起草独立宣言。委员会以托马斯·杰斐逊为首，并推举杰斐逊执笔起草该文件。

---

① 参见〔美〕加尔文·林顿编：《美国两百年大事记》，谢延光等译，上海：上海译文出版社1984年版，第17—42页。

1776年7月4日，正在与英国作战的北美13个殖民地的代表在费城召开了第2届大陆会议，会上通过了杰斐逊起草的《独立宣言》。

《独立宣言》宣告了美利坚合众国独立的理由和政治动机，其主要内容由三部分组成。

首先，《独立宣言》开宗明义地宣布了美利坚合众国的政治理念。即："我们认为这些真理是不言而喻的：人人生而平等，他们被造物主赋予某些不可转让的权利，其中包括生命、自由和追求幸福的权利。为了保障这些权利，人们才在他们之间建立政府，而政府的正当权力则来自被统治者的同意。任何形式的政府，一旦破坏这些目的，人民就有权改变或废除它，以建立新的政府。我们政府必须以这样的原则为基础，并且用这样的方式组织其权力，以使人民认为这样最可能实现他们的安全和幸福。"

其次，《独立宣言》历数了英王和英国政府压迫北美殖民地人民的"一连串的滥用职权和强取豪夺"。其中包括：拒绝批准对公众利益最有益、最必要的法律，一再解散各州的议会，因为它们以无畏的坚毅态度反对侵犯人民的权利；拒绝批准建立司法权力的法律，阻挠司法工作的推行；滥设新官署，派遣大批官员，骚扰人民，并耗尽人民必要的生活资料；未经殖民地立法机关同意，就在殖民地维持常备军，并力图使军队独立于民政之外，凌驾于民政之上；切断殖民地同世界各地的贸易；未经殖民地同意便向殖民地强行征税；取消殖民地的宪章，废除殖民地的法律，强行改变殖民地的政府形式等。

最后，向全世界宣告了美利坚合众国独立。《独立宣言》称："我们以这些殖民地的善良人民的名义和权力，谨庄严地宣布并昭告：这些联合殖民地从此成为、而且名正言顺地应当成为自由独立的合众国；它们解除对于英王的一切隶属关系，而它们与大不列颠王国之间的一切政治联系亦应从此完全废止。作为自由独立的合众国，它们享有全权去宣战、媾和、缔结同盟、建立商务关系，或采取一切其他凡为独立国家所理应采取的行动和事宜。"

《独立宣言》作为美国独立的政治纲领，充满革命精神、人权思想和民主共和的政治意识，把欧洲启蒙学者的政治学说首次上升为政治宣言，成为美国人的理想和信条，对美国政治生活具有经久不衰的重要影响，从而也成为美国政治大厦的第一块奠基石。

美国学者普遍认为：《独立宣言》对后世的影响超过了当时，《独立宣言》

第三章 美国政治现代化的历程

代表了美国人所有的价值。

马克思高度评价这一具有历史性世界性影响的政治文件,认为《独立宣言》是世界上"第一个人权宣言"。①

2. 以联邦制为标志,确立了美国制度体系的框架结构,成为美国政治现代化的政治基础。

依据1781年3月生效的《邦联条例》,美国独立初期实行的是邦联制。但是,美国邦联不是一个真正统一的国家,而是一个松散的政治联合体。在这个联合体内,各州仍然保持着独立、自由和主权,拥有自己的政府和军队。组成邦联的13个州,实际上是13个在政治上互相独立的国家。它们当初组成邦联的主要目的是为了动员13个州的力量,团结一致,共同对英进行战争,以彻底摆脱英国的殖民统治。在战争期间,虽然13个州之间存在着许多利益矛盾和冲突,但为了战胜英国这一最高利益,各州都表现出极大的克制和忍让,从而保持了邦联的团结和统一。然而,独立战争胜利后,外部矛盾消除了,内部矛盾却逐渐暴露出来并日趋激化,邦联体制已难以维系13个州统一的局面,国家面临着分裂的危险。

首先,各州政府已开始不服从邦联政府的领导。尤其在财政经济方面表现突出。

邦联政府在战争期间为筹集军费曾举借内债4000万美元,根据《邦联条例》规定,这笔债务应按照全国土地的价值分摊给各州,各州从1781年到1787年应上交1567万美元。但是,各州都没有履行《邦联条例》规定的义务,至1787年邦联政府仅收到250万美元,其中有两个州以分摊不公为由分文未交。邦联政府在十分无奈的情况下,力图通过其他方式征集经费。1781年邦联国会曾通过一项邦联条例修正案,授权邦联政府征收5%的关税以摆脱财政困境。但修正案须经各州批准方能生效,结果因罗得岛州拒绝批准和弗吉尼亚州违背批准诺言而未能生效。1783年邦联国会为使各州能批准邦联政府的征收关税权,又将这一权力的行使限于25年,结果又因纽约州的反对而未果。1784年邦联国会再次努力,试图让邦联政府享有国内外贸易的管理权,

---

① 《马克思恩格斯全集》第16卷,北京:人民出版社1962年版,第20页。

结果这次提出的修正案在邦联国会都没有得到通过。在这种情况下，财政拮据的邦联政府只有靠发行货币度日。1779 年时，当时的大陆会议发行的大陆券就已高达 2.41 亿美元，同期各州发行的货币总额也高达 2 亿美元。然而，过量的货币造成了严重的通货膨胀。为了稳定信贷，扭转货币发行的混乱状况，邦联政府于 1781 年遂进行金融改革，成立北美银行，授权其发行与硬币等值的新纸币，并规定债务人必须用北美银行纸币或硬币偿还债务。但各州对此不屑一顾，到 1786 年仍有 7 个州继续发行自己的纸币，导致邦联政府的金融改革夭折。

第二，州际矛盾和冲突不断加剧。

《邦联条例》曾明确规定了州际关系：彼此友好，互相援助，如发生州际纠纷，由邦联政府负责组织法庭进行仲裁。但是，各州为了自身利益，在处理州际关系时却背离了《邦联条例》的原则。比如，各个州都制定了自己的关税法，由于这些法律各不相同，州际之间展开了恶性商业竞争。最典型的例子是纽约州与新泽西州、康涅狄格州之间的商业战。当时的纽约市已成为拥有 3 万人口的大城市，该市所需燃料要从康涅狄格运入，所需黄油、奶酪、肉鸡和蔬菜则要从新泽西运入。为此，纽约市每年需要支出数千万美元。为开辟财源弥补这项支出，纽约州议会于 1787 年初通过法律规定，对进入纽约港的康涅狄格州和新泽西州的船舶征收入港费，其数额与来自英国伦敦或德国汉堡的船只一样，并还决定对其所运的货物征收关税。作为报复，新泽西州、康涅狄格州又对纽约州增加了不少收费项目，康涅狄格州还对纽约州实行过 12 个月的禁运。

同时，各个州在边界问题上也剑拔弩张。马里兰州与弗吉尼亚州为波托马克河水道的归属问题长期争执不下。北卡罗来纳州因争夺西部土地问题，与弗吉尼亚州和南卡罗来纳州积怨很深。更有甚者，宾夕法尼亚州与康涅狄格州为争夺怀俄明谷地，于 1784 年发生武装冲突。而对这些违反《邦联条例》原则而日益激化的埂墙之争，邦联政府竟一筹莫展，只能作壁上观。

第三，欧洲一些国家已经窥见美国正处在瓦解的边缘，相应调整了自己的对美政策。

奥地利和丹麦拒绝与美国缔结友好通商条约，因为它们认为美国很快就会失去作为一个国家的资格。英国虽然与美国在巴黎签订了和约，但依然在边界、债务、贸易及有关政治问题上拒不履行和约的规定。英国之所以蛮横地背弃承诺，不仅是因为它认为美国没有力量捍卫自己的权益，更主要的是因为英国内阁派到美国的秘密观察家发现美国邦联正处于瓦解之中，无须履行和约。更有具有扩张野心的国家已经开始策划在美国分裂时，瓜分美国的领土或扩大在北美的势力。

种种问题表明，国家产生分裂危机的根源在于邦联体制。如不迅速采取措施，国家分裂在所难免。

这样，起草新条例、筹划新政府的时机便成熟了。正是"为了组织一个更完善的联邦"，美国新宪法诞生了。联邦制的确立，结束了13个州各自为政的混乱局面，克服了邦联体制下国家政治权力高度分散的弊端，使美国成为一个真正统一的国家。同时，联邦制又保留给各州很大的自治权力，有利于调动州政府的积极性主动性，以避免高度集权而造成僵化。

3. 以《宪法》和《权利法案》为标志，确立了美国政治和社会生活的法律依据，成为美国政治现代化的宪政基础。

联邦新宪法由序言和7条正文组成。宪法序言简短，表述了美国立国的原则。正文1—3条分别规定立法、行政和司法三个机关的产生途径、组织方式和职权范围；第4条规定各州的事项；第5条规定宪法修改程序；第6条明确了宪法的最高地位以及联邦宪法、法律和州宪法、法律之间的关系；第7条规定了宪法本身的批准程序。

新宪法的突出贡献在于既解决了邦联体制的缺陷和问题，又充分满足了创建新联邦的需要。具体体现在以下九个方面。

第一，依据新宪法，联邦享有主权。在邦联条例下，州是主权单位，邦联政府的法律对各州没有约束力。新宪法将主权赋予联邦；同时，为保障联邦政府真正掌握主权，又规定联邦宪法和法律为最高法律，使联邦政府对各州拥有强制性的约束力。

第二，依据新宪法，设置了独立的行政部门。在邦联条例下，邦联政府没有独立的行政部门。联邦新宪法则设置了民选的总统，并授予其行政权力，监督立法的制定和执行法律，以及统帅全国武装力量，这样就能迅速有效地处理国内外重大事项。

第三，依据新宪法，设置了独立的联邦司法体系。在邦联条件下，邦联政府没有独立的法院，邦联的司法诉讼案件由州法院审理。而联邦在州法院存在的情况下，又设置了联邦法院，由其负责审理涉及联邦法律的案件。

第四，依据新宪法，联邦政府拥有了征税权。在邦联条例下，邦联政府没有征税权。新宪法则授权国会"征收直接税、间接税、输入税与国产税"。

第五，依据新宪法，联邦政府有权管理国内外商业。在邦联条例下，邦联政府无权管理国内外商业。联邦政府则拥有商业管理权，有利于促进国家工商业的发展。

第六，依据新宪法，国会议员的地位独立，责权明确。在邦联条例下，邦联国会实为各州的代表会议，代表无自主权，他们必须根据各州政府的指令发言和投票，并且随时可能被州政府召回。新宪法则规定，国会由各州选民直接选出的众议员和间接选出的参议员组成，议员有固定任期，在国会拥有自主发言、投票等一系列特权。

第七，依据新宪法，宪法修改办法作了较大变更。邦联条例须经各州一致同意方能修改，而新宪法则规定有3/4州的同意就能修改。

第八，依据新宪法，联邦国会不仅享有联邦宪法明文授予的权力，而且还有根据宪法条文引申出来的权力。而邦联国会只有邦联条例明文授予的权力。

第九，依据新宪法，中央政府能够直接对人民和各州政府行使其职权。而在邦联条例下，中央政府不能对人民直接行使职权。

权利法案是以联邦宪法修正案的形式出现的。

1787年制宪会议召开时，曾有不少代表提出应把权利法案写进宪法，但是没有形成共识。因担任驻法国大使而没有出席制宪会议的杰斐逊，也曾写信给麦迪逊，指出联邦宪法最大的缺陷是没有写进权利法案的内容。首任总统华盛顿在就职演说中也督促国会注意权利法案的修订。在这种情况下，联邦国会组成后便首先着手权利法案的增补事宜。1789年6月，权利法案经由麦迪逊起草完成。尔后经国会通过，当年9月提交各州批准，于1791年12月15日获批准生效。

《权利法案》的主要内容有10条，分为两个方面的内容，即保障人民的自由权利和保障人民在诉讼程序方面的权利。

在保障人民的自由权利方面，由《权利法案》的前4条规定。其中，第1条规定公民有信仰自由，言论自由，出版自由，集会自由，以及向政府请愿申冤的自由。第2条规定公民有携带武器的权利。第3条规定平时未经房主同意，战时未经法律规定，不得驻扎军队于民房。第4条规定公民的人身、住宅、文件和财产不受无理搜查和扣押的权利。

在保障人民在诉讼程序方面的权利上，由《权利法案》的第5—8条规定。其中，第5条规定非经大陪审团提起公诉，不得审判重大罪案；禁止对同一罪名重复起诉；不能强迫被告自证其罪；不得未经适当法律程序，剥夺生命、自由和财产。第6条规定刑事案件要迅速公开审判；被告享有陪审权、律师辩护权，以及与证人对质之权。第7条规定在民事案件中，其价值超过20美元的案件，当事人有权要求陪审团陪审。第8条规定不得要求过多的保释金，不得处以过重的罚金，不得施加残酷和非常的惩罚。

《权利法案》的最后两条修正案对民众和州的权利作了更为广泛的陈述。其中，第9条规定，宪法中列举的某些权利，不得被解释为否认或轻视人民所拥有的其他权利；第10条规定，凡宪法未授予合众国政府行使，而又不禁止各州行使的各种权力，均保留给各州政府或人民行使之。

这样，美国宪法中的一个重大缺陷即以通过修正案的形式得以弥补。为了纪念1791年12月15日批准权利法案，美国于1978年宣布每年的12月15日为"人权法案日"。

联邦新宪法加上后来权利法案的出台，从宪政意义上标志着美国革命的完成以及美利坚合众国作为一个统一的民主共和国的真正诞生。它为美国的政治和社会发展提供了一整套制度，成为美国起飞的坚实基础。

4. 以分权制衡制为标志，确立了美国政治活动的主体单元和运行程序，成为美国政治现代化的组织基础。

分权制衡制包括分权与制衡两个方面的内容。在分权上，是将国家权力分为立法、行政、司法三个部分，分别由国会、政府、法院行使。在制衡上，是三个不同的国家机关在行使各自的权力时，彼此互相制约，以求总体上的均衡。分权是制衡的前提和基础，制衡则是分权的目的和结果。分权和制衡的共同目标是，确保国家权力的行使公平、正确和有效。

这种以"多元分权、多重制衡"而著称的分权制衡制的主体内容是：（1）立法权由国会行使，受总统和最高法院制约。总统对国会通过的议案有否决权。最高法院可以通过解释宪法使国会的某项立法失效。（2）行政权由总统行使，受国会和最高法院制约。国会可运用批准权制约总统任命的官员、设置的机构、所需要的经费预算和与外国所缔结的条约等。最高法院可运用司法审查权制约总统的行政法令，如认为违法就宣布无效。（3）司法权由最高法院行使，受国会和总统制约。总统主要是运用法官任命权制约。国会主要是运用对总统任命法官的批准权和监督权制约。

同时，国会参议院、众议院也互有制约，一项议案须经每一院多数通过，才能转给总统签署批准。

分权制衡制的实行，使国会、总统、最高法院成为同命运共风险的伙伴。为了共同的目标和利益，他们既相互牵制又相互配合，互为"忠诚的反对派"。

以上这四个方面——作为思想基础的《独立宣言》，作为政治基础的联邦制，作为宪政基础的《宪法》和《权利法案》，作为组织基础的分权制衡制，可以说是美国政治现代化的四大奠基石，正是由它们共同托起了美利坚新国家的政治大厦。

在美国的历史上，有许多光彩照人的人物。初创时期的美国，堪称美利坚新国家奠基人的，莫过于华盛顿、杰斐逊和汉密尔顿三个左右时势扭转乾坤的政治大师。

华盛顿

1732年2月22日，华盛顿生于弗吉尼亚州威斯特摩兰县的一个大种植园主家庭。他出生时，恰逢他的家族从英国移民弗吉尼亚80周年。

1748年，16岁的华盛顿为殖民政府从事土地测量，不仅获得550英亩土地作为报偿，而且增长了见闻和关于土地的知识。20岁时，他的异母兄劳伦斯去世，整个大农场由华盛顿继承和管理。不久，华盛顿的志趣已不限于管好几千英亩的农场，他骑马到弗吉尼亚各处去观察，对西部广袤无垠的土地产生了强烈的兴趣。他萌发了要在西部建功立业的雄心。

1752年，华盛顿被任命为弗吉尼亚南区的副官长，军衔为少校。这一任命曾使华盛顿燃起了对军事生涯的向往。

第三章 美国政治现代化的历程

1755年，爆发了北美土地上的英法七年战争（1755—1762年），华盛顿接受英国将领布拉多克的委任充当他的上校副官。因表现出色，不久即被委任为弗吉尼亚民兵总司令，负责守卫弗吉尼亚西部边界。

然而，华盛顿的抱负仍然在政界。1759年，他被选入弗吉尼亚议会。在此后的10多年中，华盛顿痛切感到英国的殖民政策严重地损害了殖民地人民的生活和侵犯了殖民地议会的权力。1774年3月至6月，英国议会又陆续通过对北美殖民地进行全面高压的五项法律，使北美13个殖民地对此作出强硬反应。1774年9月，各殖民地派出代表在费城召开有划时代意义的第一次大陆会议，华盛顿作为弗吉尼亚的代表特意着戎装出席。在会议上，他大力促成大会通过不惜以武力作为最后手段解决问题的决议。

1775年4月19日，英军与美国民兵在列克星敦和康科德发生武装冲突后，北美殖民地代表于5月10日又在费城举行第二次大陆会议，决定成立大陆军，并委任华盛顿为大陆军总司令。华盛顿是在敌强己弱的情况下肩负起指挥独立战争的神圣使命的。

1783年4月，美国独立战争胜利结束。华盛顿功成引退，解甲归田。

1787年5月，制宪会议在费城召开，华盛顿作为弗吉尼亚州代表团团长出席会议，并被一致推选为会议主席，主持制定出美利坚合众国宪法。

1789年2月，依据新宪法，华盛顿当选为美利坚合众国第一任总统，4月30日宣誓就职。1792年又获得连任。

1796年9月17日，当了8年总统的华盛顿坚决拒绝谋求第三次担任总统，发表了他的《告别词》。

1799年12月14日，华盛顿因患病去世，终年67岁。

虽然华盛顿曾是独立战争中的总司令、制宪会议的主席、美国的首任总统，但他最重要的政治遗产却是他道德治国的主张以及他在这方面的经世典范。"道德是一个民意所归的政府所必需的原动力。"这句话既出自华盛顿之口，也被他所身体力行。他在公务生涯中，总是听从政治良知和国家、民意的召唤。

1783年3月，独立战争刚刚胜利，一部分驻扎在纽约州纽堡的军队，因为没有得到任何报酬，开始策划起事。他们发表《纽堡请愿书》，扬言如要求不能如愿，将公开反抗邦联国会。他们还宣称，只接受华盛顿的领导，并委托一名军官给华盛顿写信，建议他拥兵自立当国王，成为美国的恺撒。

显然，这是一个巨大的诱惑。按照通常做法，改朝换代中的组织者、指挥者都会自然成为新政权的统治者。在这时，为自由和独立整整战斗了8年的华盛顿已经拥有无人可与之匹敌的威望和声誉，早已是美国民众心目中独一无二的偶像。可以说，只要华盛顿稍一犹豫，美国是否成为共和国，美国是否是今天的美国，一切都可能完全两样。

然而，值此关键时刻，华盛顿召集了一次决定美国历史发展方向的军官大会，呼吁军官们不要"打开内乱的闸门"，不要采取任何有损辉煌战功的行动。他还痛斥准备起事发难的军官，说："我想不出我有哪些举动会鼓励你写这样一封信，我认为这封信包含着可能降到我国头上的最大的危害。……你不可能找到一个比我更讨厌你的计划的人了。"在演讲快要结束的时候，他从口袋里掏出了一副眼镜，说："请允许我戴上眼镜。为了这个国家，我不光熬白了头发，还差点弄瞎了眼睛。"听到这些，铮铮铁汉们流下了眼泪，无不被华盛顿的人格所感染。顷刻，内乱的阴云也随之消弭。①

华盛顿断然拒绝拥立自己成为国王的举动，是惊世骇俗而又充满魅力的，因为当时的世界还是一个由国王统治的世界。当英国乔治三世得知华盛顿拒绝黄袍加身时，他说，如果华盛顿确实这样做，他将成为世界上最伟大的人物。

为了表达自己无意于权力的诚意，1783年12月22日，华盛顿把军权无保留地移交国会，辞去总司令职务，回到了自己的弗农山庄。

历史认可了华盛顿的伟大，不止是因为他拒绝当国王这一件事，而是他一再经受住了权力的诱惑，没有像无数的所谓盖世英雄那样在最关键的一刻丢失了自己。1796年，在大多数人都希望华盛顿连任第3届总统时，他又像拒绝当国王一样推辞了。

早在华盛顿初任总统的时候，他就说过："我走在尚未踏实的土地上，我的所作所为将可能成为以后历届总统的先例。"

原来，权位不是华盛顿和美国的一批开国领袖们所想要的东西。他们是一群理想主义者、国家主义者，对他们来说，建成一个心目中的理想社会高

---

① 参见中央电视台《大国崛起》节目组编：《大国崛起·美国》，北京：中国民主法制出版社2006年版，第58页。

第三章 美国政治现代化的历程

于一切。

华盛顿的确树立了一个榜样。杰斐逊在第2届总统任期届满时,两党都要求他连任第3届。杰斐逊则明确表示:"华盛顿将军在任总统8年后自愿放弃竞选,树立了榜样,我要仿效他。"从这里不难看到,众多美国政治家都是把自己的理想和追求建立在国家利益基础上的。在他们眼里,永远是国家至上。

在评价华盛顿主动辞去总统职位这一举动时,美国学者雅各布·尼德曼在他的《美国理想:一部文明的历史》一书中写道:"他当时是没有必要离开总统宝座的。他可以轻易地赢得第3任。尽管在他的第2任任期中政府内部发生过争斗和混乱,但当时的局面很明显,他想当多久总统,他就能当多久。历史学家列举了许多个人原因来解释他让权的决定,毫无疑问,所有这些因素都是有根有据的。毫无疑问,华盛顿那时身心疲惫,真心希望能回到自己心爱的农庄,过上几天清闲日子。毫无疑问,他开始觉察到自己脑力的衰退。毫无疑问,还有许多其他的有说服力的原因——政治的和个人的原因。但是根据我们的观点,他让权的最主要的原因是为了保存美利坚的精髓——民众自由地选择自己的领袖,领袖必须为民众尽责。如果华盛顿在任期内去世,总统职位的整个构架肯定会和今天的构架有很大的不同。总统有可能,非常有可能被认为是一个个人权力的终生职位,在很大程度上和君主制相似。华盛顿的让权使得总统选举能在他的有生之年,在他的赞许下举行。他的让权之举明确无误地指出,民众和宪法是这个新生国家里的唯一主人。"①

华盛顿开创了美国政治的新纪元。

1799年,美国国会在追悼华盛顿的决议中称颂华盛顿为:"战争中第一人,和平时期第一人,同胞心中第一人。"②

杰斐逊

1743年4月13日,杰斐逊生于弗吉尼亚州阿尔伯马尔县的一个种植园主家庭。

1760年,杰斐逊进入威廉斯堡的威廉·玛丽学院学习。在此学习的两年

---

① 〔美〕雅各布·尼德曼:《美国理想:一部文明的历史》,王聪译,北京:华夏出版社2004年版,第87页。
② 刘绪贻、李世洞主编:《美国研究词典》,北京:中国社会科学出版社2002年版,第1082页。

里，他跟随威廉·斯莫尔博士学习了自然科学、修辞、哲学和文学。杰斐逊后来说，也许是他"塑造了我的命运"。

1762年，根据斯莫尔博士的介绍，杰斐逊跟随乔治·威思——后成为美国的第一位法律教授学习法律。经过五年的学习毕业时，杰斐逊在弗吉尼亚州获得律师资格。

1769年，杰斐逊当选为弗吉尼亚州议员，开始进行争取北美独立的斗争。

1774年9月，杰斐逊作为弗吉尼亚州代表参加了在费城召开的第一届大陆会议。大陆会议经过一年多的争论，决定和英国脱离一切政治联系，宣告独立。这一时期，杰斐逊除了执笔起草《独立宣言》这一不朽名篇外，另一杰作是他同詹姆斯·麦迪逊共同起草了《弗吉尼亚宗教自由法》并为它的通过进行了长期不懈的斗争。

1779年，杰斐逊当选为弗吉尼亚州州长。

1786年，杰斐逊出任美国驻法国大使。

1789年，杰斐逊被华盛顿任命为美国首任国务卿。

1801年，杰斐逊当选为美国第3任总统。

1809年，杰斐逊担任了两届美国总统后回到了自己的家乡，从事科学研究和教育工作。

1826年7月4日下午，杰斐逊在弗吉尼亚州蒙蒂塞洛庄园去世。这之前，因为身体极度虚弱，杰斐逊拒绝了去华盛顿参加7月4日独立日庆典的邀请。据主治医生说，7月2日，他陷入"昏迷状态，间或恢复清醒和意识"。第2天的大部分时间，他都处于无意识状态。晚上约7点的时候，他醒来问："今天是4号吗？"医生回答："马上就到4号了。"他重新陷入昏睡。第2天，即1826年7月4日，他平静地离开了人世。巧合的是，约翰·亚当斯也在同一天晚些时候去世。这两位成为总统的《独立宣言》的签署者同时离世——恰逢《独立宣言》50周年庆典。根据杰斐逊的愿望，举行过简朴的葬礼之后，他被安葬在蒙蒂塞洛的家族墓地里。当地的圣公会教区长主持了入葬仪式。杰斐逊生前自己设计了墓碑，碑文也是自己写的："这里埋葬的是托马斯·杰斐逊，美国《独立宣言》和《弗吉尼亚宗教自由法》的执笔人以及弗吉尼亚大学之父。"[1]

---

[1] 〔美〕威廉·德格雷戈里奥：《美国总统全书》，周凯等译，北京：社会科学文献出版社2007年版，第56页。

第三章 美国政治现代化的历程

而对其担任过的所有显赫官位——从州长、国务卿到总统,碑文只字未提。

美国第 4 任总统詹姆斯·麦迪逊这样评价杰斐逊:"他依然并永远活在明智和善良的人们的记忆中。他是科学的巨人,自由的追随者,爱国精神的楷模,人类的造福者。"①

汉密尔顿

一个内阁的财政部长可以在一国的历史上留下英名的并不多见。然而,汉密尔顿就是其中之一。

与华盛顿、杰斐逊等人的南方种植园主的高贵出身不同,汉密尔顿出身寒微,是一个私生子,也是美国建国伟人中唯一的一名本代移民——其父是长期处于漂泊状态的苏格兰人,其母是西印度群岛人。

1755 年,汉密尔顿出生于英属西印度群岛的尼维斯岛。汉密尔顿 10 岁时,便跟随其父母外出谋生。汉密尔顿 12 岁时,其母在漂泊生活中去世。

1772 年,汉密尔顿移居北美,入新泽西州伊丽莎白敦预科学校进修一年,次年入皇家学院——后称哥伦比亚大学学习。

1776 年,汉密尔顿参加北美独立战争,任炮兵上尉。因作战英勇,被擢升为团长、华盛顿总司令的副官。独立战争结束后,汉密尔顿移居奥尔巴尼学习法律,1782 年取得律师资格,不久被纽约州议会推选为大陆会议代表。

1787 年,汉密尔顿代表纽约州参加在费城召开的制宪会议,是美国宪法的主要制定人之一。

正是因为汉密尔顿的出生和经历,许多美国学者认为,他从一名移民成长到建国伟人,其不平凡过程比杰斐逊等人更能体现出美国精神。

作为首任财政部长,汉密尔顿成功地解决了联邦遇到的最大困难——财政问题,并建立了长期有益于后世的国家银行体系。

1789 年 4 月,华盛顿作为第 1 任总统刚赴任时,国库里空无一文。不仅如此,国家还背负着旧政府欠下的债务和因进行独立战争而欠下的巨债。汉密尔顿发现,合众国这时的债务和债务利息,总共已达到 5400 多万美元。

汉密尔顿认为,不将债款付给那些持有证券的人,就难以确立联邦政府

---

① 〔美〕威廉·德格雷戈里奥:《美国总统全书》,周凯等译,北京:社会科学文献出版社 2007 年版,第 57 页。

的威信。所以他决定先从荷兰的一家银行借款还上一部分债，剩下的部分，则以国债的形式发给债权人，以一次性地还清所欠的债务。但问题是，国债大部分是未能支付给参战军人的薪金。在战后十分困苦的情况下，许多人将债券低价出售给了一些投机商人。对此，不少人担心倘若联邦政府将一切债务按票面价格偿还，并且将各州债务统统承受过来，就有可能使住在纽约或费城的富裕的商业资本家和高利贷者发一笔大财。然而，汉密尔顿依据高利贷者也是冒险购进债券对此应加以补偿的观点，抵制住了一些人的激烈反对。

尽管汉密尔顿的提案得到了通过，但要保证政府机关正常运转，必须确保稳定的税源。这首先就需要议会通过一个征收5%关税的法案。为切实落实这一法案，就必须大幅增加财政部内的税务人员并完善其功能。考虑到民众因征税而引起的反感，首先只对国产的威士忌酒征收税金。可出人意料的是，这件小事却引起轩然大波，导致爆发了全美规模的反纳税运动，后来还在一些地区酿成暴力事件。出于提高新政府的权威，最后动用军队才平息事态。

受到债务拖累的不仅有联邦政府，而且还有州政府。据此，汉密尔顿又提出，应由联邦政府承担各州的债务。虽然联邦政府的经济状况也很糟糕，一时根本无力替各州政府偿还债务，但是，汉密尔顿却希望以此为契机，将财政的主导权牢牢地掌握在联邦政府手中，并借机强化联邦政府的权力，削弱各州政府的离心力。为了开拓新的财源，汉密尔顿还提议出售西部广阔的土地。

以上这些提案经由中央政府提出后曾遭到南部许多州的反对。因当时南部各州的负债比北部各州少。这时，汉密尔顿一方面在提案上作出一些让步，另一方面他又同杰斐逊达成一种协议，即提议把费城选作国都，满十年后则把国都永远设置于南部的波托马克河之畔，以此换取杰斐逊说服南部各州对联邦政府提出的法案投赞成票。最后，经过双方的妥协，就通过了法案也诞生了今天的首都华盛顿市。

对于设立国家银行问题，汉密尔顿认为，为了保障产业发展所需的资金以及政府稳定的财源，联邦必须设立国家银行。而反对派们则既担心国家银行会被少数资本家当做赚钱的工具，又担心联邦政府会借此掌控全国的财政命脉，威胁到各州的独立性，特别是，还认为银行的设立超出了宪法所明示的中央政府的权限。

第三章 美国政治现代化的历程

针对这种情况,汉密尔顿又拿出了作为扩大联邦政府权限理论基础的"被暗示的权限的原则"——尽管这一原则并未表现在宪法文本中,但它仍然符合宪法的精神,宪法"暗示"联邦政府具有这种权力。围绕这一问题,国会曾展开激烈的争论。结果,于1791年2月国会通过了《设立联邦银行法》。此后不久,美国的企业就出现了质的飞跃,美国政府所发行的债券也在欧洲市场受到普遍欢迎。

财政问题的迎刃而解,极大地增强了中央政府的权威,巩固了美利坚新国家的地位。基于此,所以汉密尔顿至今仍被人们称之为"美国历史上最杰出的财政部长"。

不过,汉密尔顿作为开国元勋,其贡献绝不仅仅局限在国家财政方面,更为重要的,还在于他的建国思想。

汉密尔顿是建立强大联邦和中央政府的思想者和启蒙者。在《联邦党人文集》这部永存不朽的经典之作中,共收入85篇以"普布利乌斯"为笔名发表的文章,根据美国史学家的考证,其中就有51篇出自汉密尔顿之手。汉密尔顿坚定地认为和主张:在联邦制度之下,联邦和州两级政府都必须直接针对个人行使权力;在指定的范围内,中央政府必须享有毋庸置疑的最高权力;联邦制度之所以值得大家珍重,不仅因为它能够保证内部和平以及抵御外来侵犯,更因为它能够提供一个坚实的基础,使得一个幅员辽阔的地域中的人们都能够享受个人自由。①

汉密尔顿还是美国走工业化道路的坚定倡导者。在杰斐逊等乡村浪漫主义者希望建立一个不被工业污染的主要以农业为主的美国的时候,汉密尔顿先觉地意识到,要在一个充满敌对的大国的世界里获得生存,就必须从英国和法国身上汲取经验,除了建立一个强有力的中央政府,就是必须走工业化的发展道路。他的这一主张虽然曾受到以杰斐逊为代表的许多人的反对,虽然他生前也并没有实现自己的理想,但却深深地影响了美国后来的发展。

美国学界认为,林肯和西奥多·罗斯福总统所施行的许多政策,就是建立在汉密尔顿的政治遗产之上的。

进入21世纪以来,汉密尔顿再一次被人们所关注。对于汉密尔顿的著述

---

① 参见[美]亚历山大·汉密尔顿、约翰·杰伊、詹姆斯·麦迪逊:《联邦党人文集》前言,张晓庆译,北京:九州出版社2007年版,第11、15页。

和主张，美国许多政治评论家和学者开始重新探讨和评价。2004年4月，美国企鹅出版社出版的《亚历山大·汉密尔顿》一书，即对汉密尔顿的历史地位和贡献作了高度评价。该书在序言中称："汉密尔顿或许是美国历史上最重要的人物，他虽然从未成为总统，却可能比那些成为了总统的人奠定下更为深远、更为持久的影响。"

所以，汉密尔顿作为美国的主要奠基人是当之无愧的。

历史的安排有时竟是这样的巧合。不仅美国的诞生主要是由以上3人奠基，而且后来美国两大政党的出现和形成也发端于他们。

在第1届美国政府中，华盛顿任命杰斐逊任国务卿、汉密尔顿任财政部长，杰斐逊与汉密尔顿虽然同为华盛顿的重臣、左右手，然而两人的政治观点却又如此地截然不同并且相互心存芥蒂。上任伊始，杰斐逊与汉密尔顿就几乎对所有的问题都持相互对立的观点。结果，当时主要的政界人物都以他们两人为核心结成了两个派别。虽然华盛顿还仍然重用他们两人并希望双方能够联合起来。但是，杰斐逊和汉密尔顿两人的政见却一直尖锐对立。

汉密尔顿很早就以一位强烈的联邦主义者而著称。他对民主主义持一种批判的态度，认为不能将国家交到民众手中，相反，监控民众不去破坏社会秩序倒是国家最重要的任务。为此，他认为，政府具有强权比什么都重要。

与汉密尔顿迥然不同，杰斐逊是强烈的民主主义的倡导者，也是反联邦主义者。他认为，政府的权力愈是增强，人民的权力就愈是软弱，新宪法虽然强化了国家权力但却漠视了人民的正当权利。所以杰斐逊极力主张在新宪法中增补《权利法案》。他认为，为保障民权，就需要人民积极参与到国家事务之中，以监视政府的所作所为。他主张，政府的主要职责在于维持社会秩序，进行公共服务，而对人民日常生活则应基本持不干预的态度。

杰斐逊与汉密尔顿的关系真正破裂是在法国革命爆发后。

华盛顿1789年就任总统不久，法国革命即爆发，人民推翻了专制主义和封建特权，建立了崭新的市民政府。因惧怕这股浪潮波及自己，英国与奥地利准备以武力干涉法国内政，浓重的战争乌云已经笼罩在欧洲上空。

美国对此当然不能熟视无睹。在美国独立战争期间，法国即与美国订立过军事互助条约，并给予过美国物质上精神上的援助。当面临与英国的战争时，法国自然希望得到美国的回报。但另一方面，美国又刚刚成立，立足未稳即支援法国对英作战，无异于美国自己与英国重新开战，的确是件进退两难的事情。基于这种状况，美国最后以自己在1778年与法国签署的条约是与法国国王共同签下的，在法国国王已经下台后美国已没有遵守此条约的义务为理由，宣布对英法之争持中立的立场。

然而，美国的这项中立政策是由汉密尔顿主导的。名义上是中立，但实际上是一种倾向于英国的中立。其原因，从表面上看是为了美国的经济而需要与英国保持与发展贸易关系，但更主要的是，汉密尔顿崇拜专制主义，同情法国的君主，主张联合英国镇压法国革命。在贵族主义者汉密尔顿眼里，法国革命与其说是一种为了自由与平等而进行的人类高尚的斗争，还不如说是破坏即存秩序的民众的暴乱以及抢掠富人财富的乞丐们的暴力活动。所以，当时大部分联邦主义者都支持汉密尔顿的主张。

杰斐逊对此持有完全不同的观点。他认为，法国革命秉承了美国独立战争的高尚精神，是一场摧毁专制主义与君主统治的神圣斗争，美国应对法国进步力量以精神上的和物质上的援助，应与企图绞杀法国革命的欧洲旧体制国家进行针锋相对的斗争。许多站在反联邦主义立场上的人士也都赞成杰斐逊的这一主张。

这样一来，由国内问题引发的杰斐逊与汉密尔顿之间的争论又因为外交问题而形成了一种阵线更为明晰、分歧更为尖锐的局面。到了1793年，以他们两人为中心，美国政界即明显地分裂成两派。在杰斐逊周围，集中着南部的反联邦主义者。而在汉密尔顿周围，则主要集中着北部的联邦主义者。他们各自称为共和民主主义派和联邦派。这即为后来美国民主、共和两大政党的雏形。

二　前现代时期(1790—1920年)
——南北战争祛除了美国政治现代化的大毒瘤

在美国230多年的历史中，这一历史时期为130年。

之所以以1920年为界，把这一历史时期称为美国政治现代化的前现代时期，主要是基于以下几个方面的原因：

第一，虽然按照恩格斯的说法，美国的政治一开始就是现代的，但还是有重大缺陷。如奴隶制的存在，黑人和妇女没有选举权。这三个重大问题虽在这一历史时期先后从法律制度上得到解决，但在现实层面，妇女选举权是迟至1920年才拥有。

第二，作为美国政坛的主要力量、政治主体——民主、共和两大政党是在这一历史时期才进入政治舞台的。两党制虽然在美国建立联邦体制初期就已萌芽，但形成政党竞争的局面，是从1796年的第2任总统选举开始的。尔后，才逐步发展成为成熟的稳固的两党竞争、两党轮流执政体制。

第三，作为美国政治生活中的"第四权力机关"——新闻媒体也是在这一历史时期才进入政治舞台的。这一历史时期，美国的传媒或在新闻发布会上要政界人物回答提出的问题，或转播有关部门对政界丑闻的审判、听证实况，或定期不定期进行民意调查并公布调查结果，或就某一重大政治和社会问题发表评论，表现出从未有过的活跃，成为美国政治生活中的新生力量。

第四，美国国会在这一历史时期完成了调整完善。如国会委员会制度的建立、参众两院的席位固定、国会议员的职业化等，都是在这一历史时期才调整到位。众议院435个议员议席是根据1910年的人口普查数据而确定，而1920年的人口普查数据出来后则未再作调整，并在1929年由国会作出决定，将众议院议席总数永久固定为1910年时的435人。

第五，美国国家虽然在这一历史时期发展很快——实现了经济第一次转型，即从农业资本主义向工业资本主义转型，进入垄断资本主义时代；实现了社会转型，即从农业社会向工业社会转型，进入城市社会；实现了世界第一经济大国的目标，诞生了许多企业大亨、金融大亨、发明大亨；完成了领土扩张，至1898年美西战争结束全美版图已达到937万平方公里，但是，另一方面又不能不看到，美国作为国家形态的现代化，整体的现代化，应该是在20世纪初叶才完成的。美国许多学者也认为，1920年才是美国现代生活方式的开端。

这一历史时期，美国政治现代化的突出特点是以各种运动著称。通过这些政治和社会运动，美国的政治现代化得以全面推进，整体提高。尤其是发生在这一历史时期的南北战争，更是成为美国政治和社会发展的分水岭。

第三章 美国政治现代化的历程

宅地运动

这一运动的起因最初是移民要求自由土地，后来才逐渐发展成为政治运动的。

从殖民时代起，西部的移民就迫切要求获得自由土地，但这个要求一直被忽视。美国独立后，虽然联邦政府拥有大量西部土地的开发权，但当时的土地政策便利土地投机商和大公司，他们廉价从政府手中买进土地然后高价卖出，使普通移民深受其害。

国会很早就收到要求在某些地区把土地无偿给予移民的请愿书。1797年，俄亥俄河地区首先递交了这样的请愿书。两年以后，密西西比州也递交了这样的请愿书。1812年，俄亥俄州议员提交了"忠诚的美国人协会"的一份申请书，申请书中表达了这样一种观点："大自然赋予这个国家每个人一份土地"。1825年，又有国会议员提议进行土地调查，以便向移民授予土地。1828年，众议院公共土地委员会提出一个报告，支持这一建议。1834年、1836年召开的全国工会代表大会通过了要求向移民授予土地的呼吁。随着时间的推移，要求宅地的建议和请愿书不断送往国会。在这种情况下，亚拉巴马州和田纳西州的两个国会议员在1846年提出了宅地法案。1848年，自由土壤党宣布拥护将自由土地给予移民，自此，宅地运动开始成为明确的政治运动。

1860年，国会两院曾通过一个宅地法案，但被詹姆斯·布坎南总统否决。国会力图推翻这一否决，但未获成功。后来，共和党又要求通过完全的彻底的宅地法案，由于这时南部的许多州已宣布脱离联邦，于是该法案获得通过。1862年5月20日，林肯总统签署了宅地法。该法规定，凡年满21岁的公民或一家之主，占有和耕种公有土地连续5年，均可免费获得160英亩的土地。

宅地法的公布和实施，点燃了美国人到西部去创造未来的巨大热情，也在很大程度上抑制了官商勾结利用土地牟取巨额私利的腐败现象。

黑人运动

在美国历史上，受歧视和压迫最深的，首推黑人和印第安人。由于受歧视和压迫最深，黑人也最早起来争取自由与平等权利。

这一历史时期，黑人运动的主要目标是围绕废除奴隶制和争取选举权而进行的。

在美国，白人社会的种族偏见根深蒂固，他们视黑人为劣等种族、会说话的工具。早在殖民时代，殖民政府制定的黑人法典就明确规定：黑人无法律权利，不能拥有财产，不能订立契约，涉及白人案件不能作证，未经主人许可不得离开工作场所，无白人在场不得集会，不得携带枪支，不得自卫等等。

1776年美国建国后，虽然在理论上大部分白人接受"人人生而平等"的民主原则，然而在实践中，他们思想深处却不愿意承认黑人的平等地位。纠正和克服这种思想上的种族偏见，甚至比纠正和克服法律上的种族歧视还更加困难。只是在南北战争结束后，黑人的政治和社会地位才有所改善。

1865年12月，废除奴隶制的宪法第13条修正案得到各州批准。

1866年4月，国会通过了第一个民权法。

1868年7月，宪法第14条修正案获得各州批准，使黑人成为美国和各州的公民，并规定各州不得以法律限制公民的权利，不得不经正当法律程序剥夺任何人的生命、自由和财产，不得拒绝给予任何人以平等法律保护。

1870年2月，宪法第15条修正案获得各州批准，黑人有了选举权，规定联邦或州都不得"因种族、肤色或以前是奴隶"而剥夺或限制一个公民的选举权。

与此同时，南方各州按照重建法的规定，也制定了新的州宪法，建立了"黑白人混合政府"，制定了黑人公民权利法，并废除了黑人法典和过去的奴隶法。

这时，大批黑人行使公民权，积极参加选举，许多黑人当选担任公职。南方各州即有2名黑人当选为国会参议员、16名黑人当选为国会众议员。在南卡罗来纳、密西西比和路易斯安那3个州，都有黑人当选为副州长，黑人议员在州众议院中也占到多数。在剧场、餐馆、旅馆和公共交通方面，黑人接近受到平等的待遇。

不过，这样的好景并没有得到延续和发展。

首先是南方的白人种族主义者不甘心失去特权，极力进行反扑。他们通过1866年首先在田纳西州成立、很快扩展到南方各州的三K党和一些秘密种族主义社团，采取恫吓、恐怖行动和私刑，压制和迫害敢于进行反抗的黑人及同情黑人的白人。他们还策划重新掌握南方各州的政权。这样，刚刚建立不久的"黑白人混合政府"即开始动摇。

其次，美国联邦法院也在一些案件审判中未能跳出种族歧视的羁绊，为白人种族主义者开了绿灯。1873年，最高法院在屠宰场案中裁决，宪法第14条修正案的目的是保护新获得解放的黑人，认为并未把全部公民的管辖权从各州转移给联邦政府。同时还宣布，制止个人实行种族歧视的联邦民权法违宪。这一判决，无疑为南方各州制定法律合法地剥夺黑人选举权和实行种族隔离制度扫清了道路。

果然，在这之后，南方各州歧视黑人尤其是限制黑人选举权的法律措施便纷纷出笼。如在限制黑人选举权方面，当时就出台有4项规定：(1)文化测验。即要求公民须先通过文化测验方可登记为选民。然而对于黑人来说，这种测验不只是测验读写能力，而是可以要求他们解释联邦和州宪法。先前的奴隶绝大部分是文盲，是不可能通过这种测验的。文化测验遂成为剥夺黑人选举权的最有效手段。(2)人头税条款。即规定公民必须先交纳人头税，然后才有资格投票。而绝大部分黑人一贫如洗，交不起人头税，自然也就失去了选举权。(3)祖父条款。即规定1867年享有选举权的人及其后裔可以免除文化测验。然而，在1867年时南方黑人还没有取得选举权。这同样是在限制黑人。(4)白人预选制。即规定只有白人才可以参加民主党预选。而当时的南方是民主党的一统天下，如果黑人不能参加民主党预选，就等于实际上不能行使其选举权。就这样，到20世纪初，不公正的法律加上种族主义暴行，就使黑人的选举权几乎丧失殆尽。有数据显示，密西西比州1896年时，黑人选民的登记人数曾达到130334人，而到1904年时，则仅为1342人，锐减90%。

这一历史时期，黑人运动的成果之所以回潮，既有客观原因，也有黑人自身的因素。

从客观上看，主要是种族歧视势力强大。美国是一个白人统治的社会，行政机构、议会、法院和警察都掌握在白人手中。一般地说，国家机构保护白人的利益天经地义，而对黑人的利益却容易忽视。在南方各州，由于白人种族主义分子当权，黑人受到歧视便不足为怪。这种由长达两个多世纪的奴隶制所铸就的社会偏见，决定了黑人斗争的艰难性和长期性。

从主观因素看，黑人长期处于被剥削的奴隶地位，很长时期内缺乏进行这种斗争所需要的经济力量、文化水平、领导人才以及政治策略。这是一个不容忽视的重要原因。同时，几个世纪的奴隶制，摧毁了黑人的尊严和自信心。在一次又一次的不幸面前，他们失望、冷漠，甚至产生了逆来顺受、屈从现状或逃避现实的心理。这种心理，又反过来使动员和组织黑人参加斗争成为艰难而又长期的工作。而不能最大限度地动员黑人参加斗争，不能形成强大的群众性运动，其斗争是不可能取得实质性进展的。这些主观上的因素，也是这一时期黑人运动进展缓慢、收效甚微的重要原因。

女权运动

美国建国以后，如同黑人一样，妇女也长期受到歧视，处于无权和不平等的地位。

1787年召开制宪会议时，出席会议的代表全部是男子，在制定宪法时没有人考虑到妇女的法律保护。所以建国以后，如同殖民时代一样，在政治上，妇女没有选举权；在经济上，妇女的财产权没有保障；在社会中，妇女同工不同酬，不适于受教育；在家庭里，妻子是丈夫的附属品，妇女的位置是侍候丈夫，生儿育女，操持家务。一直到19世纪20年代，才终于有少数妇女对自己的处境提出异议，由此便开始了妇女争取平等权利的女权运动。

这一历史时期，女权运动的主要政治目标是围绕选举权展开的。

1848年7月，在纽约州塞尼卡福尔斯召开的讨论妇女地位的大会，首次提出了选举权问题。女权运动领导人伊利莎白·斯坦顿和卢克丽霞·莫特为大会起草了一项妇女宣言。该宣言陈述了妇女所遭受的歧视，提出了改善妇女地位的11项要求，其中的第8项明确要求赋予妇女选举权。

南北战争后，女权领袖苏珊·安东尼曾在国会制定宪法第15条修正案赋予黑人选举权时，力图使妇女也享有同样的权利，但未能获得成功。1869年，女权领袖露西·斯通组织成立了"美国妇女选举权协会"，旨在通过修改宪法实现妇女拥有选举权。同年，安东尼和斯坦顿又共同组织成立"全国妇女选举权协会"，同样主张通过修改宪法实现妇女拥有选举权。1890年，两个组织实现联合，更加加强了妇女争取选举权运动的力量，从而使斗争获得明显的进展。先后有怀俄明州、科罗拉多州、犹他州在州宪法中赋予了妇女选举权。

与此同时，女权主义者还试图通过直接参与选举推进争取妇女选举权的斗争。1884年和1888年，她们创建"平等权利党"，推举著名女律师贝尔瓦·洛克伍德为总统候选人参加总统竞选。

第三章 美国政治现代化的历程

这一历史时期,妇女争取选举权的斗争曾遭到三种社会势力的反对。第一是天主教会。他们主张妇女从属男子,因而反对提高妇女的社会地位和政治地位。第二是酿酒业资本家。因为很多妇女在争取选举权的同时,也积极投入禁酒运动。1874年成立的基督教妇女禁酒联盟也积极支持妇女争取参政权的斗争。她们的斗争不利于酿酒业的发展,因而遭到酿酒业资本家的反对。第三是城市政治老板。他们害怕妇女争取选举权斗争的胜利,将会引发一系列社会政治改革,从而削弱他们对城市的控制,所以他们也反对妇女享有选举权。

正是在这种多重势力的反对下,妇女通过修改联邦宪法实现选举权的努力在很长一个时期里没有获得大的进展。

直到第一次世界大战爆发后,由于大批妇女在战争中参加工作,妇女的社会地位和经济地位才迅速提高,女权运动也才在全国再次高涨起来。各地组织的游行示威此起彼伏,争取妇女享有选举权的运动成为一股不可逆转的历史潮流。在这种背景下,国会于1919年6月通过了宪法第19条修正案,并于1920年8月26日获得批准生效。该条修正案规定,合众国公民的选举权,不得因性别而被合众国或任何一州加以拒绝或限制。

至此,美国妇女经过近一个世纪的斗争,终于赢得了与男子同等的政治权利。

反腐败运动

塞缪尔·亨廷顿曾经讲道:"在美国,财富通常是通向政治权势的道路,而想通过当官去发财则找错了门。反对利用公职谋取私利的规定比反对利用财富获取官职的规定要严厉得多,而且人们也普遍遵守这些规定。美国的内阁部长或总统助手为了养家糊口弃官另就是美国政治中令人吃惊然而却又司空见惯的情形,这种情形在世界大部分地区使人诧异不已和难以置信。"①

应该说,塞缪尔·亨廷顿的这段话对于20世纪以来的美国还是适用的,而对于19世纪中后期的美国政坛却并不合适。也正如塞缪尔·亨廷顿自己所证明的,"腐化程度与社会和经济迅速现代化有关"。19世纪后半期的美国,

---

① 〔美〕塞缪尔·亨廷顿:《变化社会中的政治秩序》,王冠华等译,北京:生活·读书·新知三联书店1989年版,第61页。

正处于现代化进程最为激烈的时期——经济的快速发展，西部拓荒高潮的兴起，产业革命的萌动，城市化进程的加快，政府职能的迅速扩张，公共财政支出的大幅度增加，这些都是产生腐败的土壤，因而这一时期成为美国政治生活中最为腐败的时期。反腐败运动也即由此而生。

1829年3月，以"政府掌握在人民手里"为口号的美国第7任总统安德鲁·杰克逊宣誓就职。他于1829年12月在国会中说："在一个建立官职的唯一目的是为了人民的利益的国家，任何人都不比其他人有更多地占据官职的固有权利。"同年，他还在一封信件中表达了这样的观点："我确信，无论是富人还是穷人，都可以担任官职和显赫的职务；诚实、正直和能力构成唯一和独一无二的检验标准。"①

然而，捉弄人的是，美国政坛腐败现象的出现，正是在杰克逊时期，其发端、元凶就是改变官员任用标准的政党分肥制。

政党分肥制——这种由获得大选胜利的政党作为报偿，把政府官职分配给那些曾经帮助其在选举中获胜的人——"主要视对党派的忠诚和贡献，而不是主要考虑其品行和工作能力"的官员任用办法，在初始阶段也起过积极作用，具有一定的进步意义。它否定了政府官员把公职视为私有财产的政治观念，打破了上层社会长期对公职的垄断，为普通公民提供了较多的参加政府工作的机会。同时，还有利于新的政党政府推行新的政策。

但是，由于政党分肥制带来的政府官员更换不是素质结构优化，也不是竞争考核产生，因此弊端丛生。加之，各政党很快沉湎于分肥制、充分利用分肥制，政党同选民相互投桃报李，便使这一制度逐步演变成政党争夺公职的工具，从而更加加重了腐败现象的出现。这主要表现在：

——人浮于事，工作效率低下。尤其是南北战争后，联邦文官队伍迅速膨胀。从1861年的36672人增加到1881年的10万多人，增长近3倍，远远超过了同期联邦人口1.6倍的增长速度。文官队伍的迅速膨胀，也并非完全是社会发展的需要，其中一个重要原因是为了满足众多追职者的要求，这就造成了许多政府部门机构臃肿。此外，大多数文官任期仅为4年，这实际上等于每隔4年就要换一个没有经验的新手来处理公务。这样，一方面人多，

---

① 《美国研究》，2004年第3期，第49页。

一方面又缺乏经验，人浮于事、效率低下就不可避免。

——结党营私，政府官员素质下降。由于实行分肥制，党羽支持党魁是为了谋取公职，而党魁又用公职回报本党支持者，发展自己的势力，这样，选任文官的主要标准不再是德才，而是以对政治老板的忠诚为标准，这就势必使大批素质不高的人充斥政府机构。由此，还明显增加了民众对政府的不信任，造成政府频频换届。

——政纪废弛，贪污受贿盛行。由于是党见用人，任人唯亲，往往造成在政府内部拉帮结伙，政纪废弛。在这种情况下，一些品质低劣的官员就敢于无视法纪，利用职权损公肥私，贪污受贿。杰克逊总统时期，纽约市海关税务官塞缪尔·斯沃特伍特即贪污125万美元后逃往欧洲。而在一些低级别的文官中，侵吞公款、行贿受贿、迟到旷工、逃避责任等现象就更为普遍。

这一历史时期的美国，除了政党分肥制带来的吏治方面的腐败，再就是大量的经济腐败充斥政坛。

——由于联邦政府和州政府把大量公共资金用于促进经济发展的项目上，大大增加了政府官员贪污的机会，许多道德低下的公职人员与公司或私人相勾结，把公共资金装入自己的腰包。

——大量战争中的伤残人员和认为自己应该得到养老金的人员，纷纷涌入国会要求得到补偿；联邦法律也允许国会拨款补偿所有合法的补偿要求。由于从全美各地到华盛顿来提出补偿要求既耗费时间又开销太大，不少有补偿要求的人即求助于一些在华盛顿有影响的朋友或代理人来进行起诉。这样，许多国会议员便乘机挂牌营业，借帮助这些人向国会、财政部和其他政府部门提出补偿要求，自己也从中牟利。

——由于工业革命的兴起，导致强大的私人组织控制了很大一部分国民经济，他们想方设法收买各级政府中的重要官员，丑闻频发。1872年，联合太平洋铁路公司甚至通过给国会议员大量股票，来阻止国会对该公司案件的调查。1894年，圣·路易斯市威士忌酒集团违法逃税，联邦财政部官员也参与其中。

——南北战争中联邦政府调集大量的资金来保障打赢战争，战争虽然取得了胜利，但战争期间却出现了前所未有的联邦范围内的贪污行为。合同商把成百亿美元的战争费用花在了伪劣产品上，而联邦官员则通过帮助合同商取得军事订货而得到巨额回扣。

种种情况都表明，这一时期的美国，由于急速地从一个农业国转变为一个工业国，其速度之快，使得它几乎来不及思考和发现一个控制腐败的方法。从联邦政府到州政府、地方政府，大量的官员都想利用权力来填满钱袋，强大的私人利益集团往往轻而易举就能收买政府官员。南北战争后，出钱购买联邦政府中的官职也变得司空见惯。甚至国会议员手中也有众多可任命的联邦职务，他们可以拿这些职务来对政治上的支持者论功行赏。

终于，严重的腐败激起了社会强烈的反映和改革要求。

这一历史时期，美国采取的反腐败措施，最重大的行动就是改革了政府文官制度。

美国联邦政府的行政官员统称文官。按其职务性质可分为两大类：(1) 由政治任命产生的官员，主要负责制定政策；(2) 职业文官，主要从事政府日常业务工作。第一类通常由总统直接任命，部分须经参议院批准。这类官员包括各部正副部长、助理部长，以及中层行政长官，如处长、副处长、高级顾问和助手等，多与总统共进退。而第二类——职业文官，与总统任命的官员和经民选产生的官员、军职人员，都有很大的不同。从华盛顿总统到约翰·亚当斯总统这段期间，联邦文职人员的素质和工作效率都比较高，人员也比较稳定。从19世纪20年代末开始，联邦、州和地方各级文职人员的任用按照政党分肥制办事后，情况就发生了如前所述的重大变化。

鉴于政党分肥制的弊端，美国统治阶层中的有识之士从19世纪40年代开始就不断倡导和致力于文官制度的改革。当时，有些国会议员针对文官素质下降的情况，曾提出过通过竞争考试录用文官的议案，但未获通过。只是在改革者和社会的一再努力下，国会才于1853年和1856年通过两项整肃文官队伍的法律。1853年通过的法律重新划定了文官的级别。1856年通过的法律规定文官任用前要进行资格考试。但是，由于这两项法律都不是以竞争考试录用和业绩考核晋升为文官改革原则，因而其进步作用十分有限。

直到1881年7月2日，第20任总统詹姆斯·加菲尔德被一个求职未遂者暗杀，才直接加速了文官制度改革。虽然加菲尔德总统成为政党分肥制的牺牲品，但这个事件成为推动国会通过文官制度改革法的一个重要因素。

1882年12月，参议院通过了民主党参议员乔治·彭德尔顿提出的一份以"纽约文官改革协会"的提案为蓝本的新的文官制度法，1883年1月又获众议院通过，时任总统切斯特·艾伦·亚瑟随即签署生效。于是，美国历史上第一个具有现代意义的文官制度法案便诞生了。这部法正式称为《文官制度法》，因其提出者为彭德尔顿，也习称为《彭德尔顿法》。

这部法的内容主要有四项：(1)建立总统直辖的文官委员会，由3人组成，经参议院同意由总统任命，负责制定文官规则，组织文官考试，监督和调查文官规则的执行情况。(2)文官须经过公开竞争考试，择优录用。(3)实行两类制，即把文官分为政务文官和业务文官。政务文官由总统任命，与政党共进退。除政务文官外，其余的文官都属业务文官，经考试录用，政治中立，不参加政党活动，任期为常任，不能因党派理由被罢免。(4)按照各州人口比例，分配各部的文官职位名额。

经由彭德尔顿提出的《文官制度法》的出台，是美国文官任用制度发展的重要转折点。它把自由竞争机制引入文官的选拔录用，局部废除了以党见标准决定文官任免的分肥制，确立了以公开竞争考试录用和功绩晋升为核心的功绩制，从而奠定了美国现代文官制度的基础，也为美国在这一时期反对和防止腐败在组织上提供了保证。

此后不久，美国政坛的腐败程度即逐步降低。虽然其中有土地改革、舆论监督、进步主义运动的功效，但是，《文官制度法》的出台抓住了腐败的源头——既然腐败是从政党分肥制开始的，反腐败即从破除政党分肥制开始；抓住了腐败的要害——既然吏制的腐败是最大的腐败，反腐败也就从最大的腐败反起。因而，《文官制度法》在美国这一时期的反腐败斗争中所起到的作用是主要的。后来，事实还证明，《文官制度法》的出台不仅遏制了蔓延滋长的腐败势头，而且还开创了用制度反对政治腐败的先河。

总的看，19世纪虽然是美国腐败的高发多发期，土地投机、政党分肥、官员牟私、党魁操纵等腐败现象滋生蔓延并持续了很久，但最终，腐败之风还是在这一时期被刹住了。

"扒粪者"运动

这一运动，与反腐败运动既有联系又有区别。联系在于，这一运动作为一股强大的舆论监督力量，直接或间接地推动着反腐败运动。区别在于，这一运动所着眼的不仅仅在于反腐败，而且还肩负着缓释社会积怨、平衡社会心态、促进社会公平和进步等重要作用。

19世纪末到20世纪初，大企业、大财团的相继出现，构成了美国经济社会的主要图景。这既给美国社会带来了空前的繁荣，也使美国成为世界第一经济大国。然而，在繁荣、强大的背后，却出现了严重的两极分化和各种罪恶，社会的不满在悄悄滋生。

正是在这一背景下，被称为"扒粪者"——专门报道丑闻和揭发黑暗面的新闻记者和作家们，才勇敢地拿起了武器。

"扒粪者"一词，最初是西奥多·罗斯福总统对新闻记者的一种调侃，他把一些揭露黑幕的新闻记者，比作文学作品《天路历程》中那个不仰头看天国的王冠而只顾扒污物的"带粪耙的人"。很快，这个称呼被公众所接受并被赋予正面的意义，成为专门揭露各种腐败丑闻和黑暗内幕的人的代名词。

当时最先刊登"扒粪者"作品的刊物是一份名为《麦克卢尔》的杂志。其创始人麦克卢尔起初也并不是存心与大财团作对，他选中洛克菲勒家族的美孚石油公司作专题系列报道时，原本是怀着钦佩的心情想要宣传该公司是如何走向成功之路的。负责撰写专题系列稿件的女记者塔贝尔也不是一开始就有意揭丑，但是作为新闻工作者，忠于真实的原则和职业的本能敏感，促使她穷追不舍。结果，该公司如何通过巧取豪夺致富，政府又如何予以纵容，以及工人的困苦生活等内幕，被她详细解剖，揭露无遗。最后的结论是，公平的个人自由竞争已不复存在。塔贝尔撰写的专题系列文章被结集成《美孚石油》一书出版后，十分畅销，成为揭露大财团的经典著作之一。

此后，又有一大批新闻记者和文化界人士笔锋所向，深挖美国社会各个角落的阴暗面。从大工厂到贫民窟，从童工到女工，从红灯区到政治交易，从保险公司的欺诈行为到铁路公司的管理不善，从对工人的残酷压迫到种族歧视，许多肮脏凄凉的社会现象，都被一一暴露在光天化日之下。

在这一运动中，被认为是最著名的、贡献最大的"扒粪者"，是一位专门把目光盯在政治腐败问题上的记者——林肯·斯蒂芬斯。他针对19世纪末美国城市高速发展中的阴暗面，特别是对因政府疏于管理所引发的一系列社会问题，进行了深刻揭露和分析。为了获得第一手情况，斯蒂芬斯曾于1902年至1903年间，先后调查了圣路易、明尼阿波利斯、匹兹堡、费城、芝加哥、纽约等地的大量真实而又具体的腐败状况和黑暗内幕。一路所见所闻，令他

第三章 美国政治现代化的历程

惊诧不已。所以,斯蒂芬斯在发表的一系列文章中,对腐败状况和黑暗内幕指名道姓,写出具体的日期、贿赂的金额、讨价还价的过程和最后分赃的数额等,毫不留情。他称,这些都是经过他实地考察且"往往是历经生命危险"而写成的。后来,斯蒂芬斯又把这些文章集结成《城市之羞》一书出版。

现实虽然残酷,但斯蒂芬斯对美国民主政治并不失望,他认为反腐之道不在于改变民主政治的基本架构,而在于完善它。斯蒂芬斯主张,要"呼唤公民自身,拯救道德沦丧",人民要"为自治而斗争",要起来废除特权。

斯蒂芬斯的一系列深度报道和由此而引起的强大社会舆论,直接推动了美国城市的政治改革和市政改革。从这时起,许多州即开始改革选举制度和城市管理制度,以打破城市寡头政治,扩大民主管理。

美国作家马克斯·勒那曾这样评价斯蒂芬斯的贡献:如果我们在评判一位历史人物的价值时,是以他是否有利于创造一个更丰富、更健全的美国文明为标准的话,那么,斯蒂芬斯这样的人就应是每一所学府赞扬的英雄。[1]

"扒粪者"运动的兴起,激发了整个美国社会的道德感和社会责任感,为后来的发展创造了舆论环境和社会基础。从此,丑闻揭发者在美国也备受尊敬和景仰,揭发丑闻也成为美国的一个传统。不管多高位、多有钱的大人物,只要有丑闻,就一定要把他揭发出来,即便是总统也不例外。

西进运动

如前所述,西进运动是几乎贯穿整个19世纪并深刻改变美国面貌和本质的一场运动。

1803年4月30日早晨,美国第3任总统托马斯·杰斐逊仍在期待巴黎传来消息。由于通讯的问题,他并不知道就在此时,远在巴黎的美国使者已经得到一位法国人的通知:"你买进了物美价廉的东西,好好享用吧。"这是一本万利的大买卖。美国以每英亩3美分的低价从法国手中购得路易斯安那。如果不是因为与英国开战急需现金,拿破仑是绝不可能以这样低廉的价格出售的。消息传来,美国人难以相信自己的国土在一个早晨就扩大了260万平方公里,而代价不过是1500万美元。

---

[1] 中央电视台《大国崛起》节目组编:《大国崛起·美国》,北京:中国民主法制出版社2006年版,第207页。

本来，在不经国会批准的情况下，杰斐逊临机决断从拿破仑手中购买路易斯安那属于违反宪法的行为。但杰斐逊认为，新的领土使国土面积扩大了一倍，将为农民及其后代提供土地，这些土地可使用千百年，如果他们愿意的话还可以一直扩展到太平洋沿岸，他们将给这片土地带来独立和民主。杰斐逊的这一主张因为正好迎合上上下下对于新的疆域的渴求，非但没有受到任何责难，反而还被认为是他最杰出的成就，使他连任美国总统。

这一巨大的成功，更强烈地激起了美国向西扩展疆域的欲望。人们认定，幸福与西去之路是联系在一起的，西去之路便是通往民主与自由之路。从此，疆域的扩张便一路向西、向西……

1810 年、1819 年，美国先后从西班牙手中夺得佛罗里达。

1845 年、1853 年，美国又分两次从墨西哥手中强行购得近 250 万平方公里的国土。

1867 年，美国以 720 万美元的价格从俄国购得阿拉斯加，面积为 155 万平方公里。

1898 年，美国又得到了夏威夷。

至此，美国的版图达到了 937.26 万平方公里。

然而，西进运动于美国绝不止是一个经济事件或单纯国土面积的扩大，而是重大的社会和政治事件。这主要体现在以下三个方面。

第一，西进运动扩大了联邦共和政体的区域范围。

依据 1787 年制定的宪法，联邦共和政体的范围仅限于大西洋沿岸的 13 个州。然而，西进运动更新了人们国家与民族的概念，使共和制政体随着西进运动的深入迅速向西延伸。移民们如滚滚洪流涌向西部，西部人口越来越多也越来越稠密，荒野小径变成康庄大道，森林中的旷地变成大片农场，零星的村庄开始变成繁华的城市。当某一地区的人口达到一定数量时，人们便制定法律并申请加入联邦。于是，拓荒者们在开垦大片新土地的同时，又将一个个新州建立建来。整个西进运动时期，即有 29 个西部州加入合众国联邦，从而使联邦共和政体越过阿巴拉契亚山脉，逐步扩展到密西西比河谷、落基山麓、太平洋沿岸。同时，西部也成为美国净增人口的集中地。1820 年时西部人口即占全国总人口的四分之一，1840 年时则达到了三分之一。

第二，西进运动改变了美国政治力量的格局。

第三章 美国政治现代化的历程

由于西部新州的不断建立，政治力量的不断强大，很快对美国的政治格局产生重大影响。19世纪的美国，实际上经历了一个从南北抗衡到东部、南部、西部鼎立，再到新的南北对抗，最后到对抗消失这样一个政治格局的演变过程。

合众国建立之初，政治上的一个突出特点就是南北势力的相互抗衡。随着西进运动的深入，昔日的西部拓荒者逐步成长为农业资本家，由此，代表西部农场主利益的政治力量便迅速崛起，在政治舞台上开始发挥越来越大的作用。不久，西部农场主与东北部的工商业资本家、南部的种植园奴隶主即构成国会中的三股主要力量，相互间既有斗争，又有妥协，以至在国会立法中都不得不充分考虑三方的立场和利益。1841年9月，国会通过的《分配与先买权法》就同时兼顾了东部制造商要求提高关税、南部种植园主要求改革联邦基金分配、西部农场主要求公地优先购买的利益诉求。

西部政治力量不仅竭力维护西部经济权益，而且对全国政治重心偏于东部老州也提出异议，要求在政治上有更多的发言权。于是，西部新州在联邦立法机构中形成了一个与南部、东北部利益不尽相同的区域集团，借此改变国会中区域力量的对比，影响国会的立法活动。1800年的《土地法》、1841年的《分配与先买权法》、1854年的《分级法》等都是国会中的西部议员动议的。

为了维护联邦的统一，西部还常常扮演南北冲突的调停人角色，尽量化解其矛盾。南北战争前，西部政治家曾先后提出过《密苏里妥协案》、《1833年妥协案》、《1850年妥协案》、《堪萨斯—内布拉斯加法案》等影响美国政治和历史的议案，并都获得国会通过。在当时南北经济体制对立的情况下，西部的政治态度曾在很大程度上决定着美国政治的走向。虽然西部的努力没有能够也不可能从根本上消除南北的冲突，但它推迟了南部和北部的分离。

19世纪50年代，美国的政治格局又一次发生变化，出现了新南方与新北方的对抗，且较之建国初期的南北对抗更加激烈，更加尖锐。这主要是因为，一个时期以来，西北部与东北部在经济利益上逐渐趋于一致，而与南部的传统联系则逐步疏远。在反对南方种植园奴隶制方面，东北部与西北部也有着共同的思想意识，日益形成一个比较稳固的商业联盟和政治区域集团——北方。西南部蓄奴州则与旧南部结合，形成了新的南方集团。这一时期，国会中许多议案的通过或否决，也往往是由于这种区域同盟的根本变化所造成的。

南北战争爆发后，西部各州的态度成为战争胜负的关键，"谁掌握这些州，谁就能统治联邦"。由于西部民众在政治上对联邦政府的坚定支持，再加上西部雄厚的物质基础和充足的兵源，不久即使战争朝着有利于北方的方向发展。可以说，西部力量的增强以及它与东北部的结盟是北方联邦政府最终战胜南方奴隶主的基础，而西部力量的形成与强大又无疑是西进运动的直接后果。没有西进运动，南北矛盾不会尖锐激烈到进行战争的地步；同样，没有西进运动，也就不会有西部这样强大的政治经济力量支撑北方联邦政府战胜南方奴隶主。

不过，南北战争结束后，西部的工商业开始发展，与东北部的利益更加趋同，联盟更加巩固。同时，南方在经过一段时间的重建后，奴隶主势力退出历史舞台，与北方在经济上政治上的对立对抗也逐步减弱。由此，美国政治格局中的区域性集团意识日益淡化，对峙日趋消失，各方即自然地融合到联邦大家庭中。

第三，西进运动加速了美国政治民主化的趋势。

早在独立战争时期，居住在阿巴拉契亚山脉以西的边疆居民就要求拥有自己决定自己命运的权力，他们把请愿书送到东部，抗议东部立法机构的统治。在整个革命年代，西部的独立建州运动此起彼伏。西进运动中，移民本为土地和自由而来，他们或经历过东部旧州的民主，或感受过欧洲的自由，信仰民主与自由，并追求民主与自由的最大化，是他们西进的本质和动机。同时，西部的广袤和西进的自发性，使得西部在相当长的时期内土地所有权分散，政治上缺少现成的权力结构，这就使移民们培育出一种比东部更为激进的民主观平等观。他们不能容忍原来强加在民主制度之上的种种限制与束缚，更不允许建立任何形式的暴政与专制。所以，西进运动使边疆的民主精神和自由主义传统得到了进一步发展，西部成为"最美国化的部分"。

在西进建立新州的过程中，虽然西部各州都借用了东部旧州的民主制度，可以说是东部民主政治的延伸；但是，它们又都取东部民主制度中最民主最自由的部分并加以发展，所以西部比东部的政治制度更加民主。当时，几乎所有西部新建州的宪法都赋予立法机构以非同一般的权力，且置于民众的监督之下。立法人员任期也比较短，以便迅速轮换。各州都扩大选举产生官员的范围，州长、州议员、地方教育委员会成员，甚至法官都经民众选举产生。

第三章 美国政治现代化的历程

西部州还率先取消投票人和官员的财产限定及宗教审查,以便使更多的普通民众参与政治和拥有职权。西部实行普选权也比较早,并且对东部发挥了带动效应。特别是在给予妇女以选举权方面,西部更是明显领先于东部。

此外,西部一大批政治活动家的出现,对美国民主政治的发展也产生了重大影响。西进运动过程中,西部先后产生了十几位总统或副总统,仅俄亥俄州在南北战争后至1900年前,就有5名共和党人出任合众国总统。与此同时,还有一些著名的党派领袖、国会议员,都以不同的方式推动了美国民主政治的发展。

有学者认为,没有西进运动,就没有美国式的民主。这也许并不夸张。

进步主义运动

这是一场发生于19世纪末至20世纪初的社会改革运动。

这场运动是美国由自由资本主义向垄断资本主义过渡中资本主义基本矛盾激化的结果。

19世纪末,美国完成了从农业资本主义向工业资本主义的转型,进入垄断资本主义时代。垄断资本主义的出现,深刻地改变了国家的经济结构,打破了传统的政治秩序,使美国社会面临了一系列空前的危机:政治腐败蔓延、市场秩序混乱、劳资冲突剧烈、贫富悬殊严重、社会道德失序。面对危机,原有的政府体制无法进行有效的治理,各种矛盾进一步激化,美国的社会和政治稳定受到威胁。进步主义运动正是在这种情况下发生的。

进入这场运动的有各种社会力量和政治组织。有的主张改善工人、农民和妇女的社会处境;有的主张对社会经济活动实行国家干预;有的反对政治腐败,要求进行市政管理改革。运动的方式方法多样,内容也比较广泛。在这次运动中,以劳工、平民党人、妇女、城市中产阶级改良派和知识分子为主的进步主义者,发挥了主力军作用。他们组成以利益群体为基础的改革力量,利用公民社会和政治参与机制,启用美国宪政中"社会公正"和"公共福利"的传统原则,推动政府制度创新,迫使各级政府尤其是联邦政府承担起管制自由放任经济、保障公民基本权利的责任,收到好的效果,对保证所有的公民群体都能更为公平、更为均等地分享工业经济发展所带来的成果起到决定性作用。

这场运动取得的具体成果主要集中在以下两个方面：

——各种改革初见成效。在政治改革方面，对州政治体制和城市市政体制进行了改革。在经济改革方面，制定了反托拉斯法，对垄断进行了限制，开征了累进的所得税。在社会改革方面，制定了法律使罢工合法化，建立了工伤补助、老年退休年金制度和救济孤儿寡妇制度，设立了调解劳资纠纷的专门机构等等。

——扩大了联邦政府和各州政府的功能。改变了联邦政府的权力结构和运作模式，开创了"管制国家"的历史，有效地缓解了社会冲突，使处于危机中的民主体制得以复苏。中西部及西部的一些州和东部的一些大城市，先行建立了直接初选权、创制权、复决权、罢免权等制度。

进步主义运动虽然只是消除了美国社会这一特定时期的某些突出弊端，并没有触动垄断资本主义的根本，但是它开了改革的先河，不仅对完善美国式的民主制度起到积极作用，并且为后来的"罗斯福新政"等更大规模的政治和社会改革奠定了基础。

南北战争

19世纪60年代发生的南北战争，是美国历史上唯一的一次国内战争，是美国历史上最重大的事件，对美国政治、经济和社会的全面发展都具有决定性的影响。

南北战争之所以发生，正如马克思当时所指出："当前南部与北部之间的斗争不是别的，而是两种社会制度即奴隶制度与自由劳动制度之间的斗争。这个斗争之所以爆发，是因为这两种制度再也不能在北美大陆上一起和平共处。它只能以其中一个制度的胜利而结束。"①

19世纪中叶，随着工业革命的兴起，资本主义经济在美国北部获得迅速发展，南部诸州奴隶制的存在已成为美国社会经济发展的最大障碍。一边是种植园，另一边是耕地；一边是奴隶，另一边是自由劳工；一方产生了土地贵族，另一方产生了律师和企业家；一方越来越保守并害怕改变现状，另一方则普遍兴起了社会改革与宗教复兴。南北形成了两种迥然不同的社会和政

---

① 《马克思恩格斯全集》第15卷，北京：人民出版社1963年版，第365页。

第三章 美国政治现代化的历程

治特色。尤其是，南北两种制度之间的矛盾在争夺西部"自由土地"的问题上表现最为激烈。南方奴隶主力图把奴隶制扩大到西部，主张把西部新州确定为蓄奴州；北部资产阶级则热衷于把资本主义生产关系推广到西部自由土地上去，主张在西部新州内禁止奴隶制度，要求把新州确定为自由州。1854—1859 年发生的堪萨斯冲突和 1859 年发生的约翰·布朗起义，遂成为南北两种制度之间武装斗争的初次较量，揭开了内战的序幕。

1860 年 11 月，共和党人亚伯拉罕·林肯当选为美国第 16 任总统，在南部奴隶主之中引起极大不满和恐慌。12 月，南卡罗来纳州首先宣布退出联邦。接着，密西西比、佛罗里达、佐治亚、路易斯安那、亚拉巴马和得克萨斯州相继退出联邦，并于 1861 年 2 月宣布成立"南部同盟"，推举杰弗逊·戴维斯为南部同盟临时总统。

1861 年 4 月 13 日，南部同盟攻占萨姆特要塞。4 月 15 日林肯政府发布讨伐令，战争爆发。不久，弗吉尼亚、阿肯色、田纳西和北卡罗来纳 4 个州又退出联邦并加入南部同盟。此时，北部联邦剩 23 个州，人口 2200 万；南部同盟 11 个州，人口为 900 万。北部拥有美国几乎所有的钢铁、纺织和军火工业，在资源、人口、工商业和财政实力方面，联邦明显地超过南部同盟。但南部在军事上准备较为充分，又拥有更多的军事人才，所以战争初期南部同盟在战场上曾取得若干胜利。

1861 年 7 月，联邦军队在布尔河畔马纳萨斯首战失利。1862 年夏天，联邦军队在"七天战役"中又惨败。这时，南部同盟军总司令罗伯特·李率部乘胜北上，直接威胁联邦心脏地区。为了扭转战局，林肯政府采取一系列政策和措施。1862 年 5 月 20 日，颁布宅地法，规定一切忠于联邦的成年人，只需交纳 10 美元登记费，就可以在西部取得 160 英亩公有土地，在此土地上耕种 5 年后，即可领取土地执照而成为所有者。1862 年 9 月 22 日，林肯发表《初步解放宣言》，宣布自 1863 年 1 月 1 日起，凡当时仍在叛乱的任何一个州的所有奴隶都永远获得自由。宅地法的颁布堵塞了奴隶制向西部扩张的道路，争取到西部民众对北部的广泛支持；《初步解放宣言》的发表，促使成千上万奴隶逃往北方，许多黑人踊跃参军，成为反对奴隶制的重要力量。

正如林肯政府所期望的，1863 年战场形势发生变化，优势逐渐转向联邦军队。7 月 1 日的葛底斯堡大捷成为南北战争的转折点，从此南部被迫由战略进攻转为战略防御。7月3日维克斯堡胜利使联邦军队控制了整个密西西比河，断绝了南部同盟的粮食和肉类供应。1864年12月，联邦大军占领了萨凡纳，"向海洋进军"胜利完成，南部同盟被切成两块，重要交通线陷于瘫痪，主要工业基地遭到毁灭性破坏，种植园经济濒于瓦解。1865年4月3日，联邦军队攻克南部同盟"首都"里士满。4月9日，南部同盟军总司令罗伯特·李率领叛军投降，战争结束。

至此，南北战争以北部工业资产阶级的胜利而告终，并且，胜利远远超过了最初的预期。1861年4月林肯派联邦军队镇压南部叛乱时并没有想到解放奴隶问题，他一心想的是恢复联邦，维护合众国的统一和完整。但随着形势的发展和从政治上道德上谴责奴隶制的进一步高涨，战争才变成一场解放奴隶、挽救联邦的伟大斗争。而奴隶制的被彻底摧毁，存续已久的社会枷锁被彻底粉碎，其意义是怎么评价也不为过的。

在美国，黑人被沦为奴隶和奴隶制的历史可以追溯到17世纪初叶。1619年，一艘荷兰快速帆船将20名黑人俘虏卖给弗吉尼亚詹姆斯敦的移民，从此开始了在北美大陆贩卖黑奴的罪恶。17世纪60年代，弗吉尼亚首先制定了有关奴隶制的法律。17世纪末，北美整个英属殖民地都在法律上肯定了奴隶制度。1700年时，北美奴隶人口约为2万人，1776年独立时已达到50万人。1787年，国会通过了一项西北土地法令，防止奴隶制在中西部地区扩展。1808年，停止了贩运非洲奴隶的贸易。这两项措施在一定程度上遏制了美国奴隶制的发展。

不过，从18世纪80年代起，奴隶制即在联邦南部根深蒂固。1808年以后，由于非洲奴隶贸易停止，最南部的棉花种植园主被迫从弗吉尼亚、马里兰这些地区购进奴隶。仅南北战争前40年间，从北部切萨皮克湾地区运到最南部亚拉巴马、密西西比诸州的奴隶即达20万人。尽管如此，奴隶数量仍无法满足棉花种植园主的要求。于是，南部种植园大力推进奴隶的自然繁殖。奴隶人口即由1790年的75万增加到1860年的400万。这些奴隶，除50万人在城镇中从事非农业活路以外，绝大多数在种植园和农场劳动。这时的南部，虽然奴隶的各种反抗活动从未停止，但在白人群体中，不仅没有反对奴隶制的活动，而且还广泛流行为奴隶制辩护的种族主义理论。只是南北战争的爆发，林肯解放黑奴宣言的发表，1865年12月宪法第13条修正案最后被批准

第三章 美国政治现代化的历程

生效,才使存在了近250年的奴隶制得以结束。

美国第15任总统詹姆斯·布坎南曾指出:"奴隶制是一种巨大的政治罪恶,也是一种巨大的道德罪恶。"①

美国第20任总统詹姆斯·加菲尔德曾这样评价废除奴隶制的意义:"使黑人的地位从奴隶上升到充分享有公民权是自实行1787年宪法以来我们所知的最重要的政治变化。有识之士都会认识到这一变化将会带给我们的制度和我们的人民多么有益的影响。它使我们永远不用担心战争爆发和国家解体了;它极大地增强了人民的道德和工业力量;它使主人和奴隶从一种错误而又两受其害的关系中解脱出来;它使500余万人获得了自身的监护权,而且他们中的每一个都将享受自由,人尽其才;它给白人和黑人在自立能力上一个新的启示,因为对于一方来说劳动变得更为光荣,而对于另外一方来说劳动变得更为必要。随着时光的流逝,这股力量将会产生越来越大的影响,结出越来越丰硕的果实。"②

从这些论述中不难看到,南北战争的意义是重大的,也是多方面的。

之所以重大,是因为南北战争获得了两项历史性的胜利:一是挽救了联邦,使美国度过了历史上最重大的分裂危机,从此成为一个真正具有统一主权、统一制度、统一政治原则的国家;二是废除了奴隶制,拔掉了美国政治肌体上的最大毒瘤,为美国现代化的起飞铺平了道路。

之所以是多方面的,是因为南北战争对于美国政治现代化的推进还具有以下诸方面的意义:

第一,统一了国家意志,树立了联邦的权威。

如前所述,南北战争之前,美国形成了三个区域性的利益集团,北部是工业和商业比较发达的地区,南部主要是种植园经济,西部则大多是中小规模的农场。三个地区由于不同的经济利益又产生了不同的政治主张。

北部赞成保护关税,以保护其制造业不受外国的竞争;主张建立强大的银行系统,以保证货币的稳定和信用;支持西部提出的由政府拨款改善公路

---

① 〔美〕威廉·德格雷戈里奥:《美国总统全书》,周凯等译,北京:社会科学文献出版社2007年版,第238页。
② 〔美〕威廉·德格雷戈里奥:《美国总统全书》,周凯等译,北京:社会科学文献出版社2007年版,第323—324页。

和运河等交通条件，这也有利于北部扩大贸易；北部不赞成西部提出的低价出售土地，因为向西部移民会减少北部工厂所需要的自由劳工。

南部为了扩大种植园经济，希望获得西部的土地和把奴隶制扩展到西部，因此赞成西部土地廉价出售；主张建立州银行；反对由联邦政府出钱改善交通；反对保护关税，因为保护关税会提高南方人所需的进口商品的价格。

西部主张由政府出钱改善交通，以便把剩余农产品运往东部市场；主张贬值货币，以便易于借贷；主张西部土地廉价出售；支持北部保护关税，但反对全国性银行。

长期以来，南部和北部的矛盾表现在关税、商业管理、全国性征税和奴隶制等问题上，因此双方对联邦的性质历来存在着争论。北部强调维护联邦的统一，认为联邦的权力来自人民，是人民的联盟，而非各州间的契约；联邦高于各州，只有联邦最高法院才有权裁决联邦国会的法律是否违宪；宣称联邦永远是统一的和不可分割的。南部则强调州权，认为联邦主要体现在与各州之间缔结的契约上，各州享有废除国会法令的权力和必要时从联邦分离的权力。

显然，各个区域性集团从各自的利益出发理解宪法、联邦以及联邦的权力，已经势不两立。而经过南北战争，瓦解了南部叛乱，争取了西部各州，维护了国家统一。这就极大地树立了联邦的权威。随后不久，联邦最高法院在裁决"得克萨斯州诉怀特案"中，又指出"联邦是不可摧毁的"。这一裁决再次确立了联邦不可分割的性质，否定了州的分离权，从宪政上规定了州从属于联邦的关系和定位，从而进一步强化了联邦的权威。所以，第28任美国总统伍德罗·威尔逊评价说：南北战争"在美国创造了一种前所未有的东西——国家感。联邦不是得救了，联邦是复活了。"①

第二，促进了法制化民主化，推动了人的现代化。

美国虽然是一个没有历史包袱的国家，但是由于奴隶制的存在，它限制了黑人的人身自由，剥夺了他们接受教育、参与政治、享有经济发展成果的平等权利。可以说，黑人奴隶制度于美国政治现代化无异于是一道巨大的屏

---

① 中央电视台《大国崛起》节目组编：《大国崛起·美国》，北京：中国民主法制出版社2006年版，第126页。

障。南北战争中黑奴获得了自由，不仅使美国赢得了道义上的胜利，而且在政治经济制度上完成了对传统的革命，第一次为合众国所有的人提供了通过竞争、依靠才能获取政治地位和经济报酬的均等机会，使美国的民主政治建设实现了历史性跨越。

同时，为保证《解放黑奴宣言》的实施，美国国会在5年间先后通过了宪法第13条、第14条、第15条修正案，一举弥补了1789年以来《独立宣言》中平等原则与合众国宪法认可的种族不平等制度的缺陷，完善了美国的根本大法。后来，鉴于美国宪法成文200多年来只产生过27条修正案，而南北战争之后的5年间就产生了3条修正案，所以这一时间段被称为"美国国会颇具胆略地重建美国宪法制度的时期"。

经济现代化，政治现代化，最重要的是人的现代化。第13条宪法修正案废除了奴隶制，第14条宪法修正案保护了黑人的生命、自由、财产等权利，第15条宪法修正案赋予了黑人以选举权，这些法律规定的出台，打破了美国政治制度中白人优越的原则，从宪政上肯定和保护了黑人的公民权利，实现了人人平等。与此同时，1862年7月，联邦政府还签署了《莫里尔赠与学院土地法》，资助各州发展教育。在战争环境下，短短3年即建立起100多所大学和专科学校。这些，都从不同方面有效地推进了人的现代化进程。

第三，增大总统权力，完备了行政体制。

出于集中一切力量赢得胜利、维护联邦的目的，南北战争开始后，联邦国会赋予了许多宪法没有明确赋予总统的特别权力，包括征兵、军事指挥、封锁南部、取消人身保护权等。同时，在没收财产、课税、货币管理、国家补助教育、资助经济建设、管理关税、组建联邦银行系统等方面，总统的权力也有所扩大。所以有评论认为，林肯总统"通过一系列措施有效地、果断地将联邦政府变成了一个新的联邦体制的领导者，主导了一个从松散的联邦到一个真正的联邦的联邦国家在体制上和思想上的转化"。

南北战争期间，伴随着社会的发展和战争的进程，美国还从组织机构和管理制度上比较系统地充实和完善了政府行政体制。1862年，林肯签署《农业部组织法》，建立了农业部。各州政府也相继成立了管理农业的部和局。1864年，为了鼓励移民，积极向国外招收劳工，联邦政府成立移民局，通过了新的移民法案，从而招致移民蜂拥而来。1865年，为了解决黑人的生活问题，恢复南部的社会秩序，国会通过了关于设立逃亡者、被解放者及被遗弃土地管理局的法案。尽管该局成立后仅正式存在了一年，但它为被解放的黑人做出了惊人的成绩。从就业、教育、司法、医疗卫生等各个方面提高了黑人的生存能力与发展能力，保障了黑人的公民权利。此外，联邦政府还于1863年设立了国家科学院，使科学研究从民间的分散的活动发展为官方的有组织的活动。通过以上这些步骤，大大提高了美国行政体制的完备程度。

南北战争结束前夕，林肯在其第二次就职演说中说："对任何人不存恶意，对所有人宽大为怀，对上帝所启示于我们的正义坚定不移，让我们继续努力，以完成我们正在从事的工作，包扎国家的伤口，关心为国捐躯的人，照料他们的寡妇和孤儿，去做一切可能使我们和所有国家去实现并珍惜公正的持久和平的事情。"①

林肯的这一席话，也许道出了南北战争后美国社会已经取得和将要取得的进步。

在这一时期，美国出了有史以来最伟大、最光彩照人的人物——林肯。

1809年2月12日，林肯诞生于肯塔基州哈丁县霍詹维尔镇。林肯的祖先是从英格兰移民马萨诸塞州的，父母都不识字。8岁时，林肯就协助父亲开荒种地。

童年时代，林肯没有机会接受系统教育，但是他刻苦自学。15岁时除阅读《圣经》外，还借阅《华盛顿传记》、《鲁滨逊漂流记》、《伊索寓言》、《天路历程》等书。年龄稍长，又自学基础数学和莎士比亚的作品，并对辩论发生兴趣，在打工之余参加当地辩论社团的活动。

1834年，林肯开始研读法律书籍，为日后充当律师打下了基础。这一年，林肯以辉格党党员身份被选入伊利诺伊州众议院，成为十分活跃的州议员并一再连任。

1837年，林肯开始律师业务，经常为穷苦人辩护，不取报酬。由于他在几件冤案中伸张正义获得胜诉，因此声誉大振。1846年和1854年两度被选入联邦众议院后，律师业务更为繁忙。1858年的"月光案"成为林肯法律生涯中

---

① [美]加尔文·林顿编：《美国两百年大事记》，谢延光等译，上海：上海译文出版社1984年版，第197页。

最为津津乐道的一次成功。一个名叫阿姆斯特朗的青年被控谋杀,一个关键性的目击者作证说,谋杀发生在晚间10点多,明月高悬,作证人看得清清楚楚。而林肯则用一本历书来证明这个作证人证词不实——那天晚上是上弦月,10点多时月亮已不见,因此被告是无辜的。

在1858年这一年,林肯政治生涯中出现了关键性的事件,即与民主党的权威人物、多次连任联邦参议员的斯蒂芬·道格拉斯为竞选新一任参议员而进行了7次全国性公开辩论。辩论的主题就是奴隶制问题。

在辩论开始前两个月,林肯在共和党伊利诺伊州代表大会上被选为共和党联邦参议员候选人与道格拉斯竞选。在大会上,林肯发表了著名的演说。他引用《圣经》中"一座裂开的房子是站立不住的"这句话说:"我认为这个政府不能永远保持半奴隶半自由的状态","它要么全部变成一种东西,要么全部变成另一种东西。要么反对奴隶制的人将制止奴隶制的进一步扩大,并使公众相信它正处于最终消灭的过程;要么拥护奴隶制的人将它向前推进,直到它在所有的州里,无论是老州还是新州,北部还是南部,都变得同样合法。"

在与道格拉斯的辩论中,林肯是代表反对和消灭奴隶制的一方,道格拉斯是代表维护和扩展奴隶制的一方。辩论从1858年8月21日至10月15日在伊利诺伊州的7个城市举行。辩论是林肯主动向道格拉斯提出的要求,当时道格拉斯已是鼎鼎大名的全国性政治人物,而林肯则还不是一个全国性人物。辩论过程极为热烈,双方支持者在会场上不时以热烈的掌声、笑声、欢呼声和一些情绪性语言来表达他们的态度,以致演讲者不得不一再请求听众保持安静以便让演讲者继续下去。道格拉斯在辩论中极力将解放奴隶与种族平等混为一谈,而种族完全平等在当时的美国是一个极为敏感的话题,大多数主张解放奴隶的人并不主张黑人白人完全平等,以致林肯不得不在辩论中回答道格拉斯一方提出的一些挑衅性问题。比如:你主张解放奴隶,为什么不娶黑种女人为妻?林肯回答说:"我不理解,为什么我不愿意让一个黑种女人做奴隶,我就非娶她做妻子不可。我的理解是,我尽可以随她去。我今年50岁了,我当然从未有过一个黑种女人做奴隶或者做妻子。我们尽可以不要黑人当奴隶和妻子而很好地生活下去。"林肯的回答博得热烈掌声和笑声。他在与道格拉斯的辩论中显然更受欢迎,共和党在11月2日举行的州议会选举中也赢得了多数票。可是,由于不利于共和党的席位分配法,使得民主党的道格拉斯仍被州众议院再次选为联邦参议员。林肯虽未当选,但通过7次辩论而成为全国闻名的政治家,为他竞选总统创造了极好的条件。

1860年,在共和党全国代表大会上,林肯被推选为总统候选人。在大选中,他终于击败了老对手道格拉斯,成为第一位共和党总统。道格拉斯评价林肯说:"他是一个坚强的人,脑子里充满了智慧、事实和各种安排。他的滑稽可笑的作风和冷面笑话使他成为西部最好的政治演说家。"

然而,历史上最伟大的人物也往往是悲剧性人物。就在人们还没有从狂欢中平静下来的时候,1865年4月14日晚,林肯在华盛顿观看演出时,被枪击中头部。第二天上午,林肯不治身亡。原来,林肯在南北战争中力挽狂澜,拯救了联邦,埋葬了使美国蒙羞的奴隶制,虽然废奴主义者狂欢,但南方奴隶主却狂怒,极端种族主义分子终于对他所不容。

在美国无数的英雄人物中,林肯对他的同胞有着无比的吸引力和感染力。美国人认为,这种吸引力感染力来自林肯的非常罕见的生活经历——从微贱的出身一跃而成为伟人,戏剧性的死亡,与众不同的通情达理,慈悲为怀的品格,以及他作为联邦的拯救者和黑奴的解放者所起的历史性作用。

1962年,《纽约时报》邀请75名历史学家对从华盛顿到艾森豪威尔之间的31位总统进行过评选。1982年,《芝加哥论坛报》又邀请49名历史学家对从华盛顿到卡特之间的38位总统进行了评选。在这两次评选排名中,林肯都位居第一。

林肯去世时,美国哲学家爱默生说:"他是那样缓慢地来到他应有的位置。我们所有的人都还记得——只是短短的五六年前——当他在芝加哥的党代会上第一次被提名为总统候选人时,这个国家是多么吃惊和失望。……当大会宣布林肯这个陌生的、相对来说鲜为人知的名字时,我们的感觉是那样冷淡和悲哀。然而,他是他那个时代美利坚人民的真正的历史。他在他们前头一步一步地走着。他们慢下来,他也慢下来,他们加快脚步,他就快步前行。他是这片土地的真正代表,他是一个地地道道的人民公仆。"①

1909年,在林肯诞辰一百周年纪念时,时任美国总统伍德罗·威尔逊说:"当你读到这个名字时,你会立刻知道他所具有的某样东西使他在我刚提到的

---

① 〔美〕雅各布·尼德曼:《美国理想:一部文明的历史》,王聪译,北京:华夏出版社2004年版,第140—141页。

那些人中独树一帜。那些人中的每一个人各自都有一份特殊的天才,唯独林肯没有。你无法按照任何特殊才能将林肯从人群中挑选出来。……他似乎根本不属于任何一个名单,他似乎是个独来独往之人,完全属于他自己。……那正是他在历史上独一无二的地位和一个伟人所具有的特性——我们相信这代表了典型的美利坚民族的特性。"①

林肯被暗杀身亡后不久——1865年5月,马克思评价林肯说:"这是一个不会被困难所吓倒,不会为成功所迷惑的人;他不屈不挠地迈向自己的伟大目标,而从不轻举妄动,他稳步向前,而从不倒退;他既不因人民的热烈拥护而冲昏头脑,也不因人民的情绪低落而灰心丧气;他用仁慈心灵的光辉缓和严峻的行动,用幽默的微笑照亮为热情所蒙蔽的事态;他谦虚地、质朴地进行自己宏伟的工作,绝不像那些天生的统治者们那样做一点点小事就大吹大擂。总之,他是一位达到了伟大境界而仍然保持自己优良品质的罕有的人物,这位出类拔萃和道德高尚的人竟是那样谦虚,以至只有在他成为殉难者倒下去之后,全世界才发现他是一位英雄。"②

三 现代时期(1921年起)
——罗斯福新政开创了美国政治现代化的新篇章

20世纪20年代时的美国,已经完成了第二次经济转型,步入垄断资本主义时代;已经完成了国家战略转型,从孤立主义到短暂的严守中立再到国际主义;已经完成了国家角色转型,从区域大国到全球大国。与此同时,美国甚至还完成了社会生活方式的转型。建立在标准化、泰勒制、福特制、大众消费、大众文化等等概念之上的新的生活方式,不仅把"现代性"体现得淋漓尽致,而且在社会发展中发挥着"重塑所有人的灵魂"的作用。

随着整个国家进入成熟的现代化时期,自1921年开始,美国的政治现代

---
① 〔美〕雅各布·尼德曼:《美国理想:一部文明的历史》,王聪译,北京:华夏出版社2004年版,第141页。
② 《马克思恩格斯全集》第16卷,北京:人民出版社1964年版,第108—109页。

化也步入一个总体定型、局部微调的阶段。

这一时期，美国政治现代化最突出的特点，是在社会改革方面，由注重政治上、法律上的平等，延伸到注重经济领域和其他社会领域的平等。由此，政治现代化也具有了更加广泛的内容，更为广阔的实践领域。

概括地看，美国这一时期的政治现代化主要是从以下三个方面推进实施的。

1. 通过罗斯福新政，进一步扩大和强化了政府职能。

罗斯福新政是在美国经济繁荣戛然而止、社会处于极度恐慌、资本主义制度乃至整个西方文明面临严峻挑战的时刻出炉的。

1929年10月24日，纽约证券交易所出现了灾难性的股价暴跌。这一天，有1300万股股票在一片慌乱中竞相抛出，道-琼斯工业指数降幅为22%。这一前所未有的反常现象引起了股市的大恐慌。到10月29日，华尔街刮起了更猛烈的股票抛售风潮，当日交易售出的股票多达1641万股，50种主要股票的平均价格狂泻近40点，被称为"黑色星期二"。不出两个月，纽约市场股票价值总共下跌了450亿美元左右。

至此，延续10年的美国繁荣结束了。从1929年至1932年间，有101家银行、近11万家企业先后破产。全部私营公司的纯利润从1929年的84亿美元降为1932年的34亿美元。外贸进出口总额从1929年的93亿美元下降到1932年的30亿美元。国民收入也从1929年的878亿美元降到了402亿美元。到1933年3月，美国完全失业的人达到1700万，破产的农民约102万，全国总人口的28%无法维持生计。

罗斯福总统就任时这样形容当时的美国："购买力已经萎缩到难以想象的程度；税收增加；人们的支付能力下降；各级政府机构面临着严重的经费削减；现行的贸易交易途径被冻结；工业企业枯枝败叶般四处飘零；农场主无法找到产品销售市场；成千上万家庭多年的积蓄丧失殆尽。更为严重的是，大批失业的市民们面临着严酷的生存困境，而众多的人们只能以艰苦的劳作换取微薄的报酬。只有盲目乐观的人才会无视现实的严峻。"[①]

---

① 〔美〕J. 艾捷尔编：《美国赖以立国的文本》，赵一凡等译，海口：海南出版社2000年版，第392页。

第三章　美国政治现代化的历程

这次危机不止美国,而是整个资本主义世界的。

1929年至1932年,就在美国工业生产总值下降46.2%的同时,德国下降了40%,日本下降了37.4%,意大利下降了33%,法国下降了32%,英国下降了20%。危机使资本主义世界的工业大约倒退了20年。工业生产的大幅度下降,造成了国际支付的普遍受阻。1928年美国发行的有价证券共13亿美元,而到1933年时只有160万美元。美国的进出口1930年为10.1亿美元,而到1933年时只有10万美元。英、法、德、日同期的进出口总额都减少了61%以上。危机还使资本主义世界的失业人数达到有史以来的最高水平,美国的失业率为24.9%,德国为26.3%,英国为21.3%,总共失业人数高达3000万。

这次经济大危机的严重后果不仅引起了生产力的大倒退和大破坏,而且加剧了政治危机,使整个西方世界出现了社会大动荡。在德国、英国、法国、意大利和日本,民众生活每况愈下,阶级矛盾日益激化。在美国,1930年3月6日,爆发了125万人参加的大示威。1932年3月,约3000名失业工人在底特律的福特汽车厂门前示威,警察在驱散游行队伍时向人群开枪,打死4人。这年夏天,2万多名退伍军人向华盛顿进军,联邦政府于7月28日出动军队镇压。终于,经济危机导致政府使用暴力,人民流血了。

就是在这样的动乱和危机中,被人们称作"饥饿总统"的胡佛退出了历史舞台,被人们寄予厚望的罗斯福临危受命,开始了他的新政。

这是一项史无前例的采取联邦直接救济和经济调整的计划。它创立了现代福利国家制度,以使美国度过历史上最糟糕的经济萧条时期。罗斯福新政的主要内容包括:

(1)应对银行危机。在罗斯福就任的当天,由于全国各地紧张不安的储户纷纷提取存款,银行业处于即将崩溃的危险之中。全国一半以上的银行不是已经破产就是终止了提款权。罗斯福立即宣布所有银行停业,由联邦审计员审查账簿,允许那些有偿付能力的银行重新开门。这项措施在一定程度上恢复了公众的信心,有助于阻止更多的银行破产。接着,政府又颁布了1933年、1935年的《银行法》,这两项法令禁止银行从事股票和债券交易,成立了联邦储蓄保证公司。还通过1933年4月的总统令,禁止黄金出口并使美国货币正式脱离金本位制。

(2)成立联邦紧急救济署(1933年),负责向穷人提供帮助。

(3)实施民间护林保土工作队计划(1933年)。该项目雇佣300多万名18—25岁的青年修路、植树以及从事防洪等保护性工程。这些青年大都来自城市的贫困家庭。该项目向他们提供食物、住所和每天1美元的工资,并要求他们把大部分工资寄回家。

(4)颁布并实施《农业调整法》。1933年的农业调整法寻求减少农产品剩余,通过向经营农业者支付现金补贴以限制产量,从而提高价格。这一法令促使全国的农业收入大幅度提高。1936年颁布并实施的第二个农业调整法寻求用"永远正常的粮仓"来稳定农业收入。也就是政府在粮食剩余时贷款给农业经营者,并储存他们剩余的粮食;而在粮食短缺时,农业经营者出售他们储存的粮食,并归还贷款。

(5)实施田纳西流域工程计划(1933年)。该计划是为了向经济严重萧条的田纳西流域地区提供救济。工程包括治理洪水,利用洪水发电,改进通航条件,植树造林,保持土壤。

(6)颁布并实施《工业复兴法》(1933年)。根据该法,成立了公共工程署和国家复兴署。公共工程署负责向从事大型建设工程的州和市提供支持和补助。国家复兴署负责复兴工商业。这期间,国家复兴署一度终止实行反托拉斯法,以鼓励企业在复兴道路上进行更大的合作,还规定固定价格不再是非法的。作为报答,有关企业被要求改进工作条件、提高工资、减少每周工作时间、废止童工和承认工会。

(7)成立证券交易委员会(1934年)。主要职能是控制证券交易所的交易,纠正曾导致1929年股市崩溃的弊端。

(8)颁布并实施《住房法》(1934年)。根据这项法律,建立了联邦住房管理局、联邦国民抵押协会和联邦储备贷款保险公司,以挽救奄奄一息的住宅业。

(9)成立工程进度管理署(1935年)。主要是为了加快公共工程的建设进度。这个机构的建立,证明有利于在更广泛的范围内雇佣技术熟练的工人。工程进度管理署的雇员曾建造了12.5万幢公共建筑、65万英里的道路、7.5万座桥梁以及无数其他公共设施。

(10)成立农村电气化管理局(1935年)。长期以来,公用事业公司忽视把电力送到农村,因为这些服务在农村比在人口集中地区少获利。该局的成立,为把电力延伸到农村提供了资金和保障。

(11)颁布并实施《瓦格纳法》(1935年)。这项法律在国家复兴署撤销后制定。它确立了工人组织的权利和合法性,禁止雇主歧视工会会员和干涉或控制工会。根据这一法律,还建立了全国劳工关系局,以解决起因于本法的争端。

(12)颁布并实施《社会保障法》(1935年)。这项法律创立了现代社会保障体系,规定向65岁以上的人提供退休收入,向老年穷人提供经济帮助,并建立失业、残疾保险金和遗属抚恤金,向相关人员提供救助。

罗斯福是从政治稳定、国家发展的大局来看待他的这些政策措施的。他在1938年4月致国会的咨文中指出,1936年有1.5%的家庭的收入相当于全国47%的家庭的全部收入,少数人积聚了大量财富而多数人处于依附和贫穷的状态,这样,国家的民主和自由就不会是安全的。所以,1933年至1941年的新政时期,罗斯福政府共发布了700多项法令,设置了35个具有社会和经济职能的行政机构,动用了350亿美元的联邦资金,来恢复秩序、恢复生产、整顿金融、调节劳资关系、实行大规模的社会救济和社会保险,以重建美国。

罗斯福新政是美国历史上一次死里逃生的复苏和改革,它挽救了美国的资本主义制度,也使联邦政府的职责功能从此获得了新的拓展和强化。

首先,鉴于自由放任市场经济存在的致命缺陷,联邦政府全面加大了干预社会经济事务的力度。除了运用立法、行政、司法权力和政策手段之外,还凭借国家垄断资本与私人资本相结合产生的力量,运用"国有化"、"计划化"的方式来指导全社会的经济活动,以此实现控制、管理和调节再生产过程的目的。

其次,为了创造一种安定的社会条件,保证扩大再生产和劳动力的再生产能够顺利进行下去,联邦政府大力推行"福利国家"政策,使政府社会职能的管理范围逐步涵盖了社会生活的方方面面,包括公共教育、交通建设、医疗、社会保险、贫困救济等。尤其是1935年《社会保障法》的推出,是美国社会保障制度和社会保障体系建设的一个分水岭,它标志着美国政府从此大规模地介入到社会福利事务。

再是,在管治国家方式上,联邦政府以全社会统治者的姿态出现,从此也获得民众认可。以往,美国人在经济和社会领域是比较保守的,即使面临全国性的灾难也是如此。他们认为，政府不应该干预经济和社会事务。他们主张，政府应该放任经济和社会生活自由发展。然而，经济大危机教育了人们。为了保护个人免受经济损失和不测之灾的迫切需要，人们不再顾及宪法第 10 条修正案、州权和保留权利等条文的限制，也不再束缚于以往凌驾于政府头上的不要多加干预的理论框架。对于政府角色的新变化，人们已经接受。政府在新政中推行的以帮助农民、工人、青年、小商人、作家、艺术家们摆脱困境的计划，在新政中实施的金融、水电、农业、公共事业、劳资关系、社会安全等方面的改革，也已成为国家永远的特征。

应该说，经过罗斯福新政和第二次世界大战，美国政府已经不再是单纯的政治制度和社会秩序的维护者，而是国家经济的管理者、各种经济法规的制订者和执行者，还是社会全领域的统领者和治理者。

2. 通过民权运动，进一步扩大了公民民主权利。

这一时期的民权运动，主题还是黑人和妇女争取平等权利的运动。

20 世纪 20 年代以来，黑人的民权运动按其目标、策略和方式，大体可分为三个阶段：1954 年前主要为司法斗争阶段；1955 年至 60 年代末主要为群众抗议和直接行动阶段；70 年代以来为积极参政阶段。

在第一阶段——司法斗争阶段，起组织领导作用的主要是成立于 1909 年的"美国有色人种协进会"。由于这一组织的成立，美国黑人争取平等权利的斗争从此进入有组织有领导的时期。该协进会的成员主要是黑人中产阶级知识分子和白人中的有识之士。协进会虽然也在华盛顿进行院外游说，通过其刊物《危机》宣传黑人的苦难和要求，但其主要活动方式，是通过法院诉讼向种族歧视提出挑战。目标所指也是有限的，重点只在选举权和学校种族隔离问题上而不是在所有的问题上。

如前所述，虽然 1870 年批准的宪法第 15 条修正案赋予了黑人选举权，但随着南方重建的结束和白人至上观念的作祟，黑人又逐渐丧失了这一基本公民权利。1876 年，联邦最高法院对美国诉里斯案的判决又为白人种族主义者利用法律剥夺黑人选举权开了绿灯。由此，进入 20 世纪以后，黑人在民权运动中还必须继续为选举权而斗争。

在反对学校种族隔离方面，协进会从 1938 年开始，采取分步骤的渐进斗

第三章 美国政治现代化的历程

争策略,终于使联邦最高法院 1954 年 5 月 17 日在布朗诉托皮卡教育委员会一案中判决:隔离学校制度违宪。这一判决,被美国法学界和社会公众称为里程碑性的判决。因为它在白人种族主义分子筑起的种族隔离大堤上打开了一个缺口,动摇了它的根基,是日后全面取缔种族隔离制度的开端。同时,这一重大突破也增加了黑人的信心,鼓舞黑人继续争取自由和平等权利的斗争。

在第二阶段——群众抗议和直接行动阶段,其运动有以下特点:(1)在斗争目标上,不只局限于选举权和学校隔离,而是对种族歧视和隔离发动全面进攻,争取黑人在各个方面的平等权利;(2)在斗争方式上,除继续法庭斗争外,主要采用非暴力的群众直接行动,如抗议、游行、示威、集会、请愿等;(3)在斗争策略上,主要通过群众直接行动,陈述黑人身受的不公正待遇和困境,引起新闻媒体重视和争取舆论的同情与支持,进而对联邦政府和国会形成压力,使政府和国会制定新的民权立法以保障黑人应享有的宪法权利。

采取群众非暴力直接行动,是美国民权运动领袖马丁·路德·金的主张。通过对美国奴隶制度和奴隶起义历史的深入研究,马丁·路德·金认为,在数量上处于少数的群体对拥有强大武装的多数进行还击是不现实的,甚至是自杀,而且在道义上也是错误的。他确信,"基于爱的非暴力抵抗,是美国黑人争取自由的道路","爱的抵抗可以实现人的心灵的转变,并且使人向普遍正义靠近一大步"。①

1963 年 8 月 28 日,在有 20 万人参加的"向华盛顿进军"的群众大会上,马丁·路德·金在《我有一个梦想》的讲演中,大声疾呼:黑人们梦想着获得真正的平等和自由!如果国家安之若素,毫无反应,美国就不可能有安宁或平静。他说:

> 100 年前,一位伟大的美国人签署了解放黑奴宣言,……然而,100 年后的今天,我们必须正视黑人还没有得到自由这一悲惨的事实。100 年后的今天,在种族隔离的镣铐和种族歧视的枷锁下,黑人的生活备受压榨。100 年后的今天,黑人仍生活在物质充裕的海洋中的一个穷困的孤岛上。100 年后的今天,黑人仍然萎缩在美国社会的角落里,并且意识到自

---

① 〔美〕J. 艾捷尔编:《美国赖以立国的文本》,赵一凡等译,海口:海南出版社 2000 年版,第 216 页。

己是故土家园中的流亡者。

我梦想有一天,这个国家会站立起来,真正实现其信条的真谛:"我们认为这些真理是不言而喻的:人人生而平等。"

我梦想有一天,在佐治亚的红山上,昔日奴隶的儿子将能够和昔日奴隶主的儿子坐在一起,共叙兄弟情谊。

我梦想有一天,甚至连密西西比州这个正义匿迹,压迫成风,如同沙漠般的地方,也将变成自由和正义的绿洲。

我梦想有一天,我的四个孩子将在一个不是以他们的肤色而是以他们的品格优劣来评价他们的国度里生活。

我梦想有一天,亚拉巴马州能够有所转变,尽管该州州长现在仍然满口异议,反对联邦法令,但有朝一日,那里的黑人男孩和女孩将能与白人男孩和女孩情同骨肉,携手并进。

我梦想有一天,幽谷上升,高山下降,坎坷曲折之路成坦途,圣光披露,满照人间。①

这时,美利坚合众国的黑人民权运动达到了高潮。

作为这次民权运动的主要成果,是1964年民权法和1965年投票权法的颁布。

1964年的民权法,最初由时任总统肯尼迪于1963年提出。肯尼迪总统被刺身亡后,参众两院于1964年7月2日以压倒多数通过,随即由约翰逊总统签署生效。该法的主要内容为:(1)限制以行政手段或文化测验阻挠黑人投票;(2)禁止一切公共设施实行种族、肤色、性别、宗教歧视;(3)授权司法部对实行种族隔离的学校向法院起诉;(4)禁止企业、工会、学校在雇用、辞退及工资待遇等方面实行种族、肤色、性别歧视;(5)禁止接受联邦财政援助的一切项目实行种族歧视,违者停止拨款。

1965年的投票权法,主要内容为:(1)在州和地方选举中,5年内取消以文化测验作为确定选民资格的做法及其他阻挠黑人投票的做法;(2)在1964年11月1日已进行了文化测验的州和地方行政区,以及1964年总统选举中进

---

① [美]J. 艾捷尔编:《美国赖以立国的文本》,超一凡等译,海口:海南出版社2000年版,第216、218页。

第三章 美国政治现代化的历程

行登记或实际投票的选民数不及该地已达选举年龄人口数一半的一切地区，由司法部派员进行检查，以保证所有合格选民均能登记；(3)已在美国任何一所学校完成任何一种语言的6年教育者，不管是否具有英文读写能力，均应享有投票权；(4)在选民资格法(具有歧视性的地方选举法)已取消的州和州以下地区，实行由联邦司法部长批准的新选举法；(5)在州和州以下地区的选举中取消选举税。

上述两项民权立法的颁布实施，深刻改变了黑人的政治地位和生活境遇，对美国民主政治也产生了重要影响。

首先，随着黑人实际上赢得了选举权，能够投票的黑人人数和参政积极性急剧上升。1940年，适龄黑人选民登记的只有5%，而到1966年时则增加到45%，1970年时则猛增到62%。这种变化对于黑人是十分重要的。因为在美国的政治生活中，选举权是黑人争取和维护他们所有权益的最重要手段。同时，这之后黑人担任民选公职的人数也不断增加。1970年时为1472人，1980年时则达到4890人。1969年时只有19名黑人担任市长，1974年时则猛增到107人。

其次，国会和社会舆论对于民权的看法也发生了明显变化。1964年以后的几年，尽管黑人在抗议示威中屡屡出现暴力，但国会中却无人作出认真努力去废除或削弱当时的民权立法，也没有通过惩罚性立法。并且，国会还在1968年通过了禁止在出售或出租私人房屋时进行种族歧视的法律，虽然这一法律当时只有35%的公众赞成。

第三，黑人的生活状况有了显著改善。到20世纪70年代中期，有1/3的黑人家庭上升为中产阶级(家庭年收入达到2万美元以上)。黑人受高等教育的人数也急剧增加。攻读学位的黑人大学生人数，1960年时为22.7万，到1980年时增加到108万，同黑人在全国人口中的比例大致相当，同在校白人大学生占白人人口的比例也不相上下。这些都是60年代黑人民权运动的效应。

1979年，美国第39任总统卡特曾经这样评价这一时期的黑人民权运动："在我的一生中，20世纪60年代公民权利法案的通过是发生在南方的最了不起的事情。它不仅解开了黑人的枷锁，同样也解开了白人的枷锁。"[①]

[①] 〔美〕威廉·德格雷戈里奥：《美国总统全书》，周凯等译，北京：社会科学文献出版社2007年版，第672页。

在第三阶段——积极参政阶段，从20世纪70年代开始，根据新的情况，黑人民权运动的目标和方式都发生了明显变化。在目标上，一是争取60年代通过的各项民权立法切实得到实施，以继续改善黑人的总体状况；二是争取在政治上取得更大的发言权，尤其是要在长期远离决策层这个问题上取得突破。斗争的方式，则从群众直接行动转入参政活动，使用黑人选票的力量来竞选公职或影响选举结果和政府政策。因为在1980年时，黑人人口即达2662万，占全国人口的11.8%；黑人适龄选民即达1726万，占全国适龄选民的10.5%。

从1970年到1984年的15年间，由于各民权组织在各地积极开展黑人选民登记活动，推出更多的黑人候选人竞选公职，使这期间黑人当选民选官员的数量增加两倍以上。其中：国会议员和州议员由182人增加到396人；市县官员由715人增加到3259人，执法官员由213人增加到636人，教育官员由362人增加到1363人。1983年4月，民主党人哈罗德·华盛顿击败共和党白人候选人当选为美国第三大城市芝加哥的第一位黑人市长。同年11月，民主党人威廉·古德又击败共和党白人对手当选为美国第四大城市费城的第一位黑人市长。这时，黑人领袖和群众争取政治平等地位的要求和在政治上拥有更大发言权的愿望又比过去更为强烈。"我们要坐上权力的宝座"、"我们要进入白宫"的呼声四起。终于，芝加哥民权运动领袖杰西·杰克逊于1984年、1988年两度参加民主党总统候选人提名竞选，并曾获得过18%的选票和12%的代表票。因此，1988年的民主党全国代表大会结束后，美国报纸纷纷发表评论，高度评价杰克逊，称他是一位真正参加了总统竞选的黑人，新型的政治家，给了千百万悲观失望的人以希望的人。

杰克逊两度竞选总统虽然都未能获得提名，但其政治意义却不容低估。它表明，黑人作为一支政治力量比以前更加强大有力。它激发了黑人参政的积极性，使黑人竞选公职成为80年代以后黑人民权运动的一个明显特点。它也表明黑人已不满足于低层次的参政，开始向高层次的参政进军。此外，它还推动了其他少数民族和妇女积极参政。

1988年2月27日，当天出版的美国《新闻周刊》曾公布一项盖洛普民意测验。这项测验表明，有62%的黑人和56%的白人认为，在2008年之前，美国可能会出现一位黑人总统。

第三章 美国政治现代化的历程

虽然当时这只是预测，但今天却正在成为现实。

1920年取得选举权以后，美国的妇女运动曾一度处于低潮。许多妇女组织认为，争取选举权的目的已经实现，组织再无存在的必要了。一些女权运动者曾试图以其他目标把妇女团结起来，但找不到像选举权这样有凝聚力的目标。全国妇女党虽然成功地在国会中提出了平等权利修正案，但修正案遭到工会和其他妇女组织的反对。在大萧条的30年代，妇女关注的不再是平等权利而是谋生活命，女权运动降至冰点。接着而来的二战，又把妇女吸引到为战争服务的努力中去了。战后则又兴起了建设幸福小家庭的妇女持家热，并一直延续到50年代。只是进入到60年代，随着黑人民权运动的高涨，生活贫困的重新发现，妇女运动又才复兴，形成新的浪潮。

1961年，时任总统肯尼迪任命了一个由艾莉诺·罗斯福任主席的妇女现状委员会，调查研究妇女在政府、企业以及政治、教育领域的情况。委员会调查研究的结果如下：妇女的工资平均比做同样工作的男子低40%；女工程师、女医生的人数在减少；60年代的女大学生人数相对地少于30年以前；黑人妇女最可能遭受歧视。联邦政府于是设立了一个委员会谋求在政府和工业中增加妇女的工作机会。

1966年，《女性的神秘》一书的作者贝蒂·弗里丹和一些女权主义者组织建立了"全国妇女组织"。该组织的口号是"妇女享有同男人同等的充分平等"，目标是在政治、就业、教育方面结束对妇女的歧视。不久，全国妇女组织在各地建立了100多个分会，成为美国最重要的妇女组织。1968年，学术界和专业界的妇女又建立了第二个全国性妇女团体——妇女争取平等行动联盟，主要致力于在就业、教育和税收等方面制止对妇女的歧视。1972年，全美第一份女权运动杂志《女士》出版。

这一时期，妇女运动的主要方式，是采用法院诉讼、游说、散发请愿书等方式促进目标的实现。

同黑人民权运动一样，妇女运动的许多重要成果都是在60年代和60年代以后取得的。

1963年，国会通过了同酬法，要求联邦政府承包商对其所雇男女工人实行同工同酬。到1971年，国会又把同酬法的适用范围扩大到行政管理和专业人员。

1964年，民权法中规定，企业、工会、学校在雇用、工资、培训、提升或福利方面不得实行性别歧视。

1972年教育修正案和1978年民权法修正案规定，在教育领域不得实行性别歧视。

以上这些禁止性别歧视的法律条款，一般都规定凡接受联邦财政援助的单位(包括州和地方政府、大学)及项目，如实行歧视，联邦政府将终止对其的财政援助。这一规定是制止歧视的有效办法。

经过长期斗争，美国妇女在法律上基本争得平等地位，并且成为一支不可忽视的政治力量。在选举方面，妇女选民占到全体选民的53%，投票率接近50%，同男选民的投票率相当，有时候甚至超过，所以两个政党的候选人无不重视妇女的选票。妇女竞选公职的人数和担任民选公职的人数也逐渐增多。女国会议员，1971年时为13人，1983年时达到23人。有的妇女还担任了州长、副州长、联邦内阁部长。1984年，杰拉尔丁·费拉罗被民主党提名为副总统候选人。这是美国有史以来一个主要政党第一次挑选一名妇女为副总统候选人。1984年，竞选国会议员、州长和副州长女候选人的人数也是创纪录的，共有10人竞选国会参议员，65人竞选国会众议员，1人竞选州长，6人竞选副州长。

与此同时，妇女在社会其他领域也几乎获得与男子平等的地位，多种传统上为男子所垄断的专业领域被打破。在教育方面，妇女获得了与男子完全平等的地位。

3. 通过实施一系列社会纲领，凸显了社会公平与正义。

罗斯福新政更新人们的国家概念、政府意识以后，从杜鲁门总统开始，美国又相继实施了"公平施政"、"新边疆"、"伟大社会"等一系列社会变革与发展纲领。这些纲领虽然目标、内容、措施各不相同，但有一点却又是共同的，即都以社会公平与正义为主轴。

这一政治议题的凸显，与美国当时深刻的社会危机有关。二战结束后，蓬勃兴起的科技革命给美国经济注入了新的活力，经过被誉为"黄金时代"的经济持续增长，美国进入了富足社会。但是，在社会财富的迅速增长中，贫富不均的社会矛盾越来越突出。1959年，美国钢铁工人举行了历时116天的罢工，使全国钢铁生产停产87%。这是美国工业史上时间最长的一次罢工。目的主要为提高工资、增加养老金和保险福利，改变工作制度。这也是一次因为分配不公、贫富不均而出现的社会危机。而且从根本上看，这也是经济运行机制本身出现的问题，是资本主义经济制度的问题。30年代之所以出现经济大危机，重要原因之一就是资本自由运作，投资过热，而民众的收入增长不足，社会购买力低下，导致严重的生产过剩，从而使整个资本主义制度面临崩溃的边缘。深刻的危机证明，必须在经济和社会的发展中高度重视公平和正义，才能避免重蹈覆辙。

这一政治议题的凸显，也是美国民众的心声。在民权运动高潮的整个60年代，黑人、妇女、社会各阶层开展的各种轰轰烈烈的社会运动，种种矛头的指向都无不是要求平等和正义。民权运动领袖马丁·路德·金即曾这样表达他的"梦"："只要黑人仍然遭受警察难以形容的野蛮迫害，我们就绝不会满足。只要我们在外奔波而疲乏的身躯不能在公路旁的汽车旅馆和城里的旅馆找到住宿之所，我们就绝不会满足。只要黑人的基本活动范围只是从少数民族聚居的小贫民区转移到大贫民区，我们就绝不会满足。只要密西西比仍然有一个黑人不能参加选举，只要纽约有一个黑人认为他投票无济于事，我们就绝不会满足。不！我们现在并不满足，我们将来也不满足，除非正义和公正犹如江海之波涛，汹涌澎湃，滚滚而来。"①有理由认为，这是美国民众心声的集中体现。就在马丁·路德·金发表这一演讲的1963年，美国爆发了750多次游行和示威。

罗斯福新政是美国20世纪社会变革和发展的先河，社会公平与正义这一政治议题的凸显也是从罗斯福新政开始的。

在推进实施新政之初，罗斯福即说："在这个国家，我看到数千万人民——占总人口的重大数目——此时此刻得不到目前最低标准所要求的绝大部分生活必需品。我看到，数百万家庭依赖菲薄的收入勉强度日，以致家庭灾难的阴影日复一日地笼罩着他们。我看到，数百万城乡居民的日常生活仍处于半个世纪前所谓的上流社会认为的不体面的环境之中。我看到，数百万人得不到教育、娱乐和改善自己及其子女命运的机会。我看到，数百万人无

---

① 〔美〕J. 艾捷尔编：《美国赖以立国的文本》，超一凡等译，海口：海南出版社2000年版，第217—218页。

力购买工农业产品,而他们的贫困又使其他数百万人失去工作和生产机会。我看到,全国三分之一的人住不好,吃不好,穿不好。""我不是怀着失望向你们描述这种情景的,而是怀着希望为你们描述的,这是因为这个民族已经看到了这是不公正的现象,而准备把它涂掉。"①

基于此,所以罗斯福把解决城市人员的就业、保障城市贫困人口的生活和调整劳资关系、保护个人的利益放在突出位置。当1933年颁布的《全国工业复兴法》遭致反对并被最高法院裁决该法违宪继而又引起激烈的工潮后,罗斯福感到,没有社会的公平与正义,就没有社会的稳定,也就没有经济和社会的发展。于是又采取果断措施,重新颁布了《全国劳资关系法》,再次保障工人的合法权益。接着,又于1935年颁布《社会保障法》,建立社会保障体制,保障公民基本生活;1938年颁布《公平劳动标准法》,规定最低工资标准和最高工时以及加班工资等。

在推进实施"公平施政"中,杜鲁门说:"劳工纠纷是我作为美国总统所面临的国内问题中最困难和旷日持久的问题之一。"所以,他从罗斯福手中接任总统后即致力于这样几个方面的工作:(1)扩大罗斯福新政中社会保障的范围。1950年通过修正案,将《社会保障法》、《公平劳动标准法》的作用范围扩展到农业工人和公务人员,并对因工伤残者的补助也作了具体规定,使受益人数增加1000万,工人最低工资从1945年的40美分增加到1950年的75美分,退休金提高77%。(2)实施健康强制保险计划。由国家补贴医疗费及职工因病之工资损失。(3)改善居住条件。通过推行退伍军人紧急住房计划和颁布住宅法,为退伍军人和低收入家庭提供了350多万套住房,并拨款清理贫民窟以改善城乡居住条件。(4)对小农场主实行扶植,给予价格补贴并将补贴范围扩大到易腐农产品。虽然由于各种原因,有些计划未能完全实现,但公平施政纲领继承了罗斯福新政中凸显社会公平与正义的要义。

在推进实施"新边疆"的纲领中,虽然不乏冷战的考虑,但肯尼迪总统也力图利用美国先进的科学技术和经济实力,来解决美国社会所面临的公平与正义问题。1963年,肯尼迪总统即在电视上发表演讲称:"如果一个美国人仅仅因为他的皮肤是黑色的,不能到公共饭馆里去吃饭;如果他不能送自己的

---

① 〔美〕威廉·德格雷戈里奥:《美国总统全书》,周凯等译,北京:社会科学文献出版社2007年版,第521页。

第三章 美国政治现代化的历程

孩子到最好的公共学校读书;如果他不能投票选举代表自己的官员。总之,如果他不能去享受我们所有人都渴望得到的完美幸福生活,那么我们当中谁愿意去改变他的肤色、站在他的位置上?我们当中又有谁愿意等待一而再、再而三地对这个问题进行商讨,一直延迟不做答复?"肯尼迪还指出:"只有当美国实践了它所宣称的权利平等和社会公正,才能使美国在将来获得尊敬。"①

在推进实施"伟大社会"的纲领中,约翰逊总统说:"我们不仅有机会走向一个富裕的社会和强大的社会,而且也有机会发展成为一个伟大的社会。这个伟大的社会是建立在全体公民的富足和自由之上的。它要求结束贫穷和种族的不公。……在这个伟大社会里,每一个儿童都能获得知识以丰富其心智,扩充其才能;在这个社会里,休闲是最好的发展与思考的机会,而不是导致厌倦和不安的糟糕的原因;在这一社会里,城市里的人们不仅为自身和商业的需要而劳动,而且也憧憬美好,追求共同理想。"约翰逊还说:"我不想成为一个建造帝国、成就辉煌和扩充领土的总统。我想成为一个能够教育年轻人去创造世界奇迹的总统;一个能帮助饥饿的人吃饱肚子并使他们从'吃税人'成为'纳税人'的总统;一个能帮助穷人找到自己的路,能保护每一位市民在每一次选举中的投票权的总统;一个能结束人们彼此之间的仇恨,促进不同种族、宗教和党派能彼此相爱的总统;一个能够帮助结束在地球上兄弟之间的战争的总统。"②

约翰逊的"伟大社会"纲领包括向贫困开战、教育、医疗保险和医疗补助、环境保护和公民权利立法几个部分。在教育方面,通过了几十项法案和成人教育计划,由联邦政府拨巨款支持各级各类学校,不仅使穷人和黑人儿童、青年及成年人获得教育和再教育的机会,而且使整个教育事业得到发展,极大地提高了民众的科学文化素质,为某些阶层的脱贫和整个国家的经济繁荣奠定了基础。在医疗保健方面,通过了40多个医疗法案,使近2000万65岁以上的退休职工和其他老年人享受到医疗保险和医疗补贴。在更新城市、治

---

① 〔美〕威廉·德格雷戈里奥:《美国总统全书》,周凯等译,北京:社会科学文献出版社2007年版,第592、597页。
② 〔美〕威廉·德格雷戈里奥:《美国总统全书》,周凯等译,北京:社会科学文献出版社2007年版,第611、616页。

理污染、保护环境方面,也通过一系列法案,使城市贫民窟得到治理,住宅及交通得到改善,民众生活质量得到提高。在约翰逊任内,生活在官方确定的"贫困线"以下的人数,由1964年的3610万下降至2410万,占美国人口的比例,由19%降到12%。在民权方面,继1964年的民权法以后,又通过了1965年的投票权法和1968年的民权法,对消除种族歧视,改善黑人地位起了大的作用。约翰逊的"伟大社会"纲领是罗斯福新政的继续,也是罗斯福新政后美国改革的顶峰。通过这一纲领的实施,又把美国社会的机会平等向前推进了一大步。

由于在以上这些一茬接一茬的社会变革与发展纲领中,美国领导人重视坚持社会公平与正义这一原则,努力消除富足社会中的不合理不公正现象,从而缓解了社会冲突,保证了整个社会相对和谐地运转。自上个世纪70年代越南战争结束以来,美国社会再无大的动荡。

同时,由于从19世纪末20世纪初的进步主义运动开始,美国政治的范围即向经济、社会领域延伸;通过以上这些社会纲领的推进实施,又使得社会的公平与正义成为突出的政治议题,政治的内涵在质上取得飞跃,所以,这也标志着美国的政治现代化从此又有了新的含义。

在这一时期,美国历史上最著名的人物是罗斯福和马丁·路德·金。

罗斯福

1882年1月30日,罗斯福出生于纽约州海德公园村。罗斯福是荷兰移民的后代,他的父亲詹姆斯·罗斯福曾任铁路公司副总裁,这一社会地位和财富使独生子罗斯福不仅过着一般意义上的幸福生活,而且在成长的道路上一帆风顺。

1896—1900年,罗斯福进入格罗顿学院学习。这是一所为豪门巨富的子弟进入名牌大学做准备的私立学校,教育思想是按照英国上流社会的标准建立起来的。这所学校的创办人、第一任校长是一位英国国教牧师,他的办学方针是强调为社会服务——一种救世理想主义与务实主义的结合,鼓励学生投身于政治,而且要敢于充当领导人。

1900年6月,罗斯福从格罗顿学院毕业。依照本人的志趣,本想进海军学院,可是年已72岁的老父亲要他学会将来掌管一份不算小的家业的本领,要他进哈佛大学学法律。于是罗斯福收起了海军梦,进了哈佛大学法律系。

1910年,罗斯福28岁时当选为纽约州州参议员,后来又获得连任。

1913年,罗斯福出任海军助理部长,一干就是7年。

1921年,正值39岁盛年之时,罗斯福忽然因小儿麻痹症而瘫痪。在许多人看来,罗斯福作为全国性政治人物的前途至此就告夭折。但是,罗斯福以其惊人的毅力,锻炼出义无反顾的意志,在两腿必须借助拐杖和轮椅才能活动的情况下,于1924年又重返政坛,为民主党元老艾·史密斯竞选总统发表公开演说。全国舆论注意到了这位撑着双拐走上讲台的政治人物是那样精力充沛,情感丰富,充满魅力。

1928年,罗斯福竞选纽约州长成功并获得连任。

1932年11月,罗斯福在美国第32任总统竞选中又获得成功,并破天荒地连任四届。在罗斯福的第一个任期中(1933—1936年),重点是解决国内问题,大获成功。第二个任期(1937—1940年),内外兼顾,重点逐渐向国际事务倾斜。面对希特勒在欧洲发动大战和日本在亚洲扩大侵略,罗斯福在第三个任期中(1941—1944年)倾全力应付国际事务。但是,直到1941年12月7日前,美国始终没有直接参战。只是到了1941年12月7日,日本人帮了罗斯福的忙。山本五十六统率的联合舰队对珍珠港的奇袭,摧毁了美国的这一海空军基地,也摧毁了美国"置身事外"的孤立主义传统。从这以后,罗斯福写下了他一生中最光辉的篇章——充当一个与世界法西斯作殊死斗争的美国总统。

自华盛顿1789年就任美国第1任总统到罗斯福就任美国第32任总统的156年中,罗斯福创造了美国总统到国外进行外交活动次数最多、行程最远的记录。在罗斯福的倡导下,世界大国首脑之间的直接接触,成了国际外交活动的一个首要形式。在第二次世界大战期间,英国首相丘吉尔四次访美,与罗斯福会谈。罗斯福还与丘吉尔在纽芬兰的美国军舰上、北非的卡萨布兰卡、加拿大的魁北克举行过四次会见。1943年11月在开罗举行过美、英、中三国首脑会议,同月又在德黑兰举行罗斯福、丘吉尔、斯大林"三巨头"会议。1945年2月,"三巨头"又在雅尔塔再度会晤。不过,这是罗斯福参加的最后一次国际会议。两个月后——1945年4月12日,罗斯福因脑溢血病逝于佐治亚温泉,享年63岁。

山巅之城
美国政治现代化的理想与现实

1962年，在美国《纽约时报》举办的历史学家评选美国总统投票中，罗斯福得票居林肯、华盛顿之后列第三位。

美国著名新闻记者杰拉尔德·约翰逊曾这样评论罗斯福："他推翻的先例比任何人都多。他打碎的古老结构比任何人都多。他对美国整个面貌的改变比任何人都要迅猛而激烈。"①

总之，对美国人来说，罗斯福不止是一个总统，而且是一个时代。

马丁·路德·金

在美国历史上，对公众产生如此巨大的影响并在死后获得广泛尊敬的黑人，除了民权运动领袖马丁·路德·金，再没有第二人。

马丁·路德·金是一位把生命献给美国黑人民权运动的殉道者。他提倡非暴力抗议美国社会的种族主义，但在他积极活动的12年中，他的住房被炸毁，他被石块和棍棒击伤，他被捕下狱。最终，他没有逃出种族主义分子的血手，在1968年被暗杀，时年39岁。

马丁·路德·金出生于佐治亚州的亚特兰大，父亲是一位浸礼会牧师。马丁·路德·金也同父亲一样投身神职，于1955年26岁时担任蒙哥马利市一个浸礼会教堂的牧师。这时，他虽然学识丰富，口才出众，但蒙哥马利市的公众并不熟悉他，他也没有什么名望。然而，一次偶然事件，点燃了蒙哥马利市黑人的积怨，也成就了马丁·路德·金。

1955年12月1日这一天，一名42岁的黑人妇女上公共汽车后刚找了个座位坐下，这时又上来一白人男子，司机遂叫黑人妇女站起来，给白人男子让座——这是美国南部习以为常的老习惯，而且蒙哥马利市法律规定乘客必须听从司机的指挥。但是，这名黑人妇女拒不让座，她的一声"不"石破天惊，使车上的乘客——无论黑人、白人都呆若木鸡。汽车到站后，这名黑人妇女被拘捕，并被罚款，罪名是"行为有失检点"。这一歧视和不公，立即遭到全市黑人的抗议，他们向公共汽车公司提出严正交涉并宣布"罢乘"。然而，蒙哥马利市的市长却站在公共汽车公司一边与黑人市民对着干，这时，站在市长对立面的黑人领头人就是马丁·路德·金。这位平日只谈耶稣基督、苏格

---

① 邓蜀生等主编：《影响世界的100个人物》，南宁：广西人民出版社1995年版，第183页。

第三章 美国政治现代化的历程

拉底、亚里士多德、伽利略的波士顿大学博士马上挺身而出,宣布这场斗争是正义与非正义之间的斗争。随后,蒙哥马利市的检察官对马丁·路德·金提出控告,法院判他有罪,并罚款1000美元。这样一来,更坚定了黑人的斗志,随着马丁·路德·金被逮捕入狱,"罢乘"活动如火如荼。案子终于转到州一级法院审理。这时,联邦最高法院宣布在公共交通中不得实行种族歧视。于是,马丁·路德·金立即获释,市长和公共汽车公司都不得不向黑人认输。抗争381天后终获胜利,使此前不为人知的马丁·路德·金一举成为全国闻名的人物。

1957年,马丁·路德·金当选为美国南方基督教领导人大会的主席,成为争取黑人民权运动的领袖。他不仅领导了南方的反种族歧视运动,而且还对北方事实上的种族歧视现象进行揭露、抨击和斗争。

1964年,由于马丁·路德·金一贯提倡以和平抗议示威的方式来争取黑人的平等权利,而且这一主张和这一时期的黑人民权运动在美国赢得越来越广泛的支持并最终获得一些法律上的重大成果,所以他获得了诺贝尔和平奖。

1968年4月4日,正当马丁·路德·金帮助孟菲斯以黑人为主体的城市工人改善其工作条件时,被一名白人枪手暗杀了。非暴力主义英雄的死亡,立即在全美引起了前所未有的激烈暴力活动。有28个州的125座城市举行游行示威。首都华盛顿经历了历史上最糟糕的骚乱,甚至需要派军队保护白宫。这期间,共有46人死亡,21270人受伤,2600人被捕。

马丁·路德·金死后18年——1986年,美国政府把他的诞生日1月5日定为全国性假日以示纪念,联合国也把这一天定为联合国纪念日之一。

20世纪中后期是美国注定要发生历史性变迁的时期。在经历了罗斯福新政和第二次世界大战之后,美国的经济繁荣和社会发展进入到前所未有的阶段,美国的政治现代化与经济现代化相辅相成、相得益彰,一步步把美国的发展推向了极致。

1989年1月20日,第41任美国总统乔治·布什发表就职演说:

一丝清风正徐徐吹来,经过自由洗礼的民族随时准备奋勇向前。因为在人们心中独裁者的日子已经结束,极权主义者的时代也不会再来,他们那些旧的信条也像枯树上的叶子终将被风吹落。……此时此刻,未来看起来就像一座大门，你可以径直走进那被称为"明天"的房间。世界上伟大的民族正是经过这个自由的通道走向民主；全世界人民也正经过这个繁荣之道走向自由市场；全世界人民为了自由的表达和自由的思想而进行着疾呼。他们通过这条路达到思想和道德上的满足，也只有自由方可以做到这一点！我们知道什么能发挥作用，自由能发挥作用；我们知道什么是权利，自由就是权利；我们也知道怎样为地球上的人类争取更加公正、富足的生活，那便是通过自由的市场、自由的言论、自由的选举和不受国家干涉的自由意志的发挥。①

布什的演说充满掩饰不住的喜悦、自得，甚至还有一些狂和飘。然而，他的话又不无道理。因为这时，美国即将步入单极世界，实现它梦寐以求的梦。

---

① 〔美〕威廉·德格雷戈里奥：《美国总统全书》，周凯等译，北京：社会科学文献出版社2007年版，第732页。

第四章
Chapter Four

美国政治现代化的战略

> 新世界的环境确实造就了一个奇怪的混血儿,是清教徒的古老砧木和这片土地造就了它。以前这里从未经历过如此精明的狂热,如此严格的浪漫,如此著名的反差,如此神秘的求实主义……
>
> 美国是一个新世界,新不仅是就发现它的时间而言,而且是就它的一切制度而言。这个新世界由于藐视一切继承的和传统的东西而远远超过了我们这些旧式的、沉睡的欧洲人。这个新世界是由现代的人根据现代的、实际的、合理的原则在处女地上重新建立起来的。
>
> ——[德]弗·恩格斯[①]

[①] 《马克思恩格斯全集》第21卷,北京:人民出版社1965年版,第534页。

第四章 美国政治现代化的战略

美国的政治现代化虽然在很大程度上脱胎于欧洲，但与17、18世纪和后来的欧洲又有很大不同。这正是形成美国政治现代化战略的基础。

在欧洲，人们将其所处的自然环境与社会环境看作是给定的，认为环境是奉神的旨意缔造的，改变永恒不变的自然和社会秩序，不仅是渎神的而且是徒劳的。对传统人来说，法是无法抗拒的外在旨意或约束，人只能发现法而不能制定法。人们无须考虑构成国家终极权威的究竟是国王还是贵族、平民或是这两者的结合体。

而在美国，权威必须属于人而不能属于不变的法。虽然美国也把基本法视为规范人类行为的终极权威，但从未把这种权威集中于某个机构或某个个人，而是分散于整个社会和政治机体的许多器官之中。

在欧洲，往往是由社会内部对现存政治体制的反抗迫使政治体制实现现代化。一个新体制的建立或实践，往往意味着血腥、战争和冲突。在欧洲大陆，整个17世纪只有三年是完全平静的。在这一世纪，大国间彼此交战的时期比言和的时期还长。

而在美国，社会内部的现代化过于容易，因为变革在北美本身受到尊崇，新的便是好的，旧的总是不能令人满意。平等的社会传统加上广袤的土地和其他资源使得美国的经济和政治进步多少能够自发地产生。

在欧洲，权威的合理化和权力的集中不仅对于国家统一是必要的，而且对于社会进步也是必要的。现代化的敌对力量主要来自宗教的、贵族的以及地区和地方的传统势力，保守主义往往与教会、贵族、社会习俗以及旧的社会秩序联系在一起。政治参与的扩大是与权力的集中联系在一起的，民主运动往往需要先破而后立。

而在美国，封建的社会制度和作为强大阶级的社会反抗力量并不存在，欧洲式的保守主义从未在美国盛行过，美国社会本身也是不断发展变化着的，因此也就无需集权，不存在所谓破。政治参与的扩大仅仅是与权力的分散和维持业已建成的政府各部门相联系。

在欧洲，一些君主立宪制的国家，其政治制度和政治程序，总是先获得权力然后才使用权力。在现代英国政治制度中，权力的拥有和权力的行使还分别由荣誉机构和效能机构来承担。欧洲几乎所有其他现代政体，也都将、或曾将国家元首与政府首脑区别开来。

而在美国，政府的所有主要机构——总统、最高法院、参众两院以及各州的相应机构，都在不同程度上集合了荣誉和效能这两种功能。

基于这些同与不同，不难看到，美国在政治现代化过程中实行的是与欧洲既相联系又有区别的战略。

一 以宪政法治为主导——法律就是合众国的国王

在美国，国家的政治设施、制度体系、运作方式和政治现代化的目标、原则等都是由宪法规定的。

宪法明文规定了联邦各州实行共和政体，合众国的权力由联邦政府和州政府分享。

宪法明文规定了通过相互制衡的机制对政府权力作出重大的约束，"全部的立法权，属于由参议院和众议院组成的合众国国会"，"行政权属于美利坚合众国总统"，"司法权属于最高法院和国会不时规定和设立的下级法院"。

宪法明文规定了国家的一切权力属于人民，人民参与是政治民主的基本元素、必要条件，"宪法未授予合众国，也未禁止各州行使的权力，由各州各自保留，或由人民保留"。

宪法明文规定了政府官员实行选举制、任期制，选举是美国政治民主的基石。

……

在美国的制宪者们看来，宪政法治既是政治现代化的目标，也是实现政治现代化的根本途径。以宪政法治为主导推进政治现代化，既合乎情理又合符时势。

第四章 美国政治现代化的战略

就情理而言,开国者们在制宪的时候,自然会想到英国、欧洲的专制,"他们认为:既然到了这个自由的土地,就不能躲过一棒子,又挨一榔头,自己又搞一个专制政府。他们以英国为戒,以欧洲那些政府为戒……绝对不能再回到欧洲原有的统治方式,竭力要建立一个理想的真正自由的国家"[①]。

从时势来看,宪政法治是人类政治文明进步的标志。如果说农耕社会对应的是专制社会,工业社会对应的是契约社会,那么现代社会对应的则是民主和法治的社会。虽然古希腊罗马时期、欧洲中世纪时期也有宪政法治的思想,但那时仅仅停留在学说与思想,毕竟没有大的社会实践,至多,人们只能用神国的光明来衬托现实的黑暗。只是进入到近代、现代,建立民主和法治的政治制度才有可能。

美国的革命先驱们正是看清了时势,把握了契机,才掀开了人类政治文明的新篇章。在具体实践过程中,美国主要采取了如下办法。

(一)坚持宪政法治的建国治国观

客观地看,北美殖民地自建立之初就有宪政法治的思想萌芽和政治实践。从17世纪上半叶的《五月花公约》(1620年)、《康涅狄格基本规约》(1638年),到17世纪中后期的《新泽西特许权书》(1677年)、《宾夕法尼亚基本法》(1682年)、《纽约特许权宪章》(1683年),一直到美国《独立宣言》发表前的《弗吉尼亚人权宣言》(1776年6月12日),都不乏宪政法治的灵光和尝试。尤其是,《弗吉尼亚人权宣言》的许多内容被直接搬进了《独立宣言》。

1776年7月4日宣布独立后,虽然美国在很长一段时间内没有组成现代意义的国家,但却早在大陆会议通过《独立宣言》之前就决定了起草一部基于建立邦联的成文法,并在当时的报纸上刊出了几种方案。1776年6月7日大陆会议提出起草《独立宣言》时,议案中就已包含这一主旨。接着,大陆会议于6月11日任命一个委员会开始工作。7月12日,《邦联条例》草案即出炉,提交大陆会议讨论。1777年11月15日获大陆会议通过并提交各州批准。1781年3月1日《邦联条例》正式生效。尽管这一条例有种种弱点,不久即被

---

① 中央电视台《大国崛起》节目组编:《大国崛起·美国》,北京:中国民主法制出版社2006年版,第65页。

联邦新宪法取而代之，但在当时仍被认为是一部健全的国家宪法。特别是，通过制定这个条例，体现出开国者们依靠宪政法治构建和治理新国家的迫切心情与思想。

当邦联体制暴露出种种弊端、不能适应合众国发展的时候，以詹姆斯·麦迪逊和亚历山大·汉密尔顿为首的国家主义者，又发动了一场争取宪法改革的运动。他们认为，合众国应该变邦联为联邦。汉密尔顿提出，为了结成联邦，需要制定一部新宪法，这部新宪法将包括三个部分的内容：(1)建立联邦及联邦政府的目的；(2)达到这些目的需要的权力；(3)这种权力的作用范围。麦迪逊后来力促，增加了保护公民权利即《权利法案》的内容。受他们的推动，终于于1787年5月底至9月中旬在费城召开制宪会议，形成了新宪法的最后草案，并最终经各州批准后付诸实施。

制宪会议召开期间，虽然有激烈的交锋，艰苦的斗争，几度陷入僵局，但在建立宪政法治指导下的国家和用宪政法治的原则治理国家上是不存在争论的。制宪者们都把国家的政治设施、政治制度一一在宪法中予以确立，坚持用宪法来设计新国家，用宪法来治理新国家。宪政法治的建国治国观，由此也可见一斑。

在建国精英们看来，建构社会秩序的主要方式以凭借政治精英的个人权威和主观意志为内容、以不受限制的国家权力为依托的那种方式已经过去。囿于任何个人在生命、智识、能力、体力等方面的局限和人类普遍共有的权势欲，上述那种类型的政治秩序如果不流于暴政也会沦为乱政。只有宪政法治，才能建立政治制度的一致性、连续性和确定性，才能克服政治上的绝对、专断和反复无常。

在建国精英们看来，国家的概念是与宪政法治联系在一起的。"国家乃人民之事业，但人民不是人们某种随意聚合的集合体，而是许多人基于法的一致和利益的共同而结合起来的集合体。"法律是国家的"灵魂"和国家政制的"神经中枢"，必须用法律来经国治世。

在建国精英们看来，宪法是政治权力的唯一合法来源，国家权力与政府行为必须受到宪法的规范和制约。国家"应该以既定的、向全国人民公布周知的、经常有效的法律，而不是以临时的命令来实行统治"。宪政有别于暴政、仁政、德政的根本点，即在于它以民主的方式制定宪法，将宪法视为调节一

第四章　美国政治现代化的战略

切政治和社会矛盾的终极规则，并最终将国家的政治生活纳入不以个人意志为转移的法治轨道，将社会公共领域的生活纳入公平正义的秩序轨道。

正是基于这样一些认识和主张，所以建国以来的美国历代政治家和历届政府都无一例外地坚守宪政法治的建国治国观。

(二) 坚持法律的至高无上地位

20 世纪初叶，法官出身的威廉·塔夫脱一生的梦想是当联邦最高法院的首席大法官，但他却阴差阳错地先当上了美国第 27 任总统。然而，对于首席大法官的梦想塔夫脱仍然没有停止。也许，他是有意识地为自己退出总统职位后再出任首席大法官这一职务铺平道路，便在总统任内打破常规，提名年迈的当时已 65 岁的爱德华·怀特出任最高法院首席大法官。果然，1921 年怀特去世，塔夫脱实现了几十年的梦想，如愿以偿地执掌联邦最高法院，成为美国历史上唯一一个既当过总统又担任过首席大法官的人。后来他回忆说，出任首席大法官是他一生中最愉快的时期。

2000 年美国总统大选难产。如前所述，共和党候选人布什和民主党候选人戈尔的政治前途仅仅取决于佛罗里达州的数百张选票。为此，双方官司打得不可开交，直到把官司打到联邦最高法院。最后，联邦最高法院以 5 比 4 一票之差作出了不利于戈尔的判决，长达 36 天的总统选举危机也就此结束。戈尔虽然输了，但他优雅地说："我虽然很难同意最高法院的决定，但是我接受它。"①由最高法院的大法官来裁决选票统计的纷争，并进而决定总统职位的归属，这不但破了美国的先例，而且还凸显出美国最高法院所拥有的世界上任何国家的司法部门都不曾具备的权力和权威。

为什么塔夫脱喜爱大法官的职位胜过喜爱总统的职位？为什么最高法院的大法官具有决定谁任总统这么大的权力？为什么美国人对联邦宪法和联邦法院会如此地尊崇？

这一切，都源自于联邦法律所具有的至高无上地位和权威。

1787 年，制宪者们通过《美利坚合众国宪法》，宪定了联邦法律至高无上

---

① 《美国研究》，2002 年第 2 期，第 131 页。

的地位。宪法第 6 条明文规定："本宪法和依本宪法所制定的合众国法律，以及根据合众国的权力已缔结或将缔结的一切条约，都是全国的最高法律；每个州的法官都应受其约束，即使州的宪法和法律中有与之相抵触的内容。"宪法第 6 条还同时规定，联邦"参议员和众议员，各州州议会议员，以及合众国和各州所有行政和司法官员，应宣誓或作代誓宣言拥护本宪法"。这就使联邦法律至高无上的地位和权威有了合法性。

1787 年，制宪者们还通过《美利坚合众国宪法》，奠定了联邦司法部门拥有司法独立权。宪法第 3 条第 1 款规定："合众国的司法权，属于最高法院和国会不时规定和设立的下级法院。"这就使联邦司法机构的独立地位有了明确的法律保障。宪法第 3 条第 1 款又规定："最高法院和下级法院的法官如行为端正，得继续任职。"这就使法官任职不受政府更替的影响，保障了法官地位的稳定，也使法院建立超党派超阶级的权威有了合法基础。宪法第 3 条第 2 款还对联邦司法管辖权作了详细规定，从而从宪政体制上杜绝了其他政府机构对司法权的可能渗透，使司法权的行使完全独立地掌握在联邦司法机构手中。

此外，根据联邦国会 1789 年通过的《司法条例》和 1803 年"马伯里诉麦迪逊案"、1805 年"蔡斯弹劾案"、1819 年"麦卡洛克诉马里兰州案"的审理，联邦最高法院还拥有了司法审查权、违宪审查权，并从此成为《美利坚合众国宪法》最权威的和终极的解释者。如果各级立法机关——包括联邦国会——颁布的法律或行政机关颁布的行政命令同宪法相抵触，联邦最高法院即有权以判例的形式宣布其违宪，使其失去法律效力。这对维护和巩固法律的至高无上地位与法院的绝对权威是一个有力的手段。

美国法界和学者认为，这一重大原则制度的确立应该归功于美国历史上最负盛名的首席大法官约翰·马歇尔，是他在任期内（1801—1835 年）作出了确立联邦最高法院的司法审查权和维护联邦最高法院至上地位的裁决，进而对美国的政治制度和国家政治生活产生深远影响。

1803 年，联邦最高法院作出了马伯里诉麦迪逊案的裁决。这是最高法院历史上的第一个最重要的判例。它的重要意义就在于确立了联邦最高法院的司法审查权和司法解释权。马歇尔在代表最高法院撰写的判决书宣布："所有制成成文宪法的人认为，宪法构成国家的根本法和最高的法律。……解释法

第四章 美国政治现代化的战略

律显然是司法部门的权限范围和责任。把规则应用于具体案件的人必然应当阐述和解释该项规则。……违反宪法的法律是无效的;法院和其他部门都应受到该文件(宪法)的约束。"①

这样一来,联邦最高法院即拥有了司法审查权,而且美国宪法中对于宪法解释权的归属从未作决定的状况也就结束了。由此,大大增强了联邦最高法院的权力和地位。

1819年,又是一个极其重要的案例——被认为是马歇尔所作的经典判决——麦卡洛克诉马里兰州案。

1816年国会建立了美国第二银行,麦卡洛克是该行在马里兰州巴尔的摩分行的出纳员。当马里兰州对该分行征税时,麦卡洛克拒绝支付,州于是向州法院起诉。麦卡洛克不服,向最高法院上诉。

这一案件涉及的宪法问题是:国会是否有权建立银行,马里兰州是否可以向该银行的分行征税而不违反宪法。

马里兰州的辩护如下:(1)联邦政府的权力是由各州授予的,只有各州才真正是至高无上的;联邦政府行使权力必须服从各州,只有各州才拥有最高权力。(2)授予国会的列举权力中没有设立银行的权力,国会设立银行是违反宪法的,因为这不是为执行列举权力"所必要和适当"的法律。马里兰州作为一个主权州有权征税,包括向美国银行征税。

马里兰州的这一论点,代表了当时美国州权派的典型观点。

对于马里兰州的辩护,马歇尔针锋相对地进行了批驳:(1)联邦宪法是由人民批准的,联邦政府是由人民建立的,它们的权力是人民授予的。其权力虽受到限制,但"在其行动范围内是至高无上的"。在联邦和州的关系上,重大的原则是联邦宪法和依照联邦宪法制定的法律是最高法律,它们控制各州的宪法和法律,而不能受后者的控制。(2)列举权力中没有建立银行的权力,但联邦宪法在列举了国会的权力以后,规定国会有权"制定为行使上述各项权力……所必要和适当的一切法律"。这一"必要和适当"条款扩大和增加而不是减少和限制已授予国会的权力。国会建立银行的权力是从明白授予的权力,即从处理财政的权力和"必要和适当"条款引申出来的"默示权力"。国会为行

---

① 李道揆:《美国政府和美国政治》,北京:中国社会科学出版社1990年版,第483页。

使授予的权力,"如果目的是合法的,是在宪法范围之内的,则一切适当的手段,凡是明显合乎目的、未被禁止而又符合宪法的文字和精神,都是合乎宪法的"。因此,"建立银行的法律是合符宪法的"。(3)"征税的权力包含摧毁的权力",州无权以征税或其他办法延误、妨碍、困扰或控制联邦政府。因此,马里兰州向国会银行征税的法律是违宪的和无效的。①

这一判例确立了两条新的极其重要的宪法原则:(1)联邦既拥有明白授予的权力,又拥有从授予权力引申出来的"默示权力"。在这个案例中,"必要和适当"条款成为默示权力的宪法根据。从此,它也成为扩大联邦权力的主要法律和理论根据。(2)州不能干预联邦机构的活动。这进一步维护了联邦地位高于州的宪法原则。

就是通过以上这些既在宪法中予以宪定又在具体司法实践中予以确立的办法,使联邦法律和联邦最高法院在美国社会建立起了不容挑战的地位和权威,从而为以宪政法治为主导推进政治现代化奠定了基础。

(三)坚持宪法与政治制度高度融合

立宪并不等于宪政。作为国家根本大法的宪法确立之后,若是只有宪法之名而无宪法之实,宪法即有可能成为确认专制统治的新工具,遑论宪政;若有宪法之实而无与之相匹配的政治制度,宪法则只能因其无力自行而束之高阁,宪政也依然无从谈起。因此,美国的制宪者、政治家们始终主张并坚持宪法与政治制度的高度融合,使之成为真正的"宪政"。具体是从下述几个方面入手的。

——在处理国家权力与公民权利的关系上,一方面,制宪者们充分认识到限制政府权力的必要性,另一方面,又认为宪法不仅只是对政府组织和国家权力给予规定和限定,而且还必须对不可让渡的公民权利给予确认和保障。这两者都是宪法不可偏废的核心组成部分,两者对宪法之成其为宪法都是必要的。唯有足以对国家权力给予实际的约束,足以对公民权利给予实际的保障,足以对国家权力与公民权利的基本关系给予实际的调节,宪法才能真正

---

① 参见李道揆:《美国政府和美国政治》,北京:中国社会科学出版社1990年版,第486—487页。

第四章　美国政治现代化的战略

成其为宪法。也正是从这个意义上——宪法之与政治制度的高度融合，才能构成真正的现代意义的宪政。所以，在1788年联邦新宪法被批准生效、1789年联邦新政府刚组成之时，国会即将《权利法案》提交各州批准。

——在处理宪法权威与政府权力的关系上，一方面，宪法为国会所立，并且强调，"在共和政体中，立法权必然处于支配地位"；另一方面，又主张宪法是政治权力的唯一合法来源，国家权力与政府行为必须受到宪法的规范和制约，"限政"是宪政的应有之义。潘恩说："宪法不是政府的命令，而是人民组成政府的法令。""政府不是任何人或任何一群人为了谋利就有权利去开设或经营的店铺，而完全是一种信托。人们给它这种信托，也可以随时收回。政府本身并不拥有权利，只负有义务。"①基于这样一些理念，所以美国的建国精英们着力设计了严密的限权原则和制度。宪法落成后，詹姆斯·麦迪逊感叹，"政府制度的基本原则颠倒了其他所有政府的基本原则；……这只怪物的头脑竟然要听从四肢的指挥。"②

——在处理宪法权威与人民意志的关系上，一方面，主张宪法来源于人民，另一方面，又认为宪法对人民具有约束力。如果有例外，汉密尔顿说："除非人民通过庄严与权威的立法手段废除或修改现行宪法，否则，宪法对人民整体及个别部分均同样有约束力。变动之前，人民的代表不论其所代表的是虚假的还是真实的民意，均无权采取违宪的行动。"③

——在处理宪法权威与社会生活的关系上，一方面，坚持把宪法作为调节社会矛盾和政治利益冲突的最高准绳，另一方面，又顾及到社会政治经济发展的实际需要，几乎每一次重大案例的裁决或宪法修正案的产生，都往往意味着制度的完善，社会的进步。

这样一来，宪法由于获得了政治内涵而成为政治制度的基础，政治制度由于获得了宪法的支撑而取得政治合法性，宪法与政治制度——亦即法治与民主之间表现出良好的共生性，就为以宪政法治为主导来推进实施政治现代化提供了保证。

---

① 马啸原：《西方政治思想史纲》，北京：高等教育出版社1997年版，第368页。
② 〔美〕亚历山大·汉密尔顿等：《联邦党人文集》，张晓庆译，北京：九州出版社2007年版，第595页。
③ 曹沛霖等主编：《比较政治制度》，北京：高等教育出版社2005年版，第26页。

(四)坚持用修改宪法的方式来改革或建立新的政治制度

美国宪法自诞生以来,截至1992年5月共产生了27条修正案。从这27条修正案的内容来看,大体可分为四个方面。

一是扩大和保障公民的公民权利与选举权。这主要体现在宪法第1条至第9条修正案、第14条修正案,以及第15条、第19条、第23条、第24条、第26条修正案中。前9条修正案规定了民众在政治、社会和司法等方面所享有的个人权利;第14条修正案则是承认获得解放的黑人的公民地位,并将前9条修正案中所列举的民主权利赋予黑人。第15条、第19条、第23条、第24条、第26条修正案则都是涉及选举权的修正案。第15条修正案将选举权扩大到黑人;第19条修正案将选举权扩大到妇女;第23条修正案将选举权扩大到哥伦比亚特区市民;第24条修正案旨在保障黑人的选举权不因未交纳各种税收被剥夺;第26条修正案将选民的年龄下限由21岁降到18岁。

二是调整社会关系,促进社会平等。这主要体现在第13条、第16条、第18条和第21条修正案中。第13条修正案宣布废除黑人奴隶制度,解放了身为奴隶的黑人,在法律上第一次实现了独立宣言所宣布的"人人生而平等"的原则。第16条征收所得税修正案,实质上是对社会分配原则作了局部调整,减轻了社会中下层民众的经济负担。第18条关于禁酒的修正案和第21条关于废止禁酒的修正案都是在特定的经济发展条件下,调整社会的道德准则。

三是调整规范总统选举产生程序、任职期限、缺位替补办法等。这主要体现在第12条、第20条、第22条和第25条修正案中。第12条修正案重新规定了选举总统与副总统时的具体投票程序;第20条修正案调整了新老总统的交接期限;第22条修正案明确规定了总统的任职届数;第25条修正案重新规定了总统职位空缺时的递补程序等。

四是调整明确政治主体之间的相互关系及国会的有关规定等。这主要体现在第10条、第11条、第17条、第20条、第27条修正案中。第10条修正案明确规定了联邦、州和人民三者在权力方面的关系;第11条修正案重新规

第四章 美国政治现代化的战略

定了联邦、州和公民在司法方面的关系；第17条修正案将国会参议员的选举由间接选举改为由选民直接选举；第20条修正案在调整新老总统交接期限的同时，也对新老国会议员的交接期限进行了调整；第27条修正案是对国会议员服务报酬的有关支付问题作了补充规定。这一修正案是1789年9月25日由麦迪逊提出，1992年5月18日才被批准生效的。之所以出现时隔203年后才被批准这一历史少见情况，是因为麦迪逊当年所提的修正案未被国会通过，同时又未规定批准期限，所以才导致这一情况出现。

应该说，在上述几个方面的宪法修正案中，除了不涉及政治法案的以外，伴随着每一条宪法修正案的产生，带来的都是民主化、合理化的结果，或是更加民主化、更加合理化的趋势。

前10条宪法修正案——《权利法案》的产生(1789年9月25日提出，1791年12月15日批准)，不止保护了民众的人身权利和民主权利，而且弥补了宪法的重大缺陷，使美国的宪政法治更加完善。

第11条宪法修正案的产生(1794年3月5日提出，1798年1月8日批准)，阻止了联邦最高法院有可能介入州政府和联邦政府政治事务的行为，维护了国家权力配置中制约平衡的原则。

第13、14、15条宪法修正案的产生(分别于1865年2月1日提出，1865年12月18日批准；1866年6月16日提出，1868年7月28日批准；1869年2月27日提出，1870年3月30日批准)，废除了奴隶制，赋予了被解放的黑奴与白人同等的公民权，拔掉了美国政治肌体上的毒瘤，铺平了美国高速发展的道路。

第17条宪法修正案的产生(1912年5月16日提出，1913年5月31日批准)，将国会参议员的产生由州议会选举改为民选，有利于避免立法机构的腐败现象和提高国会议员的素质与责任感。

第19条宪法修正案的产生(1919年6月4日提出，1920年8月26日批准)，赋予了妇女与男子同等的选举权，成为美国政治现代化过程中继赋予黑人以选举权之后又一具有标志性意义的事件。

第23条宪法修正案的产生(1960年6月16日提出，1961年3月29日批准)，赋予哥伦比亚特区居民享有全国选举的投票权，又消除了一长期不合理的现象。

第 24 条宪法修正案的产生(1962 年 8 月 27 日提出，1964 年 1 月 23 日批准)，取消了联邦选举中的人头税，更利于民主的普遍化。

第 26 条宪法修正案的产生(1971 年 3 月 23 日提出，1971 年 7 月 1 日批准)，降低了选民的年龄资格，有利于美国青年更早更积极地参政。

从这些修正案的产生过程和修正内容不难看到，在美国，宪法与政治制度有着紧密的互动关系，凡是涉及政治制度的每一次调整变革，都总是从开始阶段就是希望通过修宪来解决；而宪法修正案一旦获得通过，无论多么激烈的冲突或多么长期的斗争，都会得以平息或暂时告一段落。人们已经习惯了这种通过修改宪法的方式来改革或建立新的制度以维护社会的公平与正义、争取民主与自由的权利的有效方式。与此同时，美国宪法中的缺陷和不合理之处也往往会得到弥补。这些，都不能不说是靠宪政法治来主导政治现代化这种战略的成功。

(五) 坚持用宪法功能的拓展来适应政治现代化领域的延伸

美国的建国先贤们，在制定宪法时不仅为宪法的修订预留了空间，而且也为宪法功能的拓展创造了可能。这就是可以通过司法判例和司法解释来赋予宪法条文或部分词语以新的含义，从而使宪法与时代同步。这种极具创造性的司法运作，不仅保证了拓展宪法功能的需要，也与时俱进地适应和保障了政治现代化由政治领域向社会其他领域渗透和延伸的需要。

自联邦新宪法颁布实施以来，美国的治国者们在这方面的建树是不少的。最为突出的是，在有关《权利法案》的判例和司法解释方面，无论是范围还是内容，都与宪法最初的设置有着很大的发展和变化。

如从适用范围来看，《权利法案》有些条款最初只适用于联邦一级的政府，后来才扩大到适用于各州。具体是从 1833 年"巴伦诉巴尔的摩案"后开始的。巴伦是马里兰州巴尔的摩市一个码头的所有主。他控告巴尔的摩市在改造城市建筑中，由于平整街道改变了河流流向，致使其码头水浅，无法营业，违反了《权利法案》第 5 条有关未经正当法律程序不得剥夺个人财产的规定。最高法院认为，《权利法案》只约束联邦政府，对各州无能为力，因此裁定州不受《权利法案》的制约。二战后，该项裁决受到广泛质疑，于是，联邦最高法

第四章 美国政治现代化的战略

院通过宪法解释,认定第 14 条修正案与《权利法案》的主要条款构成统一整体,而根据第 14 条修正案的"平等法律保护"原则,《权利法案》理应适用于各州。而这里指的"主要条款",包括言论、出版、集会自由和宗教、信仰自由,住宅及人身不受侵犯,以及刑事嫌疑犯享有的各种权利等。这样一来,《权利法案》的范围就覆盖了各州;同时也意味着每一个州关于公民基本权利的法律以及每一个州所产生的刑事审判都在联邦最高法院的监督之下。

再从《权利法案》的内容来看,《权利法案》开始所确认的公民权利基本上属于政治权利的范畴,但后来则逐步扩大到经济领域和社会其他领域。引人注目的变化和发展,始于罗斯福新政时期,成于 20 世纪 60 年代。1935 年《社会保障法》的颁布,结束了社会福利与社会保障主要属于私人自愿性事业的历史,开创了美国公共福利的新时代,使社会弱势群体的宪定权利得到了进一步的保障。1964 年通过的《民权法》,不仅仅是黑人的民权问题,它还极大地带动了美国经济、政治和文化方面的改革,进而引发了一场美国历史上最庞大、最深刻的社会革命。正是以这些重大法案的颁布为标志,宪法的权利保护不再仅仅局限于政治方面的内容,而是扩及经济权利和社会权利、人身自由和个人隐私,以及人的独立、爱好等诸多方面。这些方面,都被认为是根植于人的基本尊严和价值的权利,在美国受到普遍保护。

上个世纪 60 年代发生的"纽约时报诉萨利文案",可以说是一个通过司法解释来赋予宪法条文以新的含义,并以此保护和扩展公民权利的典型案例。

1960 年 3 月 29 日,黑人民权运动领袖马丁·路德·金等 4 名牧师,联络 64 位著名民权人士购买《纽约时报》的一个整版,刊登了题为《请倾听他们的呐喊》的政治宣传广告,为民权运动募集基金。在这幅广告中,猛烈地抨击了美国南方各级政府镇压民权示威的行径,其中特别谴责阿拉巴马州蒙哥马利市警方以"恐怖浪潮"对待非暴力示威群众的行为。但是,后来发现广告中有个别细节不够真实。比如,广告中说有几位黑人学生因组织和平示威而被警察驱出大学校园,实际上这几位学生是因在一家仅供白人就餐的餐厅前静坐抗议,使餐厅无法正常营业,违反了当时阿拉巴马州的种族隔离法和社会治安法而被驱,警察的行为基本属于依法行事。因此,警方对广告中"南方的违宪者"这种提法极为反感,因为联邦最高法院在 1954

年布朗案中只是判决公立学校中的种族隔离制度违宪,并未涉及其他领域中的种族隔离制度。

萨利文是蒙哥马利市的民选市政专员,负责领导当地的警察局。虽然广告中并没有提及他个人的名字,但他还是认为《纽约时报》严重损害了他作为警方首脑的名誉,犯有诽谤罪,要求50万美元的名誉赔偿费。由于他带头,其他一些在广告中被批评的官员也纷纷效法,要求巨额赔偿。一时间,《纽约时报》总计被要求索赔500万美元之巨。

根据美国法律,只有原告和被告双方完全属于不同的州,案子才可由联邦法院审理。但是现在,除了《纽约时报》作为附带被告外,原告萨利文和4名被告都是本州人,所以此案遂由当地法院审理。而根据阿拉巴马州的法律,只要证明出版物的文字不实即为"诽谤",即使原告没有提供任何证据证明自己金钱上的损失,原告也可以提出民事赔偿要求。据此,蒙哥马利市地方法院判决被告《纽约时报》应付原告50万美元的名誉损失费。《纽约时报》不服,把这场官司打到了阿拉巴马州最高法院。《纽约时报》认为,蒙哥马利市地方法院关于诽谤罪的裁定违反了宪法第1条修正案。

1962年8月,阿拉巴马州最高法院维持原判,并给诽谤罪下了一个定义,认为"任何刊出的文字只要有损被诽谤者的声誉、职业、贸易或生意,或是指责其犯有可被起诉的罪行,或是使其受到公众的蔑视,这些文字便构成了诽谤。"对这一认定,《纽约时报》还是不服,又把官司打到了联邦最高法院。联邦最高法院认为这一官司事关重大,涉及对公职人员的舆论监督,更涉及美国宪法第1条修正案中言论自由和新闻自由这样的基本公众自由问题,便受理了这一案件。

1964年3月,联邦最高法院以9票对0票一致否决了阿拉巴马州法院的判决。因为联邦最高法院认为,出版和新闻自由的价值高于官员不受诽谤的权利,美国宪政史上没有任何判决"赞成以诽谤罪压制对公职人员执行公务行为的批评"。联邦最高法院还认为,让新闻媒体保证每一条新闻报道都真实无错是一件不可能的事,"美国上下普遍认同的一项原则是,对于公众事务的辩论,应当是毫无拘束、富有活力和广泛公开的。它可以是针对政府和公职官员的一些言词激烈、语调尖刻,有时甚至令人极不愉快的尖锐抨击"。判决还进一步引用以前的有关判例,指出"本案涉及的政治广告,就是对当今一个重

第四章　美国政治现代化的战略

大的公共问题表示不满和抗议，它显然有权得到宪法保护"。①

根据这一判决，此后，美国的言论和新闻自由不仅适用于表达政治和宗教观念，而且还可被用于保护其他激进的观点，而在出版自由方面，以往对出版物的许多限制则实际上被取消了。

通过这样一些司法判例和司法释义，美国在不违反宪法和各修正案的原则与精神的前提下，就既满足了司法实践和社会发展的需要，又适应和保障了政治现代化由政治领域向社会其他领域渗透和延伸的需要。

此外，美国宪法的长久稳定，也为政治现代化的顺利推进创造了有利条件。

稳定守常的国家政治和社会环境，既是政治现代化的目标，也是政治现代化赖以推进的条件。没有国家政治上的稳定和社会生活的秩序性，政治现代化的推进和实现是不可能的。而在美国，正是靠一部宪法维系了整个国家的稳定和秩序。虽然这部宪法颁布实施200多年来，美国经历了民主革命、工业革命、南北内战、社会骚乱、大萧条和两次世界大战，其间，经济结构也出现过多次重大调整，政治结构也发生过数次重大变化，但是，宪法法典本身修缮不多，它不仅生存了下来，而且至今依然保持着对社会的强大调控力，给美国政治现代化的推进实施提供了良好的政治和社会环境。

建国230多年来，美国宪法的稳定性在世界上绝无仅有。分析其原因，主要是：

——在立宪观念上，美国的制宪者们着力强调宪法的稳定性。虽然认为社会的不断发展将使宪法的部分条文趋于老化，若不及时修改，将有碍社会进步。但是，若修改过于容易，又往往会流于轻率和随意，最后必将损害宪法的权威性，甚至导致国家政治制度和社会生活陷于混乱与动荡。宪法之父詹姆斯·麦迪逊既指出，变化不定的法律、不停地废弃和重新产生新法律，会带来灾难性的后果。他说："法律之多，浩如烟海，谁能读得完呢？……谁能读得懂呢？即使今天弄清楚了，但法律又废除了，又修订了，总之是朝令夕改，有谁第二天还能弄明白呢？这样的法律，即使是人民选出的代表们制订的，但对人民有什么好处呢？法律就是一种行为规范，但如果人们对它都

---

① 参见任东来等：《美国宪政历程：影响美国的25个司法大案》，北京：中国法制出版社2005年版，第248—254页。

不太了解，它本身又变化无常，那它如何能够成为规范呢？""如果缺乏一定的秩序和稳定"，"任何伟大的进步，任何优秀的事业，都是不会发生的。"①

——在修宪的步骤方面，制宪者们极为谨慎，为此制定了近乎苛刻的修宪程序。联邦宪法第5条专门作出规定，修改宪法只能采取两个途径：或由国会参众两院三分之二的议员提出修正案，或根据三分之二州议会的请求召集制宪会议提出修正案。同时还规定，不论哪种方式提出的修正案，都须经四分之三的州议会或四分之三的州制宪会议的批准才能生效。到目前为止，召开制宪会议提出宪法修正案的方式还从未出现过。

——在适应不断发展和变化的现实社会方面，治国者们则又用完善的司法解释机制破解了这个难题。所以在美国，一方面，繁琐的修宪程序保障了宪法的稳定性，迄今为止，美国宪法修正案只有27条；另一方面，适时的司法解释又赋予宪法条文或部分词语以新的含义，使之适应已经发生重大变化的社会实际。与正式修宪相比，这种方式的突出优点是，无须增加或改变宪法条文即可使宪法跟上时代、切合时宜，以满足社会需要。

以上种种，就铸就了美国宪法的经久不朽，常用常新。

总的看，在美国政治现代化的过程中，以宪政法治为主导来推进是成功的。这种以限制政府权力和保障公民权利为目的，以实行民主政治和法治为原则，以创立宪法（立宪）、实施宪法（行宪）、维护宪法（护宪）、发展宪法（修宪）为主线的宪政法治模式，是推进实施政治现代化的有效战略。

二　以政府现代化为核心——正义是政府的良心，让权力在阳光下运行

在国家和人类政治的发展中，政府是一个核心概念。作为政权的载体，国家的象征，政府对外代表主权，对内行使治权，有着特殊的地位和作用。在某种意义上，政治现代化的历史也就是政府现代化的历史。

---

① 〔美〕亚历山大·汉密尔顿等：《联邦党人文集》，张晓庆译，北京：九州出版社2007年版，第807、809页。

第四章 美国政治现代化的战略

美国人认为："一切文明社会都有某种形式的政府。政府是我们用来作出公共决策的一种机制，要决定在哪里造公路，怎样处理无家可归的人，给我们的孩子提供什么样的教育。政府向我们大家提供公益服务，这些服务包括国防、环境保护、警察保护、公路、水坝、供排水系统。政府是我们解决共同问题的方式。想一想美国社会面临的种种问题，如吸毒、犯罪、贫困、文盲、有毒废物、全球气温升高的幽灵、医疗保健成倍剧增的费用。我们怎么解决这些问题呢？靠集体行动。我们怎样集体行动呢？通过政府采取行动。……我们相信没有一个有效的政府，文明社会就不能有效地运作。"①

为着这些目的，美国的开国者、政治家们，是从这样一些方面来着力塑造自己的政府的。

(一) 确立公平正义的政府价值

虽然美国于 1776 年即已宣布独立，但现代意义的联邦政府在最初是不存在的。只是由于邦联体制的种种弊端，才于建国 13 年后有了总统，有了现在的联邦政府。并且，秉承《独立宣言》的信条，仅仅是为了保障人人生而平等的权利"才在人民中间成立政府"，"如果遇有任何一种形式的政府变成是损害这些目的的，那么，人民就有权利来改变它或废除它，以建立新的政府"。

美国认为，在一个高度组织化和政治化的社会中，个人权利既不可能独立地存在也不可能独立地得到满足；政府的功能不是代表个人的利益，而是代表群体的利益。保护个人权利必须与建立一个在全国意义上的民主社会之间求得平衡，建立一个真实地属于人民的代议制政府。在这样的政府中，民主是通过各群体的利益都得到代表而体现的，而不是"适者生存"，更不能允许政府成为富人的工具。

基于此，所以美国特别强调政府对每一个人的尊重，对每一个人合法权益的维护，对每一个人发展机会的提供。在美国，公平正义被认为是政府的首要价值，联邦政府的良心。美国历代领导人都特别重视和强化这一政府价值。

1801 年，第 3 任美国总统托马斯·杰斐逊在他的首任就职演说中，曾用

---

① 〔美〕戴维·奥斯本等：《改革政府：企业家精神如何改革着公共部门》，周郭仁等译，上海：上海译文出版社 2006 年版，第 3 页。

1/4 的篇幅讲到美国政府工作的基本原则。其中首先强调的就是公平正义的政府价值。杰斐逊说："要给予人人以平等和公正的待遇，不问其地位或宗教上或政治上的信仰。"杰斐逊特别指出：这一原则是"在我们前面照耀、指引我们前进步伐的星座。我们圣哲的智慧，我们英雄的鲜血，都曾奉献出来实现这些原则。它们应当是我们政治信念的纲领，公民教育的课本，测验我们所信托者的工作的试金石。"①

被誉为美国宪法之父、曾任美国第 4 任总统的詹姆斯·麦迪逊对这一政府价值更是如此的看重。他在联邦新宪法提交各州批准过程中发表的《联邦党人文集》第 51 篇文章中指出："正义是政府的目的。正义是人类社会的目的。无论过去或将来始终都要追求正义，直到获得它为止，或者直到在追求中丧失了自由为止。"②

在 20 世纪初叶的美国进步主义运动中，第 26 任总统西奥多·罗斯福强调，人类文明进步的主要目的是追求"机会的均等"，进步主义运动的本质内容是"均机会，灭特权"。他还提出用"公平施政"来代替"公平交易"，以创造出"更为均等的机会"。③

进步主义运动末期就职的第 28 任总统伍德罗·威尔逊同样强调："公正，只有公正，才永远是我们的座右铭。"④

时至 1983 年，时任美国总统里根还引用《圣经》中的名句向全社会呼吁："唯愿公平如大水滚滚，使公义如江河滔滔。"⑤

如前所述，对于公平与正义这一政府首要价值，美国并没有把它停留在理念和文字层面，而是更注重通过具体的社会实践来落实。尤其是在自 19 世纪末以来所实施的进步主义运动、罗斯福新政、公平施政、新边疆、伟大社会等一系列社会变革与发展纲领中，都是以解决社会的公平与正义问题为主题的。

---

① 〔美〕J. 艾捷尔编：《美国赖以立国的文本》，赵一凡等译，海口：海南出版社 2000 年版，第 377 页。
② 〔美〕托马斯·帕特森：《美国政治文化》，顾肃、吕建高译，北京：东方出版社 2007 年版，第 702 页。
③ 胡鞍钢等主编：《第二次转型：国家制度建设》，北京：清华大学出版社 2003 年版，第 127 页。
④ 《美国研究》，2005 年第 2 期，第 12 页。
⑤ 于歌：《美国的本质》，北京：当代中国出版社 2006 年版，第 193 页。

第四章　美国政治现代化的战略

(二) 与时俱进地拓展政府职能

建国230多年来,美国政府的现代化伴随着政治现代化的演进,从性质、规模、效能的角度看,大体经历了从邦联政府到联邦政府、从小政府到大政府、从全能型政府到效能型政府这样三个比较大的转换,也可以说是三次历史性跨越。随着这三次历史性跨越,政府的职能也实现了质的变化和拓展。

1. 从邦联政府到联邦政府的跨越。

如前所述,这是在建国后不久实现的。

美国历史的一个鲜明特点是先有地方政府,后有中央政府。出于对强大中央政府的惧怕,美国独立后最先实行的是邦联制,后来才改为联邦制。邦联时期,邦联政府没有政府首脑,全部政务由大陆会议主持决定。1781年3月《邦联条例》生效后,大陆会议也称邦联国会。

邦联时期,内阁只设外交、财政、陆军3个部。罗伯特·利文斯和约翰·杰伊先后任外交部长,罗伯特·莫里斯任财务总监(即财政部长),本杰明·林肯和亨利·诺克斯先后任陆军部长。

这一时期,人们接受古典经济学代表人物亚当·斯密的思想,认为政府只起"守夜人"的作用,主要是防御外部侵犯,而对社会经济事务则采取放任的态度,由市场来调节。在一些社会公共事务中,政府能负的责任也有限。所以,这一时期的政府是管得最少的政府,许多美国民众对此也持认同的立场。

美国早期超验主义哲学家、作家亨利·大卫·梭罗是《论公民的不服从》这篇名文的作者。他在这篇文章中说:"我真心接受这一名言——'最少管事的政府是最好的政府';并希望它能更迅速更彻底地得到执行。执行之后,我也相信,它最终会变成:'一事不管的政府才是最好的政府'。只要人们对此有所期待,人们就会得到这样的政府。"①

不过,历史的轨迹没有按照梭罗的愿望前行。邦联体制实行不久,许多美国领袖人物即确信《邦联条例》不起作用。条例或可适合各独立州的联盟,

---

① 〔美〕J. 艾捷尔编:《美国赖以立国的文本》,赵一凡等译,海口:海南出版社2000年版,第697页。

但为对付到处出现的危机,建立一个强有力的、有权能的中央政府实属必要。于是,邦联国会通过决议,酝酿建立新的体制。

随着联邦新宪法的诞生,宪法缔造者们即规划了政府的建设和建设目标,不过,对政府的权力有着严密的限制,赋予政府的职能也很有限。用美国学者托马斯·帕特森的话来说,建立新政府的目标就是:

(1)建立一个满足全国需要的足够强大的政府——通过授予联邦政府在国防和商务上的实质性权力来实现这一目标。

(2)建立一个不会威胁各州独立存在的政府——通过联邦主义并通过借助选举而与各州联系在一起的国会来实现这一目标。

(3)建立一个不会危害自由的政府——通过一种精心构建的牵制与平衡的体系来实现这一目标。

(4)建立一个以民众认可为基础的政府——通过直接与间接选举公职官员的条款来实现这一目标。①

就这样,在18世纪末,如杰斐逊所说,在当时欧洲还流行由帝王、贵族和教会来统治人民,他们像蜂王那样占据工蜂的大部分劳动果实,而人民则必须不停地劳动才能得到一点剩余的东西来维持贫苦生活的时候,与此截然不同的合众国新政府成立了。

但是,美国的治国者、政治家们并没有就此满足。随着形势和任务的发展变化,政府还在不断地完善中改革中发展中。

2. 从小政府到大政府的跨越。

实现这一跨越的时间界碑是在罗斯福新政时期。

对于美国政府的"大"人们是易于想到的——庞大的政府机构;280万联邦雇员;遍布全球的领馆、基地、情报系统;……而对于美国政府最初之"小"却可能会令人意外。

1789年至1797年华盛顿任总统期间,内阁成员只有国务卿、陆军部长、财政部长和检察长4人,联邦政府文职人员只有351人。首届国会只有26名参议员、65名众议员。

---

① 参见〔美〕托马斯·帕特森:《美国政治文化》,顾肃、吕建高译,北京:东方出版社2007年版,第52页。

第四章 美国政治现代化的战略

从华盛顿任总统起,一直到20世纪30年代,近一个半世纪总统没有办事机构。直到1857年,才为总统设置了一名由国库支付薪水的私人秘书。第16任总统林肯时常亲自回答来信,第24任总统克利夫兰亲自接电话。1932年以前,白宫工作人员只有3人。

这一时期,政府的机构小,总统的班底小,政府和总统的权力也小。联邦政府的作用主要限于国防、外交、货币和州际贸易等事务。

然而,从罗斯福新政到二战结束,政府的机构规模和职能作用都发生了质的变化。

这期间,随着国家实力的增强、战略的调整、性质的变化,特别是20世纪30年代空前的经济危机和第二次世界大战两件大事的发生,使联邦政府机构在过去长时间缓慢增长的基础上产生突变,联邦雇员出现爆炸性增长。1940年时,联邦文职人员由南北战争时期的3.5万人、1900年时的23万人,增加到104万人。到1945年二战结束时,联邦文职人员的数量达到美国历史上的顶峰380万人。此后虽有减少,1950年时曾降到196万人,但随着冷战的爆发、全球争霸的需要,1955时即迅速回升到240万人,1970年时达到第二高峰298万人,以后相当长的时期保持在280万人以上。只是到了20世纪90年代初苏联解体冷战结束后,才在克林顿时期降到250万人左右。美国除了联邦政府雇员外,州和地方政府还有雇员1300多万人,合计1600多万人,约占全国总人口的5.5%,是世界上机构最庞大、人员最多的政府。

这一时期,总统个人的工作机构也迅速膨胀。1937年,罗斯福总统任命的行政管理委员会提出报告,强调必须为总统设立一个机构,使他能对政府进行有效的控制和协调。于是,国会1939通过了改组法。同年,罗斯福根据这一法律,建立了总统办事机构和顾问班子。二战后,随着总统权力的进一步扩大,总统班底的人员也迅速膨胀。1945年时为853人,1953年时为1157人,1963年时为1538人,1974年时达到4716人,以后虽有减少,但基本上保持在2000人左右。

这一时期,政府的"大"不止体现在政府机构的规模数量上,重要的还在于政府职能的扩大和总统权力的膨胀。

从政府的职能来看,罗斯福总统认为,为了度过经济危机,扩大政府职能、政府全面介入社会经济和其他领域是必须的;只有扩大政府职能,才能增强对经济的干预，增加政府开支，大力兴办公共工程，降低失业率，强化税收和货币政策，刺激消费。罗斯福还说："早在就职以前很久，我就深信，由联邦政府进行全面领导已经成为理论上和事实上的必需。"①

从总统的权力来看，自罗斯福总统开始即急剧膨胀。

罗斯福认为，"总统有权力按照公众利益的需要采取行动，即使法律没有明文授权，有时甚至违反法律的规定"。他曾宣称："假如国会不采取行动，或不采取充分行动，我便负起责任，我便要采取行动。"②

罗斯福的这些强势总统、特权总统言论和他新政期间的做法，影响了许多后来的总统。杜鲁门称："外交政策由我决定"，"没有一个人能代替总统作决定"。肯尼迪称："总统必须懂得如何领导国会，何时要同国会协商，何时独作主张。"尼克松称："总统的主要责任就是领导"，而不是"说服"。③

对于总统权力的扩张，美国宪法学家爱德华·科温评价说："总体说来，总统职位的历史就是它的权势膨胀史。"④

不过，应该看到的是，美国总统权力膨胀发生在这一时期也是有着诸多深刻的原因的。

首先，随着美国经济的发展，资本主义从自由竞争发展到垄断阶段，经济危机的出现、社会矛盾的激化等所产生的一系列问题不是州和地方政府所能解决的。人们寄希望于联邦政府。这就要求扩大和加强联邦政府，主要是加强行政部门的职能、权力和机构。总统作为行政首脑，其权力也就随之不断扩大。

其次，二战时美国在经济、科技、军事方面都居于世界领先地位，已经成为西方的盟主和领袖。纷繁的国际事务、复杂的国际形势，以及同另一超级大国的争夺，使外交和全球军事战略在美国政府中占有重要的地位。这又加强和扩大了身兼国家元首、政府首脑和武装部队总司令的总统在外交和国防方面的决策权力和作用。

第三，无论是在决策和处理国内问题方面还是在决策和处理对外事务与

---

① 《太平洋学报》，1995年第2期，第60页。
② 李道揆：《美国政府和美国政治》，北京：中国社会科学出版社1990年版，第401页。
③ 李道揆：《美国政府和美国政治》，北京：中国社会科学出版社1990年版，第401页。
④ 李道揆：《美国政府和美国政治》，北京：中国社会科学出版社1990年版，第402页。

国家安全事务方面，国会和最高法院由于自身职能的特点和局限性，都不能成为总统的竞争对手。所以，自罗斯福总统以来，美国民众和舆论都习惯于期望总统对整个国家提供领导，这也强化了总统的威望和地位。

第四，美国的政治制度为扩大总统权力和提升其地位提供了条件。（1）单一的行政首脑制，使行政权力集中在了总统身上。（2）总统是唯一全国民选的官员，只有他才享有全民的委托。国会议员因只享有部分选民的委托，不能同总统相比拟。（3）宪法虽未授予总统许多具体权力，但授予的立法否决权，使总统在立法方面享有实质性的权力。宪法关于总统权力和职责的其他含糊规定，也不限制总统权力的扩张。所以，总统在联邦中央政府中的主导地位自二战以来一直比较稳固。

以上这几个方面的因素，既是美国总统权力膨胀的原因，其实也是美国政府由小变大、由弱变强的原因。

3. 从全能型政府到效能型政府的跨越。

这主要是在克林顿主政时期实现的。

上个世纪70年代末、80年代初，以共和党的新保守主义为一方，以民主党的新自由主义为一方，美国又开始了一场争论。这场争论被认为是继"邦联还是联邦"、"小政府还是大政府"的争论之后又一次关乎美国政治和社会发展的重大争论。人们期待，用新的办法解决面临的问题，把现代化引向深入。

这场争论的背景，从国际上来看，一方面，美国除了长期以来面对的苏联对其全球霸主地位的争夺，又自70年代开始面临日本向其全球经济头把交椅挑战的压力；另一方面，美国深陷越南战争泥潭，骑虎难下，国内外反战浪潮一再高涨，对美国社会、文化、经济及政治造成前所未有的冲击。

从国内发展上来看，70年代后，经济增长速度放慢，给美国的繁荣与稳定蒙上阴影。70年代与60年代相比，美国国民生产总值的年均增长率从4.1%下降到2.9%，工业生产的年均增长率从5.5%下降到3.2%，而同一时期的消费品价格的年上涨率则从2.3%上升到7.1%，年均失业率从4.8%上升到6.2%。越南战争又使作为国际货币体系支柱的美元地位下降，对外贸易出现逆差，通货膨胀日趋严重。整个70年代，尼克松、福特、卡特三届政府虽然交替使用反衰退、反膨胀两种手段，但都无济于事。这表明，只有改弦更张才能摆脱困境。

与经济问题相伴,这一时期的社会问题也越来越严重。从罗斯福新政时期开始实行的社会福利保障制度,原是为了在经济上救助贫穷与不幸的人,但一旦走上福利国家的道路,一种新的生活方式随之严重地冲击传统的社会价值。人们甚至已不再感到工作的重要,失去了生活的目的性与自信。于是,吸毒、暴力、色情等"美国病"大肆泛滥。再加上种族问题长期以来深深地困扰着美国,黑人民权运动在60年代达到高潮。

以上这些存在的问题,都直接影响和冲击着美国的资本主义制度和价值观。

这场争论的焦点仍然是,联邦政府到底应不应该干预社会经济与社会其他事务,或者应该以什么态度、什么方式、在多大程度上介入社会经济与社会其他事务。

新保守主义认为,个人及企业的自由是经济发展与社会繁荣的关键,强调以自由市场而不是国家作为经济调整的主要手段,主张减少国家对经济和社会领域的干预。里根在1980年总统竞选时称,现任美国政府正在窒息人民。他认为,罗斯福新政"只是医治大萧条的痼疾的一种临时药剂"。他说:"联邦政府不能解决问题,联邦政府本身就是问题。"特别是通货膨胀,是"今天面临的最大威胁",而这正是国家干预产生的经济后果。关于社会问题,共和党内的主流派希望回归到传统的价值观念上,主张重建家庭在美国社会生活中的主导地位,联邦政府不再干预私人生活。共和党在纲领中载明:"我们反对给联邦政府更多干预家庭生活的权力的任何动议。"

新自由主义则把促进经济增长视为重点,认为在新的形势下,通过政府干预促进经济增长是第一位重要的,政府应当着力提高经济竞争力,以便同日本与西欧进行竞争。新自由主义注重整体利益,强调"团体,民主与繁荣",个人对国家负有责任。克林顿在美国历史上第一次提出了经济是外交的主要因素,经济安全在对外政策中应置于首位。他说,现在我们必须理解,我们国家的安全主要是经济方面的。我们卷入世界的成功并不依赖于带给华盛顿政治家的新闻摘要,而先依赖于带给勤劳任事的中产阶级美国人的利益,美国首先要成为经济巨人。虽然克林顿也说"我认为大政府的时代过去了",但他坚决反对"让人们自谋生路"的主要依赖市场的自由放任政策。克林顿说:

第四章 美国政治现代化的战略

"市场确实是了不起的,然而市场并不能给予我们安全的街道、清洁的环境、平等的教育机会、贫穷婴孩的健康孕育以及健康而可靠的晚年。"克林顿认为,这些方面是政府必须履行的职能。①

不过,虽然新保守主义与新自由主义提出的思想观点不同,政策主张不一样,争论也很激烈,但其目的是一致的,即都是试图用最好最快的方法重建社会的秩序,繁荣美国的经济,巩固美国在全球的超强地位;体现在政府自身方面,则是着力提高政府的效能。

就在这种反复地不可能休止地争论中,里根政府、克林顿政府相继登场了。随即,美国政府从全能型政府向效能型政府的重大转变也开始了,并最终在克林顿政府时期出现质的飞跃。

1993年3月3日——克林顿就任美国总统不到两个月就宣布,他这一届政府"将在改革政府方面推出历史性举措——国家绩效评估",并指定戈尔副总统负责组织和实施这一世纪之交的改革计划。

1993年9月,戈尔领衔的250人的国家绩效评估工作团队,向克林顿提交了题为"从做官样文章到追求成果:产生一个工作更好、花费更少的政府"的系列报告。该系列报告由1个总报告和38个副报告组成,共提出了384项改革建议,并把这些改革建议细化成了1250项具体改革行动。经批准并付诸实施的这一旨在重塑联邦政府的计划,是一项庞大的系统工程,涉及重新界定联邦政府的角色、精简机构和简化规章制度等多层面的体制再造,涉及财政、预算、采购、项目管理、人力资源、信息技术应用、政府间伙伴关系等各项制度的改革,涉及各种改进顾客服务的制度化举措等。

这一计划的实施,使克林顿政府的面貌发生了深刻变化。一是本着根据机构使命决定应该做什么和不应该做什么的原则,对行政项目进行了合并、重组和裁减,并在这一基础上大幅度地精简了行政机构。从1993年到1997年,共减少30多万名联邦公务员,"瘦身"14%,成为自艾森豪威尔政府(1953—1961年)以来联邦政府雇员人数最少的政府。二是对规章制度进行了重大改革。从1995年到1996年,联邦政府共废除了1.6万页影响公共事务有效运作的不必要的联邦规则和64万页各机构内部的规则。三是重塑政府文

---

① 参见李庆余文章:《试论关于美国现代化的第三次大辩论》,载《南京社会科学》,1998年第2期,第41页。

化。通过克林顿政府第二任期内的重点努力,形成了一种以成果为导向、以绩效为基础、以顾客为中心的新型政风,联邦政府的服务质量获得了公众的普遍认可。2000年,按照密歇根大学设计的"美国顾客满意指数"测算系统,联邦政府对高影响机构的顾客满意度状况进行了抽样调查。结果显示,联邦政府的顾客满意指数达到68.6,接近私营部门的顾客满意指数71.9。

与此同时,在经济发展和社会其他事务方面,克林顿政府成绩斐然。据1998年1月发表的《总统国情咨文》和克林顿总统2001年初演说中的数据,美国1997年经济增长率上升至3.9%,为过去9年来最高;通货膨胀率下降至1.7%,为过去11年来最低;失业率下降至4.9%,为过去24年来最低;国民拥有自己住宅的比例创历史新高;政府8年间创造了2000万个新的工作岗位;使3500万人享受了联邦休假、800万人重新获得社会保障、1000多万人享受更多的入学贷款;犯罪率降至25年来最低。

所以,2001年1月19日晚,克林顿在向全国发表的告别演说中不无骄傲地说:"我们为迎接新的挑战已经做好了准备。……我们的社会更加强大,我们的家庭更加健康和安全,我们的人民更加富裕。""我们的经济正在破着一个又一个的纪录,……经济繁荣的持续时间是历史上最长的。""在这个特别的历史时刻,更多的美国人民享有前所未有的自由。""没有任何一个头衔能让我比作为一个美国公民更为自豪的了。"[1]

终于,在克林顿总统任内,美国的经济和社会走向了新一轮繁荣,美国政府也实现了从全能型政府到效能型政府的历史性跨越。

就这样,随着以上三次历史性跨越,美国政府的职能也得到质的跃升,逐步实现了角色转换——从守夜人的角色变为领导者的角色;职能增加——从单一维护秩序的职能到维护秩序、干预经济和增进福利的多重职能;领域拓展——从政治、社会领域到政治、经济、社会领域,再到政治、经济、社会、科学、教育、文化和环境保护、生态平衡等社会全领域。

与此同时,政府行政机构作为履行政府职能的载体,随着政府职能的发展变化,其机构设置也发生了显著变化。美国国家体制1789年由邦联制变成联邦制时,联邦政府只有国务院、财政部和陆军部。后来,于1870年、1849

---

[1] 佳谷编译:《政治家的声音:当代世界政坛名流演讲文萃》,北京:东方出版社2005年版,第345、346、348页。

第四章 美国政治现代化的战略

年、1889 年、1903 年、1913 年分别设立了司法部、内政部、农业部、商务部、劳工部。这期间，陆军部扩展为国防部。第二次世界大战以后，美国经济、科技和教育事业飞速发展，联邦政府于 1953 年将处理有关社会问题的机构合并成卫生、教育和福利部，1965 年又设立了住房和城市发展部，1966 年设立运输部，1977 年设立能源部，1979 年又将卫生、教育和福利部改成卫生与公众服务部和教育部两个部，1989 年设立退伍军人事务部，2002 年设立了国土安全部。

（三）不断改革和完善吏制

"我们比任何总统都更持久"——这虽是美国文官官场上的一句格言，却道出了美国文官在美国政治生活中的重要地位和作用，也说明了与时俱进地改革和完善文官制度的重要性必要性。

在美国，文官任职时间长，阅历深，一般以技术和知识为基础，其基本职能是执行法律和实施政策。然而，在现实政治生活中，情况又并非如此。在美国当代政治舞台上，文官不仅仅是一个单纯的执行者，还往往在决策中扮演重要的角色。首先，文官得以自行"颁布大量规章、条例和对政策的阐述"，所有这一切都在"管理公民，商业工会，甚至州和地方政府的活动中"具有法律作用。其次，文官可以通过提供资料和信息等途径影响政府的决策与立法。在决策过程中，文官提供的决策方案的多少可以影响决策者的选择范围，文官提供的资料可以左右决策者的看法，文官还可以通过各种形式的"院外活动"向国会施加影响。其三，文官在执行法律和政策的过程中，也有一定自主权。一项普遍性政策可以贯彻到什么程度，"通常取决于官僚对它的解释，以及取决于他们实施该项政策的兴致和效率"。所以，美国文官群体是美国政治舞台上的一支重要力量。

在美国，虽然现在的文官是通过公开考试，择优录用，不与总统共进退，但这经历了一个漫长的过程。如前所述，美国初期两党轮流执政导致的"政党分肥制"，曾把官职作为政党胜选的战利品来瓜分，使得政府官员经常随着选举结果的变化或总统人选的更替而大规模换班，不能保持政府工作的连续性和稳定性。更为严重的，还在于伴随着这种做法而产生的必然结果——政绩低劣，官吏腐败。直到1883年《彭德尔顿法》的通过，才结束了分肥制，开始实施以公开考试、择优任用为主要内容的功绩制。也只是从这时起，美国才真正步入现代文官制度的时期。

1883年新的文官制度建立以后，为适应时代的变化和政府职能的变化，美国又进行了一系列的改革。其中，经过1923年、1949年的改革，将文官队伍的职位按不同的性质进行了分类，依照责任轻重、工作繁简、所需资格进行了分级，同时又将这一分类和分级同薪金报酬联系起来，大大方便了管理。不过，真正比较全面的影响比较大的改革，则是在1978年。

1978年的改革是在时任总统卡特的推动下展开的。在此之前，人们曾经多次试图改革文官制度法，但因为没有得到总统的支持都未能成功。1977年1月，卡特在就职演说中作出了改革文官制度的承诺。1978年3月12日，卡特向国会提出了改革文官制度的计划。他在致国会的咨文中强调了改革的必要性，指出："这个制度有严重的缺陷。它已成为官僚主义的迷宫。这座迷宫忽视功绩制，容忍拙劣的工作表现，容许滥用雇员的正当权利，使每件人事变动都陷入繁杂、拖拉的公事程序和混乱的泥沼。"[①]

1978年10月，国会通过了文官制度改革法，经卡特于10月13日签字成为法律，1979年1月1日生效。

这次文官制度改革，核心是推进按工作表现付酬的功绩制，从而提高文职人员的工作积极性，提高政府工作的质量和效率，同时也使总统在任用、调动、酬劳和奖惩职业文官方面具有较大的灵活性。

这次文官制度改革，主要有三个方面的内容：

第一，设立高级行政职务，总数近8000个。担任这种职务的人90%为高级职业文官。各政府机构设置这种高级行政职务的人数，由人事管理局同行政管理和预算局协商后批准。对担任这种高级行政职务的人，则主要按其本人和其下属的工作业绩进行考核。工作表现良好者可给予相当于薪水20%的奖金；工作成绩突出者，由总统授予"功绩行政长官"或"杰出行政长官"荣誉称号，并颁发特别奖金。工作不称职者则免除其职务，但一般为其在政府中另提供其他工作。设立高级行政职务的目的，一是为了吸收这些在政府工作

---

① 李道揆：《美国政府和美国政治》，北京：中国社会科学出版社1990年版，第469页。

第四章 美国政治现代化的战略

中实际上已发挥重要作用、行政管理经验丰富的职业文官参加政府的领导工作;二是使总统和部长在延聘、委任、酬劳、调动和免除这些人的职务时比较灵活,可不受文官制度的限制。

第二,改变文职人员按年资增加工资的惯例,对部分中上级官员实行功绩工资制,即按工作表现和工作业绩付酬。这部分人包括担任高级行政职务的8000人和行政级别13级到15级的约11万人。

第三,改革考核办法。过去,主管人考核其下属的标准,是主动性、成熟性、判断力、忠诚度等不易量化或同工作业绩联系不太紧密的方面,对人事的决定也很少同考核相联系。这次改革要求联邦各机构必须以文字规定出每项职务的关键内容及工作表现的客观标准,据以考核和评价雇员的工作,并在作出培训、奖励、提升、降职、留用、重新委派工作等人事决定时,必须以考核为根据。

此外,在这次改革中,废除了文官委员会,成立了人事管理局、功绩制保护委员会和联邦劳工关系局3个独立机构。

通过以上这样一系列的改革,美国现在的文官制度具有以下一些特点:(1)采用公开考试招聘文职人员时,只根据能力、知识和技能决定是否录用;(2)所有雇员和求职者,不论党派、种族、肤色、宗教信仰、国籍、性别、婚姻状况、年龄或残废程度,在人事管理上均受到公正合理的待遇;(3)价值相同的工作,报酬相同;(4)所有雇员的去留、晋升根据其工作表现和工作业绩决定;(5)保护雇员不得因为检举揭发违反法律、管理不善、资金浪费、权力滥用的行为或对公共卫生与安全构成巨大危险的行为而受到打击报复;(6)保护雇员不受个人专横或个人好恶之害;(7)禁止雇员为政党的政治目的进行活动。

总体看,美国政府具有一支业务娴熟、富有经验、忠于操守的文官队伍,对于提高联邦政府的工作质量和效率,维护联邦政府政治和政策的连续性、稳定性起到特殊而重要的作用。

(四)着力提高政府效率

在美国,政府的效率与政府的职能区别在于:政府的职能是指政府在一定的历史时期干什么,或管什么,管多少等,而政府的效率则是指政府活动的结果或成效,是政府能力的外化;政府职能强调的是政府的职责范围,而政府效率强调的则是政府履行职责的实际效果。美国人的观点是,"不但要廉洁的政府,而且要廉价的政府","政府的智慧不在于好,而在于有效率"。

由于认识到"分权的一个显而易见的代价就是政府缺乏效率",① 所以建国伊始美国即把提高政府的效率放在突出位置。

第3任总统杰斐逊上任之初就强调,要"节省政府开支,减轻劳动人民负担";在他晚年的时候,又一再指出美国政府机构过于重叠,主张精简机构。他说:"我个人认为,我们的政府机构已经过繁,靠勤劳的人的劳动过活的寄生虫已经过多。我认为可以大大精简来减轻维持政府的人的负担。"②

后来,随着社会节奏的加快,经济发展的提速,国内外事务的增加,对政府效率的要求就更高。所以,历届美国政府都总是在寻找合理的政府机构与高效的社会治理之间的平衡。一方面,政府机构庞大,造成财政开支不堪重负,势必阻滞经济与社会的发展。另一方面,政府在政治、经济、社会及社会其他方面的工作又只能增强而不能降低。由此也曾引起过无数的争论。

因此,克林顿总统1993年就任之初即提出,不争论政府的大小而力求政府的效率,不强求政府做什么而着眼于政府怎么做,不纠缠征税多少花钱多少而讲究适当征税花钱得体,不辩论政府办事的动机而着重政府办事的后果。8年后,克林顿卸任时还总结说:"我一直在努力为美国创造一个新型的政府:更小、更现代化、更有效率。"③

从总体上看,自上个世纪80年代以来,美国在提高政府的效率方面,采取的主要措施有两个方面,一个是面向社会,开放政府,并且注重向企业组织学习;再一个是,在政府工作中大量运用现代技术装备,开展电子政务,建立电子政府,大幅度提高政府效率。

在面向社会、开放政府、提高政府的效率方面,美国采取的主要办法和措施是:(1)重新界定政府机构的职责,认为政府机构的职责应该是"掌舵而

---

① [美]塞缪尔·亨廷顿:《变化社会中的政治秩序》,王冠华等译,北京:生活·读书·新知三联书店1989年版,第102页。
② 马啸原:《西方政治思想史纲》,北京:高等教育出版社1997年版,第376页。
③ 佳谷编译:《政治家的声音:当代世界政坛名流演讲文萃》,北京:东方出版社2005年版,第345页。

第四章　美国政治现代化的战略

不是划桨";(2)建立"社区拥有的政府",认为联邦政府、州政府主要是向社区授权而不是提供服务;(3)建设"竞争性政府,把竞争机制注入提供服务中";(4)把照章办事的政府塑造为"有使命感的政府",把对雇员的规制约束改为任务激励;(5)塑造"讲究效果的政府",全面推行业绩管理;(6)建立"受顾客驱使的政府",树立顾客(选民)至上意识,让政府的服务像企业一样接受顾客的选择,形成顾客驱动机制;(7)像企业家那样树立政府投资意识,在公共服务中引入利润机制,采用利益驱动提高服务质量;(8)塑造以"市场为导向的政府",引入市场机制,借助市场力量,改善政府服务。

在克林顿政府期间,克林顿还特别强调联邦政府向地方政府和企业组织学习。他说:"对联邦政府来说是到了向州及地方政府、私营部门学习的时候了。在过去的10多年中,州及地方政府领导者在改革中的有效创举,许多大型私营公司在再造企业中所实行的组织瘦身、流程简化、顾客导向等成功范例,都可以为联邦政府所借鉴。"①

随着时代的进步和现代信息技术的发展,美国自上个世纪80年代就开始了发展以公民为中心、以结果为导向、以市场为驱动的电子政务,以进一步提高政府的工作效率和为公众服务的质量。

具体,美国是通过以下两个方面来发展电子政务的。

第一,在网上公开政府信息。认为在现代社会,政府工作和政府信息的开放,是政治现代化所必须包含的基本元素,是建立开放型政府的必然要求。所以,美国各级政府都广泛利用功能强大的政府网站向社会公开大量政务信息。这些信息包括:政府领导人的重要活动及演讲,政府工作的最新动态,民众到政府办理注册、登记等事项的有关信息,与政府工作相关的研究、支持机构的有关信息等等。凡与民众直接相关的政府事务信息,基本上都能及时通过政府网站获得。

第二,为公众提供网上服务。美国的政府网站,大都在首页头版位置设有网上服务栏目,便于为公众提供各种查询、申请、交费、注册等服务。由于这些栏目充分发挥了网络优势,将分属政府各部门的业务集中在一起,并与相应的网上支付系统配套使用,因而具有了"单一窗口"、"一站式"、"全

---

① 《美国研究》,2006年第1期,第32页。

天候"、"自助式"等现代服务特点,体现了网上虚拟政府的发展方向,极大地方便了公众。

在发展电子政务、建立电子政府方面,克林顿、布什两届政府作了持续努力。

1997年初,克林顿政府公布了建构电子政务的报告——《进入美国:通过信息技术再造》。该报告描绘了发展电子政务的蓝图,要求政府各行政部门按照"定做"的原则满足不同顾客群体的特殊需求,并建立了若干"定做网",如服务于学生、老年人、残疾人和商业的专门网。

2000年9月,克林顿政府又建立了一个连接所有政府网站的门户网站,称之谓"第一政府"。这个网站链接了2700万个联邦机构的网页,公众可以在该网站上获取广泛的政府信息和办理事务、发送电子邮件给政府官员等。

2001年7月,布什政府在提出的总统管理议题中,重要内容之一就是扩展电子政务。并由白宫办公厅组织,成立了有46个部门和机构、81位成员参加的电子政务工作小组,研究电子政务战略规划。不久又成立了电子政务和信息技术办公室,由总统任命该办公室的主任,以加强对电子政务的领导。

2002年12月,美国国会又通过了《电子政务法案》,以保证这项行动合法化、常态化。

目前,美国已有超过60%以上的因特网用户通过政府网站进行事务处理,产生了良好的政治、经济和社会效益。

(五)让权力在阳光下运行

美国向来有现实主义的政治传统,现实主义者们总习惯用忧郁的色彩来描绘政治世界。他们相信,人与人之间的政治斗争也许是不可避免的,人的私欲也许是难以填满的,因为人的天性中就有阴暗的一面。"如果人都是天使,就不需要任何政府了。如果是天使统治人,就不需要对政府有任何外来的或内在的控制了。"[1]

美国人认为,对政治权力实行严密有效的监督,是现代社会与传统社会

---

[1] 美国第4任总统麦迪逊语;〔美〕托马斯·帕特森:《美国政治文化》,顾肃、吕建高译,北京:东方出版社2007年版,第701页。

第四章 美国政治现代化的战略

的显著区别。任何不受监督制约的权力一定会导致亵渎和腐败。监督制约机制不完善，监督制约渠道不畅通，也会给权力亵渎和腐败留下空隙。"在组织一种以人来统治人的政府时，最大困难在于必须首先使政府能管理被统治者，然后再使政府管理自身。毫无疑问，依靠人民是对政府的主要控制。"①

美国人还认为，只要有公权力的地方，就会产生腐败。腐败是政府的掘墓人，"一个政府的腐败就意味着另一个政府的诞生"。治理腐败的基点，不在于觉悟或道德，而在于制度。美国人相信，阳光就是最好的防腐剂。美国20世纪60年代的司法部长克拉克即指出："如果一个政府真正的是民有、民治、民享的政府的话，人民必须能够详细地知道政府的活动。没有任何东西比秘密更能损害民主，公众没有了解情况，所谓自治、所谓公民最大限度的参与国家事务只是一句空话。"②

基于这样一些观点，所以美国着力破除政治的封闭性神秘感，不断推出政治公开化的措施，力求建立透明政治、透明政府。最能体现美国这种不懈努力的，是《信息自由法》、《情报自由法》、《阳光法》和《政府道德法》这几部重要法律的产生，它们对美国政治的公开、政府透明度的增加、政府权力在阳光下运行，起到了强制驱动作用。

《信息自由法》于1966年颁布实施。这部法律的最大功绩是基于政治的公共性质，确认了公民对国家政治和政府信息拥有知情权。1974年、1986年，联邦政府先后对《信息自由法》进行了两次修改完善。1996年，美国国会又制定《电子化信息公开法》，赋予了公众通过网络获取信息的权利。

《情报自由法》于1967年颁布实施。这部法律既可以认为是《信息自由法》的姊妹篇，同时也具有自己特殊的意义。特殊就特殊在，公众的"知情权"与政府行政机构的"保密权"之间的平衡和契合，即在保证国家机密安全的前提下，最大限度地保障公众的知情权。

《阳光法》也称《阳光中的政府法》，于1976年颁布实施。这部法律明示，合议制行政机关的会议必须公开举行，就像法院的公开审理一样，公众可以观察会议的进程，有权了解政府作出决定的程序，并取得会议的文件。

---

① 美国第4任总统麦迪逊语；[美]托马斯·帕特森：《美国政治文化》，顾肃、吕建高译，北京：东方出版社2007年版，第701页。
② 甘峰：《比较政府新论》，北京：立信会计出版社2007年版，第154页。

为了体现"阳光",这部法律规定:(1)会议要选择适当的场所,以便容纳较多的公众,便于新闻界的参与;(2)会议应在一星期前发出通知,内容包括会议时间、地点、讨论事项、政府机关回答公众咨询的官员姓名等等,并且认为,如果没有事前一星期通知这一程序,会议公开便没有意义;(3)如遇特殊情况召开紧急会议,可以缩短通知时间,但必须经投票决定。

对于合议制机关举行不公开会议的条件和程序,阳光法也作了具体规定:(1)举行不公开会议须由全体委员的多数通过,委员必须亲自投票,不能委托他人;(2)为了保护私人利益,经私人请求会议不公开;(3)举行不公开会议后一天内,公布举行不公开会议的决定、理由和参加的人员。

《政府道德法》的最新版本于1989年11月颁布实施。这虽是一个妥协的产物,但对联邦政府官员却犹如一道不可触碰的政治高压线,具有强大的约束力。

这部法律最富特色的内容,是规范了政府官员财产申报制度。法律对申报规定的适用范围、申报内容、提交申报书手续、审查申报书程序、不提交申报书或伪造申报书的法律责任和追究、申报书的保管和公开等各个方面一一作了明确。按照该法的规定,包括总统、副总统、国会议员、联邦法官在内的立法、行政机关和司法机构中一定级别以上的官员,都必须按时申报其财产收入,包括可估价财产、不可估价财产和其配偶与子女的财产状况。

对于申报的财产项目和内容,这部法律规定得十分严密、详尽。包括:(1)所获取的收益的来源、种类、金额或价值,以及上一年所得到的累计总价值为100美元以上的礼物的来源、日期和价值;(2)上一年所获金额或价值超过100美元的红利、利息、租金、资本利润的来源和类别;(3)对上一年除申报人亲属外任何方面收取累计价值达250美元以上的食、宿、交通运输或款待方面的馈赠,以及除食、宿、交通运输或款待以外的累计价值达100美元以上的馈赠,并说明上述款待、馈赠者的身份和简要情况;(4)上一年获得累计价值在250美元以上的赔偿;(5)上一年从事贸易、商业、投资或成品收益获得的资产利益价值超过1000美元的项目;(6)上一年收回的超过1万美元的债务;(7)上一年价值超过1000美元的除私人住宅以外的不动产;(8)本年内所担任的公司或社会组织的职务;(9)申报人在政府任职的休假情况、前雇主继续支付工资的情况、继续参与前雇主关于雇员福利待遇的情况。

第四章　美国政治现代化的战略

为了保证《政府道德法》的实施,在联邦机构中还设立了政府道德署,专司政府部门的廉政建设。政府各部门也都设立分支机构,专司公职人员财产申报和离职后的从业管理工作。

从总体上看,依靠法律制度约束政府权力、防止官员腐败是美国的主要手段。历史上,美国为反腐防腐先后有一系列比较大的立法,除了上述已经述及的《文官制度法》、《信息自由法》、《情报自由法》、《阳光法》、《政府道德法》以外,比较重要的还有1921年颁布的《预算和会计法》,1974年颁布的《联邦选举竞选法》,1977年颁布的《禁止对外行贿法》,1978年颁布的《监察长法》和《独立检察官法》,1986年颁布的《举报人保护法》等。

(六)建立责任使命政府

在美国,如果说政府职能的扩大和强化是社会发展使然——市场要求政府解决市场本身无法解决的问题,人民要求公权力必须体现公平与正义;那么,政府的责任使命则是政府存在的目的,政府与人民的关系则是主仆关系。正如第3任美国总统杰斐逊所说:"成立政府的唯一的、正常的目的就是为在它下面联合起来的广大群众保证最大程度的幸福。""关照人民的生活和幸福,而不是破坏它们,才是好政府的首要的、唯一的、正当的目的。"①

也正如美国开国人物潘恩所指出,政府是人民的创造物和所有物,政府服务人员是人民的公仆。民主政府与封建专制政府最本质的区别就在于对于人民的态度。"一项世袭的王冠,一个世袭的王位,诸如此类异想天开的名称,意思不过是说人民是可以世袭的财产。继承一个政府,就是把人民当做成群的牛羊来继承",这是天理所不能容的,"天道并不赞成这种办法"。②

为了履行好政府的职责,实现政府的目的,做一个"好政府",美国十分重视建立一个有使命感的政府,强调联邦政府和各社会治理主体对公众及社会利益切实负起责任。

美国采取的最重要措施之一,就是用法律制度赋予政府和巩固政府的责任。并且,从新宪法起草之初就在这方面作了精心设计,以促使政府组织及

---

① 中国美国史研究学会编:《美国现代化历史经验》,北京:东方出版社1994年版,第49页。
② 马啸原:《西方政治思想史纲》,北京:高等教育出版社1997年版,第367页。

政府官员尽可能经常地保持责任感。

宪法主要起草人麦迪逊说："为了让某个主体承担的责任合理，责任的范围必须限于责任方的权力所及的事务上；为了让某个主体承担的责任有效，责任必须和这些权力的行使联系在一起。"麦迪逊强调指出："每一部政治性宪法都有一个目的，就是采取最有效的预防办法，使得联邦统治者在担任公职期间负起责任和廉洁奉公。其中最有效的一种就是，用选举方式让他们获得统治权，并限制他们的任职期限，因为"这能够使得他们在任期内一直对人民尽职尽责"①。

麦迪逊还以国会议员的素质、责任感和工作表现怎样与他们的进退去留挂钩进行了举例说明。他在《联邦党人文集》第57篇文章中写道：

> 首先，既然他们的声名显赫是由于同胞们选举了他们，那么我们可以认为，一般说来，他们之所以有点声名显赫，也是由于他们具有某种优秀的品德，这种品德才使得他们有资格获得这种名声，并且保证他们真诚而谨慎地尊重自己诺言的性质。
>
> 其次，他们进入政府为公众服务时的环境，肯定也会使得他们对选民产生一种爱护之情，至少会产生一种暂时的爱护之情。每个人的内心，对于他人赋予的荣誉、爱戴、尊敬和信任都会怀有一种感情。撇开所有的利益考虑，这种感情就是感恩图报的某种保证。
>
> 第三，一些比较自私的动机，也会加强众议员与选民之间的关系。他的骄傲和虚荣心，使得他必须依附于这个政体，因为他的要求能得到这个政体的支持，而且他也能分享到这个政体的荣誉和名声。对于大多数依靠他们在人民中的影响而飞黄腾达的人来说，最希望保持人民对他们的拥护态度，而不会想在政府中玩弄手段，滥用人民赋予的权力。
>
> 第四，如果没有经常的选举加以限制的话，上述所有安全措施还是非常不够用的，所以，众议院的组织方式，要能够使得众议员们经常想到，他们必须依赖人民。一旦当选，他们在选举时对选民怀有的情感就会减少。在这些情感完全消失之前，众议院的组织方式要使得他们能够

---

① 〔美〕亚历山大·汉密尔顿等：《联邦党人文集》，张晓庆译，北京：九州出版社2007年版，第739、813页。

第四章 美国政治现代化的战略

想得到,在他们的权力终止之时,权力的行使情况肯定会受到审查,他们有可能再次成为平头老百姓;除非他们忠于职守的表现使得他们有资格重新上任,否则他们再无出头之日。①

基于这几个方面,麦迪逊认为:职责、感激、利益以及野心本身就是一种纽带,是这一纽带把众议员和选民联系在了一起,这一纽带使得众议员们必须要对广大人民保持忠诚和同情之心。②

从这里也可以看到,美国在制定宪法和各种法律中,对于各类政治机构和公职人员的配置及考虑是多么的精细和严密。

20世纪90年代,曾有一位美国学者就强化政府和政府职员的使命感这一问题,与企业组织进行了对比研究。这位学者认为,虽然任何组织都必须具有某些规章才能运行,但是政府实施的几乎每一套规章制度都蕴藏着一种抑制人的力量,每一条规则在最初制定时的用意也是极其美好的,但日积月累,它所起的作用逐渐具有了阻碍性。

这位学者在他名为《改革政府:企业家精神如何改革着公共部门》的著作中说:"我们怎样建立有使命感的政府呢?首要的任务是要清除多年积累的规章和过时的陋习的重负。"他指出,"当然,政府是需要一些规章的。政府的航船需要一两层油漆。如果我们去掉油漆,那就剩下光秃秃的金属,将会生锈腐蚀。问题是大多数政府的航船上了几十层油漆,上面又有一层又一层的附着物。取消控制的目的,是要重新恢复到我们真正需要的一两层保护层,使这艘航船能重新航行。"因此,他主张,应该"清除政府航船的船底附着物",放手让其雇员以他们所能找到的最有效的方法,去实现该组织的使命,建立有使命感的政府。

这位学者通过研究政府机构中预算领域、人事领域、采购领域的现状,还指出,"清除多年积累的规章和过时的陋习"——建立有使命感的政府组织的行动,会有这样一些明显的好处:(1)有使命感的组织的效率超过照章办事

---

① 〔美〕亚历山大·汉密尔顿等:《联邦党人文集》,张晓庆译,北京:九州出版社2007年版,第739—745页。
② 〔美〕亚历山大·汉密尔顿等:《联邦党人文集》,张晓庆译,北京:九州出版社2007年版,第745页。

的组织；(2)有使命感的组织的革新精神超过照章办事的组织；(3)有使命感的组织的灵活性胜过照章办事的组织；(4)有使命感的组织的士气高于照章办事的组织。①

这位美国学者的这一研究成果，受到时任总统克林顿的高度重视，并把这一成果和这位学者著作中的许多政策建议纳入到当时正在实施的重塑政府计划之中。克林顿总统还特别指出："每一位当选官员都应该阅读本书。我们要使政府充满新的活力，就必须对政府进行改革。本书给我们提供了改革的蓝图。"②

用荣誉来激励政府部门和政府官员的责任感、使命感，是美国的又一重要做法。托克维尔指出，在美国，"荣誉，在它最受人们重视的时候，比信仰还能支配人们的意志；而且，甚至在人们毫不迟疑和毫无怨言服从信仰的指挥时，也会基于一种虽很模糊但很强大的本能，感到有一个更为普遍、更为古老和更为神圣的行为规范存在。"③因为这一原因，所以美国在公职领域中用荣誉来激励责任就较为有效。

如在联邦军事领域，西点军校的做法就颇最具代表性。作为美国军队的传统，西点军校始终把荣誉、国家与官兵的责任系于一体。其校训——"责任、荣誉、国家"这句名言，所体现的首要精神就是责任。军官必须严格遵守个人与职业的行为准则。这是一个视责任为至高无上的准则，它远远超越个人的利益与享乐，即使面对危险乃至死亡，也必须坚守不渝，在所不辞。每当一名军官在履行其职责之时，都会产生这样一种神圣感，即自己的全部荣誉都建筑在能否圆满完成该项任务之上；对此，是绝不能够也不允许有丝毫的疏漏懈怠或半途而废来亵渎自己的责任的。

大体，在美国其他公职领域，西点军校的这种责任精神也是比较普遍的存在的。

美国推进政府现代化的决心是大的，努力是持续的，自然成效也是显著的。

---

① 参见[美]戴维·奥斯本等：《改革政府：企业家精神如何改革着公共部门》，周郭仁等译，上海：上海译文出版社2006年版，第74—75页。
② [美]戴维·奥斯本等：《改革政府：企业家精神如何改革着公共部门》，周郭仁等译，上海：上海译文出版社2006年版，第74—75页。
③ [法]托克维尔：《论美国的民主》，董果良译，北京：商务印书馆1988年版，第775页。

政治学界一般认为，良好的现代政府应该具备这样 8 项基本的职能与相应的能力：(1)维护国家安全与公共秩序的能力(强制能力)；(2)动员与调度社会资源的能力(汲取能力)；(3)培育与巩固国家认同和社会核心价值的能力(濡化能力)；(4)维护经济与社会生活秩序的能力(监管能力)；(5)确保国家机构内部协调有序的能力(统领能力)；(6)维护社会分配正义的能力(再分配能力)；(7)将民众参与需求纳入制度化管道的能力(吸纳能力)；(8)协调不同利益而形成公共政策的能力。①

应该说，美国政府达到了这些标准，也具备了这样的能力。

三 以市民社会为舞台——政府是人民的创造物和所有物

市民社会——作为与国家相对应的各种民间组织及其关系的总和——在美国，其组成要素主要是各种非国家或非政府所属的公民组织，包括非政府组织、公民志愿性团体、协会、社区组织、利益团体及自发组织、企业或经济机构等。这些在美国都被认为是市民社会的组成部分，它们通过平等、自愿、协作、参与的特有机制自主运行，与政府的强制性机制迥然不同。

美国人认为，相对于宪政法治国家而言，一个成熟的市民社会是不可缺少的，是宪政法治存在的社会基础，是政治现代化的舞台。正如英格尔斯所言："完善的现代制度以及伴随而来的指导大纲、管理守则，本身只是一些空的躯壳。如果一个国家的人民缺乏一种能赋予这些制度以真实生命力的广泛的现代心理基础，如果执行和运行着这些现代制度的人，自身没有从心理、思想、态度和行为方式上都经历一个向现代化的转变，失败和畸形发展的悲剧结局是不可避免的。再完美的现代制度和管理方式，再先进的技术工艺，也会在一群传统人的手中变成废纸一堆。"②

---

① 参见胡鞍钢等主编：《第二次转型：国家制度建设》，北京：清华大学出版社 2003 年版，第 381 页。
② 《求实》，2006 年第 1 期，第 67 页。

(一)发挥市民社会的基础作用

回眸美国的建国过程，美国政治现代化的根基其实就是建立在美国市民社会不断成熟、不断发挥作用的基础上的。市民社会构成了美国全部历史的真正发源地。

早在殖民时代，美国市民社会即为建立自己的新国家发挥了巨大作用。尤其是在临独立前的一段时间，这种作用发挥得更为充分。可以说，是北美殖民地市民社会的土壤为美国新政治大厦的构建奠定了坚实的基础；而美国的开国精英们也充分驾驭和利用了这一历史条件。

18世纪中叶，在英格兰的遥控下，北美殖民地的市民社会就有了初步发展。从弗吉尼亚到马萨诸塞，各种社会组织相继建立。最先行动的北美农场主，为了确保他们的农产品能比较容易的出售并保证其利润，他们成立了农场主协会。后来在南卡罗来纳州成立了南卡罗来纳农业协会。为了维护在北美的股份公司的利益，一些英国商人又成立了股份公司联合会。这一时期在北美还出现了许多禁酒组织以及街道整洁组织等。这些团体或组织通常都有自己的行为规范和准则，不受制于殖民地政府。

这一时期的市民社会，为美国的政治现代化创造了良好的政治文化氛围。这主要体现在，大批清教徒的涌入给北美大地带来了民主自由的思想和宪政法治的基因；而北美大地热衷于社团组织的传统又为广泛传播这些思想文化提供了条件，这便使新的宗教思想和新的社会革命思想都得以迅速深入民众。

清教徒们所信奉的清教思想虽然产生于英国，但他们来到北美后，即发现这里才是他们信奉清教思想的一块自由乐土，因为在这里：第一，有宗教信仰自由，可以传播清教思想；第二，有可以用来传教的许多大教堂，例如马萨诸塞的大教堂可容4000—5000人；第三，这里还有一些旨在传播西方文明思想和文化的公共学校，这正是他们传教布道的理想场所。于是，随着清教徒们的大量涌入，西方的人文主义思想、启蒙运动思想也传播到了北美，并植根于北美，逐渐成为北美殖民地政治文化的一部分。这对北美市民社会的活动产生了重要影响，并成为后来自然权利、社会契约、民主自由等观念产生的思想源头。

第四章 美国政治现代化的战略

随着时间的推移，北美市民社会中的社团、协会逐步增多，这又为新型政治文化的广泛传播提供了有利的条件。许多社团组织都成为殖民地政治精英宣传民主政治思想的重要场所。开国人物富兰克林于1743年组织建立的美洲哲学学会，即是政治精英们定期聚会、辩论政治理论和讨论政治形势的主要场所。这些政治人物一方面从市民社会精神中摄取精华，将其上升为民主理论；另一方面，他们的民主思想又可以通过其演说、辩论以及散发传单等方式在各种社团组织中得到广泛传播。独立战争前夕，潘恩的《常识》这本小册子便在北美地区60%的人中都拥有一本，对传播民主自由的思想、反对英国的专制统治，起到了极大地鼓舞和动员作用。

这一时期，北美殖民地的市民社会还直接推动着美国政治现代化的实现。这主要体现在，北美殖民地的市民社会为美国政治现代化提供了广泛的社会政治基础。

美国是由喜欢参加各种社团组织的人构成的社会。这些社团组织从来就是美国市民社会存在的基本因素。独立前夕，北美殖民地不仅市民社会的社团组织和种类不断增加，而且在这些社团组织中，旨在影响公共政策以维护和保障其社团利益的利益集团也越来越多。虽然市民社会主要分属物质领域，但它和政治社会是彼此联系的，市民社会要想实现其物质利益就必须参与政治领域，否则其物质利益就得不到保障。于是，市民社会便通过各种方式将自身同政治机构相联系。这实际上是一种参与政治的欲望与活动，同时也构成了建立民主政治的动力。并且，要求愈切，人数愈众，社会政治基础便更为广泛和扎实。

在几次对于美国独立具有关键意义的重大行动和重大事件中，市民社会同开国政治精英们紧密互动，更是对联邦新政治大厦的建立起到直接推动作用。

第一次是北美大陆会议成立期间。北美大陆会议的成立，是美国政治迈向现代化的前奏。而这一诉求首先就出自市民社会。当时，由于不满英国的殖民政策，以各种利益集团为主的市民社会曾纷纷采取行动，要求摆脱英国统治，维护和保障自身权益。正是在这一诉求的推动下，各殖民地的代表在弗吉尼亚召开会议，共同商讨殖民地"不幸的现状"及解决办法，从此大陆会议得以成立。这一组织刚一成立，强大的市民社会团体又纷纷写信给大陆会议，要求宣布独立。1776年6至7月间，面对"要求独立的信件每一天像洪流一样涌向大陆会议"，大陆会议终于顺应这一历史洪流，起草了《独立宣言》，宣布了13个殖民地独立。大陆会议虽是由各殖民地代表联合组成的机构，政权脆弱，职能有限，但其组成人员是各地经选举产生出来的，可以说是美国民主政体的雏形。

第二次是邦联政体期间。这是美国政治实现现代化的关键阶段。13个殖民地宣布独立后，需要有一个中央政府来保障其利益。但当时人们还没有完全认识市民社会与政治社会的相互关系。人们担心，强大的中央政府会危及各州的独立自由和主权，不愿赋予中央政府以太多的权力，于是就出现了邦联这种形式。但当几年的实践证明，邦联是一个极不完备极不成熟的政体后，市民社会尤其是一些主要经济集团，又共同呼吁加强中央政府的权力和扩大中央政府的职能。这一诉求，就为美国政治家们选择建立一个强有力的中央政府提供了民意基础。

第三次是联邦新宪法形成期间。这是对美国政治实现现代化具有决定性意义的一个时间段。在宪法形成的过程中，一方面，制宪者们坚持人民主权原则，认为人民的公意是国家权力的唯一合法源泉，国家权力的存在和运行要以公民及公民权利为基点和归宿；另一方面，市民社会各利益集团也自觉吸取邦联体制的教训，认同和理解国家的政治决策，对于制定新宪法给予信任和宽容。这无疑促进了联邦新宪法和联邦新国家的顺利落成。同时，这也是市民社会与政治社会相分离的客观要求。

联邦新宪法的颁布实施和联邦新政府的成立，标志着美国政治步入了现代化的新阶段，也充分展示了市民社会在美国民主政治发展过程中所具有的强大基础作用。可以毫不夸张地说，是美国的市民社会成就了联邦新国家。

(二) 发挥市民社会的稳定作用

政治现代化是改革和革命的过程，其中不乏动荡和不安。美国的治国者们认识到，没有国家政治的高度稳定，没有持续稳定的社会环境，政治现代化是难以进行的。"虽然在没有这些因素的情况下也有可能建立民主制度，但

第四章 美国政治现代化的战略

要在没有这些因素的情况下维持这些机构的运作则几乎是不可能的"。①

市民社会最大的特点是其市民社会精神几近恒久,发展变化非常缓慢,其潜在的基本性质甚至会世代保持。这就为美国的政治和社会稳定提供了基础,也有利于政治现代化的持续推进。

在美国,市民社会主要是由成熟的公民组成的。这部分人在发达市场经济条件下,从民主自由出发,以理性和科学为核心,重视个人权利,具有很强的民主法治意识,比较丰富的政治知识,意识到政府政策与决策对他们乃至整个社会都有很大的影响,因此国家意识很强,具有政治使命感。他们对社会公益事业表现出积极参与热情,能够主动地兼顾自身利益和社会利益,为政府和社会公共事务出谋献策,并且相信自己有能力影响政府的决策活动;而当个人遇到麻烦时能主动向政府呼吁,相信政府能够给予满意的答复。他们在对外交往和社会政治生活中强调自身对社会的责任,在社会经济交往中体现出诚信,对承诺、契约和协议能够负责任地履行,保证社会交往顺畅进行。他们个性突出且能够对公共事务保持客观理性的态度。从总体上看,他们属于能动型社会成员。显然,具有这样公民文化的社会是稳定的社会,而只有在这样的社会,政治现代化的推进实施也才会有顺利的进程。

为了充分发挥市民社会的稳定作用,美国采取的重要措施之一是给予市民社会以政治结社的自由。

在美国,美国人不论年龄多大,不论处于什么地位,不论志趣是什么,都无不参加社团组织和生活在社团组织中。在美国,不仅有人人都可以组织和参加的工商团体,而且还有形形色色、成千上万的其他团体。既有宗教团体,又有道德团体;既有十分认真的团体,又有非常无聊的团体;既有非常一般的团体,又有非常特殊的团体;既有规模庞大的团体,又有规模甚小的团体。为了举行庆典,创办神学院,开设旅店,建立教堂,销售图书,向边远地区派遣教士,美国人都会组织一个团体。他们也用这种办法设立医院、监狱和学校。在想传播某一真理或以示范的办法感化人的时候,他们也要组织一个团体。

而在允许公民组织政治结社方面,托克维尔说,"在法国,凡是创办新的

---

① 参见〔美〕劳伦斯·迈耶等:《比较政治学:变化世界中的国家和理论》,罗非等译,北京:华夏出版社2001年版,第260页。

事业，都由政府出面，在英国，则由当地的权贵带头，在美国，你会看到人们一定组织社团"，世界上只有美国"能使人们每天行使政治结社的无限自由。在世界上，也只有这个国家能使公民们想到在社会生活中不断行使结社权，并由此得到文明所能提供的一切好处。"①

托克维尔在《论美国的民主》这部著作中还指出，美国的实践证明，在美国的民主法治条件下，允许公民政治结社不但不会危及国家的安定，而且在国家出现动荡的情况下，"还能使国家巩固"，并带来了一系列好处。

——民众可以组织起来成大事。托克维尔认为：一个民族，如果它的成员丧失了单凭自己的力量去做一番大事业的能力，而且又没养成共同去做大事业的习惯，那它不久就会回到野蛮状态。人只有在相互作用之下，才能使自己的情感和思想焕然一新，才能开阔自己的胸怀，才能发挥自己的才智。而在美国，民众通过结社就能联合起来办大事。

——政治结社能培养公民文化。托克维尔说，政治结社可以同时将许多人拉到自己方面来，使他们摆脱原来因年龄、思想、贫富而造成的隔离状态，进而发生相互往来和接触。他们只要相会过一次，就会设法再次相会。参加这样的结社后不久，他们就会知道在这样一大群人中应当遵守什么秩序和采取什么步骤，才能使它们步调一致地和首尾一贯地奔向共同的目标。他们要在这个政治社团中学会使自己的意志服从全体的意志，使个人的努力配合共同的行动。这些事情，无论是在一般结社，还是在政治结社中都是每个成员所必须知道的。因此，可以把政治结社看作是开办一所免费的大学。

——政治结社可以减轻政府负担。托克维尔认为，随着社会的发展，政府当局的任务将不断增加，而政府当局的活动本身又将日益扩大这项任务。政府当局越是取代社团的地位，私人就越是不想联合，而越要依靠政府当局的援助。这个原因和结果将不断循环下去。这样下去，凡是一个公民不能独自经营的事业，最后不是全要由公共的行政当局来管理吗？如果一个民主国家的政府到处都代替社团，那么，这个国家在道德和知识方面出现的危险将不会低于它在工商业方面发生的危险。而美国因为允许政治结社，就减轻了这方面的负担。

---

① ［法］托克维尔：《论美国的民主》，董果良译，北京：商务印书馆1988年版，第645页。

第四章 美国政治现代化的战略

——政治结社可以促使公众更加关心国家大事。托克维尔指出,因为"一般社团不是指导公民去关心国家大事,而是把公民的注意力从这方面拉走,使公民逐渐埋头于自己的全靠国家安定才能实现的活动,从而可以阻止公民发动革命",而美国的政治结社却不会"在防止了一种危险的弊端的同时,却丧失了一种可以有效地矫正弊端的手段"。"美国人正是由于享有一种带有危险性的自由,才学会了可以尽量减轻自由所带来的危害的方法"。托克维尔说:"我们就这个民族的整个历史来考察,或许容易证明政治方面的结社自由不但有利于公民的福祉,甚至有利于他们的安宁。"①

应该说,托克维尔的观察和分析还是客观的。从美国社会的现实状况看,大量非盈利性、政治性利益集团的存在,既有美国人具有结社传统的原因,也是美国政治文化、政府政治主张和政策的产物。

为了充分发挥市民社会的稳定作用,美国采取的另一项重要措施,就是大力扶持城市的中产阶级。

美国认为,橄榄型的社会形态最为稳定;而橄榄型社会形态的出现,又有赖于形成强大的城市中产阶级,只有使城市中的中产阶级占据社会主流,才能为美国的政治和社会稳定提供可靠的支撑。

从上个世纪20年代起,美国的城市人口即达到全国人口的一半以上,基本实行了城市化。而到70年代中期,美国仅大都市区的城市人口即占到全国人口总数的74.8%。随着大都市区及其郊区生活方式和郊区文化的形成,逐步推动了美国中产阶级的扩大。70年代末,美国中产阶级的人数已占到美国总人口的70%。但由于郊区化进展迅猛,区域规划没跟上,因而在治安、住房、交通、资源环境、城市供水等方面产生了一系列社会问题,还引发了一些社会利益上的冲突和政治上的对立。

为了解决这些问题,联邦政府遂于上个世纪40年代末期至70年代中期,采取了一项持续近30年的以扶持城市中产阶级、拯救中心城为重心的联邦城市政策。1949年国会通过了住宅法,1969年尼克松政府推出了"社区发展计划",1974年国会又通过了住宅与社区发展法。

其中,1949年的住宅法颁布后,通过实施持续20年的"城市更新计划",

---

① [法]托克维尔:《论美国的民主》,董果良译,北京:商务印书馆1998年版,第637、638、646、648、649页。

取得了明显成效。该计划本着为每一个家庭提供"一个体面的住宅"、"一个宜人的生活环境"的目的，在保障下层居民能得到政府津贴而拥有公共住宅的同时，主要满足中产阶级的住房需求。1954年至1968年间，仅联邦政府即拨款100亿美元，用于城市更新中产阶级居住区域的低级住宅，清除小商业、小企业，兴办大型金融和商业机构、企业办事处及体育文化设施等。这样，中产阶级大多过上了舒适的生活，经济安全性高，工作上也有较多自主权。

在今天的美国社会，多数美国人都以中产阶级自居。美国《基督教科学箴言报》有篇文章写道："在美国，每个人都愿意相信自己是中产阶级。这种热切的渴望已经使得这个词可以用来形容、捍卫或打击一切事物。"①

尽管对中产阶级的评判标准五花八门，但从经济角度看，美国一般把年收入达到全美平均生活水平但低于10万美元的家庭归入中产阶级。据2005年美国社会学界的统计数据，中产阶级大约占美国家庭总数的45%—50%。其中又可分为两种情况，一部分是上层中产阶级家庭，约占全美家庭总数的15%—20%，主要是受过高等教育的各类专业人士和职业经理人，另一部分是下层中产阶级，约占家庭总数的30%，主要是半专业人士、技术工人和低层管理人员。

在美国，中产阶级阶层的人形成了一种共同的价值观，比如注重个人独立、理解和信任政府、遵守社会规则、讲究工作创新、尊重不同意见等等。由此就产生了中产阶级文化，并且成为代表美国社会主流的文化。

中产阶级阶层的人也拥有很大的影响力，尤其是其中的一部分专业人士，影响力就更大。究其原因，主要是专业人士当中包括记者、作家、教授、经济学家和政治学者，正是这一群体掌握着文化话语权，能够左右社会舆论。其次，成人教育和职业培训机构也多为中产阶级把持，在职业培训十分发达的美国，这又是影响公共舆论的一个重要环节。另外，中产阶级阶层的人多数在企业和各种机构中担任管理者，他们往往能够影响普通员工的思想和行为。因为中产阶级是社会的主流，他们即代表了一种主流的生活方式，而中产阶级阶层的人所承担的社会经济责任和对社会发展的推动作用，也是大家所公认的。

---

① 《环球》，2007年第12期，第15页。

第四章 美国政治现代化的战略

所以,美国橄榄型社会形态的形成,美国中产阶级在社会中居于主流,他们的稳定即成了美国政治和社会稳定的一个重要支撑。

此外,美国的市民社会之所以能够为国家的政治稳定和政治现代化的推进提供稳定的环境,也还有另外一个重要的方面,即市民社会本身所具有的社会调节功能。市民社会能够通过自己对政府的信任和理解、对社会负有的责任感,自己调节自己。

上个世纪 70 年代,在抗议越南战争时曾出现暴力行为,有的还焚烧征兵卡和国旗,就引起了很多美国公民对示威者的反感。1970 年 5 月,当肯特州立大学和杰克逊州立大学手无寸铁的抗议学生被国民卫队枪击而死时,大多数接受民意测验的美国人认为,这次悲剧事件应该受到谴责的是学生而不是卫兵。显然,大多数公民认为,对公共政策表达不满的适当途径是通过投票等其他理性与合法的手段,而不是暴力抗议。

在这个理念下,2003 年在抗议伊拉克战争时,公众的行为则明显理性化。根据美国广播公司新闻网和洛杉矶时报的民意测验,战争开始后,五分之三的美国人说,他们把抗议看作是"健康民主的一种象征",另几乎五分之二的人觉得,"战争的反对者不应该举行反战游行示威";这些人中还约有一半认为,应当禁止反战游行。无论是抗议战争的人还是反对抗议的人,对对方都能够容忍,没有发生互相攻击的事件。美国学者认为,这是美国市民社会更加成熟的一个指标。

(三)发挥市民社会的政治参与与社会保障作用

民主政治的建立是艰难的,维持也很不容易,然而仅仅满足于民主政治的建立和维持又是远远不够的,更为重要的,还必须有民主政治的延续和发展。美国的政治家们认识到,民主政治的建立和维持依仗市民社会的基础作用和稳定功能,而民主政治的延续和发展则更需要市民社会担负起责任,积极参与国家的政治和社会事务。

1961 年 1 月 20 日,当选总统肯尼迪发表就职演说时,一席"不要问你们的国家可以给你们提供什么,而要问你们能为你们的国家做些什么"的讲话,曾激起美国民众空前高涨的爱国热情。①

进入21世纪前夕,时任美国总统克林顿曾从国家发展的高度强调公民和市民社会的责任。他说:"假如要使21世纪美国的期望变成现实,我们就必须打破过去的思维方式,就必须面向未来进行新颖而大胆的尝试;而新战略必须植根于美国的三种基本价值观中,即:确保所有公民都有'机会'充分享受其生活;期望每一位公民都承担起他的抓住机会的'责任';在社区集体中共同工作以使全国团结一心。这三种价值观塑造了我们人民的特性,确保了国家的成功以及我们在世界上的领导地位。它们是构建美国的基本条件。"②

小布什在2001年的总统就职演说中也呼吁美国民众要继续保持和发挥美国的公民精神。他说:"美国人民慷慨、强大、体面,这并非因为我们信任我们自己,而是因为我们拥有超越我们自己的信念。一旦这种公民精神丧失了,无论何种政府计划都无法弥补它;一旦这种精神出现了,无论任何错误都无法抗衡它。"③

长期以来,一方面保障公民和市民社会的权利,一方面赋予公民和市民社会以责任,是美国政府历来的做法,是一项存续已久并将继续的国策。具体来看,美国赋予公民和市民社会的责任主要在以下一些方面。

一是赋予政治参与的责任。希望公民和市民社会对于国家有强烈的责任感,对于国家的主流意识形态表示认同和理解,对于国家的政治事务能够自觉、理性、制度化地参与,对于联邦政府的工作能够给予信任、宽容和理解。

美国新宪法自诞生之日起,即鼓励和便利市民社会积极参与国家政治,并为这种参与提供了保障和保护。宪法第1条修正案规定,人民享有向政府请愿的权利和言论与出版自由。这一修正案为市民社会特别是各种政治结社得以合法存在和开展活动提供了法律依据。同时,美国实行联邦和州分权的联邦制,在联邦政府和州政府实行三权分立的原则,这种权力极其分散的政治制度,为市民社会的活动创造了极为有利的政治环境。市民社会既可以向联邦政府和州政府施加影响,也可以向联邦和州政府的立法、行政和司法部

---

① 〔美〕威廉·德格雷戈里奥:《美国总统全书》,周凯等译,北京:社会科学文献出版社2007年版,第588页。
② 李其荣:《美国精神》,武汉:长江文艺出版社1998年版,第6页。
③ 〔美〕威廉·德格雷戈里奥:《美国总统全书》,周凯等译,北京:社会科学文献出版社2007年版,第824页。

第四章　美国政治现代化的战略

门分别施加影响。所以，在美国的政治环境下，市民社会既有参与的责任又有参与的条件。这也是美国建国以来，各种社会组织——妇女的、种族的、民族的、宗教的、道德的、爱国的、自由主义的、保守主义的、和平主义者、干涉主义者、孤立主义者、世界主义者等等之所以能够活跃在联邦、州和地方各级政府并竞相影响美国内外政策的原因之所在。

作为政治参与的一项重要内容，市民社会还负有监督政府的责任。美国《独立宣言》宣布，政府的正当权力，系得自被统治者的同意，如果遇有政府损害了成立政府的目的，那么，"人民就有权利来改变它或废除它，以建立新的政府"。美国法律规定，民众有游行、集会和罢工的自由。这些都不止是权利，更是责任与义务。托克维尔认为，在美国这种权力与各种社会功能以一种分散化的方式由众多相对独立的政府机构、社团组织和群体来行使的社会中，强大市民社会的存在，就好像"社会具有一只独立的眼睛，监督着国家，使之不沦为专制"。还有一些美国学者认为，美国市民社会在美国民主政治中发挥了独特的作用——"睡着的狗"的作用——平时，这只"睡着的狗"会好好地躺着；而一旦出现通货膨胀、高失业率或不合民意的战争而激起民众的不满时，这只"睡着的狗"便瞬时惊醒，迅速发挥作用。①

二是赋予自治的责任。美国认为，政府不是万能的，国家的权力是有限度的，在国家权力止步的地方，就应该属于社会自治的领域，并且一些公共事务通过社会自治的方式来处理，常常能够取得比国家治理更为良好的效果，因此希望增强社会的自主性，社会的各个方面都能够自觉地有效地参加社会管理。

美国实行联邦制，在纵向上把国家权力分成了两个不同的部分，除了由联邦掌管国家的一切共同利益外，各州可以掌管州的一切独自利益。同时，联邦宪法第14条修正案又规定，各州不得制定任何损害契约义务的法律；在州的管辖内，不得拒绝给予任何人以平等法律的保护；任何一州不得未经正当法律程序而剥夺任何人的生命、自由或财产。在已有这些法律的基础上，为了使自治制度得到更为充分的实行，美国又还有40多个州授予地方以制定自治宪章的权力。这样，就赋予了社会广阔的自治空间，并为自治提供了可

---

① 参见杨日鹏文章：《美国政治民主进程中的"民情"及其启示》，载《中央社会主义学院学报》，2004年第4期。

靠的法律保障。

在今天的美国，自治不仅涉及了公民个人的事务，地方性的公共事务，社会各组织或团体的公共事务，而且还涉及了地区性的、行业性的公共事务。社会自治作为一种制度，已经成为美国宪政制度中不可缺少的一个环节，国家与社会已经形成了一种互为补充并相互依赖的关系。

三是赋予社会救助的责任。在美国市民社会，作为与美国核心价值观中个人主义同时并存的，还有一种超越个人私利的利他同情心和对社会群体的责任感。这为美国公益事业的发展提供了深厚的思想基础和社会基础。因此，美国政府历来重视发挥市民社会在社会救助方面的作用。

从历史上看，美国社会也有社会救助的传统。

早在1657年，纽约、波士顿就已有了私人的慈善团体——苏格兰人慈善协会、法国人慈善协会和德国人慈善协会。后来，各殖民地政府又通过纳税人缴纳的济贫税实施社会救助，在议会中设了专门的官员负责救济工作。一些教会也负责救济贫民。

美国建国后，慈善事业迅速兴起。许多州建立了慈善事业局，统一管理地方公共救济事宜。一些基督教协会、青年俱乐部和妇女俱乐部，也都兼有社会救济功能。

比较特殊的是，直到20世纪20年代，美国联邦层面的属于国家一级的社会保障体制却未建立。在建国后的一个半世纪里，社会福利事业基本上是慈善团体和市民社会自己的事。

不过，这种状况的存在也是有原因的，这个原因就是，联邦政府长期以来奉行的是自由放任的经济政策；与此相适应，在社会福利方面也同样实行自由放任的政策。实行这一政策的理论根据是传统经济学理论衍生出来的社会保障思想。

18世纪末19世纪初，以亚当·斯密、大卫·李嘉图为代表的传统经济学家关于社会保障的思想是：穷人应对他们自己的贫困负责；某些自然法则，如供求法则，不能为了穷人的利益而改变，给穷人以帮助只会导致道德堕落，等等。这种自由放任的理论还同社会达尔文主义结合，把"自然选择"、"适者生存"的法则运用于人类社会，从而把人的贫困看作是自然的选择过程。由此认为，贫困是因为缺乏能力和美德的结果，应该由教会和社区来救助，政府

第四章 美国政治现代化的战略

没有责任帮助穷人减轻其痛苦。就是在这样的社会保障理念下,美国联邦政府长时期以来没有担负起提供公共福利的责任,而是把这副担子赋予了社会自身。

一直到20世纪30年代经济大危机爆发,联邦政府才放弃了不干预的政策,积极承担起责任。于1933年颁布了《联邦紧急救济法》,1935年颁布了《社会保障法》。

但是,即使《联邦紧急救济法》、《社会保障法》颁布实施后,联邦政府也从未放弃或减轻社会在自我救助方面的责任和要求。联邦政府所起的作用,更主要的还是对国家的社会保障作了一种积极的制度安排,使国家的社会保障从此走上了法治化的轨道。在美国,社会救助的主渠道仍然是社会自身。据20世纪80年代的统计,美国慈善机构每年的捐款达到了700多亿美元。1982年,由美国私营企业支出的社会福利费高达3500亿美元,占到联邦、州和地方三级政府社会福利开支总和的59%。

21世纪初,联邦政府的社会保障系统出现财政危机,给国家的经济和社会发展带来了严重影响。在这一背景下,布什政府又开始改革社会保障制度,实施建立"业主社会"的计划,其根本目的,也在于动员社会开展自救。虽然布什总统本人没有对"业主社会"的概念作出定义,但根据其演说和美国学者的诠释,所谓"业主社会",指的就是个人有权不依赖政府的施舍而成为自己的业主,控制自己的生活和命运;病人有权控制自己的医疗和保健;父母有权控制子女的教育;劳动者有权控制自己的退休。其实质就是赋予公众更多的责任。美国相信,资产的富有或拥有可以造就负责任的公民;而建立业主社会,就是让更多的美国人有机会以股票、债券和共同基金的形式投资,使他们也能成为资产者。这样,当每个个人都对他们的金融生活负更大的责任,与市场更紧密地结合起来时,就能减缓政府开支的扩大,减少社会福利项目的成本,并使美国的社会福利保障越来越现代化。

布什政府的这一政策效果是明显的。有数据表明,2001年,美国社会仅私人和慈善机构的捐款即高达3730亿美元。即使在被认为是社区服务低潮的眼下,也有约一半的美国公民参加了某种形式的志愿活动,平均每人每周提供约4个小时的志愿服务。

当然,这种状况的出现在很大程度上也得益于美国社会特有的一种自治志愿传统，公民和市民社会没有事事指望政府的习惯。

总之，美国政治现代化的产生、形成和发展都是建立在美国发达的市民社会的基础上的。对美国政治现代化而言，正如马克思所深刻指出："市民社会是全部历史的真正发源地和舞台。"①

四　以改革创新为动力——生活即意味着探索

美国是在不断开拓新土地、不断发现和利用新事物的过程中发展起来的。美国人对于改革创新有着特殊的天赋和嗜好。

在美国，改革创新似乎是天经地义的。美国哲学家、社会学家、教育学家杜威说："没有生活方式站着不动或能够站着不动；它或者往前走，或者往后退，往后退的结果是死亡。作为生活方式的民主主义不能站着不动。如果它要继续存在，它也应往前走，去适应当前的即将到来的变化。如果它不往前走，它企图站着不动，它就已开始走上引导到灭亡的道路。"②

在美国，改革从建国伊始就开始了，并且从来没有停止过。正如美国学者路德克所说："美国历史就是一个连续不断的改革史。"③

在美国，改革已经是一种社会行为，并且是在社会的全领域进行的。美国思想文化著作家布尔斯廷在他的《美国人·民主历程》这部书的开篇中即写道："人们注意的革命，不是发生在议会大厅里、战场上或街垒旁，而是发生在家庭、农场、工厂、学校和商店等处，无所不在，无远勿届。它之所以很少受到人们的注意，乃是因为它们来得迅速，因为美国人随时随地都会碰到它们。不仅北美大陆，而且整个人类经历的本身，以及社会、时空、现在与未来的确切含义，都在不断修改；不论美国人在哪里生活，他们都在创造和

---

① 《马克思恩格斯全集》第3卷，北京：人民出版社1960年版，第40页。
② 〔美〕约翰·杜威：《人的问题》，傅统先、邱椿译，南京：江苏教育出版社2006年版，第26页。
③ 〔美〕卢瑟·路德克：《构建美国：美国的社会与文化》，王波等译，南京：江苏人民出版社2006年版，第481页。

第四章 美国政治现代化的战略

发现新的世界。"①

在美国，改革是一种强大的力量。美国学界形容：它能使教会四分五裂，也能使之团结一致；它产生了无数殉道者，却又能弥合人们的伤口；它对权威构成威胁，也可以使政府重组。它在国家法庭中占据一席之地；它激励了很多有纪念意义的反抗运动；它把光明投向黑暗的角落；它影响着人们对理想社会模式的不断阐述。②

因为以上这些原因，政治领域的改革在美国受到了特殊的重视并具有了特殊的意义。美国的政治家们从联邦新国家的政治制度建立之日起，几乎就没有停止过政治领域的改革与创新，并使这种改革与创新贯穿于美国建国以来的整个政治现代化进程，成为政治现代化的强大动力，甚至成为美国政治文化的重要特征。

（一）用问题型改革模式驱动政治现代化

从人类政治发展的历史看，政治制度和政治体制的变迁，一般都是出于对重大事件的反应和对重大问题的解决。没有任何一个国家政治制度和政治体制的产生与发展，可以不和这个国家当时所面临的最主要的社会矛盾和现实问题相联系。历史上凡是没有充分实践基础的改革变法，往往是站不住脚的。在政治制度和政治体制建立之前是如此，在政治制度和政治体制建立之后同样是如此。

美国在这方面也毫不例外。甚至可以说，美国立国时的政治制度和政治体制发生于问题、来源于问题——《独立宣言》中所历数的英国对殖民地的专制；美国立国后的政治制度和政治体制的调整改革也无不是发生于问题，来源于问题，靠问题所推动。这已成为美国政治现代化的基本特征和总体轨迹。

有美国学者曾把美国立国以来的改革分为三种类型。第一种被称为是代表大众群体的"政治经济改革"。认为这种改革的思想起因是——为了消除经

---

① 〔美〕丹尼尔·布尔斯廷：《美国人·民主历程》，中国对外翻译出版公司译，北京：生活·读书·新知三联书店出版社 1993 年版，第 1 页。
② 〔美〕卢瑟·路德克：《构建美国：美国的社会与文化》，王波等译，南京：江苏人民出版社 2006 年版，第 470 页。

济上的不平等，就必须伸张政治民主。其改革诉求是扩大选举权、保障公民的政治经济权益等。第二种被称为是代表特殊群体的"特殊改革"。如代表女性群体、黑人群体、美洲土著人群体而进行的改革。认为这种改革的思想起因与第一种类型有相同的地方，但在改革的方式和过程特征上造就了最令人难忘的事件和时刻，特别是19世纪60年代奴隶制的废除和20世纪60年代为争取民权而进行的运动。第三种被称为是主要代表政治精英的"不断改变社会模式的改革"。认为这种改革的思想起因是道义和理性，在改革者看来，社会总是不完善的，改革是社会发展的应有之义。

虽然这三种改革类型的起因、特征、发起者及政治目的、政策主张都不尽相同，有的是政党推动，有的是群众运动；有的是与国俱来的问题，有的是前进发展中出现的新问题；有的是要求解决民主、平等的问题，有的则是要求解决政治理想问题，但这三种改革，无论是哪种类型，归根结底都是因问题而引起，靠问题来推动，并最终以问题的解决为终点。

美国这种典型的"问题型"改革观和改革模式，从根子上来看，是美国实用主义哲学的产物。

美国是实用主义哲学的发源地。实用主义的典型特征之一就是重视行动，反对空谈；重视实际效果，反对空洞理论；重视实用，反对表面形式。在实用主义者们看来，"有用即真理"。作为唯一产生于美国本土的一种哲学思想，对于美国人的影响是巨大的，尤其是对于美国的决策者、政治家的思维方式，更是一种更基本的、作用更持久的、影响更深远的精神指导。所以，实用主义也就很自然地成为美国的政治传统。这种思想和方法运用和体现在政治与社会领域的改革方面，自然就不知不觉地形成了"问题型"的改革观和改革模式。

应该指出的是，由于在改革中坚持靠问题推动，又以问题的解决为终点，因此伴随着每一项改革的实施，每一项改革结果的产生，都总是带来美国政治的变化和进步，不仅在总体上对政治现代化起到驱动作用，而且在大多数时候还起到方向调适的作用。

（二）用革命性改革内容为政治现代化增添活力

实用主义的要义是着重可能产生的结果，而不是注重事先定好的原则。

第四章 美国政治现代化的战略

受实用主义哲学的支配,美国在改革中往往能直面现实,直击内核,很少受权威、困难、既存经验的限制,而主要基于对现实的判断,对趋势的把握,对问题的解决。这样的改革,其内容往往是革命性的,其结果往往是颠覆性的,因此,政治现代化的活力也就自然蕴含其中。

建国230多年来,美国在政治领域的改革大体集中在这样四个方面:一是弥补政治体制结构性的不足与缺陷,使其更趋合理和完整。例如,政党制的建立与两党制的形成,总统交接与继任制的完善。二是调整政治机构之间的权力关系,使其更为行之有效。例如,在联邦政府与州政府之间,加强联邦政府的权力;在总统与国会之间,加强总统的权力。三是开放政府机构的大门,以便扩大国家权力的社会基础。例如,文官任用制度的多次变革,引进社区和企业组织的管理经验。四是保障和扩大公民的民主权利,从更高程度上体现人民主权原则和政治平等。典型的是废除奴隶制,赋予黑人和妇女以选举权。经过这一系列的调整与改革,在未破坏美国政治制度整体架构的基础上,极大地增强了其机动性、开放性与活力。

在用革命性改革内容为政治现代化增添活力方面,也许,美国在选举制度方面的改革比较完整地体现了这一点。

美国建国前,13个殖民地已经存在不同的选举制度。在自治性质的殖民地,其总督由议会选举产生,议会议员由自由民选举产生。在业主性质的殖民地,其总督由业主任命、英王批准,上院议员由任命产生,下院议员由自由民选举产生。在直辖性质的殖民地,其总督、上院议员由英国国王任命,下院议员经由选举产生。

不过,这时的选举在政治上是不平等的,在程序上是不民主的。所以,在建国的过程中,美国的开国元勋们即格外重视对选举制度的选择。杰斐逊强调,普选制是保障人民权利和纠正弊政的最好手段。他指出,英国政府之所以腐败,就是因为只有1/10的人才有选举权,因而无法避免收买选票和行贿舞弊的行为。他认为,如果扩大选举权,把左右国家政权的力量真正交给人民,让每个公民都享有几分最高的权势,这样,任何私人依仗钱势就都无法收买全体人民。杰斐逊说:"我相信,我们可以减轻买卖选票的危险,其方法就是大大增加投票的人数,以致令人无法进行任何收买。"①

联邦新宪法颁布实施后,美国确定了新的选举制度,总统由选举人团选举产生,国会参议员由各州议会选举产生(1913 年根据宪法第 17 条修正案改为由各州选民直接选举产生),国会众议员由各州选民直接选举产生,虽然这为美国现代选举制度的建立奠定了基础,但由于未对选举官员的范围、选民的范围以及选举资格作具体规定,又将制定选举法的权力留给各州,这就带来了一系列问题。而这一系列问题的解决,从其实际过程来看,每一个问题、每一步,都可以说是对过去传统的颠覆,对现存利益的分割,都是经过了长期的斗争才获致现在的结果。

如总统选举真正成为全国性的选举,历经了一个半世纪。20 世纪 20 年代以前,总统候选人的提名普遍是由国会和州议会中的党团会议决定,从 1932 年开始才全面实行由政党代表大会推举的制度。而这一制度的建立,不只是颠覆了总统候选人的提名由国会和州议会中党团会议决定的传统做法,而且剥夺了一些党魁势力操纵总统选举的权利。

再如选民的财产资格限制问题。长期受到这一条款限制的其实不只有黑人、印第安人,在 19 世纪中期以前也还有许多成年白人男子也同样受到限制而没有选举权。只不过,对白人男子的限制在 1860 年时即基本上取消,而对黑人的这一限制事实上直到 1964 年美国宪法第 24 条修正案通过后才最终获得取消。这中间,不乏与种族主义者和地方势力的激烈冲突。

还如选举权的扩大和普及问题。虽然《独立宣言》和《合众国宪法》都确认主权在民,人民拥有某些不可剥夺的权利,但实际上普选权的完全实现是在 1971 年——美国建国将近 200 周年的时候。这一年宪法第 26 条修正案获得通过,有选举权的公民年龄的下限由 21 岁降至 18 岁,从而标志着美国选举权的普及。这一结果来之不易。这中间,既有民众的斗争、政党的推动,也包含着政治家和政府的努力。特别是黑人选举权的赋予,除了根深蒂固的种族歧视,隐藏于后的还有巨大的政治经济利益和与奴隶主阶级之间的尖锐斗争。

在美国,由于民主选举是美国民主政治的核心,直接选举总统更是美国民主政治的标签,所以,美国对选举制度的改革,无论是在政治理论层面还

---

① 马啸原:《西方政治思想史纲》,北京:高等教育出版社 1997 年版,第 374 页。

第四章 美国政治现代化的战略

是在政治实践层面,其意义都是不言而喻的。它成就了美国的现代选举制度,也把美国的民主政治升高到一个新的水准。所以,美国现代选举制度的建立得益于富有革命性内容的改革,美国政治现代化的成功也同样得益于富有革命性内容的改革。这不仅是美国政治现代化的活力之源,也是美国社会各个领域一直都能持续发展的活力之源。

(三) 用科学型改革手段提高政治现代化成效

美国认为,在提高政治有效性方面,改革的道路是艰难的,改革"所面临的问题比革命更为困难"。改革"必须两线作战,同时面对来自保守和革命两方面的反对",改革"不但要比革命更善于操纵各种社会力量,而且在对社会变革的控制上也必须更加老练",改革必须要"处理各种形式改革的轻重缓急的问题",要把"更多的注意力放在变革的途径、手段和时机上"①。

在美国的改革中,对更高层次法治的向往,对理性的向往和对实用性的向往,这三个方面,可以说构成了美国改革的文化价值。虽然并不能企求每次改革都成功,每次改革都带来社会的进步,但却必定坚信社会改良论。

基于这样的认识,所以美国在改革实践中特别注意方法与目的、工具与价值的统一,并形成了一套行之有效的改革路数。

一是重视科学思维和概念创新。通常,人们以为美国人只注重行动而不太注重思维、只注重实际而不太注重概念,其实这是有误的。政治价值体系是政治社会的观念形态,是文化积淀的产物。它的作用,可以决定社会生活的意义、方向和目标;可以规定社会生活的基本原则,规范社会生活的秩序;可以提供人们行为评价的标准。而这一切的产生和最终形成,又都取决于科学的思维。所以,美国对此向来是十分重视的。

建国以后,美国几乎每面临一个大的选择,都总是以大辩论开路。是邦联还是联邦,是农业化道路还是工业化道路,是孤立主义还是世界主义,是继续自由放任的经济政策还是全面干预,可以说,每一次大的辩论,带来的都不只是眼前问题的解决,而且更多地还是思想的解放,新概念和新事物的

---

① [美] 塞缪尔·亨廷顿:《变化社会中的政治秩序》,王冠华等译,北京:生活·读书·新知三联书店 1989 年版,第 316—317 页。

诞生。

经过了这种多次的广泛的大辩论之后，美国形成了有利于科学思维和概念创新的生成方式。就其过程来看，这种方式一般包括思想争鸣、概念开发、理论创新这样三个步骤。思想争鸣，就是充分讨论，让所有人敞开思想，标新立异，不设禁区，不限范围，也不求共识，在思想碰撞中迸出火花，把有用的东西拢在一起梳清理顺，形成思想群。概念开发，就是从思想群里抽出最核心的概念，并根据实际需要，提出配套的理论概念，形成官方文件。理论创新，就是对每一个开发出来的概念，再进行专题研讨、模拟推演，然后付诸实践，最终形成理论。这三个步骤呈一种螺旋式上升的过程。

二是强调保持适宜的改革速度。美国人认为，"改革的概念当然包含规模和速度，而且也带有方向上的含义"；"凡谈变革的内容，必须把变革的速度也作为一条来谈"。①

之所以强调保持适宜的改革速度，美国主要是出于对改革条件与改革效果的考虑。美国的观点是，尽量采用比较渐进的方式推动改革，不是砸碎现有的不完善的制度，而是尽可能地利用不完善的体制来运作，并在这个过程中，逐步改革这个体制本身，使之转化，为现代化服务。美国从改革实践中认识到，改革必须要把可能遇到的风险考虑其中。塞缪尔·亨廷顿说，历史上"没有那一个社会的重大社会、经济或政治改革不是伴随着暴力或暴力行为一触即发的险恶局面。相对分散和自发性的暴力行为，是受到损害的集团显示他们的不满、表达他们对改革的要求的一种普通手段。……一部美国改革史——从杰斐逊民主派到废奴主义者、人民党人、劳工运动、民权运动——充满着各种各样的暴力和其他形式的混乱事件，正是这些暴力事件触发了政府政策的改变"②。

强调保持适宜的改革速度，其中也有一个认识问题，即在美国，改革的"过程"本身也被认为是一个结果。美国认为，只有当改革的进程中断，改革才算失败；而只要这个进程继续下去，改革就是成功的。

---

① 参见〔美〕塞缪尔·亨廷顿：《变化社会中的政治秩序》，王冠华等译，北京：生活·读书·新知三联书店出版社1989年版，第316页；〔美〕阿尔温·托夫勒：《未来的冲击》，孟广均等译，北京：中国对外翻译出版公司1985年版，第3页。
② 〔美〕塞缪尔·亨廷顿：《变化社会中的政治秩序》，王冠华等译，北京：生活·读书·新知三联书店1989年版，第328—329页。

第四章 美国政治现代化的战略

强调保持适宜的改革速度,在美国还有一个比较重要的因素,即美国的政治机制常常是既不允许保守,也不允许激进,只有比较适中的方案才更有可行性。这是由美国政治主流的基本倾向是向中间靠拢这一特点所决定的。政治家们竞选时、社会评论家们发表评论时可以慷慨激昂,言词激烈,但在实践中,却有一个各方面利益、各方面关系的平衡和处理问题,而随之带来的结果则往往不是妥协就是折中。

三是坚持开放性的改革。尤其重视把政治手段与经济目的联系起来,促使政治领域的改革向经济和社会领域延伸。

美国认为,改革的最终目标是既要消灭政治上的不平等,还要消灭经济上的不平等;既要消灭政治上的"贫困",还要消灭经济上的贫困;既要实现政治上的民主,还要实现经济上的民主。如果改革仅仅停留在传统政治层面,没有经济上的平等和民主,则政治上的平等和民主是毫无意义的。只有当所有人都取得了政治、经济和社会的全面进步时,改革才算具有了政治有效性。

1919年1月,美国曾通过宪法第18条修正案,颁布了禁酒法令;而时隔14年又通过宪法第21条修正案取消了禁酒法令。经过这一案例后美国的改革者们认识到,"任何违反群众意愿而订立的法律是无用的、无效的,缺少社会和经济奖惩的政治胜利是空洞的"①。

因此,自20世纪30年代罗斯福新政开始,美国在改革中即坚持更加开放的态度,时常把政治领域的改革同经济和社会领域的改革捆绑在一起进行。认为只有这样,改革才真正"意味着社会、经济或政治上的进一步平等,意味着人民对社会和政治生活的更为广泛的参与"②。

四是讲究科学的成案程序。在美国,每一个改革方案的出台实施,都要经过严格的立法程序。通过这个程序,改革即有了合法性权威性,同时也有利于形成广泛的思想共识和改革合力,便于改革更为顺利地推进。

在美国国会,立案程序十分复杂,一项议案成为可以颁布实施的法案,大致要经过以下五个步骤:

---

① 参见〔美〕卢瑟·路德克:《构建美国:美国的社会与文化》,王波等译,南京:江苏人民出版社2006年版,第480页。
② 参见〔美〕塞缪尔·亨廷顿:《变化社会中的政治秩序》,王冠华等译,北京:生活·读书·新知三联书店1989年版,第316页。

——议案提出。原则上,立案构想和立案建议可由总统及行政机构、利益集团、选民以及国会议员提出,但要作为议案和决议案,则必须由国会议员按一定规则提出。这虽只是成案的第一步,但议案能够确立、能够进入政治日程本身即不容易。

——委员会审议。议案提出后须经一个或数个委员会进行听证、初审,如初审通过即提交全体委员会进行审议和表决。表决未获通过则不能进入下一程序。与国会这一程序同步,也往往会把议案通过媒体向社会公布,听取公众意见。

——全院辩论和表决。参议院或众议院接到本院全体委员会呈送的议案之后则按一定程序决定是否进行全院审议。如同意审议,则举行全院的辩论和表决。

——另一院审议。议案经一院通过后即交另一院按同样的程序进行委员会审议、全院辩论和表决。如取得一致则可交总统签署,否则还要经过两院协商。两院协商时,须由两院派出的代表组成协商委员会,对议案的分歧点进行讨论,往往要通过反复地讨论和修改才能达成妥协,取得一致。

——总统签署。议案只有经总统签署后才能成为法案。如遇总统否决,则退回最初提出该议案之议院复议。这时,只有参众两院再以 2/3 的多数通过,才能使总统的否决无效,议案成为法案。

虽然经过了以上这些程序,但在美国,这还不是一个完整的政策形成过程,只能说是国会完成了政策的制定。而作为一个完整的政策形成过程,除了以上这些程序外,在实践中则往往还包括政策的执行、政策的反馈、政策的评估、政策的完善这样一些必不可少的环节。

所以,在经过了这样一些程序和环节后再进行的改革,必定是有效的,经得起历史检验的。通观美国历史上大的政治和社会改革,还少有发现大的反复、翻烧饼或推倒重来的,虽有量的调适,但无质的失败。

五 以全人类政治文明成果为己用
——开放是国家的性格

美国历史学家康马杰曾经指出，美国是人类文明成果的继承借鉴与特殊人文、地理环境交互作用的产物。他说："以继承而论，美国不仅继承了英国的传统，也继承了欧洲17、18世纪的传统和人类两千年来的传统。美国是英国的产物，这一点谁都承认；美国的文化和制度的渊源可以追溯到希腊、罗马和巴勒斯坦，这一点却被遗忘了；美国人所保持的国家、教会和家庭的基本制度以及他们所珍惜的基本价值观念都表明了这种悠久的来源和关联。"[1]

康马杰的这一论述，应该说阐明了人类文明成果的继承借鉴与美国成长壮大的关系。

美国是一个由众多移民、种族组成的国家，容易接受异质文化；美国是一个由13块殖民地在230多年前才建立的国家，较少历史包袱；美国在很大程度上是由一些来自欧洲的经历过文艺复兴、宗教改革的知识型政治精英"设计"出来的国家，开放是国家的性格。这几个方面，决定了美国政治现代化的一个必然途径——用全人类的政治文明成果武装自己的新国家。

立国前后，是美国对于全人类政治文明成果继承借鉴最为集中的时期。

在这个时期，比较重要的继承借鉴是：

——继承借鉴了英国思想家和法国启蒙思想家的天赋人权学说。如前所述，这主要体现在杰斐逊起草的美国《独立宣言》中。《独立宣言》宣布"人人生而平等，他们都从他们的造物主那边被赋予了某些不可转让的权利，其中包括生命权、自由权和追求幸福的权利"。其实，杰斐逊起草的这一名句脱胎于洛克的学说。洛克在他的《论政府》这部名著中即讲过，每一个人都被自然赋予某些权利，其中包括生命、自由及财产权利。但是杰斐逊却没有照抄这

---

[1] 李其荣：《美国精神》，武汉：长江文艺出版社1998年版，第71页。

个公式，他是吸收了法国启蒙思想家关于平等、人权的思想精髓后，用政治宣言特有的方式阐明了这一思想，并用"追求幸福"的权利代替了洛克所说的"财产权利"。这不只是简单几个字的区别，而是一个重大原则性问题的标识：洛克是站在英国贵族的立场上维护其私有财产制度，而杰斐逊则打破洛克自然权利学说的局限性，把社会民众的渴望和要求反映到了自然权利学说中来。这样，他就赋予自然权利学说以浓厚的民主、人权色彩，创造性地运用并发展了这个思想。

——继承借鉴了英国的宪法传统，甚至在许多方面就是英国宪法惯例的沿用。早在殖民地时期，北美司法适用的法律就是英国的普通法。虽然各殖民地立法机关也制定过数以千计的法律，但根据英国殖民统治的原则，这些法律需符合英国的法律精神，不能与英国法律相抵触。因此，各殖民地立法机关制定的法律基本属于英国普通法范畴。美国独立战争爆发后，出现了是否废除英国法律的争议。《独立宣言》公开宣布解除与英王的一切隶属关系，完全废止与大不列颠王国之间的一切政治关系，这自然就出现了要求废除英国法律的主张。但是，在有许多人主张废除英国法律的情况下，却又有大多数州的立法机关采取了与此完全不同的态度。如纽约州1786年宣布，英国的普通法以及1775年4月19日生效的英国制定法有效；直到1821年时，纽约州宪法还规定，除与本州宪法相抵触的部分除外，1775年4月19日以前生效的该州殖民地时期立法机关通过的法律、1777年4月20日前该州殖民地时期通过的决议和纽约州立法机关通过的条约，继续为本州的法律。这样，在美国建国初期就出现了一种奇特的政治现象：一方面，美国用革命手段推翻了英国的殖民统治，建立了共和国，但另一方面，美国又沿袭了英国的法律体系，承认殖民地时期的法律有效。之所以出现这种奇特的政治现象，根本原因是，英国的法律依然适用美国的社会经济关系。独立后，美国虽然没有君主、没有贵族，但其社会经济关系没有发生本质变化，契约、经济行为、财产的继承与分配等都与英国基本相同。因而英国治理社会经济关系的法律思想与观念易被美国所接受，英国的法律和判例也就被美国继续沿用和采用。而且，美国后来制定的宪法及其后来法律的发展，无论从结构还是从形式上看，与英国法律都属同一体系。所以，美国哲学家、社会学家伯恩斯说："英国是美国的样板。美国人接受了英国弟兄关于自然法和人的不可让渡的权利的基本假定,并羡慕地观察英国立法者的模式。"①

——继承借鉴了法国启蒙思想家孟德斯鸠三权分立的思想。开国元勋麦迪逊和汉密尔顿都赞同孟德斯鸠的观点,认为,"如果司法与立法、行政不分离,则无自由之可言","立法、行政和司法权置于同一手中,不论是一个人,少数人或许多人,不论是世袭的,自己任命的或选举的,均可公正地断定是虐政"②。为了保障自由宪法原则的实现,他们坚决主张把立法权、行政权和司法权这三种权力分离开来,分别由不同的人和部门来行使。所以美国政治学家梅里亚姆评论说:"在独立战争后一个时期内,法国的影响在我国历史上是明显的,例如实行孟德斯鸠的三权分立和权力平衡说。"③

——继承借鉴了法国18世纪共和制的思想。18世纪的法国是欧洲大陆上典型的封建君主专制国家。国家的法律体系公开确认人们的不平等。其社会大体划分为三个等级,第一等级贵族和第二等级僧侣在经济和政治上是特权等级,高踞于第三等级之上。第一等级和第二等级的人数虽然只占全国人口的3.3%,却和国王一起享有全国一半以上的土地,每年向农民征收占总收成3/4以上的租税。从路易十四时代起,约4000家高级贵族即成为巴黎的一个寄生集团,路易十五和路易十六又给他们设置了许多冗职肥缺,恩赐以高额俸禄。他们还享有不纳任何捐税的特权,并保留着原有领地上的教产、司法权和种种其他特权。这两类人几乎占据了政府、军队、教会中的一切重要位置。第三等级包括资产阶级、农民、城市贫民和工人在内的广大民众,他们不甘经济和政治上的不平等,纷纷要求改变封建专制制度,取消贵族、僧侣的经济和政治特权。就是在这一背景下,法国一些启蒙思想运动的领袖人物提出了共和政体的主张,其中又以伏尔泰和孟德斯鸠为代表。

伏尔泰出身于大资产阶级家庭,是驰名欧洲的诗人、文学家、哲学家、历史学家,后起的法国启蒙思想家们的精神导师。贯穿伏尔泰思想和经历的始终如一的精神,是他对封建专制制度和教会势力所作的不停息的斗争。伏尔泰在晚年提出了共和制的主张,认为共和政体是最宽大、最自然、最合理

---

① 〔美〕詹姆斯·麦格雷戈·伯恩斯:《领袖论》,刘李胜等译,北京:中国社会科学出版社1996年版,第185页。
② 李道揆:《美国政府和美国政治》,北京:中国社会科学出版社1990年版,第51页。
③ 李其荣:《美国精神》,武汉:长江文艺出版社1998年版,第74页。

的制度，使人们能够最接近于天然的平等，使人民的自由能够得到最充分的保障。

孟德斯鸠在《论法的精神》这部著作中把政体划分为三种类型：第一，共和政体。其中又可分为民主制和贵族制两种形式。民主制，即由全体人民执政的共和国。在这里，人民通过选举体现人民的意志；因为人民需要一个参议院来指导一切，其成员由人民选择。贵族制，即由一部分人民执政的共和国。贵族们也通过一个参议会处理事务。第二，君主政体。这种政体由单独一人遵照确定的法律执政，同时也需要国会监督法律的制定和实施。第三，专制政体。这种政体由单独一人按照一己的意志执政。孟德斯鸠认为，专制政体压制人民、残害人民、奴化人民，给国家带来贫困苦难、贸易萧条、官场贪污受贿、法律废弛、严刑苛法、奢侈无度、腐化败坏等等罪恶现象，应该作为一种批判和否定的政体，而民主共和制、贵族共和制和君主制应作为正常的合理的政体。美国吸收了这些思想的精髓，拒绝了君主制和贵族共和制，采用了民主共和制，认为只有民主共和制才是最自然、最好的政府组织形式，才能充分体现政府据以建立的宗旨——"增进人民的幸福"。

——继承借鉴了英国议会制的经验。在经历了17世纪的革命与动乱之后，18世纪的英国已经建立起了稳定的政治制度——议会制君主立宪制政体。这种政体包含多种政体的特征并形成了制衡关系：王位继承包含君主制的因素，贵族院（上议院）包含贵族制的因素，平民院（下议院）包含民主制的因素，在上议院、下议院、君权之间形成了一种以权力制约权力的关系。当时，英国是世界上唯一达到节制君主权力的国家。虽然上议院的议员不经选举产生，是由各类册封的世袭贵族和终身贵族担任，但其权力有限，实权基本上掌握在下议院手中。立法、监督政府和监督财政，这些职能都主要由下议院行使。而下议院议员是在全国选举中产生的，能比较好的体现民意。美国吸收了英国议会制的部分经验，采用了代议制，认为代议制与共和制结合起来，"就可以获得一种能够容纳和联合一切不同利益、不同大小领土与不同数量人口的政府体制"。潘恩认为，代议制的最大优越性就是它能集中社会的智慧，能运用集体的智慧来指导国家的行为。他说："代议制集中了社会各部分和整体的利益所必需的知识。它使政府始终处于成熟的状态。……它永远不年轻，也永远不老。它既不年幼无知，也不老朽昏聩。它从不躺在摇篮里，也从来

第四章 美国政治现代化的战略

不拄拐杖。它不让知识和权力脱节，而且正如政府所应当的那样，摆脱了一切个人的偶然性。"①麦迪逊强调："美国和其他共和国的最主要的差异，就是代议制原则。这一原则是美国的运作轴心。"②

美国对于人类政治文明成果的继承借鉴，不只是继承借鉴近代现代的，而是对人类历史几千年来的政治文明成果都有继承借鉴。尤其是，注重吸收了古代雅典城邦民主制的思想和欧洲文艺复兴、宗教改革的成果。

古代希腊是西方政治思想的发源地，古代雅典是现代民主思想萌芽的地方。公元前8世纪至公元前6世纪，古代希腊政治思想随着城邦制度的产生而逐渐形成。公元前386年，柏拉图的《理想国》一书问世，以后又有《政治家篇》、《法律篇》相继出炉，探讨国家、国家治理、统治者、社会分工等问题。公元前326年，亚里士多德完成了《政治学》一书。这些著作首先提出了人类自由、平等、民主的政治价值观念。

雅典城邦民主制的内容和特征主要有以下四个方面：一是雅典城邦国家的最高权力机关是公民大会，体现了主权在民的特征。公民大会对全体年满20岁的男性公民开放，每个公民都有权在公民大会上提出自己的议案和参加讨论。作为公民大会常设机构的500人会议是执行公民大会意志的附属机构。国家的法令、政策和一切重大问题都要由公民大会批准。公民大会的决定具有最高法律效力，公民大会可以弹劾、撤换各级官员，可以放逐、监禁公民，甚至判处死刑。国家的财政由公民大会全权管理，国家的武装力量直接由公民大会控制，其领导人由公民大会直接选举产生。二是通过公民轮流执政充分体现了主权在民的原则，表现出直接民主的特征。在雅典城邦，公民从全体公民中选举产生国家的官吏，并通过轮流执政，依次实行统治，也依次被统治，一切职位个人不得连任，任期一般比较短暂。三是建立了官吏监督制度，体现了权力制衡的特征。四是法治的原则。雅典公民的一切政治权力都以宪法为最高准则，法庭的基本任务之一就是审查某项法律、某项政策包括公民大会通过的决议是否违宪，若有违宪，法庭可宣布撤销该项法律或决议。

---

① 马啸原：《西方政治思想史纲》，北京：高等教育出版社1997年版，第368页。
② 〔美〕亚历山大·汉密尔顿等：《联邦党人文集》，张晓庆译，北京：九州出版社2007年版，第819页。

法庭作出的决定为最后决定。所有公民在法律面前一律平等，任何公民都可以对某项决定提出认为违宪和违法的指控。雅典法庭的成员也通过选举产生，并通过抽签分派到各个法庭行使职权。

虽然雅典的城邦民主政治有很大的局限，能够享有民主自由的人只是少数，但雅典的城邦社会建立了政治文明的制度，第一次规定了公民的权利，除了奴隶之外，贵族和平民享有自由、民主；制定了城邦的民主规则、程序制度，通过某种决定时，需要讨论、表决，而且是直接民主。因此，雅典城邦的民主政治被认为是政治文明的萌芽和起点。恩格斯曾经强烈谴责过奴隶社会的残暴，但他也充分肯定了雅典城邦的民主政治，认为它奠定了一切后来文明社会的基石。

古代雅典城邦民主政治的这些积极因素，都被美国吸纳。美国学者伯恩斯说，殖民地的知识型领袖们也攻读柏拉图、亚里士多德、维吉尔、西塞罗、加图、普罗塔克、西德尼、普芬多夫以及博林布罗克的著作，从古希腊罗马的作品中吸取了思想养料。

不过，在社会思想理论方面，美国对于欧洲社会思想的吸收，最重要的还是欧洲文艺复兴运动后产生的社会思想成果。这些社会思想成果，总括起来是互为因果的两个方面，一个是对神权政治思想的颠覆，一个是在实际政治、经济、社会制度中起主导作用的自由主义思潮的广泛兴起。

在欧洲整个封建社会时期，社会的政治思想主要是以神学的形式表现出来的。神权政治论的代表人物是神学家奥古斯丁和经院哲学家托马斯·阿奎那。奥古斯丁在《上帝之国》一书中提出的"双国"理论——上帝之国高于地上之国，一切人都必须服从上帝，第一次为神权政治思想提供了系统的理论论证。托马斯·阿奎那在《神学大全》一书中指出，人和人的理性都是上帝的创造物，国家是人的理性的产物，国家也是上帝的产物。由此，世俗统治者服从教会统治者是上帝的安排。

这种神学政治论有三个显著的特征：第一，认为以《圣经》为信仰的绝对权威和判断是人世是非的唯一标准，上帝创造一切、高于一切的观念是观察一切政治问题的依据。人和国家是上帝的创造物，一切权力都来自上帝并最终受上帝至高无上的权力的支配。第二，强调把基督教的爱德作为伦理基础，要求人们将爱上帝、服从上帝的安排作为首要的行为规范和道德标准。第三，强调教会与国家、教权与王权的关系是神权政治论的中心内容。

一直到了文艺复兴时期，欧洲才逐步摆脱神权政治对人的思想的束缚，破除神学和经院哲学的权威，恢复树立以人为中心的论点，用"人"的眼光、从"人"出发来观察和说明政治社会，并把对国家和政治社会的思考放在法律的基础上，逐步形成了法学政治观。这种从敬神轻人到尊人重世的革命性转变，导致了自然法、自然权利、社会契约、自由、民主、平等、幸福等等一系列新的政治学概念的出现。与此紧密相连，是其自由主义思想的广泛兴起和运用。这一思想的基本出发点是：通过个人的才智和力量在创造物质和精神财富中得到充分发挥以达到全社会的进步和繁荣。这一思想既是破除神权的思想基础，也是其结果。无须赘言，这些新概念、新思想都已悉数进入美国政治领域。

美国对于人类政治文明成果的继承借鉴，不只是开国时期重视，立国以后也重视，并且这种继承借鉴一直伴随着美国的发展。

建国以后相当长一个时期，美国在社会经济发展上奉行的是英国经济学家亚当·斯密的自由放任思想。

亚当·斯密反对重商主义，反对国家干预经济生活，他在《国富论》中主张，社会经济生活应实行自由放任、自由竞争和自由贸易的政策。亚当·斯密认为，通过市场这只看不见的手的调节，物价会自然趋向合理，资本会自然流向对社会最有利的地方，每个人为自利所作的努力最终会给社会带来共同繁荣，人人受惠。

在亚当·斯密的思想体系中，市场经济、私有财产、个人自由、有限政府、民主法治是一个有机的整体：(1)市场经济是促进财富增长的最佳途径；(2)私人拥有财产和个人拥有选择的自由，是在市场进行交换活动的前提条件；(3)在市场经济中，政府的任务只是做文明社会所必需而个人又做不好的事，政府不能妨碍市场；(4)市场经济不规定目的，不作价值判断，只提供达到目的应采取的方法手段，由经济人在市场自由选择，由此，经济民主也为政治民主奠定了基础；(5)自由不等于无政府，自由越多，就越需要制定共同遵守的规则，这个规则就是"法"，靠"法"来治就是法治而非德治，而德治应该属于宗教一类的私人事务，不应由政府来规定。在亚当·斯密看来，以上这几个方面构成了资本主义的上层建筑，是适应资本主义经济基础的，是不能够分开零售的套餐。

亚当·斯密的这些思想曾主宰美国社会经济长达一个半世纪之久，直到20世纪30年代经济大危机时才止步。

历史的安排常常是这样的巧合。在长达一个半世纪里美国奉行的是英国经济学家的社会经济思想，而当奉行这一社会经济思想即将走进死胡同时，在挽救美国经济和社会发展中起重要作用的仍然是英国经济学家的社会经济思想。

在20世纪30年代经济大危机中就任美国总统的罗斯福，上任后专门邀请英国政府经济顾问、经济学家凯恩斯访美长谈，寻求解除经济大危机的良策。凯恩斯向罗斯福谈到，资本主义经济病症的根源在于社会有效需求不足，这是发生经济危机和失业的重要原因，而危机和失业有导致革命和毁灭资本主义的危险。凯恩斯主张对资本主义加以"明智管理"，他提出的办法是采取膨胀性财政（扩大政府支出、赤字预算、举债）、兴办公共工程和实行充分就业等政策。凯恩斯反对自由放任主义者信奉的资本主义经济可以"自行调节"而消除经济危机的观点，认为只有国家干预才是避免现行经济形态毁灭的唯一办法。

凯恩斯的这些思想从理论上批判了亚当·斯密的"看不见的手"的负面作用，结束了自由放任经济思想的统治地位。特别是，凯恩斯的思想还不只是简单的经济学问题，他深刻地认识到了市场失灵的严重危险——有可能导致革命和资本主义的毁灭，也深刻地认识到了大规模运用国家干预以缓解资本主义矛盾的政治意义。众所周知，凯恩斯这些思想的精髓被罗斯福吸收到了新政的国策之中。

美国对于人类政治文明成果的继承借鉴，也没有意识形态之分，不仅注重对政治盟国的学习借鉴，而且还重视学习自己政治对手的经验。

罗斯福新政时期，美国国内曾有一场学不学苏联的讨论。

美国实用主义哲学家、教育家杜威对斯大林的极权持批评态度，但却赞赏苏联社会的计划性。他说，苏联"提供给我们的都是计划社会的模式。我们坚信社会需要计划，并且计划是走出混乱、无序和不安全的唯一出路"。"只

第四章 美国政治现代化的战略

有当我们停止鼓噪那些陈词滥调,不再把我们的观念局限于个人主义与社会主义、资本主义与共产主义的对立之中时,只有当我们认识到现在的问题是要混乱还是要秩序,是要运气还是要控制,是随意地还是有计划地使用科学技术,只有这时,我们才能真正开始智慧的思考。"①

考虑到"一个计划社会和一个有计划的社会是有区别的,这就是专制与民主的区别,教条与操作智慧的区别,以及压制个性与最大限度地释放和利用个性之间的区别",杜威在苏联式的社会主义"计划"与美国式的资本主义"放任"之间,想寻求一个最佳点。他向往安全、有序与稳定的社会生活,认为只有这样的生活才能为政治民主与文化繁荣奠定坚实的物质基础。但他也强调自由,认为没有自由,个性就会被戕杀,个人才智就无法发挥,社会也就失去了进步的动力。他说,苏联式的"计划"在某种程度上提供了"保障"、"有序"与"稳定",但却牺牲了"自由";而美国式的"放任"在某种程度上保证了"自由",但却牺牲了"保障"、"有序"与"稳定"。在他看来,"自由"与"保障"应该是一个有机的整体。因此,他主张学习苏联社会中的计划性,力求建立一个"有计划的社会";但同时要坚决避免苏联"试图对社会组织和联合形式进行计划而又不让智慧尽可能自由的表达"的做法,认为如果这样"便违背了社会计划的本意"。②

虽然很难确定杜威的这种主张以及美国这场学习苏联的争论到底对美国的政治决策起了多大作用,但有一个不争的事实是,在应对20世纪30年代的经济大危机中,美国的确借鉴了苏联的经验。

就在美国资本主义大危机时,整个20世纪30年代,苏联的工业迅速增长,建成了6000多个大企业,1940年的工业总产值比1913年增加6倍多,超过了法国、英国、德国,跃居欧洲第一位,世界第二位。在有些科技领域,如粒子加速器、宇宙火箭理论等方面还居世界前列。社会没有失业,人民生活有保障。当时虽有不少西方人士反对社会主义制度,却纷纷访问苏联,探讨苏联经济增长社会稳定的原因。苏联当时的成功,主要被认为是强大的国家计划。因此,1933年3月4日,罗斯福在总统就职演说中提出要在一些经济和社会领域实行国家计划和监督。

---

① 《美国研究》,1999年第4期,第104、106页。
② 《美国研究》,1999年第4期,第104、106、107页。

美国学者认为，为了解决大批失业问题，罗斯福当年成功实施的"以工代赈"政策就是主要学习苏联的产物。联邦政府当时创立了"紧急救济署"、"公共工程署"和"工程兴办署"等机构，并成立了由青年组成的"民间资源保护队"，与军队通力合作，承担社会工程建设任务，如修建铁路、公路，架设跨州的电话线、桥梁，以及兴建水利工程、建筑工程和开展植树造林、野生动物保护等等。这项政策的实施，不但缓解了大批失业的压力，低成本高效率地完成了许多社会工程，而且还使成百万教育不完全的青年受到了文化教育和技能培训，取得多重效果。

总的看，美国确实是一个善于吸收、借鉴、融合人类文明精华的国家，并且有着鲜明的特色。

一是以用为主，不拘一格。对于人类文明成果的继承借鉴，不分民族国度，不分意识形态，不分时空背景，不预设条条框框，完全是开放的、以实用为标准的。

二是以我为主，扬长避短。在继承借鉴人类文明成果的过程中，完全依据自己的需要，不囫囵吞枣，简单抄袭。例如，美国虽然继承沿用了英国的宪法传统，但却又作了很大的取舍。这主要表现在：(1)在英国，由于实行议会至上的宪法原则，最高法院无权宣布议会立法违宪无效。而美国出于三权分立和权力制衡的需要，则赋予了联邦最高法院有审查国会立法和总统行政法令是否违宪的权力。(2)在英国，法院组织体系十分庞杂。而美国，对法院组织体系则采取了比较简约单一的设置。(3)在英国，法院未能自成体系，议会上议院是司法体系的一部分。作为最高法院院长、上议院议长的大法官还往往是执政党成员。而在美国，联邦最高法院的大法官虽由总统提名经参议院批准，但大法官在政治上中立，不属于任何党派。美国联邦司法部门完全独立于其他部门。(4)在英国，最高法院的判决不是最终的判决，如不服最高法院对案件的判决，还可以上诉到议会上议院，由上议院行使最高司法权。而在美国，法定联邦最高法院的判决为最终的判决。从这些方面可以看到，美国在沿用英国的法律方面选择性是比较大的。

三是学创并举，升华提高。对于人类的文明成果，美国的可贵之处不仅仅在于他们勇于借鉴，善于借鉴，更为重要的还在于他们在学习借鉴中，不仅没有失去自我，还往往能把学习借鉴与消化吸收、改造升级结合起来，常

第四章 美国政治现代化的战略

常取得占据先机、青出于蓝而胜于蓝的结果。这方面的例子举不胜举,最典型的还是美国对于其母国政治体制的沿袭、运用和扬弃。由于历史的渊源和习惯,美国的共和政体貌似从来没有丧失与其母体英国政治体制的相似性:君主、上议院、下议院;如果去掉它们神圣的面纱,似乎就成了美国的总统、参议院和众议院。其实,问题远不是这么简单。美国的政治体制,从根本上来说,是对世界上多种政体进行权衡、选择和优化升级的产物,包括:吸收了多种制度的突出长处——君主制的活力,寡头制的合作,民主制的代议制;规避了多种制度的突出缺陷——君主制的专制,寡头制的腐败,民主制的混乱;创立或改造了政府所有机构——对总统、参众两院、最高法院的设置都赋予了新的内涵。尤其是创立总统制,一改欧洲政体的传统做法,使荣誉和效能在总统职位上聚焦,从此开启了总统政治的新时代。所以美国政治学家亨廷顿说,美国总统一身而三职,在功能、权力、职责方面,"都远比伊丽莎白二世更像伊丽莎白一世。英国保留着旧君主制的形式,而美国则保留着其实质。今天美国仍有一位国王,而英国则徒有一顶王冠。"①

---

① 〔美〕塞缪尔·亨廷顿:《变化社会中的政治秩序》,王冠华等译,北京:生活·读书·新知三联书店 1989 年版,第 105 页。

第五章
Chapter Five

美国政治现代化的标志

在美国早期的开国者们看来，自由是与生俱来的，是与生命等价的。杰弗逊说：上帝在赐予我们生命的同时，也赐予了我们自由。华盛顿在总统告别演讲中说：你们是美利坚人，你们酷爱自由，你们身上的每一个细胞都充满了自由。

在今天的美国，自由、民主、平等、人权、法治、自治这样一些观念，不仅在推进美国政治现代化的过程中发挥了可靠的思想保证作用和理论先导作用，而且构成了美国政治现代化的核心内容和主要标志。

第五章　美国政治现代化的标志

随着一声"我来了，我为胜利而来！"希拉里于 2007 年 9 月开始了她的白宫梦之路。16 年前，她协助她丈夫圆了白宫之梦；今天，她要圆自己的白宫之梦。①

为了这次竞选，希拉里已经为自己组建了一支由筹资人、媒体顾问、演讲稿撰写人、活动筹划人员以及政治事务处理顾问组成的竞选部队。就像是肯尼迪家的老马也知道随时为进入政治圈的新家族成员望风放哨一样，那些死心塌地的克林顿主义者也在摩拳擦掌，跃跃欲试地准备为克林顿家族效力，成为他们心目中卡默洛特的一员。对于他们来说，比赛已经开始了。

为了这次竞选，希拉里已经学会了做一个总统候选人必须做的事情。周游全国去筹集资金，游说选民代表，安抚媒体。她要通过这部运转平稳的克林顿竞选机器让自己的地位日益巩固。她全部的生活即着眼于此刻，她将毕其功于此役。白宫的 8 年经历，再加上参议院的 5 年里程，让她深知每个筹资人都是无比重要的，每一次握手和每一封信函对于自己的支持者来说都是意义非凡的。她决不会对此视而不见。她要时时刻刻把台词牢记于心底，努力避免错误。她的每一次公开演讲稿都要逐字斟酌。绝对不能让民众流露出任何不满，更不能让自己陷于尴尬之中。

为了这次竞选，希拉里已经适应了媒体。有评论称："在媒体面前，她总能借助精心编撰的讲演稿和超凡脱俗的形象，烘托出一个新的笑容满面的超党派交易商形象。""站在公众面前的希拉里总是那样的端庄大方，语重心长，意气风发，而且彬彬有礼。""她有着气宇非凡的外表——那种令人疯狂的发型和古怪的服饰早已经不属于她。"

---

① 本书在这里所记述的，是 2008 年 11 月美国第 44 任总统选举前，希拉里在美国民主党党内同奥巴马竞争总统候选人提名的一些片断。本书 2008 年 10 月第 1 版问世时，民主党总统候选人奥巴马与共和党总统候选人麦凯恩的对决尚未进行，而希拉里 8 年后的第二次问鼎白宫之路就更是后话。本书这次修订再版时，出于加深对美国民主选举制度的了解和本书完整性的考虑，仍然保留了这部分内容。

此前，曾任白宫政治顾问的美国学者迪克·莫里斯也指出："就在第19条修正案规定女性拥有选举权之后的85年，整个世界似乎都在准备改写历史。……美国选民已做好让女性入主白宫的准备。……绝大多数选民声称，他们将支持女性成为总统，这在美国历史上是第一次出现。在《今日美国》、CNN以及盖洛普2005年5月进行的民意调查中，竟然有70%的被调查对象指出，他们有可能在2008年的总统竞选中把选票投给某一位女性。这种思维观念的转变绝对是革命性的！"①

然而，希拉里的白宫之路在这一天止住了脚步——2008年6月3日，另一位同样改写美国历史的非洲裔参议员奥巴马宣布，他赢得了民主党总统候选人的提名。他是美国历史上第一个获得主要政党提名的黑人候选人。

不过，希拉里虽败犹荣。

奥巴马说："我们要停下来感谢希拉里，她在这次竞选中也创造了历史。我们的民主党和国家因为她而变得更好。"②

民主党另一位总统候选人爱德华兹也赞扬希拉里："她表现出了力量和特性，她的表现应该值得我们欣赏。在我看来，她就是一个钢铁打造的女人。她是这个国家的领导者，这并非因为她的丈夫，而是因为她的表现。"③

至2008年7月，民主党、共和党的总统候选人都已产生，虽然结果要到2008年11月才能决出，但世界舆论普遍认为，这将是美国历史上一次从未有过的选举——选民必须在首次担任参议员并拥有超凡魅力的新一代政治领袖奥巴马和越战英雄、要求最后一次为国家效力的麦凯恩之间作出选择。如果奥巴马成功当选总统，这将向世人传达这样一个强大的信息：在美国，对于美国黑人来说再没有什么高不可攀的顶点，也没有什么遥不可及的极限。如果71岁的麦凯恩入主白宫，他也将成为美国历史上就任时年龄最大的总统。

所以，不管谁最后胜出，2008年的总统大选都将标志着美国政治的历史被改写，美国公民思想观念的又一次革命，美国民主政治的又一次质的提升和跨越。

---

① 〔美〕迪克·莫里斯等：《希拉里与赖斯：谁是美国女总统最佳人选》，杨凤妍等译，北京：社会科学文献出版社2007年版，第5页。
② 《环球时报》，2008年6月5日，第1版。
③ 《环球时报》，2008年5月16日，第2版。

第五章　美国政治现代化的标志

但是，这一里程碑意义的事件并不能凭空降临，也不是历史的偶然巧合，而是建立在美国政治现代化的深厚基础之上的。经过230多年的努力，美国的政治现代化与时共进，在先进性、科学性、规范性和能动性等方面，都得到了明显的改进和提升，取得了若干标志性的成果。

一　政治观念现代化——归根结底是思想而不是武器决定历史

政治观念作为一种社会政治现象，反映着一个民族一个国家客观的政治历史和政治现实，是随着社会的发展而演进的。在今天的美国，自由、民主、平等、人权、法治、自治这样一些观念，不仅在推进美国政治现代化的过程中发挥了可靠的思想保证作用和理论先导作用，而且构成美国政治现代化的核心内容和主要标志。

自　由

美国哈佛大学肯尼迪政府学院在提供给全美大学广泛使用的教科书——《美国政治文化》中，将美国定义为一个"天生自由"的国家，认为整个国家就是建立在自由思想的基础之上的。这部教科书指出，美国起源于一场反对英国殖民统治的革命，然而，与大多数流血革命不同的是，美国革命并不是反叛已经确立的社会秩序；恰恰相反，美国革命的目的还在于保护殖民地美洲所产生的新社会秩序，因为殖民地并不存在需要推翻的封建遗产，并且殖民地已经开创了一种让个人免受欧洲式贵族爵位统治制约的新的生活方式。同时，美洲这片广阔无垠、资源丰富的土地也为美国人追求自由的生活方式提供了可能。①

哈佛大学肯尼迪政府学院的这部教科书为人们认识美国的自由提供了向导。

---

① ［美］托马斯·帕特森：《美国政治文化》，顾肃、吕建高译，北京：东方出版社2007年版，第7页。

山巅之城
美国政治现代化的理想与现实

在初创时期的美国,自由在很大程度上意味着独立。

1765年,一个被称为"自由之子"的组织即在波士顿诞生,动员殖民地人民反抗英国的专制和盘剥,开始了独立的斗争。

1774年,美国开国元勋之一、政治思想家潘恩移居北美后有如找到归属感,即积极为北美殖民地的全面独立而积极奔走。在他的《常识》一书中,详述了北美殖民地所受统治再也不能继续下去了,必须尽一切努力,寻找新的出路,那就是独立。潘恩写道:"北美的真正利益在于避开欧洲的各种纷争,如果它从属于大不列颠,被当做英国政治天平上一个小小的砝码,它就永远摆脱不了那些纷争。""美洲人民被暴虐统治者惨杀的已经这么多……现在应该是采取独立运动的时候了。"①

潘恩的思想在民众中引起强烈的共鸣,潘恩的名言被人们奔走相告。潘恩喊出了许多人想喊而没有喊出来的话:"独立!独立!"

开国总统华盛顿后来说,潘恩的《常识》一书"使得包括我在内的许多人的心理产生了深刻的变化,独立和自由的精神在我们心中沸腾起来"。

就这样,1775年4月19日,自由和独立的枪声终于响起,13个殖民地的人民纷纷行动起来,为自由和独立而战。

在美国早期的开国者们看来,自由是与生俱来的,是与生命等价的。

杰弗逊说:"上帝在赐予我们生命的同时,也赐予了我们自由。"②

华盛顿在总统告别演讲中说:"你们是美利坚人,你们酷爱自由。你们身上的每一个细胞都充满了自由。我没有必要再提什么建议来加强和坚定你们的这个信念。"③

美国立国前夕,"自由之子"组织的领导人、弗吉尼亚总督帕特里克·亨利在群众集会上疾呼:"难道生命如此珍贵,难道和平如此甜蜜,以至于非要用镣铐和奴役去换取它们?我不知道别人何去何从,我的抉择是不自由,毋

---

① 中央电视台《大国崛起》节目组编:《大国崛起·美国》,北京:中国民主法制出版社2006年版,第34页。
② 于歌:《美国的本质》,北京:当代中国出版社2006年版,第189页。
③ [美]雅各布·尼德曼:《美国理想:一部文明的历史》,王聪译,北京:华夏出版社2004年版,第90页。

第五章 美国政治现代化的标志

宁死!"①虽然帕特里克·亨利后来曾任弗吉尼亚州首任州长,但真正成就他地位和名声的是这次慷慨激昂的演说。

在美国,自由的维度是由政治领域逐步向经济和社会领域延伸的。对自由的内涵进行完整表述并得到人们广为尊崇的是二战前夕罗斯福总统的一席话。

1941年初,罗斯福在国情咨文中说,美国将努力保证未来的安定,这种安定建立在四种基本自由之上:首先,人人都享有发表言论和表达见解的自由;其次,每个人都能以自己的方式,享有崇拜上帝的自由;第三是免受贫困的自由;第四是免受恐惧的自由。②

罗斯福的这一思想和政策主张,可以说代表了美国人的心声。

关于言论自由,美国人认为:"但凡有关公共事务的观点,都应不受干涉地得以自由表达。有秩序的社会进步,是在不加束缚的舆论自由推动下取得的。对没有公然行动的舆论进行惩罚,决不利于有序的进步。压制舆论只会招致暴力与流血。"美国人还认为:"追求真理是一个群体参与的过程,没有哪一个人能够独自发现真理,也不能将自己的观点强加于别人。这样,言论的自由和思想的自由是不可分割的,当这两个自由被用来打开通向内心以及外在世界的真理的大门时,它们存在的意义是无可争辩的,它们能使个体的内心世界更趋完善,使群体的智慧和道德达到更高的境界。"③

关于宗教信仰自由,美国人认为,"没有宗教热情,就不会有美国"。美国宪法禁止政府设定某种宗教为国教。无论你是天主教徒、基督教徒、佛教徒,还是伊斯兰教徒或某种新兴宗教的信仰者,国家都保护不受任何来自政府或者民间的宗教迫害,美国宪法赋予公民拥有绝对的信仰自由。

关于免受贫困的自由,美国人认为,保证公民的财产与幸福,以及保护个人免受经济损失和不测之灾,是社会和政府的目标。自由"不仅指免除对肉体的约束,而且指个人有权签订契约,有权从事任何一种普通谋生职业;有

---

① 中央电视台《大国崛起》节目组编:《大国崛起·美国》,北京:中国民主法制出版社2006年版,第30页。
② 参见[美]乔伊·哈克姆:《自由的历程:美利坚图史》,焦晓菊译,上海:复旦大学出版社2006年版,第283页。
③ [美]雅各布·尼德曼:《美国理想:一部文明的历史》,王聪译,北京:华夏出版社2004年版,第20页。

权获取有用的知识；……以及普遍地享有历来被认为是自由人和平等地追求幸福所必不可少的那些特权。"

关于免受恐惧的自由，美国人认为，"唯一该恐惧的就是恐惧本身"。美国宪法第4条修正案明确："人民的人身、住宅、文件和财产不受无理搜查和扣押。"第14条修正案又规定："任何一州，都不得制定或实施限制合众国公民的特权或豁免权的任何法律；不经正当法律程序，也不得剥夺任何人的生命、自由或者财产。"

在美国，自由也是与社会责任感联系在一起的。对美国人来说，自由也意味着承担义务，承担自己行为的责任。

美国人认为，自由只有在与责任一起运用时才发挥作用。"任何人要获得成功，必须作为一个美国人而同他人、同国家一起获得成功"。如果"没有责任感，任何自由社会都不会繁荣"。

第42任美国总统克林顿指出："如果没有责任感，自由市场制度就会盛行欺骗消费者、内部交易、虐待雇员等现象。如果没有责任感，社会精英的智力只会创造出一种狭隘的利益集团政治，为自己的无能辩解，而不能为更大的公众利益服务。如果没有责任感，个人的自由只不过是自私自利。"克林顿还强调说："我们有言论自由，但同时也有根据民法来讲话的责任；我们有集会的自由，但也有和平集会的责任；我们有新闻自由，但也有真实、准确公正报道新闻的责任。"①

进入21世纪以来，美国人对自由的深度信任有增无减。自由不仅是价值观，是文化，而且成为人们的时尚。

美国人认为，社会应该鼓励自由，"个人应该拥有一个私人领域，在此领域，他们只要不伤害他人，就可以自由地思考并按照自己选择的方式去行为"。这种观念深入到美国人生活的方方面面，从美国"高度工业化的民主体制，到将近70%的美国家庭拥有私人住宅，这些事实都体现此观念。如此多的美国人拥有自己的住宅，原因之一就在于，它能增加自由。在私人住宅的界限内，他们是自己的主人，可以安全地规避房东和政府官员一双双窥探的眼睛"。

---

① 李其荣：《美国精神》，武汉：长江文艺出版社1998年版，第20、145页。

第五章 美国政治现代化的标志

第43任美国总统布什说:"自由,这个词阐明了美国最深刻的承诺,以及我们最崇高的召唤。一代代美国男人和女人,为了他们自己以及他人的自由而活着和牺牲。从我国建国之日起,他们就一直为自由而奋斗;而在可怕的'9·11'袭击事件之后,我们大家都更深刻地理解了自由的重要性。"[①]

美国2002年发表的国家安全战略报告称:"自由是我们生活的基本要素。表达的自由、宗教信仰自由、迁徙的自由、财产权、不受非法歧视,这些权利是我们作为美国人所必须有的,也是我们必须捍卫的。许多人为了建立和保卫这些权利而战斗,甚至牺牲,我们绝不能放弃它们。"[②]

美国教科书定义:"自由是这样的原则,个人应当按照自己的意愿自由地行动和思考,只要他们不是无理地侵犯他人的自由和福利。"[③]

总之,在世界上,自由已成为美国的名片。

民 主

虽然民主的理念和实践源远流长,也有多种民主的解读,但在美国人的眼里,民主的观念却是笃定的。

在美国人看来,民主首先是一种价值,即政治上的独立、自由和平等。

从1776年《独立宣言》的宣告,到1788年《合众国宪法》、1791年宪法前10条修正案生效;从杰斐逊民主思想的阐发到杰克逊"民主政治"的实施;从1863年林肯签署《解放黑奴宣言》和在葛底斯堡关于"民有、民治、民享"政策的演说,到1870年给黑人以充分民主权利的第15条宪法修正案的产生;从19世纪末的民粹主义运动到20世纪初的进步主义运动;从伍德罗·威尔逊的"新自由主义"纲领,到富兰克林·罗斯福的"新政"与"四大自由";从杜鲁门的"公平施政",到肯尼迪的"新边疆"、约翰逊的"伟大社会"纲领的实施,都是这种价值理念的实际体现和实践成果。并且,这些成果随着政治现代化的推进不断扩大。如在自由的扩大方面,先由契约佣仆白人扩大到自由白人,再到黑奴成为自由人和印第安人获得自由;在参政权的扩大方面,由限制选

[①] 〔美〕乔伊·哈克姆:《自由的历程:美利坚图史》,焦晓菊译,上海:复旦大学出版社2006年版,第4页。
[②] 黄柏富主编:《"9·11"事件后美国国家安全战略文件选编》,北京:军事谊文出版社2002年版,第224页。
[③] 〔美〕托马斯·帕特森:《美国政治文化》,顾肃、吕建高译,北京:东方出版社2007年版,第6页。

举权到逐步取消限制,由少数政治活动家参政到一些中下层代表人物参政,由白人参政到黑人参政,由男子参政到妇女参政;在经济平等权利的扩大方面,制定反托拉斯法对垄断进行限制,颁布实施社会保障法等等。

在美国人看来,民主很重要的是一种政治制度,即宪政民主、代议制民主。实行不实行这种民主制度,是先进与落后、善治与暴政、资本主义国家与非资本主义国家意识形态的分野。

美国人认为,在这种制度中,人们可以通过或多或少定期安排的选举来选择政府。选举时,反对党不会受到压制,政治精英也不会发生意外,因为民主即意味着竞争,民主即意味着政党轮替。并且认为,只有经过民主选举的政府,才具有唯一的执政合法性。

杰斐逊说,选举可以"温和地"、"安全地"矫正弊政,而在缺少这种补救办法的地方,弊政则常常需要用革命的刀剑才能斩除。"距离公民的直接的、经常的选举愈远,政府的共和性质就越少"。①

杜威说:"普遍的选举权、重复的选举、在政治上当权的人们对投票者负责以及民主政府的其他因素,这些都是我们所曾发现的实现以民主为一种真正人类生活方式的目的的有效手段。"②

在美国人看来,民主的对立面往往就是极权。

大多数美国人接受前国家安全事务助理布热津斯基提出的极权主义概念,即:"极权主义是划入一般专政类别政府的新形式。在这个体系中政治力量的先进技术与手段,由精英运动的中央领导层基于影响整体社会革命的目的而毫无限制地支配,整体的社会革命包括在某种专断意识形态的概念设定中改变人类的状况,而领导层在对全体公民强迫一致的背景下声称拥有这些技术与手段。"③

美国人认为,极权主义与民主政治构成了完全相反的政治特点,其体系的主要特征包括:(1)千篇一律的意识形态,由涵盖生活各方面的官方学说构成,每个人必须遵从,其中设计了一个最终的人类美好状态;(2)单一的政

---

① 马啸原:《西方政治思想史纲》,北京:高等教育出版社1997年版,第374、375页。
② 〔美〕约翰·杜威:《人的问题》,傅统先、邱椿译,南京:江苏教育出版社2006年版,第37页。
③ 〔美〕劳伦斯·迈耶等:《比较政治学:变化世界中的国家和理论》,罗非等译,北京:华夏出版社2001年版,第247页。

第五章 美国政治现代化的标志

党,通常由一个人领导,由人口的一小部分组成,为意识形态服务;(3)由政党或秘密警察使用现代科学手段形成随意的、专制的暴力体系;(4)由党与政府对于所有大众传播的有效途径进行几乎是彻底的独裁控制;(5)对械斗武器进行同样几乎是彻底的独裁控制;(6)由中央对经济整体以及几乎其他所有社会组织进行控制与指导。

在美国人看来,民主既是一种政府形式,也是一种个人内心的能力,民主存在于两种世界——物质世界与精神世界。

作为存在于物质世界的民主,美国人认为,这是"外部的秩序和运作",是"生活在现实中的物质世界里、政治世界里、充满着各种势力的世界里的民众的政府"。

作为存在于精神世界的民主,美国人认为,这是"一个群体全身心地、不遗余力地献身于真理的共识。它不追求财富的积累;它不'扬帆出海';它不发动战争;它不追求'强大';它不是尘世间的'经济实体';它没有军队;它不签订协议;它不策划财政措施的创新";"它不是基于个人好恶的民主,也不是满足个人欲望的民主,而是出于人类良知的民主。"①

至于这两种民主之间的关系,美国人认为,"没有精神的民主作保障的外在民主,最终会不可避免地连同其中的民众一起自行消亡"②。

在美国人看来,民主在大多数情况下是处理"权力"与"权利"两者关系的一种政治方式,要解决好国家权力的构成以及运行问题,也要解决好民众权利的实现与保障问题。

从"权力"的角度看,美国人认为,一个民主的政治制度,关键的问题是实现对权力的共治,认为这是民主制度的核心。

从"权利"的角度看,美国人认为,民主的政治制度应当是使人民拥有的权利,包括政治权利、经济权利以及社会权利等得到保障和发展。有关权利保障的法律的制定是实现和保障人民权利的重要方面,但法律并不是衡量人民权利的根本准绳。人民的权利是否得到实现和保障,要看社会生活的实际

---

① 〔美〕雅各布·尼德曼:《美国理想:一部文明的历史》,王聪译,北京:华夏出版社2004年版,第237页。
② 〔美〕雅各布·尼德曼:《美国理想:一部文明的历史》,王聪译,北京:华夏出版社2004年版,第132页。

状况。在经济生活、社会生活、政治生活中民众权利保障的实际状况和发展水平，是衡量民众享有民主权利的真正标准。

托克维尔认为，在美国，民主已经成为美国人社会生活的一部分，并且，民主渗入社会生活后，还带来了许多好处，突出的就是，"使美国人之间的日常关系简易化了"。

托克维尔说："在美国，家庭出身向来不会制造特权，财富也不会使它的持有人享有任何独特的权利；互不相识的人可以随意在同一地点相聚，他们相互交换思想时既不是为了获得好处，又不怕由此带来危险。他们一旦在某处邂逅，既不主动攀谈，又不回避对话。因此，他们的待人态度是自然的、坦率的和开朗的。我们还会发现，他们既不打算由对方得到什么好处，又不担心对方会加害于他们什么；他们既不想方去炫耀自己的地位，又不设法去掩饰自己的处境。虽然他们的态度往往是冷淡的和严肃的，但这并不表明他们是高傲的和拘谨的。"[1]

根据托克维尔的观察，"在美国，市民社会里的等级差异很少，而政治界根本没有等级差异。因此，一个美国人并不认为自己应当特别关心任何一位同胞，他也不要求其他同胞对他如此。因为他不认为他的利益在于跟某一同胞套近乎，所以他也坚信他与他人套近乎时不会受到欢迎。他一方面不以出身为理由而轻视任何一个人，另一方面也想不到任何人会以这种理由来轻视他。在没有确证别人对他侮辱以前，他决不认为人家存心如此。美国的社会情况，自然而然地使美国人不容易为一点小事而动怒。另一方面，他们享有的民主自由，又把他们的这种宽容风气灌输到美国的民情之中。美国的政治制度使各阶级的公民不断接触，并促使他们齐心协力去进行伟大的事业。进行伟大事业的人，没有时间去考虑繁文缛节，并且由于过分重视和睦相处而不拘礼节。因此，他们习惯成自然，在待人接物时注重感情和思想，而不重视仪表，他们也决不会为一些琐事而大动肝火。"[2]

据此，托克维尔得出结论，虽然"民主并不使人们之间的关系紧密，但能使他们的日常关系简易化"[3]。

---

[1] 〔法〕托克维尔：《论美国的民主》，董果良译，北京：商务印书馆1988年版，第707—708页。
[2] 〔法〕托克维尔：《论美国的民主》，董果良译，北京：商务印书馆1988年版，第710页。
[3] 〔法〕托克维尔：《论美国的民主》，董果良译，北京：商务印书馆1988年版，第706页。

第五章　美国政治现代化的标志

尽管民主在美国是如此地深入人心，渗透到社会生活的方方面面，但迄今为止却没有形成一个具有广泛共识的关于民主的权威定义。对此，美国历史学家罗伯特·威布的解释是，"由于民主太重要了因而是无法定义的"。

之所以"太重要了因而是无法定义的"，罗伯特·威布说，是因为"在日常用法中，民主也许是指在公开和私下场合我们相互之间的待遇；可以是指保守的、自由的或激进的经济计划；可以是指个人抵御多数人的权利或多数人抵御所有新来者的权利；可以是指有种族差异意识或没有种族差异意识的公共政策；可以是指国外专制独裁政权的垮台或国内行政权力的上升；可以是指消除差别或赞美差别等等更多的东西"，"民主在总体上覆盖的范围如此之大，也许在细节上并不具有多少重要的意义"。①

不过，罗伯特·威布又认为，"由于民主太重要了而又不得不对它进行定义"。为此，罗伯特·威布给出的民主定义的要素是：(1)包括所有智力正常的成年居民都应是选民；(2)每一个选民都有平等的机会去筹划公共问题的议事日程；(3)每一个选民在决策机制方面都有平等的权利，在决定解决办法方面具有同等的权利；(4)每一个选民都有平等的权利去获得与公共问题有关的信息。并认为，这才是美国所应具有的真正的、真实的、名副其实的民主。②

另一位美国学者李普塞特认为："一个复杂社会中的民主，可以定义为一种政治系统，该系统为定期更换政府官员提供合乎宪法的机会；也可以定义为一种社会机制，该机制允许尽可能多的人通过在政治职位竞争者中作出选择，以影响重大决策。"③

美国政治教科书认为："民主是一套规则，旨在赋予普通人在政府中享有重要的发言权。……民主是一种人民进行统治的政府形式，人民或是直接或是间接地通过选出的代表进行统治。因此，民主不同于寡头政治——寡头政治是由一小群团体进行控制，如高级军事官员或一些富有的家庭，也不同于独裁政治——独裁政治中是由单个的人进行控制，如国王或独裁者。"④

---

① 〔美〕罗伯特·威布：《自治：美国民主的文化史》，李振广译，北京：商务印书馆2006年版，第4页。
② 〔美〕罗伯特·威布：《自治：美国民主的文化史》，李振广译，北京：商务印书馆2006年版，第9—10页。
③ 许耀桐等：《政治文明：理论与实践发展分析》，北京：中央编译出版社2006年版，第464页。
④ 〔美〕托马斯·帕特森：《美国政治文化》，顾肃、吕建高译，北京：东方出版社2007年版，第21页。

显然，上述定义主要是从政治参与的层面着眼的。由此似乎也可以看到，在美国，民主的要义即人民参与。

平　等

在美国，平等有着特殊的意义，代表着美国建国的历史。

美国早期黑人民权主义者伊利·泊克认为，是平等的观念聚合了人们，奠定了国家的基础。他说："我们的肤色不同，我们的宗教信仰不同，我们的能力不同，我们的背景可能也不同。那么我们的共同点何在？是什么让我们都成为美国人？是一个观念。我们拥有相同的观念，那就是我们的共同之处。其他国家都不是从一个观念开始建立的，大多数国家都是从贵族和国王开始的。我们从一个声称人人生而平等的宣言开始，那个崭新而强有力的观念让全世界的人都激动万分。"①

然而，《独立宣言》的庄严昭告，给人们带来的不只是一个概念，而是社会运行的准则，发展机会的平等。正如杜威所说："相信平等，这是民主信条中的一个因素；然而它并不是相信自然天赋的平等。宣布平等观念的人们并不认为他们是在发布一项心理学上的主张，而是在发布一项法律上和政治上的主张。一切个人都有权利受到法律的平等对待以及在其行政管理中有平等的地位。每一个人总是生活在一些制度之下的，而他所受的这些制度的影响都是平等的。如果在数量上并不如此，在质量上是如此的。每一个人有平等的权利来表达他自己的判断，虽然当他的判断与别人的判断构成一个集合的结果时他的判断的重要性在数量上也许并不是平等的。简言之，每一个人都同样是一个人；每一个人都享有平等的机会来发展他自己的才能，无论这些才能的范围是大是小。"②

在美国，人们对于平等的追求就如同对于自由的追求甚至胜于对于自由的追求。

托克维尔说，美国人"天生就爱好自由，你不用去管他们，他们自己就会去寻找自由，喜爱自由，一失去自由就会感到痛苦。但是，他们追求平等的

---

① 〔美〕乔伊·哈克姆：《自由的历程：美利坚图史》，焦晓菊译，上海：复旦大学出版社2006年版，第152页。
② 〔美〕约翰·杜威：《人的问题》，傅统先、邱椿译，南京：江苏教育出版社版，第39页。

第五章 美国政治现代化的标志

激情更为热烈,没有止境,更为持久,难以遏止。他们希望在自由之中享受平等,在不能如此的时候,也愿意在奴役之中享用平等。他们可以忍受贫困、隶属和野蛮,但不能忍受贵族制度。"在美国,"追求平等的激情是一个不可抗拒的力量,凡是想与它抗衡的人和权力,都必将被它摧毁和打倒"①。

在美国,人的平等表现在各个方面。

美国学者戴维·波特指出:"平等是美国人的主要特征,是理解美国国民性层面的关键,平等思想似乎是产生所有其他事实的基础。"在美国人的生活和思想领域,"人们的行为、工作、娱乐、语言和文学、宗教和政治,无不体现平等观念,现实生活中的各种关系,无不受这种观念的制约。除7月4日独立节外,他们很少谈论平等,因为他们认为这是理所当然的,就像他们享有言论自由和宗教信仰自由的权利一样"。②

美国人认为,既然在上帝眼里人人平等,那么在凡人眼里也就不难承认这一点了。在生活中,美国人认为在大自然面前,人人有生存权利,只要有力气,有能力,谁都可以获得自然,谁都可以发财当富翁。在政治上,他们主张投票箱面前人人平等,也就是人人享有选举权。在教育上,人人享有受教育的机会,公立学校人人均可上学。在运动场上,只要有体育才能和技术的人,都可以参加竞争。在社交场合,美国人喜欢平等待人,也喜欢被别人平等相待,摆架子,高人一等的表现为人们所不取。在官兵关系方面,美国人认为,"官兵之间应该是平等的,指挥官不能向士兵摆资格","不能把权威当宝杖使用"。在宗教方面,美国人认为人人有信仰宗教的权利,新教徒不经任何神职人员作中介,可以与上帝相通。

在美国,平等的观念改善了人们的关系,促进了人们对国家政治制度的热爱和法制观念的深入。

托克维尔说:"我在合众国逗留期间见到了一些新鲜事物,其中最引我注意的,莫过于身份平等。"在那里,"忠仆和奴才的痕迹都不见了。仆人随时都可能变成主人,并希望成为主人。因此,仆人与主人并没有什么不同。……主人和仆人在他们的心灵深处不再感到彼此之间存在根深蒂固的差别。他们一旦结成主仆关系而出现差别时,做主人的也不会趾高气扬,做仆人的亦不

---

① 〔法〕托克维尔:《论美国的民主》,董果良译,北京:商务印书馆1988年版,第624页。
② 李其荣:《美国精神》,武汉:长江文艺出版社1998年版,第25、27页。

必担心受侮。因此，主人不会轻视仆人，仆人也不会怀恨主人，在日常的接触中前者并不蛮横无理，后者亦不卑躬屈膝。做主人的认为，他的权力的唯一根源只是那份契约，做仆人的也只是从那份契约去寻找他所以服从的唯一原因。他们之间绝不会为契约所规定的彼此地位而发生争执，双方都清楚地理解自己所处的地位，并坚守自己的地位。"①

托克维尔认为："在平等时代，人们的思想产生单一的中央权力的观念之后，自然又要产生关于统一的立法的观念。由于每个人都觉得自己与他人没有多大差别，所以很难理解应用于一个人的法规为什么不能平等地应用于其他一切人。因此，哪怕是微不足道的特权，他们都从理性上感到可憎；同一国家的政治制度上的最微小差异，也使他们感到不快；在他们看来，立法的统一是一个好政府的首要条件。"②

美国政治教科书对于平等是这样定义的："平等这一概念意指所有个人在道义价值、受到法律对待和政治要求上都是平等的。"③

人 权

在美国，人权是高于一切的，是神圣不可侵犯的。人人都享有生命、自由和追求幸福的权利，都有言论、信仰和自己决定自己命运的权利，这被认为是天赋的。这些不仅反映在整个民族的意识中，也反映在美国国家的法律和制度中。

首先提出人权观念的是《独立宣言》。马克思曾称《独立宣言》为世界上"第一个人权宣言"。④

在美国，作为政治意义和社会实践意义的人权观念的确立，是联邦新宪法《权利法案》的通过。

1789年9月25日在第一届联邦国会上通过的前10条宪法修正案，在人权观念的确立上具有这样几个指标性意义：(1)确立了人权的内容。即通过制宪会议的大辩论，确认了建立这个新兴的国家和这个新兴的国家得以长久维

---

① 〔法〕托克维尔：《论美国的民主》，董果良译，北京：商务印书馆1988年版，第4、720—721页。
② 〔法〕托克维尔：《论美国的民主》，董果良译，北京：商务印书馆1988年版，第840页。
③ 〔美〕托马斯·帕特森：《美国政治文化》，顾肃、吕建高译，北京：东方出版社2007年版，第7页。
④ 《马克思恩格斯全集》第16卷，北京：人民出版社1964年版，第20页。

第五章 美国政治现代化的标志

持的关键在于保障人权。(2)提高了人权的地位。在此之前,有关权利的条款属"自然权利"的范畴,在英国及英属北美殖民地长期由习惯法所承认和确认。联邦新宪法将《权利法案》作为前10条宪法修正案纳入《合众国宪法》,即完成了人权由习惯法到成文法、由自然法到制定法、由地方法向最高法的重大转变。(3)扩大了人权的范围。《权利法案》一方面把《独立宣言》中提出的"生命、自由和财产权"作为基本的人权,另一方面,也把宗教、言论、集会和请愿,以及建立社团、佩戴武器、人身、住所、文件与财产不受无理搜查与扣押,甚至被告得享公正、公开、迅速审理等项权利,也列入人权的范畴,大大扩大了人权的内涵,并为美国人的创造性活动留下了巨大空间。

在美国,人权即意味着人的公民权利和政治权利得到保障。宪法和法律保障公民的宗教信仰自由、言论出版自由、结社自由等权利,对公民的财产权、名誉权、姓名权、荣誉权、人格尊严权、人身及住宅不受侵犯权等权利予以确认和保护。

在美国,人权即意味着人的经济、社会、文化权利得到保障。宪法和法律对保障公民的劳动权、休息权、男女平等权、男女同工同酬权、知识产权、社会保障权、获得物质帮助权、受教育权、结婚和离婚自由权,以及从事和参加科学研究、文学艺术和其他文化活动的权利等作出了全面规定。

在美国,人权即意味着老年人、未成年人、残疾人等特殊、弱势群体的合法权利得到保障。联邦国会颁布的老年人权益保障法、未成年人保护法、残疾人保障法,对这些特殊、弱势群体的保障作出了特别规定。

在美国,人权即意味着不同种族和民族的权利得到保障。不同种族和民族的人享有宪法和法律规定的全部公民权利,能够以平等地位参与国家大事和各级地方事务的管理。

如同自由、民主、平等一样,在美国,人权不仅仅是由制度所保证的一种权利,而且已经演化为根深蒂固的价值观和生活态度。

美国第38任总统福特说:"美国人民拥有不可剥夺的权利:发表意见的权利和选择立法者、执法者的权利——不分性别、年龄、种族和宗教;在法律面前人人平等的权利——不分农民、商人、工人或消费者;在经济市场上进行自由交易的权利;按自己的选择信奉宗教的权利。所有这些合在一起就构成了美国梦。这是每一个政治家和每一个公民为美国定下的目标,它不是对未来的某种神秘的看法。它是继往开来的行动规划。"①

法 治

美国人的法治观念、对法的尊崇与信服，几乎是无可挑剔的。联邦宪法至高无上的地位之所以能够确立和巩固，一部宪法之所以能够铸就一个国家，成为一个国家立国的根本、延续的命脉，归根结底，是建立在全社会高度的法治观念之上的。

在美国人看来，法大于权，法律程序重于政治结果，接受法律的裁决，是天经地义的。

在美国，宪法具有至高无上的地位，在法律面前人人平等，法律保障个人的权利，防止官员滥用权力，法院是法律含义的最后裁判者。

在美国，宪法高于政府。"宪法不是政府的命令，而是人民组成政府的法令。"政府的权力是依据人民代表制定的宪法授予的，一切授予的权力都只是"委托"，"委托"是可以随时收回的。"政府不是任何人或任何一群人为了谋利就有权利去开设或经营的店铺，而完全是一种信托，人们给它这种信托，也可以随时收回。政府本身并不拥有权利，只负有义务。"②

在美国，"人人都把法律视为自己的创造，他们爱护法律，并毫无怨言地服从法律；人们尊重政府的权威是因为必要，而不是因为它神圣；人们对国家首长的爱戴虽然不够热烈，但出自有理有节的真实感情"。

在美国，"几乎所有政治问题迟早都要变成司法问题。……司法的语言差不多成了普通语言"。

在美国，人们"爱法律如爱父母"。③

正因为如此，所以在美国，民众有了纷争不是去求助于政府而是去求助于法律。据有关资料，美国人每年打官司的数量达到1800万件，即每平均100个人就有6件官司。

美国人对法的崇拜，还尤其表现在对待律师职业的爱好上。

据统计，美国的注册律师达到70多万名，占世界律师总数的70%。律师

---

① 泽明编：《外国首脑文集》，北京：中华工商联合出版社1997年版，第131—132页。
② 马啸原：《西方政治思想史纲》，北京：高等教育出版社1997年版，第368页。
③ 〔法〕托克维尔：《论美国的民主》，董果良译，北京：商务印书馆1988年版，第274页。

第五章 美国政治现代化的标志

参政的意识也极强。在《独立宣言》上签名的56人中,有17人是律师。在《美利坚合众国宪法》上签名的39人中,有22人是律师。在美国43位总统中,有24人是律师出身。在美国国会,参议院中有60%以上的议员为律师出身,众议院中有40%以上的议员为律师出身。

自 治

1620年11月,乘坐五月花号三桅帆船的一行人,在马萨诸塞科德角登陆之前,他们当中的41个男子聚在船舱里开会,并签订了被后来称为《五月花号公约》的公约。

他们在这份公约中这样写道:"为了上帝的荣耀,为了增强基督教信仰,为了提高我们国王和国家的荣誉,我们漂洋过海,在弗吉尼亚北部开发第一个殖民地。我们这些签署人在上帝面前共同庄严立誓签约,自愿结为民众自治团体。为了使上述目的得以更好地实施、维持并发展,亦为将来能随时制定和实施有益于本殖民地总体利益的一应公正法律、法规、条令、宪章与公职,我们都保证遵守与服从。"

写在粗糙羊皮纸上的《五月花号公约》内容虽简单,但它却开创了历史。从此,人们可以通过自己的公意决定集体的行动,以自治的方式管理自己。由此,自治也就在美利坚民族的思想中深深地扎下了根。可以说,《五月花号公约》是体现美国人自治的标志。

在美国,作为相对于压迫、统治、奴役、强制等概念而言的自治,意味着人们自觉思考、自我反省和自我决定的能力,意味着社会成员自觉、自主地参加社会管理。自治不仅涉及个人的事务,而且涉及地方的、地区性的、行业集体或团体的公共事务,自治已经成为社会关系的一种基本形式。

在美国,由于乡镇成立于县之前,县又成立于州之前,而州又成立于联邦之前,所以,地方自治往往被认为是美国国家的摇篮。根据其联邦制治理结构,美国的地方自治体系包括县、市、镇、乡、校区(特区)等共5种类型,自治的地方政府机构达8万多个。

这些历史和现实的背景,更加强化了美国人的自治观念。

美国政治教科书称:"自治指的是如下原则:人民是统治权威的最终源泉

和正当的受益人;在实践中,自治以多数统治为基础。"①

总体来看,在美国,政治观念是一种经验,是人们心目中的政治应该具有的存在方式;政治观念是一种文化,是人们日常生活中的价值准则和社会态度;政治观念是一种追求,是人们对于未来的向往、自信与执着。在美国的政治现代化过程中,政治观念深刻地影响和制约着国家的政治体系、社会的政治关系和人们的政治行为。

二 政治体系分权化——立法权、行政权和司法权置于同一手中,不论是一个人、少数人或许多人,不论是世袭的、自己任命的或选举的,均可公正地断定是虐政

在人类历史上,随着社会进程的加快、社会自组织能力的增强、人们在政治上的日益觉醒,国家政治体制的结构是从高度统一的集权化向分工合作的分权化方向发展的。现代社会,以各种专门的组织进入到政治过程当中,更是推动和运作政治分权化的主流。

美国政治学会前会长阿尔蒙德认为,政治结构的分化,政治权力的分散,是政治现代化的重要条件和标志;没有政治结构的分化,没有政治权力的分散,就没有政治的现代化。他指出,政治结构分化、政治权力分散"就是建立新的专业化政治角色"②。

另一位同样曾出任美国政治学会会长这一职务的政治学家塞缪尔·亨廷顿,总结了世界上许多国家政治现代化的成败得失,深刻体察到美国政治体系中政治结构分化、政治权力分散的重要性与必要性。亨廷顿说:"无论在传统还是在现代的政治体制中,权力都可以被集中或者被分散",人们也"可以将政治的现代化分别定义为权力的集中,或权力的扩大,或是权力的分散",

---

① [美]托马斯·帕特森:《美国政治文化》,顾肃、吕建高译,北京:东方出版社2007年版,第8页。
② [美]阿尔蒙德:《比较政治学:体系、过程和政策》,陈峰等译,上海:上海译文出版社1987年版,第161页。

第五章 美国政治现代化的标志

但是,"在美国,社会统一和政府各机构的分权就使政府成了民主化的关键所在"。①

不过,美国主张权力的分散也并非是希望越分散越好,更不是希望一盘散沙,而是针对中央集权而提出来的,是主张适度的分散,是着眼政治机构组织化、专门化的分散,是建立在政治机构自主性、适应性、能动性强的基础上的分散。亦如亨廷顿所指出,是在复杂的政治体制中"既非高度集中也非十分分散"的分散,是有助于政治创新的分散,是将每种功能分派给不同的机构的分散,这种分散是政治结构"功能专门化的一个方面,而功能专门化则是现代化的一部分"②。

今天的美国政治体系,各政治主体在其政治职能、政治行为、政治生活和政治实施方面,已经高度组织化专门化,并且已成为各自相对独立的实体。虽然联邦的权力看起来被分割,但实际上又并没有排斥或削弱政治权力的集中,而是在新的高度上达到了集中与分散的统一。

(一)中央权力三足鼎立

在美国,联邦中央政府从建国开始即实现了分权,立法、行政、司法三权独立。

国会是联邦政府的立法机构,由参议院和众议院组成。

参议院共有参议员100名,由50个州各选出两名组成。参议员任期6年,每2年改选其中的三分之一。

众议院共有众议员435人,按各州人口比例选出,每2年选举1次,任期2年。

国会的主要职责是:①通过法律;②筹拨款项;③监督行政部门执行全国性政策;④促进公众对全国性问题的了解;⑤谋求消除公民与政府间冲突的公正处理办法;⑥对引起国家分裂的问题提出解决办法。据此,国会的主

---

① 〔美〕塞缪尔·亨廷顿:《变化社会中的政治秩序》,王冠华等译,北京:生活·读书·新知三联书店1989年版,第116、130、132页。
② 〔美〕塞缪尔·亨廷顿:《变化社会中的政治秩序》,王冠华等译,北京:生活·读书·新知三联书店1989年版,第104、127页。

要权力为：课税、拨款和举债；管理与外国及州际之商业活动；建立和保持防御设施；宣战；接纳加入联邦的新州；提出宪法修正案。

同西方其他国家相比较，美国国会具有明显的特点。

一是国会组织严密。其内部成分包括：国会政党组织；国会各委员会；国会议员的各种非正式组织；国会工作机构和辅助机构。其中，影响立法和公共政策的主要力量是国会政党组织和国会各委员会。

国会政党是国会结构的一个重要组成部分。国会议员不是民主党人就是共和党人，极少例外。国会两院的机构是按政党组建的。国会每个议院的民主党或共和党都是独立的，各自选举自己的领袖和设立自己的机构，既不从属于全国民主党或全国共和党，也不从属于总统。国会两党议员界线分明，甚至两院开会时，民主党人如坐在议院中央通道的一边，共和党人则坐在另一边。民主党人和共和党人还各有其休息室，并从不同的门进入议院会场。各分委员会开会时也是如此。

国会在组织上最重大的特点是它的两院的委员会。委员会处于立法程序的核心。国会的真正立法工作是在委员会进行的。一项议案的成败，关键在委员会阶段。经委员会审议修改后提交全院审议的议案，通常会被全院接受；在委员会遭到挫败或忽视的议案，通常便被淘汰，很少能在全院复苏。国会的委员会有三类：常设委员会，特别委员会，联合委员会。常设委员会是按职能设立的，各委员会的管辖范围由议院的规则规定。通常情况下，参议院设16个常设委员会，众议院设22个常设委员会。特别委员会是专为进行某项特定工作而建立的临时性委员会，任务完成即撤销。联合委员会是参众两院为管理工作和研究某些大问题而建立的委员会，由两院各派出同等数目的代表组成，通常是常设的。

二是国会独立性强。由于国会议员经由选民选出，有其由宪法规定的任期和职责，非经弹劾不得罢免。国会议员不向总统负责，总统也无权解散国会。

三是国会职能作用重要。美国国会是政府常设机构，议员日趋职业化，大多数议员都具有某一方面的专业知识或是某一方面的专家，能在立法过程中提出真知灼见，不致成为政治附庸和表决机器。建国后很长一段时间，国会在美国政治生活中一直居于主导地位。后来随着经济和社会的发展，总统

第五章 美国政治现代化的标志

和总统领导的行政部门的职能和权力逐渐扩大,国会虽不居于首要地位,但仍然是美国政治程序中的一个中心,在国家政治生活中继续发挥着重要作用。

美国宪法将联邦的行政权赋予总统。

总统任期4年,自1945年罗斯福之后连任不得超过两届。

总统由各州选出的总统选举人选出,得到总统选举人过半数的票即当选。

在美国,总统集国家元首、政府首脑和武装力量总司令三大职务于一身。作为国家元首,总统拥有外交权、立法倡议权、立法否决权、委托立法权、赦免权等;作为政府首脑,总统拥有监督法律执行权、任免权、宣布紧急状态权等;作为武装力量总司令,总统拥有在全球部署部队和命令军队作战的权力。

在美国,虽然三权鼎立,但总统实际处于权力的顶峰。总统可以确定国家的航向,提出和执行国家的对内对外政策,并对这些政策负有最后责任。在多元化的社会和权力分散的美国,总统是全美唯一的聚合力量,只有总统才具备条件对全国提供领导。

美国开国元勋汉密尔顿曾将美国总统与英国国王进行比较,认为两者有这样9个方面的区别:(1)美国总统是人民选举出来的官员,一任为4年,而英国国王则是终身的世袭君主;(2)美国总统可能遭受惩罚和羞辱,而英国国王却是神圣不可侵犯的;(3)美国总统对于议会的法案具有有限的否决权,而英国国王则具有绝对的否决权;(4)美国总统具有统辖全国军队的权力,而英国国王除此项权力之外,还具有宣战以及征募、管理军队的权力;(5)美国总统与参议院共同享有缔约权,而英国国王则单独享有缔结条约的权力;(6)美国总统任命官员需要经过参议院的批准,而英国国王则独自决定一切任命;(7)美国总统不能够授予任何特权,而英国国王则能够使外国人成为公民,使普通人成为贵族,并能够建立社团,使之具有法人团体的一切权利;(8)美国总统不能制定任何有关外贸和货币的法规,而英国国王则在若干方面是贸易的仲裁者,并且能够借此身份建立市场和集市、调整度量衡,在一定时期内禁运、铸造货币,许可或者禁止外国货币的流通;(9)美国总统没有任何宗教的权力,而英国国王则是国教的最高首领和统治者。①

也许正是因为这些区别,所以亨廷顿说:"在功能与权力方面,美国总统

---

① 参见〔美〕亚历山大·汉密尔顿等:《联邦党人文集》,张晓庆译,北京:九州出版社2007年版,第905页。

等于都铎时代的国王。无论在个性与能力方面还是在机构的职责方面,林登·约翰逊都远比伊丽莎白二世更像伊丽莎白一世。英国保留着旧君主制的形式,而美国则保留着其实质。今天美国仍有一位国王,而英国则徒有一顶王冠。"①

依据美国宪法,联邦最高法院专司司法权。

联邦最高法院由1名首席大法官和8名大法官组成。所有联邦大法官均由总统提名,经参议院批准。一旦获得任命,除经参议院以2/3多数通过弹劾外,便终身任职。

联邦最高法院主要审理下级联邦法院和州法院提出的上诉案件。联邦最高法院有宣布国会通过的法律和各州之法律违宪无效的权力。对联邦最高法院作出的裁决不得向任何其他法院提出上诉,总统和国会都无法改变最高法院的裁决。

(二) 联邦权力三级分享

2006年7月18日,美国国会参议院以63票对37票通过法案,要求联邦政府放松原来的限制,资助人类胚胎干细胞的研究。这个表决结果,实际上与众议院以238票对194票通过该法案的结果一致。因此,资助干细胞研究成为法律只等总统签字即可。不过,第二天布什却宣布否决这一法案。这是布什担任总统以来第一次对国会立法行使否决权。然而,就在布什宣布其决定之后,一些州长马上就跟布什唱对台戏,其中,加利福尼亚和伊利诺伊这两个大州州长的表态尤其引人瞩目。加州州长是大名鼎鼎的施瓦辛格,作为共和党人,他为布什赢得连任立下汗马功劳。尽管最近十年加州财政困难,但是他还是表示要出资1.5亿美元支持加州的胚胎干细胞研究。伊州州长布莱格杰维奇也表示愿意为本州的研究提供500万美元。

为什么这些州置总统的决定于不顾,敢于对抗联邦?

原来,在美国联邦制这个独特的政治体制下,联邦政府与州和地方政府并不存在领导和被领导的关系。州和州政府不是由联邦政府建立的,州长和

---

① 〔美〕塞缪尔·亨廷顿:《变化社会中的政治秩序》,王冠华等译,北京:生活·读书·新知三联书店1989年版,第105页。

第五章 美国政治现代化的标志

州议会由州的选民选举产生,州长和州议会仅对自己的选民负责;州政府的机构设置,官员的任免,州的预算和财政,联邦政府也都无权干预。联邦的权威只能建立在联邦和各州都认同的宪法和法律的基础上,而不是建立在政府的级别上。美国法律规定了联邦和州、地方政府各自的权力范围,只要在各自的权限范围内,联邦和州、地方政府都享有自由行动的权力,联邦政府也不能任意超越州权。

在全国政府体系中,联邦中央政府要达到的主要目的是:其成员(各州)的共同防务;维持公安;发行货币;管理州际贸易与国际贸易;管理与外国的政治交往和商业往来。

一般说来,完全在州边界以内的事务,归州政府管理。由于美国的前身是 13 个殖民地,建国以前各殖民地如同小国家,由此带来了强烈的州权观念。尽管联邦政府的权限不断扩大,但也不曾动摇这种分权体制。各州受联邦政府的主要约束是,州政府形式必须属于共和政体,其法律不得违反联邦宪法、法律、条约或与其抵触。在州边界以内的公共卫生、教育、生命和财产保护、道路修建与维护、汽车运输管理、公共福利、自然资源保护、私人商业管理、警察权力等等,都属于州政府的职责范围。

同时,所有州政府都设有立法、行政、司法三个部门,并且三个部门也是分立。不过,由于 50 个州都有各自的州宪法和州法律,因此它们的政治结构也各有特色。有的州议会实行一院制,有的实行两院制。州议会的规模也不一样,最大的新罕布什尔州有 424 名议员,最小的内布拉斯加州只有 49 名议员。

县政府是地方政府中最具包容性、繁复性的机构,美国 89% 的人口是由县级政府提供服务的。一般,县政府承担着双重角色:一方面,县是州政府的行政管理分支,要负责诸如出生、死亡、结婚的登记,与州范围相一致的活动,如公共档案、选举的组织和实施、法律执行、公共保健的基本实施等;另一方面,县又是独立的地方政府单位,要响应它们自己公民的需求。

从总体上看,县、乡镇、自治市、学区以及其他特别区政府构成了美国政府体系中的正规军。而从其地位和职能作用来看,美国地方政府的重要性还源于如下几个特点:

第一,美国地方政府所拥有的法律上和政治上的自主权,比世界上大多数国家的地方政府都要大。由于美国实行联邦制,全国性政府和州政府各自拥有独立的权力来源,这种纵向分权结构有利于地方政府获得并保持相当的自主权。另外,美国是个社会相对于政府比较强大的国家,社会的自主性也有助于地方政府的独立性。

第二,地方政府的活动与民众的日常生活息息相关,地方政府的工作渗透到社会的各个方面,承担着大部分公共管理职能。

第三,从19世纪后期开始,基本上与现代文官制的建立同步,美国民众普遍接受了"政治与行政的两分法"。在他们看来,虽然在实践中政治行为与行政行为是分不开的,但是在理论上这两种行为的本质是不一样的。政治的实质是利益的冲突,其外在形式就是通过一定的结构和程序来制定公共政策,以协调利益冲突。政治领域的价值目标非常复杂,包括自由、民主、平等等多重目标。而"公共行政就是运用管理的、政治的和法律的理论及方法,去执行政府在立法、行政及司法方面给予的权力,为整个社会或社会的某些方面提供管理和服务",就是执行已经制定好的公共政策,其主要价值目标就是效率,在政治上是中立的。在他们看来,联邦中央政府主要是进行公共决策,是政治至上的;地方政府主要是负责公共管理,是行政至上的;而州则介于两者之间。

第四,在地方政府中,县、市、镇是一般意义上的政府,而特区和学区则是美国独有的政府形式。特区是为了某种单一目的组建的政府,如治理环境、处理废物等。这类问题往往跨越不同的县、市、镇,无法依靠一般的政府来解决。特区政府有独立的征税权,这是它们被归类为一种政府的主要依据。学区则是一定地域的居民区中的教育管理机构,有独立的征收教育税的权力。

目前,除了联邦中央政府、50个州政府,美国共有83166个地方政府。在这些地方政府中,县政府为3042个,自治市政府为19205个,乡镇政府为16691个,学校特别区政府为14741个,特别区政府为29487。

(三) 党政权力互不相干

尽管美国是世界上最早的两党制的国家,政党制度是美国政治制度的重

第五章 美国政治现代化的标志

要组成部分,但是在美国,政党与政府彼此却是独立的,是各自为政的。

这与美国独特的政党体制有关。

在美国,联邦宪法未涉及政党,政党的组织结构及其职能除受政党规章和惯例的影响外,还由各州的法律所规定。有关公职选举的事项——政党的公职候选人列入选举、公职候选人的提名方法和竞选费用等,都由州的法律规定。

在美国,两大党——民主党、共和党都是一个极其松散的政治联盟。要成为民主党或共和党的党员,不须申请和履行入党手续,也不要交纳党费。公民在进行选民登记时声明一下并履行登记手续,就成为民主党党员或共和党党员。同时,登记为其中一个党的党员,在选举时可以投本党候选人的票,也可以投另一政党候选人的票,登记的党不能对其进行制裁。

在美国,政党组织的一个主要特征是权力分散,各级组织都有很大程度的独立性。一般,政党的组织结构是:基层选区、县市委员会、州委员会、全国代表大会和由全国代表大会选出的全国委员会。州和县市的党组织都加入全国民主党或全国共和党,但除了选派参加全国代表大会的代表以外,它们并不接受全国委员会或其主席的指示与控制。州和县、市党组织在其日常事务上是自治的独立的单位,上级党组织无权干预或免除下级党组织选出的党的官员的职务。

在美国,民主、共和两大政党的主要职能和最重要的目标,就是赢得选举的胜利。当代,一个政党要实现自己的纲领,必须取得政权,上台执政。在实行代议制的国家里,一个政党要上台执政,必须参加竞选并取得选举的胜利。就这一点来看,美国的民主党、共和党同其他西方国家并无不同。不同的是,美国两个政党的党组织除了致力于参加竞选和力争取胜以外,似乎再没有什么其他重要的作用。民主党、共和党全国委员会的最重要的工作,就是每四年召开一次全国代表大会,提名各自的总统、副总统候选人,通过竞选纲领。两党的日常工作也围绕竞选进行。党的全国委员会及其主席也为总统候选人服务,选举一结束,便无声无息,几乎使人难以感觉到其存在。即使在竞选过程中,也往往是总统候选人的竞选班子在起主导作用。而在竞选结束后,一个党的候选人当选了总统,如何组织政府,怎样实施竞选纲领,制定什么样的政策等等,纯属当选总统的事,政党也不能再干预。总统是依靠他本人、他的工作班子而不是依靠他所在的政党组织来进行工作和履行职责，所在政党的全国委员会及其主席既不能给总统下达指示，也无权监督他。总统是由全国选民选出来的，是由选民授权的，他只对选民负责，而不是对所在政党负责。

从这里也可以看到，党政分开在美国是制度使然。

三 政治程序制度化——民主不能保证绝对正确，但民主能使错误按预定的程序得到修正

在美国，民主政治在很大程度上就是程序政治。民主不能保证绝对正确，但民主能使错误按预定的程序得到修正——不适宜的政策可以通过预定程序调整或废除，不称职的领导者可以通过预定程序来撤换。这个预定的程序就是制度及其实施机制。

一个国家的政治制度凝结着民众最大的价值追求，反映和体现社会的政治性质，是国家政治文明的集中体现，也是政治现代化的实体和核心要素。

美国政治学界认为，作为规范人们政治生活规则体系的政治制度，"就是稳定的、受珍重的和周期性发生的行为模式。组织和程序与其制度化水平成正比例"。①

美国政治学界还认为，任何政治体系的制度化程度都可根据它的那些组织和程序所具备的适应性、复杂性、自治性和内部协调性来衡量。组织越复杂，组织和程序的适应性、自主性、内聚力越强，其制度化程度就越高。②

用美国政治学界提出的这些标准来衡量，美国政治组织和政治程序的制度化水平是高的。

---

① 〔美〕塞缪尔·亨廷顿：《变化社会中的政治秩序》，王冠华等译，北京：生活·读书·新知三联书店1989年版，第12页。
② 〔美〕塞缪尔·亨廷顿：《变化社会中的政治秩序》，王冠华等译，北京：生活·读书·新知三联书店1989年版，第12页。

第五章　美国政治现代化的标志

(一) 制度齐全可全面覆盖

美国政治生活中的首要特征，是任何政治主体和个人都生活在制度中，事事处处都有规章制度可依循。

美国现行的政治制度，不仅有诸如宪政制、总统制、代议制、联邦制、两党制、普选制、弹劾制、违宪审查制、功绩用人制和宪法、总统、国会、法院、政党等"硬"的政治设施，而且有诸如大众参与制、传媒监督制、咨询顾问制和利益集团、社区组织、思想库等"软"的政治设施。这些"硬"、"软"设施相互作用，相互影响，既有监督制约，又有配合补台，大大增强了美国政治体系的弹性和容纳能力。

比如违宪审查制，这在美国的宪法和其他法律规定中并不存在，而只是一种宪政惯例或传统，但在美国的政治制度和政治生活中，却又起到极为重要的作用。

自1803年2月24日联邦最高法院首席大法官马歇尔在裁决马伯里诉麦迪逊案中，首创违宪审查制(即对国会、总统践行法律、法令、行政法规的行为等进行审查，并对其是否违宪作出裁决)以来，这项制度即在美国的宪政法治乃至民主政治建设中起到这样一些无可替代的作用：第一，它通过司法解释深化了人们对宪法条款含义的理解，补充了联邦宪法的内容，强化了宪法的适应性，使这部古老的刚性成文宪法具有了持久的影响力；第二，它以制度化的形式确立了联邦最高法院的宪法地位，使它不仅具有解释宪法的权力，而且具有保障宪法正确实施的功能；第三，它通过自身的作用完善了分权制衡机制，强化了司法对于立法权和行政权的制约，协调了美国政权组织的内部关系。

所以，有美国学者称，违宪审查制是"美国人民设置在美国政治机器上的安全网"。20世纪30年代的联邦最高法院大法官卡多佐赞叹："马歇尔在美国宪法上深深地烙下了他的思想印记；我们的宪法法律之所以具有今天的形式，就是因为马歇尔在它尚具有弹性和可塑性之时，以自己强烈的信念之烈焰锻铸了它。"①因为马歇尔对这一制度的贡献,所以建国以来在美国最高法院的院史博物馆中,也唯有马歇尔大法官一人享有全身铜像的特殊待遇。

(二)制度灵活可持续适应

一个政治制度是否满足社会发展的需要,是否具有广泛的社会基础,是否能够依据实际需要进行及时有效的调整变革,这些都是反映政治制度适应性的方面,也是政治制度是否具有生命力的标志。

美国政治学界认为:"适应性就是后天获得的组织性。""组织和程序的适应性越强,其制度化程度就越高;反之,适应性越差,越刻板,其制度化程度就越低。"②

从客观实际来看,一个政治体系的制度安排总是相对稳定和僵硬的,在不断发展变化的社会面前,任何人间的智慧都不可能设计出具有永久普适性的政策制度。问题的关键不在于预见到今后的具体变化,而在于把未来的变化作为一个预设,给接纳和适应未来可能的变化留出余地。而在这方面,集美国政治制度之大成的美国宪法显然堪称典范。

众所周知,美国宪法的条文具有弹性,用语宽泛模糊,给反复的重新解释留下了空间;尤其,它还给自己预设了更新机制,巧妙地协调了原则与妥协的关系,使不同的群体均可从中寻求满足自身利益的资源,而不必走上推翻宪政的极端道路,从而保证了宪法能够面对不断出现的现实挑战,适应不断发展变动的社会。在具体宪政实践过程中,虽然宪法的常态不是大破大立,但美国在创建了自己的政治体制后,也从未抱残守缺、墨守成规,而是根据时代的变化,在不破坏整体政治结构的基础上,不断进行调整和改革,使之更适合于形势与社会发展的需要。比如,针对三权分立在运行过程中出现的问题,不断调适总统与国会的关系,即使美国的权力运作机制显得更为成熟。

美国政治组织和政治程序的这种适应性,很重要的就是得益于美国政治

---

① 任东来等:《美国宪政历程:影响美国的25个司法大案》,北京:中国法制出版社2005年版,第35页。
② [美]塞缪尔·亨廷顿:《变化社会中的政治秩序》,王冠华等译,北京:生活·读书·新知三联书店1989年版,第12页。

制度的法制化程度高。一方面，美国通过广泛的立法，用完备的法律体系来规范政治管理；另一方面，美国又运用法律进行政治管理，通过执法实现政治的管理职能，为政治现代化的推进实施和国家的健康发展提供了可靠的制度保障。建国伊始，美国就把处理国家与人民关系方面的代议制、处理中央与地方关系方面的联邦制、处理联邦中央内部三权分立方面的平衡制衡制、处理国家政治权力更替方面的选举制等等，都用联邦根本大法予以固定；而这些核心制度竟然都适应了美国各个发展阶段的需要，存活了200多年。

亨廷顿曾经提出，检验一个制度体系的适应能力，第一种方法就是算年龄，用该制度体系存活的寿命来衡量，如果"一个组织或程序存在的年代越久，其制度化程度就越高"①。

按照亨廷顿的这一说法，美国政治体系的适应性之强，制度化程度之高，也许为世界之最。

（三）制度自主可自我平衡

美国政治学界认为，"政治组织和政治程序独立于其他社会团体和行为方式而生存的程度"，是衡量一个政治体系制度化程度的又一重要标准。因为政治现代化过程中存在若干不可确定的因素，往往会对国家的自主性构成重大挑战。只有在高度发达的政治体制中，政治组织才会享有完整性，"不受其他非政治团体和程序的影响"。②

历史地看，美国政治组织和政治程序的自主性是很强的，完全能够超越其他非政治团体或特定利益集团的影响，只依据自身的价值标准和利益目标，按照既有程序自主运行，并进而达到自我平衡、自主实现。这主要体现在下述三方面：

首先，就自主性而言，一个政治体系势必"具有有别于其他机构和社会势力的自身利益和价值"，"政治制度化意味着并非代表某些特定社会团体利益

---

① 〔美〕塞缪尔·亨廷顿：《变化社会中的政治秩序》，王冠华等译，北京：生活·读书·新知三联书店1989年版，第13页。
② 〔美〕塞缪尔·亨廷顿：《变化社会中的政治秩序》，王冠华等译，北京：生活·读书·新知三联书店1989年版，第19页。

的政治组织和政治程序的发展。凡充当某一特定社会团体——家庭、宗族、阶级——的工具的政治组织便谈不上自主性和制度化"。① 而从这个角度看，美国的政治体系享有毋庸置疑的自主性。因为在美国，除了政治体系内的政治力量，没有任何其他的政治团体或政治组织企图左右或可以左右美国现存政治体系的价值标准和政治行为。并且，不但作为一个体系整体具有这种自主性，而且凡受宪法保护的独立的单个政治主体同样具有这种自主性。如联邦司法系统，遵循的就只是自己特有的司法规则，其观念和行为绝不受其他政治机构或社会团体的观念和行为所左右。

其次，自主性还意味着秩序和稳定，能通过既有程序将体系内的暴力成分减至最低限度，并能通过明确规定的途径限制金钱对于政治的影响。如果政治官员能够被军人所推翻或被金钱所收买，这种情况下的政治组织和政治程序也毫无自主性可言。从这一标准来看，美国政治体系的自主性也是不言而喻的。因为美国建国 230 多年来，国家最高领导人的权位从未受到军事政变的威胁，联邦政府的政策也从未感受到军人干政的压力。在建国以来出现的 13 起内阁部长级以上的政府高官弹劾案中，实际上也只有 4 人被判有罪，并且不属于金钱腐败。

第三，美国政治制度所具有的自主功能也很强。如三权分立制，它在实际运行中其实发挥了多种功能：一是区分功能。将政府的工作区分为立法、行政、司法三项独特的职能，又将这三项独特的职能分别赋予不同的政府部门各自行使，且三个部门在宪法上是独立、平等的。二是平衡功能。在对国家权力进行区分的前提下，根据其职能，配置不同的权力机制，使得任何一个部门的权力都是有限的，不至于因某一部门权力过大而导致权力运行失衡。三是制约功能。通过立法、行政、司法本身存在的差异，以及机构的分离，职权的划分，相互间权力运行的牵制，使得三种权力能够达到有效的制约。

(四)制度纠错力强可自我再生

如前所述，衡量一个政治组织和政治程序制度化程度高不高的一个重要

---

① 参见[美]塞缪尔·亨廷顿：《变化社会中的政治秩序》，王冠华等译，北京：生活·读书·新知三联书店 1989 年版，第 19 页。

第五章 美国政治现代化的标志

指标是其存活时间的长短，存活的时间越长，其制度化的程度就越高。然而，要存活的时间长，除了取决于政治组织和政治程序的适应性以外，还有一个很重要的方面就是看其自我修复机制，是否具有很强的自我纠错能力，能否自我再生。而在这一方面，美国政治组织和政治程序的表现无疑是世人称道的。

在美国的历史上，当政策失误或政府行使权力不当招致国家受损或社会不满时，美国的政治组织和政治程序总能在关键时刻纠正自己的错误，挽回损失和影响，维护国家的利益。

20世纪40年代末50年代初，美国社会掀起了以"麦卡锡主义"为代表的反共、排外运动。1950年9月，国会通过了《麦卡锡内部安全法案》，规定美国的所有共产主义分子到司法部登记，并限制其活动。一时间，"红色恐怖"弥漫美国社会，社会思想严重扭曲。

麦卡锡是来自威斯康星州的国会参议员，因为赌博、酗酒以及为纳粹辩护的言行，一直在参议院吃不开。为了挽救在国会的声誉和迎合美国社会对共产主义的憎恨，1950年2月9日，麦卡锡扔出了一颗重磅炸弹。在一番精心策划后，他发表了题为"国务院里的共产党"的演讲，声称他手里握有国务院中205人的共产党间谍名单，而这些人至今仍在草拟和制定国务院的政策。他的演说令美国上下一片哗然，麦卡锡也在一夜之间成为全国的政治明星。

在接下来的几年里，麦卡锡四处出击，掀起了一波又一波的反共浪潮。在"麦卡锡主义"猖獗的时期，几乎所有与共产党有关的书籍都被列为禁书。白劳德、史沫特莱等75位左翼作家的书籍全部遭禁，马克·吐温的作品和爱因斯坦的《相对论》也被列为"危险书籍"。连一本介绍苏联芭蕾舞的书也因为提到了"苏联"而被麦卡锡主义分子焚烧，甚至连有关中世纪英国绿林好汉罗宾汉的书也被划入清洗之列，原因是"罗宾汉劫富济贫，这可是共产党的路线"。

除此之外，大批开明人士也受到了迫害。二战著名将领马歇尔不得不辞职回家养老。美国"原子弹之父"奥本海默、喜剧大师卓别林等都受到种种非议。不少人因被指责同情共产党而遭到监禁和驱逐。而在这段美国历史的黑暗时期，麦卡锡的支持率却出奇的高，竟有七成以上的美国公众支持麦卡锡的所作所为。

然而，错误到达顶峰时也往往意味着末日的来临。就在此时，美国的自我纠错机制开始发挥作用了。

在1954年的"陆军部——麦卡锡听证会"上，陆军部揭开了麦卡锡调查活动的黑幕。同年12月，参议院以67票对22票，通过了对麦卡锡的不信任投票，并决定对麦卡锡进行训斥。国会认为，麦卡锡的行为"可能使参议院蒙受耻辱，声望降低，还可能妨碍参议院遵循宪法程序，参议院的尊严也将受损害"①。

至此，麦卡锡的政治生命正式终结，"麦卡锡主义"也宣告破产。

在美国的历史上，类似的自我纠错不胜枚举。可见，美国的政治组织和政治程序虽然不能保证每每正确，而当它一旦察觉失误后，却能够自我修复，自己回到正确的轨道上来。

（五）制度内聚力强可凝聚社会

塞缪尔·亨廷顿认为，"政府和军队一样需要团结、精神、士气和纪律"，"一个组织越团结，越具有内聚力，其制度化程度也就越高"。②

纵观美国的历史，美国人向来是以自己是"美国人"而自豪的。

新世纪前夕，美国"时代·镜报调查中心"曾对世界上5个发达国家民众的爱国指数进行过问卷调查。调查的结果，法国为64%，意大利为69%，英国为72%，德国为73%，美国最高，达到88%。又据哈佛大学学者对7个国家民众的国家自豪感指数所进行的调查，结果也是美国最高。所调查7国民众的国家自豪感指数分别为：美国93%，加拿大87%，英国84%，日本83%，意大利83%，德国74%，俄罗斯64%。

世人印象更为深刻的是，每当美国的发展、社会的前进面临大的困难或问题时，美国也总是能够比较容易地找到克服困难、解决问题的办法，并取得比较好的效果。第一次世界大战之后，西方资本主义世界千疮百孔，唯有

---

① 参见〔美〕加尔文·林顿主编：《美国两百年大事记》，谢延光等译，上海：上海译文出版社1984年版，第399页。
② 〔美〕塞缪尔·亨廷顿：《变化社会中的政治秩序》，王冠华等译，北京：生活·读书·新知三联书店1989年版，第21页。

第五章 美国政治现代化的标志

美国的经济发展，社会康泰。20世纪30年代资本主义世界大萧条时，欧洲民主政治遭受致命打击，政治和社会发生剧烈动荡。但在美国，依然是另一番景象，罗斯福政府依靠"新政"带领美国用了不长时间即渡过难关。即便当时数百万人突然失业，生活困难，但美国社会整体上仍然给人以乐观气氛。2001年"9·11"悲剧发生之后，美国民众的爱国热情空前高涨，参政热情空前高涨，国旗一下子出现在全美家家户户的门前和汽车上，以至社会关系明显改善，社会的犯罪率都骤然下降。美国总统布什说，"事件激发美国表现出了最优秀的品质"，我"为此而骄傲"①。

为什么建国230多年来美国民众对国家和政府怀有如此强烈、持久的感情？最根本的原因，是美国政治体系的内聚力强，是美国民众对美国政治制度的深度信任。他们认为，美国的制度优势是明显的，他们以他们的政治制度为荣。

1995年，刚刚卸下美国参谋长联席会议主席职务——此前曾担任美国国家安全顾问、此后又出任美国国务卿的鲍威尔说："我们之所以能取得胜利是因为我们的开国元勋留给我们一个天才的政治制度，它适用于千秋万代，在任何时候都能激发人们的崇高理想。"②应该说，非洲裔出身的鲍威尔讲出的这番话，代表了绝大多数美国人对于自己国家政治制度的认识和态度。

四 政治参与大众化——政治不再是一场大众作为旁观者的比赛或游戏，而是普通人最时尚的爱好

美国政治学界定义："政治参与是介入旨在影响公共政策和领导权的活动，如投票、加入政党和利益团体、写信给民选官员、示威支持政治事业、

---

① 参见黄柏富主编：《"9·11"事件后美国国家安全战略文件选编》，北京：军事谊文出版社2002年版，第141页。
② 〔美〕科林·鲍威尔：《我的美国之路》，王振西译，北京：昆仑出版社1996年版，第686页。

向政治候选人捐款等。"①

美国人向来认为，政治不是统治者的专利；随着社会的进化，民众的参与是政治现代化的主要标志。

20世纪80年代，当时还在美国政治学会会长任上的塞缪尔·亨廷顿即指出："区分现代化国家和传统国家，最重要的标志乃是人民通过大规模的政治组合参与政治并受到政治的影响。在传统的社会里，政治参与在村落范围内可能是广泛的，但在高于村落的任何范围内，它都局限于极少数人。规模巨大的传统社会，也许能够获得相对来说高水平的权威合理化和机构分权化，但同样的政治参与仍然局限于相对来说一小部分贵族和官僚上层人士的范围内。因此，政治现代化最基本的方面就是要使全社会性的社团得以参政，并且还需形成诸如政党一类的政治机构来组织这种参政，以便使人民参政能超越村落和城镇范围。"②

在今天的美国，亨廷顿所说的"人民通过大规模的政治组合参与政治并受到政治的影响"的目标应该说已经完全实现，社会公众、利益集团和新闻媒体等社会力量对于国家政治的广泛参与，已属理所当然、司空见惯的事。

（一）公众参与

在美国，公众在政治上的参与，既代表着公民对国家发展目标和政策的自主选择，也是增强公民自身的政治责任感和主人翁意识、培养公民的政治素质、在社会形成良好的政治文化和政治信任的主要手段。所以在美国，很自然地就把公众在政治上的参与视为创造国家利益的过程和部分。

在美国，公众政治参与的形式，主要有以下几种类型：

（1）参加选举投票。这是美国公众参政的最普遍形式。凡年满18岁的男女公民都有选举权。

（2）参加竞选活动。参加这项活动的人数较参加选举投票的人数自然要少

---

① 〔美〕托马斯·帕特森：《美国政治文化》，顾肃、吕建高译，北京：东方出版社2007年版，第227页。
② 〔美〕塞缪尔·亨廷顿：《变化社会中的政治秩序》，王冠华等译，北京：生活·读书·新知三联书店1989年版，第34页。

第五章　美国政治现代化的标志

得多。一般，有不到5%的公众在竞选中为候选人或政党工作，有2—3%的公众出席竞选集会、群众大会或类似活动，有10%以上的公众向候选人、政党或其他政治团体捐款。公众参加竞选活动的人数虽然不多，但在美国政治生活中的作用却不小，被称为是美国"政治制度的推动力"。通过这些活动，人们往往会把政治利益和政治目标转化为现实的人力与财力，而这些正是政治领袖人物所依靠的。

(3)直接同议员或行政官员接触。这是美国公众直接影响政治人物和政府政策所常用的方法。通过给议员或行政官员写信、打电话、专访、递交请愿书等形式，公众可以提出对某些政策问题的看法，表达自己的愿望和要求。议员和行政官员出于责任和对选票的考虑，对于选民的意见一般都不敢怠慢。

(4)参加社团。在美国，大部分公众都与这样或那样的社会团体有联系。通过参加社团，人们可以更容易地影响政治和政府政策，以实现自己的目标。

(5)抗议和示威。这是一种比较激烈的方式，往往是在采取通常方式和通常渠道后，问题仍然没有得到解决的情况下才采用。不过，即便采取这种方式，也是合法的、和平的、组织有序的。

(二) 利益集团参与

各种利益集团——持有共同态度为了一定利益或目的而寻求影响政府政策的集团——的存在，是美国政治生活中一个比较特殊的现象，是社会参政的一个正式渠道。在美国，利益集团无处不在，无时不有，对美国现实政治和政府的内外政策都产生重要影响。

利益集团的出现，与经济和社会的发展、政府职能的日渐扩大有关。在现代社会生活中，政府的政策已经关系到个人生活的每一个方面。政府的一项政策，可能有利于一部分人而不利于另一部分人，可能符合一部分人的思想和理想而不符合另一部分人的思想和理想。由于个人力量弱小，难于影响政府的政策，于是，利益相同、思想和理想相同的人便组织起来，结成社团，影响政府的政策，以达到维护其利益的目的。在美国多元的社会体系中，人们因利益、思想和理想的不同而分成集团，对政治、经济和社会问题持不同的立场和观点，也有法律保障。

根据美国官方的统计数据,从利益集团追求的目的来分,在 20 世纪 80 年代中期所有的近 1.8 万个利益集团中,寻求经济利益的利益集团有 7580 个,占 42%;寻求政治、社会权益的利益集团有 1817 个,占 10%;促进社会公众利益的利益集团有 6712 个,占 37%;寻求实现社区、州或全国甚至某种国际目标的利益集团有 1535 个,占 8.5%;设在美国寻求利益的外国利益集团有 343 个,接近 2%。

利益集团参与和影响国家政治与政府政策的手段多种多样。主要有以下几种:

第一,利用媒体宣传自己的政治或政策主张。各种利益集团都十分重视利用广播、电视、报纸、传单、广告、电子邮件宣传本集团的存在和自己的政治、政策主张。特别是一些大的利益集团每年都会投入大量的经费在媒体刊登广告、发表谈话和演说,宣传本集团的新闻和信息,甚至直接经营媒介,千方百计使自己的主张为公众了解和接受,影响公众情绪和政策导向,给政策和立法活动施加影响。

第二,进行政治游说。这是利益集团进行院外活动的最常见的手段,包括直接游说和间接游说两种方式。直接游说,是指利益集团通过与政府官员、国会议员进行接触或参加国会举行的各种听证会,阐明和解释自己对所关注问题的看法和态度,以此促使政府或国会在决策和立法中采纳自己的主张。在开展游说活动中,利益集团的代表均积极建立与游说对象的良好关系,向他们提供相关的信息资料,甚至代议员和政府官员起草相关文件。由于利益集团对其关注的事务有深刻的认识和了解,游说活动前一般又经过了大量的前期准备工作,因而议员或政府官员也需要它们的合作。间接游说主要是通过影响选民来影响政策和立法。由于议员与政府官员都比较重视选民的意见,因而也比较容易受到这种游说的影响。在开展间接游说时,常常与舆论宣传相结合,通过有明显倾向性的宣传攻势宣传本集团的立场和主张,争取选民对自己的理解和支持。有的甚至推动利益集团的成员向国会议员写信、打电话和上门访问,以此进一步向国会议员施加压力。

第三,提起司法诉讼。除了对政府部门和国会议员施加压力外,鉴于最高法院的司法审查权在美国政治生活中具有特殊的作用,利益集团还常常采用司法诉讼手段,来实现通过政府机构和国会议员实现不了的目的。特别是

第五章 美国政治现代化的标志

当某个利益集团认为国会的立法或政府部门的规章损害了自己的利益时,还可以向法院起诉,争取通过法院的裁决来改变自己的命运。

第四,通过提供政治捐款影响选举。由于各种各样的选举在美国政治生活中的巨大作用,许多利益集团也把目光投向选举,试图通过向候选人提供政治捐款,使其在当选后采取的政策有助于增进本集团的利益。在选举过程中,利益集团还常常主动为自己中意的候选人拉选票,向选民施加影响。

第五,请愿和示威。这是一种公开的比较激烈的方式,往往会更容易引起政府和公众对其诉求的关注和重视。20世纪60年代、70年代,许多利益集团都采取这种做法表达自己的愿望,如黑人民权运动、反战运动、妇女解放运动、学生运动等,在当时都对美国政坛和社会造成了巨大震动。不过,请愿和示威大多是在其他方式无法生效的情况下、迫不得已的情况下才采用。20世纪90年代以来,美国社会处于相对平稳的发展时期,大多数公众已不希望通过这种激烈的方式来实现自己的愿望。

在试图影响国家政治和政府政策的过程中,为了更有效果,利益集团一般不是由本集团的领导人或者成员来直接从事院外活动,而是花钱雇佣专门从事院外活动的说客来进行。目前,仅在首都华盛顿从事院外游说这一职业的人数即达数万人,他们大多为律师或与政府关系密切的人士。受聘后,他们即与政府官员和国会议员保持联系,对政府正在制定的与本利益集团相关的政策和国会法案保持关注,通过信件、电报、传真、请愿书或代表利益集团出席听证会、直接约见等方式,对有关政府机构和人员施加影响。由于这些专业的院外活动人员法律娴熟,具有比较高的政治影响艺术和公众劝说技巧,再加上与政府部门、国会议员千丝万缕的联系,他们对政策和立法的影响往往是奏效的。

在美国,利益集团影响国家政治和政府政策的参与活动尽管受到法律保护,但也并不是不受限制的。特别是,随着利益集团的活动日益频繁,在美国政治和社会生活中的影响和作用越来越大,其消极负面因素也日益显著。一些利益集团为了达到自己的目的,常常不择手段,进行贿赂等非法活动。为此,对利益集团的活动加以限制,对利益集团的院外活动进行改革,美国几乎从来就没有中断过。1928年,国会曾通过《游说管理法案》,对院外活动和从事院外活动的说客进行了明确界定。1946年,国会在经过了长期的激烈辩论后，终于在对国会内部组织结构进行改革的同时，制定了《院外活动管理法》，把院外活动纳入到法制化的轨道。1971年、1974年，国会在制定的联邦竞选法、竞选改革法中，又对院外活动作了进一步的限制和规范。

不过，在美国，社会公众对利益集团的存在和广泛影响是持正面肯定态度的。美国政治学界曾呼吁："利益集团不是政治体系中被取缔的集团。重要的是不仅承认它们所造成的问题，而且要承认它们的贡献。第一，它们代表公民的意见。第二，它们履行教育的职能，把政府的情况告诉公众，又把集团及选民的意向告诉政府。第三，它们对政治程序贡献想象力和活力。第四，它们是分析公共政策的专家。第五，它们进入决策程序有助于形成作出决定所需的多数。第六，它们对政府活动的注意，会改善官员们慎重思考其决定的前景。"①

进入新世纪，利益集团作为一股政治力量，在美国政坛继续发挥着重要的作用和影响。

(三) 新闻媒体参与

在美国，新闻媒体是指拥有众多读者、听众或观众的新闻传播媒介，即报纸、期刊、广播电台、电视台和新闻社等。

到2000年结束时，美国拥有1600种日报、8500种周报、9500个广播电台、6个全国电视新闻网、850个地方电视台、10500个有线电视系统。主要新闻机构的受众数量很大。在每个工作日的晚上，有两千多万美国人收看新闻网。《时代》周刊、《新闻周刊》每周的读者量超过300万人。《美国新闻与世界报道》的周发行量超过200万。《纽约时报》、《华尔街日报》、《今日美国》和《洛杉矶时报》的日发行量超过100万份。另有36家报纸的发行量也超过25万份。全国报纸的平均日发行量为4000万份，星期天的发行量达到6000万份。

美国新闻媒体同政府并无隶属关系，然而二者又密切相关并互相依赖。新闻媒体报道的新闻大部分是政府和领导人的活动，其消息来源主要是政府

---

① 李道揆：《美国政府和美国政治》，北京：中国社会科学出版社1990年版，第309—310页。

第五章 美国政治现代化的标志

各机构和政府官员。政府则通过新闻媒体了解国内外大事和形势,向民众宣传其意图、政策和工作,并了解舆论和影响舆论。

新闻媒体对美国政治、经济和社会生活历来都有重要影响,在信息时代影响更大。

美国前布鲁金斯学会会长布鲁斯·麦克劳里曾讲道:"新闻界是公共政策机构,其作用不亚于总统、法院和议会,在阐明政府程序时理应有其一席之地。"①

另一位美国学者伯恩斯告诉人们,过去"父辈和祖辈往往通过民主党或共和党的'党的透视镜'来观察政治,今天的政治通过一种截然不同而又非常真实的透镜,即电视摄像机的镜头透射到观众眼前。大众传播媒介在日益注重信息的制造、加工、管理和传播的社会中已崛起而成为强有力的机构,并被人们称为另一个政府或者政府的第四个部门。"②

美国领导人也认识到新闻媒体的这种重要作用,并有许多成功运用这种作用的范例。在与斯蒂芬·道格拉斯角逐第16任美国总统而进行首次辩论时,林肯即深刻指出:"在这个或与这个相似的社会中,舆论就是一切。得到舆论的支持,一切都不会失败;得不到它的支持,一切都不会成功。因此,制造舆论的人比颁布法令、宣布决定的人想得更深远。"③就是在这次竞选中,林肯赢得了胜利。

在美国,新闻媒体对政治的作用和影响,主要体现在决定公众议事日程、社会预警、监督政府和制造政治人物及其制造政治人物的形象等方面。

在决定公众议事日程方面,新闻媒体在选择什么是新闻、什么不是新闻,宣传报道什么、不宣传报道什么方面关系重大。新闻媒体的宣传报道,尤其是大量的、连续不断的宣传报道,可以使某些人和事成为公众高度关切的问题,引起公众进行讨论和采取行动,从而导致政府改变政策或修改现行政策。因为新闻媒体的宣传报道,一些长期为人们所容忍的事,可能迅即成为不可容忍的事;而一些潜在的重要问题,则又可能被公众所忽视。在上个世纪60

---

① 李道揆:《美国政府和美国政治》,北京:中国社会科学出版社1990年版,第104页。
② 刘杰:《当代美国政治》,北京:社会科学文献出版社2001年版,第310页。
③ 〔美〕理查德·尼克松:《超越和平》,范建民等译,北京:世界知识出版社1999年版,第205—206页。

年代的饥饿、贫困和种族歧视问题，70 年代的滥用毒品、环境保护问题，80 年代的化学武器、虐待儿童问题，90 年代的艾滋病等等问题的宣传报道方面，都出现过这种现象。最为典型的是在越南战争的宣传报道方面。越战在很长一段时间内未能引起公众注意，而当电视新闻报道了美国海军陆战队夷平越南村庄及美国军队屠杀越南平民之后，人们对越战的支持度迅即下降。后来，当哥伦比亚广播公司新闻节目主持人沃尔特·克朗凯特在广播中宣称"越战不能取胜"后，越战即彻底失去了公众的支持，导致后来不得不从越南撤军。因此曾有评论说，"在美国历史上，第一次由一位新闻节目主持人宣布了一场战争的结束"。1973 年，水门丑闻导致尼克松总统辞职，也是由于新闻媒体的持续推动而使事件成为公众议事日程，最终上升为重大政治问题的。

　　在社会预警方面，因为新闻媒体的触角遍布全社会，时刻监视着社会和自然界的风吹草动，并能够通过新闻报道及时告知公众，因此在预报各种可能出现的风险方面，具有优于社会公众和政府机构的天然条件。社会公众由于受专业素质、地理位置、生理状况等个体条件的限制，对周围环境变化的信息搜集、分析处理，以及对各种潜在威胁的感知和反应能力是有限的。政府虽然拥有高度发达的科技手段和众多的信息搜集渠道，但决策者的注意力也是有限的，不可能对所有的事务都保持高度的灵敏度和回应力。所以，社会守望是新闻媒体的重要功能之一。正如美国现代新闻之父普利策所说："如果一个国家是一条航行在大海上的船，新闻记者就是船头上的守望者，他要在一望无际的海面上观察一切，审视海上的不测风云和浅滩暗礁，及时发出警告。"[①]美国公众认为，在美国社会发展中，美国新闻媒体发挥了名副其实的"守望犬"作用。

　　在监督政府方面，虽然新闻媒体是为公众而不是为政府服务的，但新闻界往往起着监督行政、立法、司法三个部门过分行为或不端行为的"政府第四部门"的作用。不仅新闻界把自己看作是"政府的批评者"，而且社会公众、美国法院也确认新闻媒体监督批评政府和政府官员的权利。在历史上，美国新闻媒体对政府的政策和错误行为，对政府官员包括总统在内的渎职行为、滥用权力和违法乱纪是不断揭露和提出批评的。而当新闻媒体的批评和揭发一

---

① 《新华文摘》，2008 年第 9 期，第 7 页。

旦公之于众，即立刻传遍全国，形成强大的舆论压力，使当事者轻则陷入困境，重则身败名裂，甚至不得不退出政治舞台。新闻媒体的这种作用，在很大程度上成为监督政府、约束政府官员的重要力量，也是美国民主法治的重要组成部分。

2004年，媒体持续报道美国士兵在伊拉克虐待囚犯时，就是在发挥监督政府的作用。有关裸体的伊拉克囚犯被迫做出羞辱性的性爱姿势和行为的照片让美国与全世界感到震惊。这些照片的公布并持续报道使问题公开化，并引起美国国会的高度关注。美国新闻媒体的这种作用，正如美国记者沃尔特·李普曼所述："媒体并不是政治机构的替代物。它就像是探照灯的光束，不停地来回扫动，把一个又一个事件从暗处带到明处。"①

美国第4任总统麦迪逊曾高度评价新闻媒体在美国政治生活中所起到的作用："世界上理智和人性战胜谬误和压迫的所有胜利都应该感谢新闻……美国人民在新闻的光明指引下，到达了自由独立的国家的彼岸，改善了政治体系，将其塑造成为有利于人民的幸福的体系。"②

不过，同样应该看到的是，美国新闻媒体也是支持和维护美国现行政治制度的重要力量，它们首先是政府的支持者和维护者，其次才是政府的批评者。

在制造政治人物及其制造政治人物的形象方面，新闻媒体的作用是随着"电视政治时代"的到来而变得日益突出的。许多政治人物往往会因为新闻媒体的追踪报道而成为某一事件的焦点。在四年一度的美国总统选举中，这一点体现得更为明显，甚至可以说，新闻媒体既可以使一个竞选者成为未来的白宫主人，也可以让一个竞选者永远被排斥在白宫门外。美国杜克大学政治学教授戴维·巴伯在其所著的《政治的脉搏》一书中即指出："总统政治正在发生一场革命。民主党和共和党已不再控制其旗手的选择。代之而起的是一批新的国王制造者：新闻人士。因为总统候选人正是在报刊上和电视屏幕上被制造出来或被毁灭掉的。"③

---

① 〔美〕托马斯·帕特森：《美国政治文化》，顾肃、吕建高译，北京：东方出版社2007年版，第349页。
② 〔美〕威廉·德格雷戈里奥：《美国总统全书》，周凯等译，北京：社会科学文献出版社2007年版，第76页。
③ 李道揆：《美国政府和美国政治》，北京：中国社会科学出版社1990年版，第147页。

这方面的最突出例子是 1976 年的总统大选。本来，吉米·卡特原不过是一名普通的州长，但是电视很快把他变成了一个名闻全国的人物。他当时在新罕布什尔州的预选中取胜后，新闻媒体便作为全国的大事加以报道。《时代》周刊和《新闻周刊》都在封面登出卡特的巨幅照片，三大电视网也把他作为民主党的头号总统候选人。正是由于有这些宣传报道，卡特便很快在民意测验中居于领先地位，并最终当选总统。

在新闻媒体制造政治人物和制造政治人物的形象方面，尤其又数电视对民众的影响最大。曾对美国 1960 年至 1980 年 6 次总统选举进行过专门研究的西奥多·怀特，在其《美国的自我探索》这部著作中曾对电视对选民投票的影响发表评论，他说："操纵选票的所有其他技术——系列分析、重点分析、逐步缩小问题的提问、粗略和精细的民意测验、选区模拟活动、直接邮寄、电话汇总——现在都从属于电视的吸引力了。……在一次全国选举中，美国人将根据电视制作人向他们揭示的真实情况来进行投票。"①

西奥多·怀特还进一步指出："美国新闻界的力量是一种原生力量。它决定公众讨论的议事日程；而且这一广泛政治力量是不受任何法律约束的。它决定人们谈论和思考什么。……在美国，没有任何国会的重大立法，任何国外冒险，任何外交活动，任何重大的社会改革能够成功，除非新闻界准备好了公众的思想。"②

西奥多·怀特对于新闻媒体在美国政治生活中的地位和作用的这一评论，应该是恰如其分的。

总的来看，政治参与在美国已经真正成为社会各界和普通民众日常工作与社会生活的一部分，任何一个有思想、有主见、有主动性的公民都会以各种方式，积极地参与到美国的政治发展过程中。

---

① 李道揆：《美国政府和美国政治》，北京：中国社会科学出版社 1990 年版，第 149 页。
② 李道揆：《美国政府和美国政治》，北京：中国社会科学出版社 1990 年版，第 149 页。

五 政治官员普选化——把民族精华拥上宝塔尖,为国家和人民效力

在美国,选举既是民主化的目标,也是民主化的工具。美国人认为,在非民主的政治体制中,人们可以根据出身、财富、暴力、任命或者考试成为领袖,但在民主政体下,则是通过竞争性的选举来挑选领袖,主要的政治首脑和民意代表都必须通过普选。美国向来认定,凡是最高政治领导人是通过民众普遍参与投票并且进行周期性自由选举而产生的,这个国家就是民主国家;反之,则不是民主国家。在美国,选举已成为衡量一个政治制度是否民主的最重要指标,也成为衡量政府和当政者是否具有合法性的唯一根据。

在今天的美国,选举已成为政治生活的基本形式,各种各样的选举无所不在。在选举层级上,有联邦选举、州选举和地方选举,其中联邦选举又分总统选举和国会选举;在选举方式上,有直接预选和正式选举,直接预选还分关门预选、开门预选和大开放预选,正式选举也分间接选举和直接选举;在选举法律上,有的由联邦宪法规定,有的由州法规定,更多的是由地方自己规定;在选举人、被选举人的资格,经选举产生的官员的职权范围、任职期限等方面,也都有严格的法律规范。

在美国的政治生活中,通过定期选举,使民选官员受到选民的监督,依靠选民和对选民的负责,决定政府的更迭和官员的去留,已经习以为常。从联邦中央到地方,美国各级政府的民选职位常年达到52万个,是当今世界选举最为频繁、民选职位数最多的国家。

在美国,最重要的选举是四年一度的总统大选。

与世界上许多国家不同,美国总统不是经选民直接选举产生,而是采用被称为"选举人制度"的间接选举。在这种制度下,选民在大选中的投票并不是直接选举总统,而是选举选举人,再由选举人代表选民投票选举总统。

选举人以州为单位,每个州选举人的数量与该州在国会中的参议员、众议员的总人数相等。过去,根据50个州共有参议员100名、众议员435名,

全国选举人的人数为535名。后来，宪法第23条修正案规定首都华盛顿所在的哥伦比亚特区拥有3名选举人，故总统选举人总数为538人。任何一名总统候选人，只要获得270张以上的选举人票——超过全国选举人总票数的一半，即当选为总统。

美国对选举人制度的设计，主要基于两个方面：一是体现美国的联邦制度特色，不论大州小州，一律在总统选举中拥有平等的权利；二是基于人民主权的原则，以各州总人口数为基础分配众议院的议席和总统选举人的人数，保证小州有平等的机会表达自己的声音。鉴于影响选举人数目分配的主要是各州的总人口数，所以美国还规定每隔十年进行一次人口普查，然后再根据普查的结果重新计算各州人口占全国总人口的比例，并据此重新分配选举人数量。

美国总统大选周期长，程序多，竞争激烈，常常令人眼花缭乱。不仅总统候选人各施才干，在竞选策略和手段上无所不用其极，而且各级政府机构、政党、利益集团、新闻媒体也卷入其中，使每一次总统大选都构成一幅纷繁复杂的政治图景。具体来看，美国的总统大选有如下主要过程。

——预选阶段。总统预选本质上是政党党内选举，由州法加以规定，由州政府负责举行。一个政党是否参加州的总统预选，由政党自己决定。总统预选有两项职能：一是由一个政党的党员选举出席该党全国代表大会的代表；二是党员投票对寻求该党总统候选人提名的各个竞争者表示其意向。归结起来，总统预选就是由党员选举全国党代会的代表和选择总统候选人。由于各州法律不同，总统预选有多种方式，有的只选代表，有的只选总统候选人，有的则既选举代表，同时也选举总统候选人。

——政党全国代表大会阶段。这一阶段，主要是各政党产生自己的总统候选人和副总统候选人。一般，大会先选出总统候选人，再选出副总统候选人。后者为前者的竞选伙伴，通常由前者自己挑选，由大会批准。总统候选人必须获得过半数代表的票，方可获得提名。如无人在第一轮投票中获得过半数票，则举行第二轮以至多轮投票，直到有一名候选人获得过半数票为止。近年来，由于在预选和地方政党会议中，多数代表都表态支持某个候选人，所以预选一结束，就实际上已经知道谁赢得过半数代表并将在代表大会上赢得提名，代表大会只不过是正式批准预选的结果而已。

第五章　美国政治现代化的标志

——全国竞选阶段。这是最关键的阶段。正式竞选，一般从大选年9月第一个星期末的"劳工节"以后开始。从这一天起，各政党提名的总统候选人即在全国范围展开激烈的较量，直至最终决定总统位置的归属。

在这期间，总统候选人要向选民介绍本党的政治主张及候选人自己的施政纲领，并向选民作出各种各样的承诺，以尽可能争取最多的选民支持。竞选的形式包括在全国各地发表演说、接见选民，以及与竞选对手进行公开的辩论等等。

在竞选组织方面，每个总统候选人都会组建一个从全国到地方的庞大班子，班子中最重要的是其竞选总部。竞选总部的人员，除了总统候选人的亲属和密友，主要包括一大批雇佣的竞选专家、民意测验专家、公共关系专家、广告专家、新闻专家、演说撰稿人、律师、会计师、各领域的学者以及实业界人士等等。由他们负责为候选人提供政策建议、募集经费、分析竞选态势、发布新闻和与媒体联络等重要事务。没有这部分工作，任何总统候选人都不可能完成竞选。

在竞选策略方面，总统候选人不仅需要根据本党的党纲和政策主张提出自己在内政外交上的系统观点，对选民关心的热点问题和国家面临的重大问题发表自己明确的看法，而且还必须采取多方面的灵活有效的步骤，对重点州和重点选民群体进行宣传和拉拢。在大多数情况下，总统候选人一方面要树立自己的形象，同时也攻击和贬低对手。

在宣传造势方面，总统候选人一般都会不惜财力发起大规模的宣传攻势。电视是今天任何一位总统候选人都不可或缺的宣传工具，他们往往会在电视的黄金时段大做付费广告，极力向选民推销自己。从1960年开始，两大党的总统候选人还开始电视辩论，进行面对面地较量。现在，电视辩论已经成为选民判断总统候选人能力高下的重要方式。近年来，互联网又成为竞选中常见的宣传手段。由于这种手段针对性强，方便快捷，越来越受到总统候选人的青睐。

——大选投票阶段。大选年11月的第一个星期二是美国选民正式投票选举总统的日子。虽然由于实行选举人制度，选民投票并不是直接选举总统和副总统，但在一般情况下，选民投票选出的选举总统和副总统的选举人，总会投票给本党的正副总统候选人，因此总统选举人的选举实际上也就等于总统选举；并且，由于全美有49个州（缅因州例外）实行胜者得全票制，一州的所有选举人票全部归在该州获得相对多数票的总统候选人，故选民投完票后即已实际确定哪一位候选人当选，此后的选举人投票和国会计票只剩一个形式。

不过，尽管只剩一个形式，其程序依然是繁复而严肃的。一般，选民投票结束之后，被选出的总统选举人便组成选举团，在各州首府所在地分别投票选举总统和副总统。选举人投票后，选票将被送往首都华盛顿，于大选年次年的1月6日，由参议院议长在参众两院联席会议上验证起封，公布最终计票结果。一旦一名总统候选人获得的选举人票达到270票，即超过全国选举人数量的一半，即可宣布当选。如果没有候选人得票超过半数，则由众议院从得票最高的3名总统候选人中选出1人为总统。选举时，众议员以州为单位进行投票，每个州只有一票表决权，3名总统候选人中如有1人得票超过半数即为当选；否则将重新进行投票，直到有人超过半数为止。如果到总统就职日仍然没有人当选，则由当选副总统代行总统之职。如遇副总统候选人中也没有人获得半数以上的选举人票，则由参议院从得票最高的2名候选人中投票选举，每位参议员拥有1票表决权，2名候选人中如有1人得票过半即可当选为副总统。

总之，直到当选总统和副总统在大选年次年1月20日宣誓就职，本轮总统选举才算最终拉上帷幕。

美国的总统大选纷繁复杂、异彩纷呈，美国国会议员的选举同样也毫不逊色。

美国宪法分别对参众两院议员的选举进行了规范。宪法第1条第2款规定，众议院的议员由各州民众每2年选举一次。宪法第1条第3款规定，参议院的议员经由各州的州议会选举产生，1913年根据宪法第17条修正案又改为由各州民众选举产生，虽然参议员的任期为6年，但由于规定了分组原则，每两年也需要进行三分之一参议员的改选。因此，国会参众两院的选举实际上都是每两年进行一次。此外，还有补缺选举，即当议员任期未满而辞职、死亡或被其所在的议院驱逐而形成了空缺议席时，拥有该议席的州将单独举行补缺选举，选出新的议员填补这一席位。

根据有关法律规定，参众两院议员的选举大致经历提名、竞选和投票3

第五章 美国政治现代化的标志

个阶段。提名是竞选国会议员的第一步,任何试图当选国会议员的人要想如愿,都首先需要获得提名。在现行的两党制度下,提名主要是在党内进行的预选中战胜其他对手获得本党的提名。竞选是整个选举过程的关键阶段,由于国会议员实行选民直接投票选举,选民的态度具有决定性的意义,因而获得提名的候选人都将使出浑身解数争取选民的支持。投票是选举的最后阶段。一般,投票的结果往往在竞选阶段就已决定,但为了防止出现候选人对选民在投票时采取威胁和欺骗等手段,因而各州普遍实行秘密投票制。

为了在激烈的竞选过程中获得最终胜利,每一位议员候选人都要采取各自的竞选步骤和策略。一般,这些步骤和策略包括:

——募集竞选资金。美国的选举历来是靠金钱铺路,任何人没有足够的财力根本不可能问鼎国会议员这样显赫的职务。曾担任过众议院议长的奥尼尔曾谈到,任何竞选都少不了四大件:候选人、候选人谈及的问题、竞选组织、竞选所需要的钱;然而,如果没有钱,你就没有必要想其他三大件了。①

——组建竞选班子。过去,政党在确定了议员候选人后,会专门为其配备竞选班子,抑或通过党在当地的机构帮助其竞选。现在,由于政党组织日益松散,政党除了在总统大选中发挥作用外,一般没有能力再为国会议员的竞选提供帮助。另一方面,社会中出现了专门提供竞选服务的公司和机构,它们往往能够凭借自己的专业特长为议员候选人提供咨询、民意调查、支持率分析等方面的服务。因此,候选人为了在选举中战胜对手,一般都聘请专业顾问、组建竞选班子来为自己竞选服务。

——争取政党支持。尽管政党不再为候选人组织竞选班子,但政党的支持仍然至关重要。因为,如果是在一个党的州里,候选人一旦获得了本党的支持,议员职位就等于成了囊中之物;而在两个党势力相当的州里,选民也常常按照候选人的政党归属而不是候选人个人的政策主张来投票。

——寻求利益集团支持。除了政党的支持外,寻求利益集团的资助也是候选人在竞选过程中不可缺少的。利益集团不仅因其手中掌握的大量金钱而成为候选人竞选的主要资金来源,而且还能通过对特定群体的巨大影响力而为候选人争取大量选票。

---

① 参见刘杰:《当代美国政治》,北京:社会科学文献出版社2001年版,第124页。

——竞选。为了向选民推销自己，争取尽可能多的选票，候选人一般都与选民直接接触。每个候选人都会在超级市场、俱乐部、影剧院等各种公共场合出现，与选民握手、拉家常、发表演说，回答选民的提问，允诺自己一旦当选将如何更好地为选民服务，以便使选民对自己产生好感，树立亲民形象。除了与选民直接接触，候选人还必须充分利用大众传媒，在报纸、电台、电视台扩大舆论宣传，甚至与选民直接进行网上对话，千方百计地拉近与选民的距离。

所以，在美国，任何人要想成为535名国会议员中的一员都不是一件简单的事。除了需要一定的经济和社会背景之外，也许更为重要的还在于，他或她必须有进入国会的雄心和抱负；必须有良好的体魄；必须有选民拥护的政策主张；必须有选民喜爱的仪表、风度和演说才能；必须有动员和组织社会的能力等等。

大面积的官员普选，完善的选举制度，给美国带来的好处和在国家发展中所起的重要作用是不言而喻的。

首先，促进了美国的政治稳定。美国是一个视选举为政治权力的唯一合法性来源的国家。建国230多年来，美国的政府更迭，执政党易手，都通过选举来实现，有效保证了政治权力的和平交接和政治体制的连续传承，为国家经济和社会的发展创造了稳定的政治环境。

其次，调动了社会参与国家事务的积极性。在美国，选举是以真实的、普遍的选举为标志的，选举制度不仅是一项重要的政治制度，而且还作为一种社会制度深入到社会的各个层面，从而最大限度地调动和发挥了社会智力资源在参与国家发展方面的积极作用。

第三，培养了公民的公共意识。"普选制是测量工人阶级成熟性的标尺。"① 频繁真实的选举比政治说教更直接更有效。每一场竞选都是一场生动的政治教育和公共意识教育，能使公民获得大量的政治、社会信息，提高公民的现代性和参政的积极性，增加公民对国家和社会的责任感。

第四，促进政风清廉，密切了官民关系。托克维尔总结美国民情稳定的原因时认为，各级政府官员通过选举产生，使他们不得不廉洁从政和谦虚谨

---

① 《马克思恩格斯选集》第4卷，人民出版社1995年版，第173页。

第五章 美国政治现代化的标志

慎。托克维尔说:"一个人可以因一次光明磊落的行动而争得人民的好感,但他要保证得到周围人的敬爱,就需长期不断地服点小务和做点不被人注意的好事,养成始终为善的习惯,经常被誉为廉洁奉公。""在美国,最富裕的公民也十分注意不脱离群众,而且不断地同他们接近,喜欢倾听他们的意见,经常与他们交谈。美国的最富裕公民知道,在民主制度下,富人经常需要穷人的协力,在民主时代,争取穷人之心的最有效手段并不是小恩小惠,而是对他们友好。施给的恩惠越大,越会显出贫富之间的差距,所以受惠者的心里会暗中反感。但是,和蔼待人,却具有难以抵抗的魅力,因为亲昵足以动人,而粗暴无不伤人。……周围人要求于他们的,并不是让他们牺牲金钱,而是让他们放弃骄傲。"托克维尔还说:"我想象不出哪个国家的官员会像美国公务人员那样作风朴实,平易近人,问话时亲切,答话时和蔼。"①

第五,能够带来全民反思,增加社会理性。每逢总统大选时,总统候选人在竞选演说中所发表的施政纲领、政策主张和对选民的承诺,所披露出来的过去执政中所存在的各种问题、矛盾、弊端和丑闻,都会使选民在思考中作出最优的选择,也会使新的执政者在思考中对过去的错误、矛盾、偏差作出纠正的决心和选择。可以说,每一次大选都是一次动员全民检讨过去、纠正错误、开拓和创新未来的大民主运动。这实际上也是美国得以在纷繁复杂的国际国内环境中能够屹立不倒并保持持续发展态势、旺盛发展活力的一个重要原因。

第六,能够使优秀人才脱颖而出。通过激烈的竞争选举,把民族精华拥上宝塔尖,为国家和人民效力,这也许是美国选举制度的最大优点和最重大功绩。尽管人们每天都能目睹政治家的风采,倾听政治家的声音,也常被一些政治家的魅力所倾倒,但究竟怎样才能产生真正的、合格的、伟大的政治家,却是人类至今没有完全解决的问题。不能认为美国的选举制度就是世界上最好的选举制度,但是,美国的选举制度确实具有强大的优胜劣汰功能;不能认为美国迄今为止产生的43位总统就一定是美国200多年历史上各个对应时期的顶尖人物,但是,他们无疑都是他们所处时代的民族骄子。他们在角逐总统职位时,每一次的竞选亮相、每一次的竞选演说、每一个竞选纲领、

---

① [法]托克维尔:《论美国的民主》,董果良译,北京:商务印书馆1988年版,第231、632、633页。

每一个竞选战略,都无不体现着他们个人的素质、胆识、智慧和活力,也无不反映着人类政治文明尤其是制度文明的重大进步和成果。美国南北战争结束后,马克思一方面称赞林肯,认为"在美国历史和人类历史上,林肯必将与华盛顿齐名";另一方面又高度评价美国的选举制度,认为是美国的选举制度造就了林肯。马克思深刻指出:"林肯不是人民革命的产儿。是那种没有意识到本身应当解决何等伟大任务的普选制的寻常把戏把他——一个从石匠上升到伊利诺伊州参议员的平民,一个缺乏智慧的光辉、缺乏特殊的性格力量、地位并不十分重要的人,一个善良的常人——送上最高位置的。新大陆还从来没有取得过比这一次更大的胜利,这证明,由于新大陆的政治和社会组织,善良的常人也能担负旧大陆需要英雄豪杰才能担负的任务!"[1]

当然,历数美国政治选举的好处并不是认为美国的选举制度就完美无缺;如同美国政治选举的优势一样,美国政治选举中存在的问题也显而易见。如选举中的不平等,金钱对于选举的腐蚀,以及选举中媚俗化地迎合选民等。不过,从总体上看,这些问题的存在还属瑕不掩瑜。

2008年4月,针对美国总统预选阶段难解难分的局面,美国布鲁金斯学会即发表文章称:"美国的预选过程当然是错综复杂的、不透明的、耗资巨大的、浪费的、不公正的,而且极其漫长。尽管它存在各种明显的缺点,但这个过程为全世界最困难的工作提供了独一无二的审查机制。它以其他任何过程都不可能提供的方式考验了候选人的耐力、性格、感召力和决心。也许它阻止了一些优秀人士参与竞争,但最后,在大量候选人中,我们最终得到了一位经验丰富的美国战斗英雄,一位具有可塑性的女参议员,一位让国家感到自豪的极具感召力的非洲裔美国人。这个制度有那么糟糕吗?"[2]

可见,美国人对自己国家的选举制度是满意的。

---

[1]《马克思恩格斯全集》第15卷,北京:人民出版社1963年版,第586—587页。
[2]《参考消息》,2008年4月25日,第3版。

六 政治教育社会化——通过价值观的同一实现政治上的统一

社会学家英克尔斯认为，现代化是一种社会变迁过程，在一个国家的现代化过程中，这个国家的人民也必须随之现代化；如果一个国家的人民不现代化，这个国家的现代化也是不能实现的。

对于什么是人的现代化，英克尔斯提出了十项指标：(1)自信心强，相信通过自己的努力，可以把事情办好，不相信命运；(2)对于社会变迁有思想准备，并且乐于接受社会变迁，认为社会就应该处于不断地变化之中；(3)对于生活抱着乐观主义的态度，对新的生活经验持开放性；(4)珍惜时间，严格遵守时间；(5)更加重视技术和技能，并认为把一个人的技术熟练程度作为分配报酬的基础是公正合理的；(6)平等地对待每一个人，不看人行事，不对自己的熟人、朋友给予特别的对待；(7)办事总是事先有计划，并且严格按计划行事；(8)对周围有信任感，认为周围的世界是可以依靠的，别人是可以信赖的，不像传统人那样往往对别人有很强的戒心；(9)对现实世界的看法增加，也乐于把自己的看法表示出来，并认为对同一事件具有不同看法是正常的；(10)重视信息，努力寻找各种信息。[①] 英克尔斯还特别指出，在从传统人到现代人的转变中，教育起着最重要的作用。应该说，英克尔斯的这些思想观点，反映了美国政治学界的主流。

长期以来，美国的政治教育没有政府的统一号令，没有国家级的部门来组织谋划，也没有专业化的机构来具体实施，甚至连政治教育这个概念也鲜为人知。但是在美国，政治教育却又无时不在无处不有，并且教育的效益还很高，对美国的发展始终起到凝聚人心、巩固政权、化解矛盾、稳定社会的重要作用。

美国的政治教育，主渠道历来是家庭、学校、政党、媒体、社区、宗教

---

① 《社会》，1983年第4期，第50页。

和公共教育场所，已经完全社会化。

(一) 家庭教育

家庭是美国人接受政治教育的第一途径。美国教育学家认为，家庭对于个人政治见解的形成影响最大最重要。一个人从婴儿到成年，家庭是他同外部世界联系的第一个环节。家庭灌输价值观，解释外部世界的事件。家庭传播和灌输整个文化，并培养爱国主义。父母还向孩子灌输他们对于社会和政治制度的看法。父母的政党倾向也对子女有很大影响。一般，父母是民主党党员或共和党党员，孩子长大以后也容易成为民主党党员或共和党党员。

美国学者尼德曼在他的《美国理想：一部文明的历史》这部书中写到父母爱国热情对他的至深感染。他说："我出生在费城，从小热爱美利坚。我祖父祖母是第一代移民，他们一谈到美利坚的好处就会老泪纵横。我的父亲把阿伯拉罕·林肯看成是一个仅次于上帝的神人。"①

特别值得提及的是，美国的家庭教育还有助于子女形成基本的价值取向，虽然这些价值取向一时并不具有直接的政治性，但具有政治意义。例如，美国家庭成员比较平等，儿童在家庭事项的决定中通常具有发言权。由此，平等、个人主义和个人自由这些基本的美国价值观，就会通过家庭成员的这种互动，在子女儿时即播下种子。美国权威调查机构的调查结论也认为，美国人的大部分价值观念都是从家庭获得并形成的；因为当一个人长到十几岁，不大可能听从父母的任何建议时，伴随其终生的许多信念和价值观都已经定型。所以，美国学者施密特指出："政治社会化最明显的源泉是家庭。父母通过自身表率和认可向子女传授了参与政治体制的价值观。"②

(二) 学校教育

学校是美国进行政治教育的主阵地。教学的内容和方法，无论在总的方

---

① 〔美〕雅各布·尼德曼：《美国理想：一部文明的历史》，王聪译，北京：华夏出版社2004年版，第25页。
② 〔美〕斯蒂芬·施密特等：《美国政府与政治》，梅然译，北京：北京大学出版社2005年版，第13页。

面还是在某些特别方面，都对学生灌输美国的政治制度和价值观，所有的课程都可以成为政治教育的载体。从小学到大学，公民、社会、历史等课程都是学校的必修课，并且形成接力教育的机制。

公民教育方面的课程，主要是讲述美国的政治制度、经济制度、宪法和法律基础知识，以及公民的权利、责任和义务。目的是培养学生对国家和社会的责任感义务感，使之成为责任公民。

社会教育方面的课程，是从提高社会的效率出发，培养学生成为好的家庭成员和好的社区成员。要求学生理解人与社会的关系，强调人不是孤立的人而是社会的人，要保证社会的稳定和协调，就要有一系列的规则并遵守各种规则，就要承认他人的种种权利并尊重他人的权利。

历史教育方面的课程，主要是讲述美国的历史，培养学生的爱国主义情怀，要求学生爱美国、爱美国政府、爱美国的政治制度。《美国理想：一部文明的历史》的作者曾回忆儿时在学校接受爱国教育的情景，他在书中说："我还记得我们这些小孩子保护国旗的那种狂热劲头。如你不小心让国旗掉到地上，哪怕只是轻轻拂过地面，哪怕只是一面那种 7 月 4 日到处可见的纸做的几分钱买的小旗，让国旗掉在地上可是桩了不得的大罪，只有马上将旗捡起亲吻一下才能赎罪。……我记得有一次我注视国旗良久，心里纳闷，一块普通的布怎么会具有如此神力。我还记得我当时触摸它的感觉，那块布摸上去还真有一种触电的感觉。到今天我才知道那种感觉的来由。然而，自从那以后，是我们的感知中的电流使国旗变得神圣。"①

此外，学校还特别重视学生的德育教育和能力训练。大学教育阶段，大学生基本上是自我服务与自我管理，大批学生在学生会和社团组织得到锻炼。学生会威信相当高，往往被誉为"学生政府"，由选举产生的学生会主席则被誉为"总统"。

(三) 政党教育

基于美国政党组织的松散性和政党活动的间歇性，政党所具有的政治教

---

① 〔美〕雅各布·尼德曼：《美国理想：一部文明的历史》，王聪译，北京：华夏出版社 2004 年版，第 26 页。

育功能通常在总统大选时发挥最为充分。

虽然由于长期实行两党制,两党对于总统职位的竞争异常激励,但因为两党的基本价值、根本利益是一致的,甚至许多政治主张、政策布局也重合雷同,这样,双方的总统候选人在竞选中就都要宣传美国的政治经济制度和价值观念,就都要通过电视、广播、报纸等大众传媒开展声势浩大的宣传攻势。同时,一旦谁当选,新总统又要在万众瞩目、庄严隆重的典礼上发表就职演说,免不了又要赞扬美国的制度和历史,诉说美国的种种优越性。所以,从普及政治教育的角度来看,每一次的总统大选,实际上也是一次爱国主义的大教育,全民政治的大教育。

(四) 媒体教育

在今天的美国,任何一种政治参与行为所花费的时间都不会超过人们花在新闻媒体上的时间。所有的美国人,都可以轻易地从大众媒体获得包括政治在内的各方面的信息。美国超过95%的家庭拥有电视机,50%以上的美国人每天购买报纸。这些,都从客观上为大众传媒功能作用的发挥提供了条件。

如前所述,大众传媒在美国政治生活中的作用,一方面是影响、参与政治,另一方面就是传播政治,对社会起到宣传教育作用。政治领导人和政府机构也总是习惯通过大众传媒向民众宣传自己的政治主张、政策意图,并以此来影响和争取社会公众。20世纪30年代,在经济大危机中就任总统的罗斯福,即通过美国的三大广播公司向全国进行著名的"炉边谈话",宣传他的新政,取得了良好的效果。罗斯福还每周举行一次记者招待会,在13年的总统生涯中共举行记者招待会998次,比美国历史上任何一位总统都多。

在许多情况下,大众传媒还能扮演中间调停人的角色,对政府和社会公众起到双向宣传教育的作用。这是因为,大众传媒在传播政治时,既可以将社会公众的诉求传递给政治领导人和政府机构,也可以将政治领导人和政府机构的政治主张、政策意图传递给社会公众。而当社会公众的利益表达招致失败,造成了政府与社会公众之间的误会时,大众传媒的解释与疏导就特别重要。在这种情况下,大众传媒或是将注意力转向社会公众的诉求;或是将政府的态度传递给社会公众;或是向双方介绍事件的背景,促成双方的谅解

第五章 美国政治现代化的标志

与妥协,缓和双方的紧张关系,以维持政治稳定,客观上起到重要的宣传教育作用。所以,有美国学者指出,"当先父们无法苟同报纸应该发挥怎样的功能时,他们却有一个基本的共识,即报纸是统治者和被统治者之间的缓冲器"。

(五)社区社团教育

由于美国人不论年龄多大,不论处于什么地位,不论志趣是什么,无不生活在社区或社团中,因此,社区或社团对美国人的影响是不可低估的,甚至很多美国人会根据自己所归属所认同的社区或团体的立场来认识和对待政治问题。

社区或社团对于美国人的巨大影响力,源自社区或社团的特点以及其在社会生活中的重要地位。许多社区或社团,涉及社会面宽,参加者广泛,活动方式灵活多样,与人们的日常工作与生活联系紧密,成为政治教育的理想场所。如各种城市社区、各种基金会、妇女行动和援助机构、老年人活动站、残疾人协会,等等。这些组织机构把服务与教育结合起来,对参加者起到了净化心灵、提升道德的作用,还促进了社会的精神文明建设。

(六)宗教教育

在美国,虽然体制上政教分离,但在实际的政治生活中,宗教所具有的政治教育功能却是巨大的。这源自美国的宗教传统。美国有史以来就是一个建立在宗教意识形态之上的国家,早期的移民对基督教教义奉若神明。第一个美洲的白人定居点首先建的就是教堂,移民们坚持每日两次祈祷,每周一次礼拜,每三个月吃一次圣餐。殖民地还规定,每一城镇的居民必须供养一名牧师,每个家庭必须有《圣经》。所以美国历史学家布尔斯廷说:"神学是北美建立天国的工具。"[①]在今天的美国,宗教依然是美国政治、经济和社会生活的重要力量,宗教信仰已成为美国民众不可动摇的精神支柱。

---

① 《山东师范大学学报(社会科学版)》,1997年第1期,第53页。

依据美国权威机构的调查,在美国已有占总人口90%的人信教。其中,信奉基督教新教的占56%,信奉天主教的占28%,信奉犹太教的占2%,信奉其他宗教的占4%。截至2000年,美国有250多个不同的宗教派别,222万个教会团体。基督新教教徒最多,约有7200万人,罗马天主教约6000万信徒,犹太教约550万信徒,伊斯兰教约400万信徒,东正教约300万信徒,佛教约200万信徒,印度教约95万信徒。

据美联社报道,美国人花在宗教上的时间和金钱,远比花在体育娱乐上的时间和金钱要多得多。例如,1990年,美国人观看各种体育比赛的人数3.88亿人次,而出席宗教活动的人数则为52亿人次,比看体育比赛的总人次多出12倍。1992年捐给宗教事业的资金总额为567亿美元,而棒球、橄榄球、篮球三大联赛的总收入只有40亿美元,两者相差13倍。

在美国,宗教组织于社会的重要作用之一,便是对教会成员进行持久不懈的道德教育,使教会成员的公民意识、社会责任感得到了普遍的提高。因此教会成员一般比非教徒更富有公德心,更热心公益事业,也更愿意参与志愿活动。特别是,宗教组织的道德教育是以宗教教诲的形式出现的,宗教本身又是一种超人间、超自然力量的社会意识,这就使宗教对于人们的教育和影响具有了某种神圣的、持续的暗示力量。而其他任何组织机构,是很难做到这一点的。

在美国,宗教组织不仅仅是宣传教义,培养人们宗教感情的地方,而且还是人们培养能力,开展社会服务,从事慈善活动的场所。在教会里,人们能够学习如何演讲、如何主持会议,以及如何组织运动,这些都可以直接转化为政治行动技能。各个教派,不论大小,都把开展社会服务、从事慈善活动作为自己的天职,全力以赴地投入其中。美国的宗教组织每年花在社会服务上的资金达到150至200亿美元,具体项目包括支援社区建设,向贫困者提供帮助,提供人道主义救援,等等。通过这些方面,既深刻地影响社会,也无时无刻不在影响着美国民众,起到潜移默化的熏陶作用。

(七)公共场所教育

利用历史文化建筑和各种展览馆、博物馆对民众进行政治教育,是美国

第五章 美国政治现代化的标志

政治教育社会化的又一重要途径。

在首都华盛顿，美国不惜重金进行了政治教育环境和场所的建设。国会大厦、白宫、华盛顿纪念塔、林肯纪念堂、杰斐逊纪念堂、国会图书馆等建筑恢宏壮观，耗资不计其数，集中体现了美国的物质文明和精神文明，是美国向国内外进行民主政治教育的重要基地。在国会大厦，每天参观的人络绎不绝，全部免费。参观者可以直接进入国会参众两院开会的大堂，听解说员讲解国会开会的情景，宣传美国是如何的民主。

在费城，独立厅纪念馆陈列着重达2000多磅的自由钟，讲解员自豪地不知疲倦地向参观者宣传着美国独立战争的光荣史。

在全美各地，也都建有大小不等的博物馆，许多博物馆都陈列和展示着美国国家的历史。

总的来看，美国的政治教育虽然力量分散，主体多元，也没有全国意义的统筹协调，但教育的目标却是高度一致的，教育的效果也是叠加有效的，通过价值观的高度同一实现了政治上的高度统一，全社会实际上形成了教育的合力。

第六章
Chapter Six

美国政治现代化的特征

美国虽然是实用主义哲学的故乡，但也诞生了超验主义思想。在美国，灵是存在的，灵衍生万物：当它通过人的才智呼吸时，它是天才；当它通过人的意志呼吸时，它是美德；当它开启人的感情时，它是爱。

他们这个前进最快的民族，对于每一个新的改进方案，会纯粹从它的实际利益出发马上进行试验，这个方案一旦被认为是好的，差不多第二天就会立即付诸实行。在美国，一切都应该是新的，一切都应该是合理的，一切都应该是实际的，因此，一切都跟我们不同。

——[德]弗·恩格斯[①]

[①] 《马克思恩格斯全集》第21卷，北京：人民出版社1965年版，第534页。

同世界上许多国家相比,正如列宁所指出:"美、英、法、德等先进的帝国主义国家的政治形式,虽然基本上相同,但它的特征是更加不一样的。"①在推进政治现代化的过程中,美国的特征就更为鲜明。

一 拓荒性——政治发明多

美国开国先贤富兰克林曾经指出:"一个由13个州组成的共和国是一个高尚而大胆的尝试,离开了牺牲私利的共识,离开了人类最美好、最难以调动、更具有创造性的努力,这个尝试是无法成功的。"②

美国国家专利商标局办公室主任理查德·马斯比也称:"我一直相信美国故事就是创造的故事,国家本身也是被创造出来的。"③

其实,不仅美国的建国是探索的产物,而且从根本上说,美国230多年的历史也是一部不断创造的历史,不断拓荒的历史。美国政治现代化的成果,与其说是改革创新的产物,还不如说是创造发明的产物。

美国政治现代化的成功,在人类历史上第一次建立起了一个资产阶级的民主共和国。先于美国革命的尼德兰革命胜利后建立的国家,名为共和国——荷兰共和国,实际上是一个半君主性质的共和国。英国光荣革命后则保留了君主制,实行君主立宪。18世纪末期,封建君主专制制度在整个欧洲和当时的世界上占绝对统治地位。因此,美国建立一个民主共和国,实是人类历史尚无先例

---

① 《列宁全集》第23卷,北京:人民出版社1958年版,第64页。
② 〔美〕雅各布·尼德曼:《美国理想:一部文明的历史》,王聪译,北京:华夏出版社2004年版,第51页。
③ 中央电视台《大国崛起》节目组编:《大国崛起·美国》,北京:中国民主法制出版社2006年版,第161页。

的伟大创举，是对封建君主专制制度的巨大冲击。从此，君主专制制度在世界上也日渐衰落，大多数资本主义国家都采用了民主共和制度。

美国政治现代化的成功，在人类宪政史上首开了成文宪法的先河。美国宪法作为世界上最早出现的一部成文宪法，创造了许多前无古人的宪政原则，在人类历史上有着特殊的地位，被认为是美国贡献给现代世界政治治理的最大制度创新。现今世界有100多个国家的宪法是以美国宪法为蓝本的。美国法学家施瓦茨说，"美国对人类进步所作的真正贡献，不在于它在技术、经济或文化方面的成就，而在于发展了这样的思想：法律是制约权力的手段"。他甚至称，"在其他国家，权力之争由武装部队来解决；在美国，权力之争由法律专家组成的大军来解决"。① 如前所述，美国宪法还创造了存活时间最为长久的记录。第二次世界大战以来，世界上平均每个国家产生过两部宪法。而美国200多年前制定的宪法，至今仍然是国家的根本法。对于美国来说，一部宪法不止是立国之本，共和之基，而且还是国家存续的命脉。

美国政治现代化的成功，在人类历史上首先发出了人权的强音。1776年发表的《独立宣言》，被马克思誉为世界上"第一个人权宣言"。1791年，美国宪法前10条修正案——《权利法案》获批准生效，又在宪法史上创造了成文宪法列入人民权利的纪录。这对世界各国反对封建专制制度、争取民主权利的斗争，起到了巨大的鼓舞和推动作用。虽然1789年法国革命爆发后也通过了《人和公民权利宣言》，1791年法国制定的第一部宪法也把《人和公民权利宣言》的有关内容作为宪法的序言，与美国成文宪法列入《权利法案》属同一年；但是在美国从1776年发表《独立宣言》到1789年提出《权利法案》、1791年批准《权利法案》这之间，美国许多州的宪法都颁布了权利法案的内容，也都早于法国宪法。

美国政治现代化的成功，在人类国家设施中首先建立了总统制。1789年——美国独立13年之后，依据新宪法，美国人拥有了自己的第一位总统。从此，人类政府体制中又有了新设置——总统制。而在此以前，世袭君主制几乎是不可撼动的，世界上既没有"总统"这一称谓，也没有一个国家的元首或政府首脑通过选民选举产生，更没有一个国家的元首或政府首脑可以被民

---

① 《美国研究》，2002年第4期，第104、105页。

第六章 美国政治现代化的特征

选代表通过弹劾程序所罢免。目前,这一新型政府制度——总统制,被世界上许多国家所效仿。

美国政治现代化的成功,在人类政治中首先创立了成熟的政党政治。美国独立革命时期,美国人就在革命前创立的秘密会议的基础上成立了通讯委员会。尔后又在此基础之上,于18世纪末组成了政党,并以政党作为雄心勃勃的政治家的武器,动员和组织选民,帮助自己在权力的角逐中取得成功。从此,作为组织动员选民和扩大政治参与的手段,政党这种组织形式就迅速传到其他国家。两党制虽然源自英国,但成熟在美国。17世纪末,英国议会内部出现了辉格党和托利党。18世纪60年代以前,主要由辉格党执政,18世纪60年代以后,则主要由托利党执政,但都尚未形成真正意义上的两党竞争与共生机制。直到18世纪末期工业革命后,英国辉格党和托利党才分别演变为更符合执政需要的自由党和保守党。而作为一种"两党制",真正形成自由党和保守党轮流执政的局面,则是在1832年英国议会改革选举法之后。但在美国,两党竞争和两党轮流执政的格局,实际上从1796年的美国第2任总统大选即开始了。

美国政治现代化的成功,在人类历史上第一个圆满完成了在幅员辽阔的地域中建立民主政治的尝试。此前,人们一般认为,民主只是在地域狭小、结合得紧密的社会才更易实行,而地域广阔、结构复杂的社会就不易实行民主。因为,随着社会的发展,社会分工越来越细,作出决定时越来越需要专门的技术,这就势必导致杰出人物的专权,或者至少也要导致现代集团的多元领导。就政府机构而言,在小规模的社会里,其成员直接参与政事是可以想象的,但在庞大的社会里,情况就并非如此。在美国建国前的社会政治实践中,民主也仅在拥有几十万人、几十平方公里土地的被称之为"小国寡民"的古代雅典城邦施行过。

美国政治现代化的成功,在人类政制中真正把立法、行政、司法等权力的牵制与平衡原则付诸了实践。在人类历史上,自从出现国家以来便有政府。这是历史发展的必需和历史的必然。如果不对政府权力加以限制,便要出现个人或集团专权和政府滥用权力,人民的民主权利便得不到保证,建立和发展民主便只能是一句空话。这也是一种必然,并为历史所一再证明。而美国成功地实践了三权分立和制约平衡的限权政府原则,被公认为政治领域里的一种创造性突破，无论在政治理论上还是在政治实践上，都具有重大而普遍的意义。

美国政治现代化的成功，还在人类政治历史上创造了许多独有的民主政治方式。美国虽然是一个现代国家，在18世纪末才诞生于世，但是它却像世界上一些古代国家一样，在其形成过程中有一个由基础到上层的构建过程，并不像17世纪和18世纪许多新兴国家那样通过直接夺取国家权力而一举完成建国任务。在美国，"是镇成立于县之前，县又成立于州之前，而州又成立于联邦之前"；在美国，是先有国家，后有总统；在美国，"各州的主权是天然存在的，联邦的主权是人工创造的"。①

1788年，在批准生效的美国宪法第1条第8款中写着，"为促进科学和实用技艺的普及，对作家和发明家的著作和发明，在一定期限内给予专利权的保障"；1790年，美国颁布了第一部专利法，标志着创造发明由国家法律予以保护，就像保卫国家主权一样。1802年，美国国家专利商标局成立，又"将利益的燃料添加到了天才之火上"。从此，美国在自然科学技术方面的创造发明良多，对人类做出了巨大贡献。其实，回首美国的历史，美国在政治领域的创造发明，美国对于人类政治的贡献，比起美国在自然科学技术方面的创造发明和对于人类科学技术方面的贡献，也毫不逊色。

二 渐进性——徐图改良，起点高推进慢

美国社会的发展起点是很高的。这得益于美国没有经历过封建社会，封建专制制度的阻力在北美微不足道，自然为美国的迅速发展创造了有利条件。而世界其他大国，基本上都经历了漫长的封建社会阶段，如日本的封建社会大约为1200年，法国也是1200年左右，德国近1000年，俄罗斯900多年，英国600多年，发展起来自然就困难许多。

不过，虽然美国社会发展的起点高，政治现代化的起点也很高，但后续政治现代化的推进却是缓慢的渐进的。例如，在废除奴隶制问题上，自1787

---

① 参见〔法〕托克维尔：《论美国的民主》，董果良译，北京：商务印书馆1988年版，第546页。

第六章 美国政治现代化的特征

年制宪会议上提出这个问题，到 1865 年南北战争时解决这个问题，用了 78 年。在扩大和普及选举权问题上，从部分男子到全体白人男子，用了 84 年（1776—1860 年）；从白人男子到黑人男子，用了 94 年（1776—1870 年）；从男性公民扩大到女性公民，用了 144 年（1776—1920 年）。尤为典型的是，一项有关妇女平等权利的宪法修正案，于 1923 年在国会提出后，竟长期议而不决，直到 1972 年才获国会通过，送往各州批准；但 1982 年经延长后的批准期限到达时，仍然缺少 3 个州批准，结果这一修正案最终流产。政治现代化的渐进程度由此可见一斑。

分析美国政治现代化起点高推进慢的原因，主要有以下一些方面。

首先，与美国革命的性质有关。

一般，政治革命都会涉及价值观念、社会结构、政治制度、施政方针以及社会政治领导方面的迅速、完全和剧烈的变化，都需要推翻过去，与传统决裂，有的甚至造成难以弥补的巨大历史断层。但美国的革命却与其他 17 世纪、18 世纪的革命不同，其中的最主要之点，就是美国的革命不是要推翻过去；并且还恰恰相反，是要保住其北美殖民地的过去时代。确切地说，美国推翻过去的任务，已经在跨越大西洋的时候便完成了——清教徒们移民北美，就是与英国决裂、与过去决裂，从那以后，他们就一直在创造自己的新社会。在北美殖民地，这里没有封建专制，人们享有实际上比英国本土居民更多的权利。经过长期的努力，到独立之前，人们在北美殖民地实际上已经享受着相当充分的、当时世界上少有的权利和自由。人们所要求的，人们革命的目的，只不过是希望脱离英国，英国不要再来干扰他们，改变他们，独立是要维持原状。这就是美国革命不同于其他民族革命的本质所在。

革命尚且如此，在推进实施政治现代化时，采取循序渐进的方式，不急功近利，不毕其功于一役，就是很自然的选择。所以，美国在政治现代化的全过程中，都表现出改良性、有序性和持久性。

其次，保守主义的政治传统，对美国采取渐进改良的方式推进政治现代化有比较大的影响。

如前所述，美国的许多社会变革思想是从欧洲承袭而来的。几个世纪以来,保守主义一直是西方社会发展的指导思想和政治传统。

保守主义认为,与生物的进化一样,人类社会也是在各种因素的作用下自发形成的,是历史淘汰筛选的结果。习俗、秩序、社会机制、道德价值等都是如此产生的规则,它包含着丰富的历史积累,凝聚着无数代人的智慧,是弥足珍贵的文化遗产,绝对不应该随便更改,也绝对不可能被随便更改。保守主义确信,人类本性总是有缺陷的,人的知识始终是有局限的,现实社会也不可能有尽善尽美的制度,人们所期待的只是一个相对有秩序、有自由的社会,对乌托邦社会的追求最终会以灾难告终。保守主义主张,任何社会变革都要尊重历史传统,而不能采取像打碎机器一样的激进的社会革命;社会的变革应该在原有的社会框架内逐渐发生,自然发生,这样才能保持人类文明的连续性。保守主义反对人为地随心所欲地改造社会,尤其是反对翻天覆地的激烈的政治行为。

以上这些思想观点和政治传统,也同自由主义的思想观点和政治传统一样,成为美国社会发展的主流指导思想之一。

不过,有必要指出的是,美国在政治现代化的过程中虽然采取渐进改良的办法,有保守主义的思想观点和政治传统作指导,但是,这并不意味着他们思想僵化,政治保守;实际上,保守主义并不反对变化,而且还认为变化是保存传统所必需的,保守主义所反对的只是突变,失去速度和控制的变。

第三,美国的政治现代化同样受到社会成熟条件的制约。

美国政治学家科恩认为,推进政治现代化需要具备5个方面的条件,即:(1)物质条件,包括地理条件、经济条件等;(2)法制条件,包括言论、出版自由等;(3)心理条件,包括社会成员的气质和公平精神、自我克制精神;(4)知识条件,要具有运用智力解决社会问题的能力;(5)防卫条件,要具有能力防御外来的威胁和内部对参与的威胁。[①]

从总体上来看,美国的经济发达,教育普及,社会结构分化,平等观念深入,市民社会成熟,所有这些因素都有利于政治现代化的推进。但是,不

[①] 燕继荣主编:《发展政治学:政治发展研究的概念与理论》,北京:北京大学出版社2006年版,第10页。

第六章 美国政治现代化的特征

容忽视的是，美国也同样存在社会发展的不平衡，种族文化的不平衡，社会认知的不平衡，这就需要在推进实施政治现代化的过程中不得不顾及社会风险的因素。还由于，美国建国以来将近一半的时间是作为一个世界大国而存在的，任何旨在推进实施政治现代化的行动，也离不开对外部环境的考虑。

所以，美国政治学家罗伯特·达尔说，美国在政治现代化的过程中，"一些重要的政府决策，常常都是采取一种渐进的方式，而不是盲目的冒进。……尽管每一步小得让人灰心，但日积月累，也会造成深刻的、也可以说是革命性的变化。由于这些渐进的变化是和平的，并得到广泛的公众支持，因而能够持续地进行。"①

第四，美国政治现代化本身所具有的复杂性长期性，也要求采取渐进改良的方式。

政治是经济的集中表现，是涉及人们根本利益的最敏感最复杂的领域。同时，推进政治现代化毕竟涉及政治体制的改革，政治权力的配置，社会各个群体、各个阶层政治关系和利益关系的调整，势必出现异常复杂的情况。对此，美国也不会例外。鉴于美国在解决选举权、平等权问题上的步履维艰，政治学家罗伯特·达尔即感叹，要找到一个选举制度满足所有的标准，"实在是不可能的"，"这里也会有利弊的权衡，一种制度使我们实现了某些价值，却丧失了另外一些价值"，"设计一部新宪法……论难度，论复杂程度，它不下于设计一艘探测外空的载人宇宙飞船。"②

美国的政治现代化之所以具有复杂性长期性，还源自美国的地域广、人口多、族群多。人类历史已经表明，政治现代化的复杂性长期性是随着地域、人口、民族的增加而增加的。小范围可以做得到、做得好的事情，在大范围则可能做不到，做不好。更何况，在美国之前，人类历史上并没有在地域广、人口多的大范围内实践民主政治的先例，在这种无资可鉴的情况下，美国只能根据自己的实践探索前进。

---

① 〔美〕罗伯特·达尔：《论民主》，李柏辉译，北京：商务印书馆1999年版，第105页。
② 〔美〕罗伯特·达尔：《论民主》，李柏辉译，北京：商务印书馆1999年版，第140、146页。

第五,美国采取渐进改良的方式推进政治现代化,也有美国法律和政治体制方面的原因。

在美国,任何一项政治、政策的改变都要立法,立法就要进入立法程序,而美国的立法程序,又是以程序复杂、周期长、制约因素多而著称的。

就程序的复杂而言,如前所述,一个议案要成案并获得通过,这样五个步骤是必不可少的:一是提出议案,二是委员会审议,三是国会的一个院全院辩论和表决,四是国会的另一个院全院辩论和表决,五是总统签署。

就一项议案的周期而言,往往是一个缓慢的过程。一个议案要在两院迅速通过并由总统迅速签署,这在美国历史上是不多见的,除非国家处于紧急状态时。通常,一个议案成为法律要经过许多个月,甚至从国会第一期会议延到第二期会议。这不仅是因为立法程序复杂,而且是因为要考虑各方面的利益和意见,进行不断地调整,并要在两院都形成多数支持,议案才可能获得通过。而要完成这些工作,往往需要大量的时间。

就制约因素而言,一个议案提出后,往往会遇到许多关卡和障碍。国会议员在决定取向或投票时,除了议员本人的政治观点以外,通常要考虑本选区选民的意愿、所在政党的意见和有关利益集团的愿望等。在国会立法程序中的每一阶段,院外的各种力量,包括总统、行政机构、利益集团、新闻媒体等,都可能用各种方式影响议员,以达到自己的立法目标。所以,美国国会最后通过的议案,特别是涉及多方面利益的重要议案,无不是矛盾调和与利益妥协的产物。

美国政治现代化的这一特点说明,任何社会成就的取得都离不开政治现代化;但任何国家的政治现代化,纵然基础再好,起点再高,也不可能一蹴而就。

三 稳定性——动态调控,政治改革与政治稳定并行不悖

一个国家政治上的稳定和社会的稳定,对于国家存在和发展的极端重要

第六章 美国政治现代化的特征

性是不言而喻的。美国学者克林顿·罗西特在编辑出版美国开国人物所著的《联邦党人文集》这部书的前言中即特别指出:"这本书所提供的教训就是:没有自由就没有幸福,没有自治就没有自由,没有宪政就没有自治,没有道德就没有宪政,而没有稳定和秩序,这一切伟大的东西都不会出现。"①

美国学者认为,政治和社会稳定具有三个主要评判标准:(1)政治系统具有强大的权威性,社会以其自身的稳定性表示对政治系统的肯定和承认;(2)政治系统功能齐备,运转正常,表现为政治体系的自身调控能够正常运作,对社会的调控功能发挥正常;(3)政治生活的秩序性,表现为政治参与能够在法制的范围内合法地进行。

按照这些评判标准,美国在政治现代化的过程中,除 19 世纪 60 年代有过南北内战外,国家的政治是高度稳定的,社会的秩序是总体稳定的。这构成了美国政治现代化的显著特色。

建国 230 多年来,美国主权的独立、领土的完整,从未受到挑战,为经济的发展、科技的昌明、人民的安康、国家的形象,提供了最可靠的保证和发展空间。

建国 230 多年来,美国的政权稳定,政府安全,法治连续守常,各种选举从未中断,各级权力的接替都是依照法律程序和平有秩序地进行。

建国 230 多年来,美国一以贯之地保持了多元的意识形态,为社会的发展奠定了深厚的思想文化基础和不竭的精神动力。

建国 230 多年来,美国的国家尊严得到尊重和维护,在全球的地位和作用得到国际社会认可;自身从国际社会得到的利益和机会也多。

塞缪尔·亨廷顿曾经认为政治现代化与政治稳定是成反比的:"现代化过程滋生着动乱。""不仅社会和经济现代化产生政治动乱,而且动乱的程度还与现代化的速度有关。"②然而,这一现象在美国却并没有出现。

为什么美国建国 230 多年来政治会如此稳定?社会会如此守常?政治现代化与政治稳定会并行不悖呢?从美国政治体系的运作方式和参与机制来看,有若干重要的原因。

---

① [美]亚历山大·汉密尔顿等:《联邦党人文集》,张晓庆译,北京:九州出版社 2007 年版,第 23 页。
② [美]塞缪尔·亨廷顿:《变化社会中的政治秩序》,王冠华等译,北京:生活·读书·新知三联书店 1989 年版,第 38、51 页。

原因之一：不搞历史虚无主义

美国历代领导人认识到，"如果缺乏一套稳定的国家政策的鼓励，任何伟大的进步、任何优秀的事业，都是不会发生的"；"变化不定的政府所引起的恶果，罄竹难书"。① 因此，在推进实施政治现代化的过程中，历届政府总是坚持在继承的基础上发展，在改革创新中加以提高。后人对前人，有扬弃，但不是否定；有改变，但不是推倒重来；有批评纠错，但不是刻意攻击，更不会走向另一个极端。

在19世纪末至20世纪初开展的社会进步运动中，虽然持续时间长，先后经历了两次政党轮替、4位总统主政，但都始终坚持这场运动的中心议题和目标，谁也不曾打破或试图打破既有秩序。通过这场运动，美国不只是缓解了社会矛盾，更重要的是把"进步意识"变成了全民的信仰。如"进步的教育"、"进步的医疗"、"进步的企业"、"进步的工程"、"进步的资本主义"、"进步的美国主义"，如此等等。通过进行这场持续、全面的思想普及运动，极大地凝聚了全民的意志，增强了全社会的向心力，促进了政治和社会的稳定与进步。

20世纪30年代罗斯福新政后，后来的几任领导人，又相继推出了"公平施政"、"新边疆"、"伟大社会"等社会纲领；这些纲领虽然冠名不同，内容也有很大区别，但对罗斯福新政中没有过时的政策都加以坚持，没有完成的事项都加以完成。就是通过这种一届又一届政府的接力，一步步巩固和发展了前人的成果，也一步步把美国的政治经济发展推向极致。

在美国政府自身组织结构的发展变化方面，也同样表现出这样的特点。建国230多年来，虽然美国的政府机构经过了几次比较大的蜕变，但在这些蜕变过程中，并不是简单地修补或移花接木，也不是单纯的规模数量的扩大或减少。每一次改革，都总是客观地对历史和现实的状况加以分析，针对新的形势和任务加以调整，努力把改革建立在对现实主题的突出和深化上。

所以，塞缪尔·亨廷顿说，"在美国，政府机构的连续性和稳定性保障了

---

① [美]亚历山大·汉密尔顿等：《联邦党人文集》，张晓庆译，北京：九州出版社2007年版，第807、809页。

第六章 美国政治现代化的特征

社会的迅速变革，而社会的迅速变革则又有助于政府的连续性和稳定"；"美国的经验充分表明，在任何体制之中，变革与继承性须保持一定的平衡"。①

原因之二：两党竞争促进了政治与社会稳定

实践证明，美国的两党制，"轮流地使政权从一只手中放下去，又立刻被另一只手抓住"，② 保证了政治权力平稳交接，是美国政治和社会持久稳定的重要因素。这主要是因为：

——实行两党制，有利于组建稳定的政府。在美国，一个党上台执政，即意味着从政府首脑到内阁主要成员全由执政党出任。这样，对政府的言行易于协调，政府实施的政策也责有攸归。这会显著促进政府和政治局面的稳定。

——实行两党制，政府政策的延续性和一致性有利于政治和社会的稳定。在美国，两党轮流执政并不会带来政府政策的彻底变更。尽管两党在竞选时提出了不同的政策主张，但一俟上台执政，并不会立即中止上届政党政府的各项政策。惯常的做法是将前届政府的某些政策逐渐废止，或者作局部调整，或者全盘接受。但无论作哪种选择，一般都不至于带来全局性的政治或政策上的动荡。

——实行两党制，当社会矛盾激化到用其他方式不能缓解时，通过执政党轮替，也能缓和矛盾，稳定政局。1932年经济大危机时，正是共和党下台、民主党上台，罗斯福实行新政，才避免了社会对抗。这种替罪羊式的政府更替，在美国历史上上演过多次。所以，美国学者称，"每当人民对政治、社会和经济的不满情绪上升时，非执政党的存在及其接管政府就成为这个国家的一个安全阀"。

——实行两党制，还在维护美国国家的统一方面发挥了重要作用。1861年，美国南方的地方主义同奴隶主分离主义结合在一起，严重危及到联邦统一。南方的民主党也公开脱离联邦，参与制造分裂。但这时，共和党已发展成为全国性的大党，其领袖林肯坚决否认州有权退出联邦。结果，在共和党

---

① 〔美〕塞缪尔·亨廷顿：《变化社会中的政治秩序》，王冠华等译，北京：生活·读书·新知三联书店1989年版，第120页。
② 《马克思恩格斯全集》第11卷，北京：人民出版社1965年版，第399页。

执政的政府的努力下，运用军事手段平息了叛乱，维护了国家的统一。这说明，在两党体制下，即便其中一个崩溃了，另一个仍会继续发挥作用。这也还说明，为维护国家的统一，保持一个强大的政党是何等的重要。

也许正是因为以上这些原因，美国学者认为，两党制"既深深地植根于民意抉择的吸引力之中，也同样深深地植根于政治稳定的需要之中"。①

原因之三：军人不干预政治，文官控制军队

美国自建国以来，从未使用过武力更迭政权，从未有过军事政变的威胁，共和体制坚如磐石，这与美国牢固确立并始终坚守军人不干预政治、由文官控制军队的原则关系直接。

美国的缔造者们认为，庞大的军队同暴政是分不开的，必须把军队置于文职机关和文职人员的控制之下。美国宪法规定，总统是美国武装力量的总司令，拥有最高军事指挥权，包括作出最高军事决策，任命高级军事指挥官，发布军事动员令等。

第二次世界大战结束后，依据《国家安全法》，美国建立了完善的现代国防体制，由国防部统一领导陆海空三军。国防部长及其领导下的陆军部、海军部、空军部部长，都由文职人员担任。由军职人员担任的各军种参谋长，则只是文职部长的顾问。参谋长联席会议在国防部长的领导下工作，是国防部长、国家安全委员会和总统的顾问机关。法律规定，现役军人也不得竞选议员和民选官员。

在美国，由文官控制军队，军人不干预政治，已成为传统。人们确信，任何军事决策都应该"由选举出来的政治官员决定，而不是由将领们决定"。

原因之四：成熟的市民社会

如前所述，美国市民社会的存在，一直是美国政治和社会稳定的一个重要支撑。在美国，市民社会之所以能在国家发展中具有这种强大的功能，这与美国政府重视发挥市民社会的作用有关，与美国社会发展的特定历史条件有关，然而，更为关键和重要的，还在于美国市民社会的成熟。

---

① 参见[美]塞缪尔·亨廷顿：《变化社会中的政治秩序》，王冠华等译，北京：生活·读书·新知三联书店出版社1989年版，第401页。

第六章 美国政治现代化的特征

上个世纪 90 年代初苏联解体后，美国政治学界曾对苏联解体的原因进行过广泛深入的研究，认为其中重要的一条，就是缺乏成熟的市民社会。苏联"不允许自治社会组织的存在，而个人则为社会孤立，不仅对权威而且彼此之间极度不信任、怀疑，甚至是愤世嫉俗。这当然与公民文化所必需的要素完全相反"。美国学者特别指出，由于苏联在创建民主与市场经济制度的同时，没有注意到创建支撑这一制度的公民文化与市民社会，不适时宜地推行公开性、民主化，把苏联社会变成了"政治真空"、"精神废墟"，并且为一些激进民主主义者、极端民族主义者、新纳粹主义者及其他自由主义人士大开了方便之门，因而崩溃不可避免。

与苏联截然不同，在美国，公民文化和市民社会的发展是与整个国家的发展紧密相连并同步共兴的。美国的大多数社会成员，在国家发展过程中从事体面的职业，收入丰厚，生活安定，是社会变迁中减缓矛盾和冲突的稳定因素。美国公民文化成熟，多元、宽容、信任、协商、竞争、参与等等，从来就是社会生活的应有之义。美国庞大中产阶级队伍的存在，改变了美国的社会结构，使美国社会早就形成一种中间大两头小的橄榄型的稳定态势。长期以来，美国的市民社会就是包括媒体、教育、教会、工会、商业和各种协会等许多专业组织在内的密集网络，早已成为一种能影响政府、参与政治、对社会总体起稳定作用的强大力量。

原因之五：得益于宗教的社会弥合功能

长期以来，宗教作为美国公共生活中的一部分，在唤醒美国社会的良知、呼吁进步的社会政策、塑造社会公众的品格和美德、培养社会的文明规则、促进社会经济平等，以及争取社会正义等等方面，都发挥了重要的作用。从根本上看，这也是美国的宗教组织在为美国的政治和社会稳定而做贡献。

由于几乎全民信教，美国的宗教组织已在教会与教会之间、教会与教徒之间建立广泛的良好的联络渠道。宗教组织依靠自己特有的优势，常常能在满足个人与社会的基本需要、交集社会成员的共同利益、寻求社会成员与政府机构的共同语言方面，发挥独特的作用。这种作用，也往往是其他非政府组织甚至政府组织都难以做到的。特别是在弥补美国社会的种族裂痕方面，宗教组织的这一优势更为明显，也更为重要。

在美国历史上，宗教组织从来都是黑人社区中公民参与的中心，是美国黑人社会最古老和最有活力的社会组织。不论处于何种社会阶层，非洲裔美国人都比其他人宗教信仰更加虔诚。黑人的宗教传统鼓励各种宗教的糅合和对社区事务的关注。从19世纪的废奴运动到20世纪的民权运动，黑人的教会活动都与社会活动关系密切，重要原因就在于教会为黑人提供了独一无二的社交机会和平等的社会参与机会，所以黑人对教会有着历史的与现实的、物质世界的与精神世界的深度依赖。正如美国宗教社会学家林科恩所指出："如同发挥了宗教作用一样，黑人教会还是美国黑人的文化之母、自由的冠军和文明的标志，扮演着学术讲堂、音乐学校、公共论坛、社会服务中心、政治学会和财政支持的历史作用。"①

总起来看，由于以上这些因素的存在，美国有了一个富有弹性和张力的社会结构。在这样的社会结构下，公众的宣泄渠道比较畅通，政府的预警系统比较科学。公众可以随时通过他所在的社团组织宣泄自己的不满，政府随时可以通过它所控制的预警系统实行调控。由于宣泄渠道畅通，又由于预警系统反应及时，因此，在美国，单方面的社会问题不会扭绞成综合性的社会问题，局部性的社会冲突不会酝酿成全局性的社会危机，少数民众的不满情绪不会发展成全社会的怨恨和对抗心理，政府和军队的威慑力也难以蜕变成原始暴力。如此，就铸成了美国政治和社会的持久稳定。

四 陀螺性——螺旋上升，民众的伟大决定国家的伟大

作为物体运动中的陀螺，不给它力量——不用绳鞭抽它，它是不会转动的。纵观美国政治现代化230多年的历程，其实也具有陀螺运动的特点，即：美国的政治现代化是靠美国人民推动的，是美国人民给了它强大的动力。很难设想，没有美国人民的推动，美国的政治现代化能够获得成功。也许正是

---

① 《美国研究》，2005年第1期，第41页。

第六章 美国政治现代化的特征

包含这样一些意义,所以美国第 28 任总统伍德罗·威尔逊说:"国家的伟大取决于它的普通老百姓的伟大。"①

虽然美国的市民社会很发达,政治现代化的过程象征着政治国家与市民社会的分离,但这并不意味着从社会中产生但又居于社会之上并且日益同社会脱离的政治国家可以完全脱离市民社会的支撑而获得独立的发展。美国的政治和社会实践都一再证明了马克思主义经典作家的预见,市民社会是"全部政治历史的基础",政治国家是从属性的第二性的,"决不是国家决定和制约市民社会,而是市民社会制约和决定国家"。②

在美国,市民社会事实上始终是政治现代化得以推进实施的前提、基础和力量源泉。人民群众是国家权力和社会实践的主体,是历史的创造者,这在美国不只是一个抽象的政治概念,而是切实体现在社会的政治实践与现实之中,体现在美国政治现代化的全过程之中。

美国的政治大厦是在人民群众的直接推动和参与下奠基与构筑的。人民纷纷要求独立,直接推动了《独立宣言》的发表。1776 年《独立宣言》发表后,人民又自下而上地创立了自己的国家,由联邦政府取代了邦联国会,建国 13 年之后选举产生了自己的第一位总统。

美国政治现代化的大部分成果是在人民群众的直接推动下取得的。在联邦宪法的完善方面,《权利法案》的产生,是民众与一部分民主派政治家坚持抗争的成果。宪法第 13 条、第 14 条、第 15 条修正案,废除奴隶制、赋予黑人选举权、保障黑人的平等权利,主要是黑人浴血奋斗的成果。宪法第 19 条修正案赋予妇女选举权,主要是妇女长期不懈努力取得的。宪法第 26 条修正案把选民的年龄下限由 20 岁降到 18 岁,主要是青年学生直接斗争的成果。如果没有美国民众的持续推动,以上这些直接体现美国政治现代化成果的宪法条款是绝难产生的。

美国的国家治理是人民群众直接参与的。每个公民既是自我治理者,又是社区的治理者,完全成为自己命运的主人。尤其是,在美国公民精神的瑰宝中有一个十分宝贵的方面,就是有着传统的富有建设性的公共生活和公共精神,他们不以依赖政府为荣。在美国,一个人参与公共生活,即意味着他

---

① 《3000 年世界名言大辞典》,北京:汉语大辞典出版社 1995 年版,第 664 页。
② 《马克思恩格斯全集》第 21 卷,北京:人民出版社 1965 年版,第 247 页。

以独立的主人身份，志愿参与众人之事和监督公共机构。在美国的历史上，正是靠这种公共生活的训练、实践和反复博弈，产生和升华了以自治、自律、人道、公益、责任、互助和个性自由为底蕴的公共精神。而这种公共精神又反过来激发了公共生活的持续前行和不断完善，使公共生活成为支撑社会的最重要的基础。人们通过公民结社、乡村自治、社区自治、行业自治，在政府外凝聚和生成了许多良性而有效的国家治理资源。

在国家发展处于危难时刻，也是美国民众帮助度过危机的。20世纪30年代，美国经济大危机、社会大萧条时期，一个饱受艰辛业已失业的普通医生——弗朗西斯·埃弗里特·汤森，制定了受到罗斯福总统重视并支持的《汤森计划》，提出要同政府一道，"把萧条赶走"。汤森说："我们全体公民应该对政府负责，并拒绝承认在一片富饶的土地之上难免遭受贫困和饥饿的说法。"①汤森还组织成立俱乐部和老年抚恤金协会，动员人们迅速行动起来，自己克服困难，缓解政府的压力。一时间，类似汤森俱乐部的组织在全美不断涌现，人数达到几百万。汤森成立的组织也成为当时全美最有影响力的民间组织，对加速美国《社会保障法》的通过都起到积极作用。

2008年6月27日，连续13年被福布斯评为全球首富的比尔·盖茨慷慨引退，捐出了全部580亿美元的财产给慈善事业。而在此前两年——2006年6月28日，新加坡《联合早报》即曾以"两个伟大的美国公民"为题发表署名文章，称赞有"股神"之称的世界第二大富豪巴菲特和比尔·盖茨不把财产留给子孙，而是捐献给慈善事业以回馈社会的壮举。是年，巴菲特的捐献达到300亿美元。他们两人创下了美国有史以来最大笔的个人捐献纪录。这篇报道赞叹："他们靠自己的天赋和本事正当赚钱，不搞黑金政治，不搞官商勾结，真是美国人的骄傲！""他们都称得上是伟大的商人，伟大的美国公民。"②

虽然比尔·盖茨和巴菲特在美国还属凤毛麟角，但他们的确代表了美国公民的素质和美国公民精神。美国人民是伟大的，是伟大的美国人民成就了伟大的国家，而伟大的国家又哺育了伟大的人民，如此生生不息，一步一步地把美国推向了世界之巅。

---

① 〔美〕J.艾捷尔编：《美国赖以立国的文本》，超一凡等译，海口：海南出版社2000年版，第207页。
② 《台港澳报刊参阅》，2006年第31期，第21页。

五 战略性——图全局谋长远,"只挑大票子"

美国是一个精于谋划、不断产生和善于运用战略的国度。

1943年美、英、苏三国首脑德黑兰会议后,斯大林曾经这样评价两个对手,丘吉尔"会掏光你的口袋,一个子儿也不放过";罗斯福不会那样,他"只挑大票子"①。

其实,"只挑大票子"——作为一种谋全局、图长远、管根本的战略思维和价值取向,不只是罗斯福个人的性格特征和逻辑,同时也是美国政治家甚至美国国家战略的一大特色;不只是美国外交战略的重要特点,同时也是美国推进政治现代化的显著特点。

首先体现在,美国在政治现代化的主体内容构思和布设方面,表现出高度的政治智慧,极富战略远见。

有一种看法认为,美国是由一群聪明人设计出来的。如果是从赞许美国开国者们的政治智慧和战略远见来看,这种看法也不无道理。在共和政体没有先例的情况下,美国的政治家在构建自己的国家时,在诸如政治体系怎么设置、政治秩序怎么建立、政治参与怎么适度和有效、政治权力怎么平衡与制约等等一系列问题上,都进行了系统思考、周密铺陈,可谓用心良苦,精美绝妙。

在考虑避免暴政时,为了既避免当权者的暴政,又避免多数人的暴政,美国对代议制共和政体进行了精心设计。麦迪逊在论述作这一选择的原委时说:"在共和政体中,不仅要保护社会免受统治者的压迫,而且要保护一部分社会免受另一部分的侵害,这是非常重要的。不同阶级的公民必然具有不同的利益。如果多数人在一种共同利益之下联合在一起,那么少数人的权利就无法得到保障。要防止这种弊端的发生,只有两种方法:其一是在社会中形成一种独立于多数人之外的意志,也就是说,要形成一种独立于社会本身之

---

① 参见苗妍:《罗斯福传》,北京:中国华侨出版社2007年版,第249页。

外的意志；其二是让社会涵盖各个阶层的公民，使得全体中多数人的不正当联合即使不是完全办不到，也是很难实现。"①

基于这样的考虑，所以美国按照麦迪逊所说的第二种办法建立了联邦共和政体，国会所有的议员都来自于社会，并且从属于社会。同时，又考虑到"任何实行一院制并且人数众多的议员，都容易受到突发的激情冲动的左右，都可能受到党派领袖的引诱而通过一些不节制的有害决议"，②所以又把国会分为两个权力与地位平等但又相互独立的机构——参议院与众议院。认为，"有了两个分享国会权力的机构，在所有的情况下，它们都会在政府中发挥着一种宝贵的制约作用。当篡夺权力或者背叛人民的阴谋在国会中提出时，则需要获得两个不同机构的一致批准才能实现，单单一个机构的野心或者堕落还是不够的，这就给人民提供了双重保险"。③制宪者们甚至还强调，参议院、众议院"这两个机构本质上的差异越大，它们勾结起来危害人民就越困难，所以，明智的做法就是，在符合必不可少的和睦原则和真正的共和政体原则的前提之下，使用一切适当的措施来使得这两个机构尽可能地存在差异。"④众所周知，美国的国会两院实际上就是这么设置的。

在分配参众两院的议席数量时，为了体现权力分配的公平性和权力代表的广泛性，美国对参议院的议席，不论大州小州均分配2个名额，以体现各州在联邦中的平等地位；而对众议院的议席，则采取按各州的人口占全国人口的比例进行分配，以体现充分代表民众。并且宪法规定，每10年进行一次全国人口普查，国会在人口普查之后根据各州人口的变化重新分配众议院的议席。

在政府权力配置方面，为防止政府滥用权力，在国家结构和政府内部都实行分权，以权制权。麦迪逊阐述这一设想时，就是把"人民交出的权力首先分给两种相互独立的政府，然后把各政府分得的那部分权力再分给若干相

---

① 〔美〕亚历山大·汉密尔顿等：《联邦党人文集》，张晓庆译，北京：九州出版社2007年版，第677页。
② 〔美〕亚历山大·汉密尔顿等：《联邦党人文集》，张晓庆译，北京：九州出版社2007年版，第803页。
③ 〔美〕亚历山大·汉密尔顿等：《联邦党人文集》，张晓庆译，北京：九州出版社2007年版，第803页。
④ 〔美〕亚历山大·汉密尔顿等：《联邦党人文集》，张晓庆译，北京：九州出版社2007年版，第803页。

第六章 美国政治现代化的特征

互独立的部门。这样一来,人民的权利就有了双重保障。两种政府将会互相控制,同时每个政府又会自己控制自己"①。麦迪逊这里讲的把"人民交出的权力首先分给两种相互独立的政府",指的是联邦和州两级政府的纵向分权;"然后把各政府分得的那部分权力再分给若干相互独立的部门",指的是联邦政府和各州政府内部的横向分权,即立法、行政、司法三权分立。

在选举产生总统时,为了保护联邦选举免受骚乱与暴力的威胁和保证各州的平等地位不致受到损害,美国制定了别具一格的选举人团制度。

汉密尔顿在谈到这一设计时说:"遴选担负如此重任的人物,自然应以人民的意见为依托。为此,选举总统的权力不能够交给任何现有机构,而是应当在特殊的时期内,将其赋予由人民专门遴选出的代表来行使。参加直接选举的人应当是最善于分析的人,他们知道总统应该具备怎样的品质。同时,选举的环境应当适于思考,使得他们能够运用理性和其他的动机作出适当的选择。这些少数人,由普通民众从本地人中选举出来,他们最有可能具有进行如此繁杂的审查工作所必需的知识和判断力。"②

汉密尔顿指出:"在总统的选举中,我们尤应注意尽可能地消除骚动与混乱发生的可能性。像选举合众国总统这样身负重任的行政首长,如果选举时发生骚动混乱,那将是相当可怕的事情。所幸的是,在新宪法中有这样一个预防措施,它为防止此种危险提供了有效的保障。由人民选举若干人组成一个选举人团体与由人民直接选举出最终的总统相比,就不那么容易引发激烈的越轨行为,使得整个社会发生震动。"③

汉密尔顿还着重谈到在总统选举制度设计中对营私舞弊的预防。他说:"利用一切可能的手段来防止结党营私、阴谋贿赂,是我们最应当加以注意的事情。这些行为是共和政体最可怕的敌人";"制宪会议有先见之明……未使总统的任命依赖于任何一个现有机构,因为此机构的成员将有可能在事前被人赎买从而出卖其选票,而是从一开始就规定了将总统的选举诉诸于美国人

---

① 〔美〕亚历山大·汉密尔顿等:《联邦党人文集》,张晓庆译,北京:九州出版社2007年版,第677页。
② 〔美〕亚历山大·汉密尔顿等:《联邦党人文集》,张晓庆译,北京:九州出版社2007年版,第881页。
③ 〔美〕亚历山大·汉密尔顿等:《联邦党人文集》,张晓庆译,北京:九州出版社2007年版,第883页。

民的直接行动，由他们选举出选举人，这些人的唯一临时任务就是选举总统。并且，会议还规定，凡根据客观情况可能对现任总统具有过高的忠实度的人，均无资格接受此项委托。一切参议员、众议员和任何在合众国政府中任职的个人，均不能被指定为选举人。这样，除非全体民众均被收买，这些直接参加选举的人至少在他们开始执行任务时，是不会有任何险恶的偏见的。选举人的任务是临时性的，并且选举又是分别在各州举行的，这种情况将足以保证他们继续保持公正的态度直到任务结束。要收买这么多的人，是需要时间和金钱的，并且由于他们分散在各个州，要使他们突然从事一项基于不正当动机引发出的阴谋而组织起来也并非易事。"汉密尔顿称："我可以大胆地、毫不迟疑地说，这种任命方式虽说不是尽善尽美，但至少也是极好的，因为它将人们期望该制度具备的一切优点以一种杰出方式结合在了一起。"①

从以上几个侧面不难看到，美国对于政治现代化内容的铺设是何等的精细。

其次，美国在政治现代化的过程中，还在战略机遇的把握方面，表现出非凡的勇气和果决，往往能够不失时机地捕捉重大机遇，抓住最本质最核心的问题，从根子上一劳永逸地予以解决，从而获得政治和社会的巨大进步。

这方面最突出的例子是南北战争期间对奴隶制的废除。

早在建国初期，废除奴隶制的问题就在制宪会议上提出来了，但由于无法形成共识，问题被搁置。然而，这个问题的重要性涉及国家走什么样的道路，社会怎么样发展，以及政治现代化的根本标志等问题。虽然制宪会议之后又有过数度争论，但一直未能解决。

1861年，南方11个蓄奴州宣布脱离联邦，建立新国家。随后，南部推举了自己的总统，建立了自己的军队，明确了自己的外交政策意向。一些来自南部的联邦国会议员、政治家与陆海军军官也离开北部，支持另立新国。以这年4月12日南部进攻南卡罗来纳州萨姆特堡为标志，美国南北内战正式拉开了序幕。

本来，战争的目的是制止联邦分裂，维护联邦的统一；但是，当战局发展事与愿违，如林肯所说，本来我们的胜利不过是举手之劳，但我无论如何

---

① 〔美〕亚历山大·汉密尔顿等：《联邦党人文集》，张晓庆译，北京：九州出版社2007年版，第883页。

第六章　美国政治现代化的特征

也无法使军队前进时,联邦政府及时升级战争目的,提出了废除奴隶制这个更为鼓舞人心、凝聚力量的口号。① 1863 年 1 月 1 日,林肯签署《解放黑奴宣言》,宣布南方各蓄奴州的全部奴隶获得自由。宣言一发表,南部黑人立即纷纷加入联邦军队,参加讨伐分裂联邦的行为。从此战局逆转,联邦军势如破竹。

如前所述,此举不仅有效地维护了联邦的统一,而且砸碎了奴隶制这具政治上的枷锁,给美国的社会松了绑。

第三,美国在政治现代化的过程中,不仅在内容的布设方面表现出高度的智慧和远见,在重大机遇的把握方面表现出非凡的勇气和果决,而且在政策和策略的运用方面,甚至在政治议题的调整和改变、政治现代化内容的更新和拓展方面,都表现出高度的灵活性,不断适应变化着的形势和任务。

例如,1787 年,鉴于邦联体制的种种不足,为了建设一个强有力的联盟,大陆会议决定修订《邦联条例》。然而,出乎意料的是,在开国元勋们的促动下,大陆会议变成了制宪会议。预期的任务全然被改变,时势催生出了一部新宪法。

再如,美国建国后,对政府模式的认知长期是"小政府"、"守夜人"的定位,认为政府越少干预社会生活越好。但是,当 20 世纪 30 年代经济大危机和接踵而至的第二次世界大战爆发时,美国一改政治信仰和思想原则上的保守主义传统,在国际政治方面,永远地步入世界,彻底结束了奉行一个多世纪的孤立主义战略;在国内政治方面,政府的职权一扩再扩,彻底结束了"守夜人"的角色。

还如,在总统权力的扩大方面,美国的灵活性也同样存在。如 1861 年南部叛乱发生后,林肯未经国会授权就宣布全国进入紧急状态,随即招募军队,封锁南方港口,中止人身保护状,发起了平息叛乱的战争。对总统的此类越权行为,国会也一般都默认,联邦最高法院也会从宪法上给予从宽解释。

不过,美国在政治现代化的过程中,对政策和策略以及政治现代化的内涵采取灵活、务实的态度,从总体上看,也是建立在对形势的正确判断、对未来的准确把握和以政治的进步、国家利益的最大化为前提的。

---

① 参见[美]加尔文·林顿主编:《美国两百年大事记》,谢延光等译,上海:上海译文出版社 1984 年版,第 185 页。

纵观美国的历史，美国在政治现代化过程中所体现出来的战略智慧，与美国历史上出现了一批极富远见的政治家密切相关。尤其是美国的开国人物，他们往往能够洞察比较深刻的历史本质和比较长远的社会发展道路，"靠智慧来设计整个国家和政府"。同时，另一个因素——最为根本的因素，是美国社会的公民素质、美国政坛的战略文化和美国政治家群体的政治认知能力，起到了更为重要的作用。美国政治现代化过程中所体现出来的战略智慧，既源自美国政治家的战略远见和战略素养，同时也可以说是美国社会整体政治意识和美国政治体系本身功能与特质的自然释放和流淌。

六 坚定性——笃定立国价值观，"不自由，毋宁死"

虽然美国政治现代化的道路从总体上来看是平坦的，但 230 多年中间也有急流和险滩、困难和挫折，甚至几度面临危机。不过，美国在政治现代化的过程中却体现出了鲜明的一维性、单向性、不可逆转性。在美国人看来，在建国之初就确立的以民主自由为内核的这些政治现代化的内容，既是目标和手段，又是一种稳定的不可动摇的价值，唯有民主自由才是人活着的目的，唯有民主自由才是社会发展的源头活水，对其必须一以贯之的坚持。

1787 年，惜时如金的开国者们，召开了美国历史上耗时最长的一次会议——116 天的制宪会议，为的是坚决实现以联邦制、代议制、选举制、总统制、权力分立与制衡制为主要内容的一整套建国方案。

1801 年，美国首次面临总统选举危机，联邦众议院历时 7 天、一共进行了 36 次投票，坚持用民主的方法解决了实行民主政治带来的问题。

1861 年美国面临历史上最严重的分裂危机时，以林肯为代表的美国政治家，仍然坚信"民有、民治、民享"的政府必然永世长存，并以无比的坚定性，捍卫国家的政治目标。

20 世纪 30 年代，以美国为首的资本主义世界已经进入历史上最严重的经济危机与社会大萧条时，美国仍然坚信，"民主决不会死亡"。紧接着，在罗

第六章 美国政治现代化的特征

斯福新政中,美国的民主由传统的政治民主向经济民主、教育民主、文化民主、就业民主和生活福利保障民主等社会领域全面渗透。

20世纪60—70年代,美国的社会发展出现了问题,进而危及到整个政治制度,于是,出现了全社会对于民主政治的反思。但是,美国的反思不是把民主政治在扩展过程中所出现的问题等同于民主政治本身的问题,不是怀疑民主政治的价值,更不是将"反思民主"演变为"反民主",而是为了更好更快地推进和实现民主。

许多事实都证明,愈是在困难的条件下,愈是在深刻的危机中,愈是在尖锐的社会矛盾面前,美国对于民主政治的追求愈坚定;并且,决不以非民主的方式、倒退的方式来度过危机,而一定是以更为民主的方式、在更高的层次上推进民主政治的发展。

美国政治现代化过程中呈现出的这一特点,是有着深刻的社会历史原因的。

1. 在美国,民主自由是历史的延续,传统的承袭。

众所周知,美国的建国在很大程度上是民主自由的产物;甚至,美国的成长壮大在很大程度上也是民主自由的产物——早期的殖民,是为了民主自由;后来的移民,是为了民主自由;美国人热爱美国,是为了民主自由;人们建设和发展美国,动力还是民主自由,并且是为了更大的民主自由。

17世纪初叶,一些最早从英国、德国和荷兰来到美国东北部的移民中,许多人就是带着精神自由的计划踏上这块土地的。他们的内心深处是反抗欧洲的政治专制和宗教专制。他们的真正需求是寻求内在的自由,精神的自由。据托克维尔的分析,在第一批英国殖民者漂洋过海冒险涉足北美大陆的众多目的中,渴望民主自由是他们的主要目的。

托克维尔在《论美国的民主》一书中写道:"英国的所有殖民地,在建立的初期,彼此之间便很像一个大家族。从它们坚持的原则来看,它们好像都命定要去发展自由,但不是它们祖国的贵族阶级的自由,而是世界历史上从未提供过完整样板的平民的和民主的自由。""在新英格兰海岸落户的移民,在祖国时都是一些无拘无束的人。他们在美洲的土地上联合起来以后,立即使社会呈现出一种独特的景象。在这个社会里,既没有大领主,又没有属民;而且可说,既没有穷人,又没有富人。按百分比来说,他们的文明程度高的人,多于我们今天欧洲的任何国家。他们所有的人,也许没有一个例外,都受过相当良好的教育,而且有很多人还因才学出众而闻名于欧洲。……他们并非迫不得已离开故土,而是自愿放弃了值得留念的社会地位和尚可温饱的生计的。他们之远渡重洋来到新大陆,决非为了改善境遇或发财;他们之离开舒适的家园,是出于满足纯正的求知需要;他们甘愿尝尽流亡生活的种种苦难,是去使一种理想获致胜利。"①

托克维尔认为,这些怀揣自由生活和自由崇拜上帝的殖民者,此刻已经不是漂洋过海去撞大运的一小撮冒险家,而是被上帝亲自撒在一片预定的大地上的伟大民族的种子。托克维尔认为,在这些殖民者内心深处,他们的理想、清教的教义,既是宗教学说,又是政治理论;既有宗教的虔诚,又有政治的庄严;既是一种宗教精神,又是一种自由精神。虽然宗教精神和自由精神是两种完全不同的成分,"这两种成分在别处总是互相排斥的,但在美国却几乎彼此融合起来,而且结合得非常之好"。所以,"在他们面前,社会内部产生的束缚社会前进的障碍低头了,许多世纪以来控制世界的旧思想吃不开了,一条几乎没有止境的大道和一片一望无际的原野展现出来。人类的理性在这片原野上驰骋","幸福和自由即在此生"。②

爱因斯坦作为美国最成功最杰出的移民,对全世界的各色人种为什么漂洋过海、纷至沓来移民美国,也谈了他的看法。他说:"体谅到人类的不足之处,我的确觉得,在美国实现人生最有价值的东西是可能的,它们包括个人及他的创造力的发展。……在这里,一代又一代,人们从来没有必要忍受屈辱服从。在这里,人的尊严得到极大的发展,人们不可能在一种下列制度的束缚下忍受生活的痛苦,即个人只不过是国家的奴隶,对政府没有发言权,也没有决定他自己生活道路的权利。"③

爱因斯坦的观点从另一位德国移民舒尔茨的身上也得到了印证。舒尔茨讲了他的故事:"这是我童年时代最早的记忆之一。……我们的一家邻居即将

---

① [法]托克维尔:《论美国的民主》,董果良译,北京:商务印书馆1988年版,第33、35、36页。
② [法]托克维尔:《论美国的民主》,董果良译,北京:商务印书馆1988年版,第48页。
③ [美]唐纳德·怀特:《美国的兴盛与衰落》,徐朝友等译,南京:江苏人民出版社2002年版,第59页。

第六章 美国政治现代化的特征

搬到遥远的大海那边去,据说他们再也不回来了。我看见眼泪静静地流下饱经风霜的面颊,农夫们彼此紧握对方粗糙的手,在互相点头作最后的道别时,有些男人和女人几乎说不出话来。最后,火车终于开始移动,他们为美国欢呼三声,然后,在清晨的第一束灰白的曙光中,我看着他们顺着大路翻过山,消失在森林的阴影之中。我听见许多人说,如果他能够与他们一起到那个伟大而自由的国家去,那该是多么幸福的事情。在那里,一个人可以按照自己的意志行事……每个人都能够做他认为最好的事情,而且谁都不必做穷人,因为每个人都是自由的。"①舒尔茨在他23岁时踏上了前往自由之土的旅程。在到美国10年之后,他被任命为美国驻西班牙公使,后来又在联邦军队当上了将军。第二次世界大战结束后,舒尔茨又先后担任密苏里州的参议员和内政部长。

许多美国领导人对美国因民主自由而产生的吸引力也深信不疑,津津乐道。

第37任总统尼克松说:"我们决不能忘记美国为什么在世界上有特殊的意义。……即使在200年前美国还是一个软弱和贫穷的国家时,它就代表着一种比军事力量和经济财富更为重要的伟大思想——全面自由的思想。千百万人走上我们的海滩是因为美国代表着自由的国家、自由的人民、自由的市场、自由的选举、自由的表达意见和自由的宗教。对于我们来说,没有任何事情比向世界其他国家展示这种思想的力量更为重要。"②

第40任总统里根也说:"我相信,是上帝把这块土地放在两个大洋之间,让世界各地的特殊人物发现了它,致使这些人因酷爱自由而远离故土云集到这片土地上,使之成为一束夺目的自由之光照亮了整个世界。""我们对全世界来说就像一块磁铁,吸引人们冒着被子弹击中的危险,以生命为代价越过柏林墙来到这里,吸引人们冒着九死一生的危险乘一叶扁舟渡过波涛汹涌的大洋来到这里。这块土地和土地上的人民,能在这里兑现的梦想以及使之结为一体的自由——就是这些使美国能够高高地飞翔,一直飞到可以看见自由和

---

① 〔美〕乔伊·哈克姆:《自由的历程:美利坚图史》,焦晓菊译,上海:复旦大学出版社2006年版,第192—193页。
② 〔美〕理查德·尼克松:《超越和平》,范建民等译,北京:世界知识出版社1999年版,第279页。

希望的万里云天。"①

2. 在美国，民主自由即意味着人在经济、社会和精神领域的全面解放。

马克思主义认为，每个人的自由发展是一切人的自由发展的条件，是人的发展的最高阶段和最高追求；每个人的自由全面发展是社会发展的最终目的，是人类发展的必然趋向；人的自由充分实现和人类彻底解放，是人类从必然王国飞跃到自由王国的标志，也是自由和解放的最高境界。

马克思恩格斯在其合著的《德意志意识形态》这篇名著中，既论及人的需要对于人的发展的重要性，同时也注意到了人的需要对于社会条件的依赖性。马克思恩格斯说："一切人类生存的第一个前提也就是一切历史的第一个前提，这个前提就是：人们为了能够'创造历史'，必须能够生活。但是为了生活，首先就需要衣、食、住以及其他东西。因此第一个历史活动就是生产满足这些需要的资料，即生产物质生活本身。"②马克思恩格斯认为，只有当人们生活的"第一个前提"满足之后，才"又引起新的需要"——从事政治、科学、艺术、宗教等。但是，马克思恩格斯强调，虽然人们最初的发展总是和人的生存需要联系在一起的，人的发展首先是获取物质生活资料的能力；然而，人的需要不止是生存需要，在生存需要得到基本满足的基础上，人也产生了从事政治和社会等等活动的需要，这些需要的发展，是人的本质力量的新的证明和人的本质的新的充实。③

在马克思恩格斯看来，人的发展与人的需要的发展存在非常大的正相关关系。人的全面发展包括个性自由、人的性格、智慧的发展等方面。"每个人的自由发展"是人的发展目的，归根到底是要实现人的如下目标状态："在这个集体中个人是作为个人参加的。它是个人的这样一种联合，这种联合把个人的自由发展和运动的条件置于他们的控制之下。"④马克思恩格斯的这一论述告诉人们：(1)人的真正发展是指人的本质和特征能够真正得到充分发挥和发展。自由是指这种发挥和发展不是出于生存的逼迫或社会关系的强制，而

---

① 泽明等编：《外国首脑文集》，北京：中华工商联合出版社1997年版，第86、87页。
② 《马克思恩格斯全集》第3卷，北京：人民出版社1960年版，第31页。
③ 《马克思恩格斯全集》第3卷，北京：人民出版社1960年版，第32—35页。
④ 《马克思恩格斯全集》第3卷，北京：人民出版社1960年版，第85页。

第六章　美国政治现代化的特征

是人以人自己占有和享受自己的全面本质为出发点和归宿的。(2)每个人的自由发展都是互为前提的,自由发展是人人平等、没有例外的。(3)每个人的自由发展是一切人的自由发展的条件,是人的发展的最高阶段和最高追求。人类发展的必然趋势和最终目的,就是实现每个人的自由全面发展和每个人的彻底解放。

自然,马克思、恩格斯的见解道出了人类社会的真谛。

在美国,虽然不能说人的自由全面发展和人的彻底解放就得到了实现或一定会实现,但美国认为,他们的建国理想和建国实践是朝着这个方向前进的。客观地看,美国的成功,也为人类为实现这个美好目标而一直进行着的努力,提供了有益的也可能是迄今为止最好的尝试。

在美国,托克维尔认为,来自世界各地的移民不仅能够在美国获取大量财富,拥有大量的经济机遇,而且源于这样一个事实——贵为统治阶级的修道院院长和贵族没有优先索取大份额农产品的权力;人们已经充分意识到,更多的政治自由与社会自由使移民能够在更大程度上受益;美国不仅一直被视作一块提供大量经济机遇并可平等拥有这些机遇的土地,而且还被视为受压迫者和受迫害者的避难之地,不论是在欧洲闹饥荒的年代,还是在爆发政治革命、实施政治迫害的年代,移民船上总是挤得满满的。尤其是,在美国真理不是自上摊派,人人都有自己的大脑,人人都可以自由地思想,人人的思想都可以自由地旅行,"人类智慧之光不是从一个共同的中心向四外散射,而是在各地交互映辉。美国人在任何方面都不规定思想的总方针和工作的总方针"。①

20世纪90年代初苏联解体后,美国曾进行深入研究。"导致苏联解体的最主要因素到底是哪些呢?是国家意识形态的破产吗?是由于共产主义违反人性而命中注定要失败吗?是苏联经济的钙化与生锈最终使其不堪负重而发生内部爆炸,就如同一个不结实的屋顶因不堪积雪的重压而轰然倒塌一样吗?"美国认为,政治的僵化、思想的凝固和自由的窒息是这一重大事件发生的主要原因。"苏联从世界地图上被抹掉,并不是因为其改革过程或者一系列的外交协议。它的消亡并不是谈判造成的,而是自身无法维持下去了"。"扭

---

① 〔法〕托克维尔:《论美国的民主》,董果良译,北京:商务印书馆1988年版,第208页。

曲了的理想主义和以理性作伪装的教条主义",促成了"发生突如其来的和令人惊异的和平方式的向心聚爆","因此,损坏、削弱以至最终使共产主义丧失其活力的原因,并不是民主的某种宏伟的和完整的理想,而是被压抑的人的强烈愿望,人的基本的自由本能"。①

而对于美国为什么在与苏联的激烈对抗中屹立不倒的原因,美国则又认为,是"信念的胜利",是"具有吸引力的政体",是自由的经济制度、自由的政治制度和人的解放。而在由解放了的人组成的社会里,社会的前途是无量的,力量是无比的。美国哲学家、教育学家杜威专此证明说:"因为平等相待而荣辱与共就会扩大人的胸襟,就会保证自由思想,就会释放人的潜能,就会激发社会活力,就会促使新观念、新事物不断涌现,进而推动历史滚滚向前。"②

3. 在美国,已经形成了一整套确保民主自由得以实现的稳定机制。

在美国人看来,经济的独立与繁荣总是与自由的政治制度和政治文化联系在一起的。如果说,自然环境是人类以及所有生物生存的基本外部条件,自然环境的破坏将直接导致人类以及所有生物的生存危机的话,那么,政治、人文环境则是人类精神生活的基本外部条件,政治、人文环境的急剧恶化将导致人的精神生活的堕落和窒息。一个民族精神世界的建立,一个国家法律体系的建立,一个时代政治文化的发展,一个政府思想的更新和创新,在国家和社会发展中的地位和作用是怎么强调也不过分的。

在美国的宪法、一系列政治文件和国家政制中,民主最基本的意义始终是"人民的统治"。民主制的出发点和归宿是普遍的人,即全体人民。在制度与人的关系上,人是制度的目的,国家的法律制度是为人民而设立、而存在的。在政治过程或程序中,人民是决定性的环节。人民不是被动地等待着享受政府给予自己的民主自由,而是积极主动地参与政治生活的过程。托克维尔就此评论说:"人民之对美国政界的统治,犹如上帝之统治宇宙。人民是一

---

① 参见〔美〕彼得·施魏策尔:《里根政府是怎样搞垮苏联的》,殷雄译,北京:新华出版社2001年版,第1页;〔美〕兹比格涅夫·布热津斯基:《大失控与大混乱》,潘嘉玢等译,北京:中国社会科学出版社1994年版,第68、70页。
② 田洪江等编:《20位思想大师之智慧人生》,长春:吉林人民出版社2006年版,第255页。

切事物的原因和结果,凡事皆出自人民,并用于人民。"①

美国人对联邦宪法在确立和保障人民的民主自由这一原则方面,也持普遍认可的态度。美国学者道格拉斯·史蒂文生在他的《美国人民生活与社会概貌》一书中不无自豪地写道:"宪法规定,最高权力不属于总统(行政部门),不属于国会(立法部门),不属于最高法院(司法部门),也不像其他国家那样属于某个政治集团或政党。它属于'我们人民',实质上和精神上都属于人民。"②

4. 在美国,民主自由已是民众的稳定信仰。

如前所述,基于民主自由的政治理想,在美国凝聚了全社会高度的政治共识,保障了美国强大的民族凝聚力。

托克维尔19世纪30年代即说,"我最钦佩美国的",是"在美国,到处都使人感到有祖国的存在。从每个乡村到整个美国,祖国是人人关心的对象。居民关心国家的每一项利益就像自己的利益一样。他们以国家的光荣而自豪,夸耀国家获得的成就,相信自己对国家的成就有所贡献,感到自己随国家的兴旺而兴旺,并为从全国的繁荣中获得好处而自慰。他们对国家的感情与对自己家庭的感情类似。"③

美国政治学家、哲学家赫伯特·克罗利在他的《美国生活的希望:政府在实现国家目标中的作用》这部著作中开篇即写道:"一个普通的美国人如果不爱国,那么他就不是一个典型的美国人。""我们或许会质疑并厌恶我们的同胞借国家之名所做的一切;然而,我们的国家本身、国家的民主体制和繁荣的未来是毋庸置疑的。"他紧接着引用一位英国历史学家的话说,"美国人对他们的联邦政府充满了信心,坚信未来一定会成功。……我们经常听到美国的公众演讲者质疑上帝与神是否真的存在,质疑基督教的历史性或真实性。然而,我们从未听到美国人质疑他们心中对美国未来的无比坚定的信念,也从未听到美国人称自己需要建立某种信念——因为对美国未来怀有无比坚定的信念

---

① 〔法〕托克维尔:《论美国的民主》,董果良译,北京:商务印书馆1988年版,第64页。
② 〔美〕道格拉斯·史蒂文生:《美国人民生活与社会概貌》,吕佩英等译,上海:上海外语教育出版社2003年版,第42页。
③ 〔法〕托克维尔:《论美国的民主》,董果良译,北京:商务印书馆1988年版,第105页。

是美国人最重要的信念。"①

美国人相信，民主自由必然会催生一个更繁荣、更稳定、更美好的社会，美国的未来一定会更加美好。就这样，民主自由深深地镶嵌在了美利坚民族的意识之中。

---

① 〔美〕赫伯特·克罗利：《美国生活的希望：政府在实现国家目标中的作用》，王军英译，南京：江苏人民出版社2006年版，第1、2页。

第七章
Chapter Seven

美国政治现代化的悖论

> 我们碰到了敌人,他就是我们自己。
>
> ——〔美〕威廉·伯格①

> 我们以为我们的文明已经接近如日中天的高峰,其实我们只是处在雄鸡报晓、晨曦初露的黎明。在我们这个尚未开化的社会里,崇高品格的影响尚处于摇篮之中。作为一种政治力量,人类的崇高品格就像那个旨在推翻所有独裁者的公正的上帝,其影响力还极其有限,并且仍然受到世人的怀疑。
>
> ——〔美〕拉尔夫·爱默生②

---

① 〔美〕迈克尔·卡门:《自相矛盾的民族:美国文化的起源》,王晶译,南京:江苏人民出版社2006年版,第204页。
② 〔美〕雅各布·尼德曼:《美国理想:一部文明的历史》,王聪译,北京:华夏出版社2004年版,第259页。

第七章　美国政治现代化的悖论

美国的政治现代化是成功的,被许多国家所效仿,但并非十全十美;美国是自由而富足的,令许多人所向往,但天堂里并非没有罪恶。政治现代化给美国带来了机遇和荣耀,使美国成为世界第一强国。然而,机遇和荣耀的背后却出现了各种异孽。世界上没有哪一个国家有美国这么强大,但是也没有哪一个国家的社会罪恶有美国这么深重,以至吸毒、杀人、种族歧视等等都构成一种特有的文化。虽然这些不应该一概归咎于政治现代化,但与政治现代化的方向、目标却是背道而驰的,不能不是政治现代化的悖论。

20世纪90年代,美国前国家安全事务助理布热津斯基即在他的《大失控与大混乱》这部著作中,指出了美国存在的20个种种"不协调"问题。他指出的这些问题的题目是:(1)债务;(2)贸易赤字;(3)低储蓄和投资;(4)缺乏工业竞争力;(5)生产率增长速度低;(6)不合格的医疗保健制度;(7)低质量的中等教育;(8)日益恶化的社会基础设施和普遍的城市衰败现象;(9)贪婪的富有阶级;(10)爱打官司到了走火入魔的程度;(11)日益加深的种族和贫困问题;(12)广泛的犯罪和暴力行为;(13)大规模毒品文化的流行;(14)社会上绝望情绪的内部滋生;(15)过度的性自由;(16)通过视觉媒体大规模地传播道德败坏的世风;(17)公民意识下降;(18)潜在的制造分裂的多元文化主义抬头;(19)政治制度出现拥塞现象;(20)日益弥漫的精神空虚感。①

2001年,西班牙《世界报》在这年1月5日刊发了《这个世界真神秘》一文,就美国的政治和社会状况,向美国提出了以下13个问题:

1. 美国是否实行一党制?为什么在电视上只看到两个候选人,而且两个人讲的内容相同。

2. 为什么计票耽误了一个多月?为什么得票数居第二位的候选人获胜?而选票领先328696张的候选人反而失败了?民主政体不是多数人的政府吗?

---

① 参见〔美〕兹比格涅夫·布热津斯基:《大失控与大混乱》,潘嘉玢等译,北京:中国社会科学出版社1994年版,第114—119页。

3. 为什么美国对其他国家进行民主考试、发号施令和监视它们的选举呢？

4. 请问地理学家：美洲大陆上有很多国家，这个国家只是其中之一，为什么把它称为美国？

5. 请问军队领导人：在这样一个从未受到任何国家轰炸和入侵的国家，为什么把战争部称为国防部？

6. 请问社会学家：为什么全世界制造的毒品被这样一个健康的社会吸食掉一半？

7. 请问减肥专家：在这个为其他国家配减肥菜单的国家里，为什么胖子的人数最多？

8. 请问对外政策专家：你们声称受到了伊拉克、伊朗和利比亚的威胁，为什么又同伊拉克、伊朗和利比亚一起投票反对成立惩罚恐怖主义的国际刑事法庭？

9. 请问经济学家：如果经济在最近20年翻了一番，为什么大多数工人工作时间比以前更长而收入却不如过去呢？

10. 请问公共卫生管理者：为什么禁止人吸烟而让汽车和工厂随便喷云吐雾呢？

11. 请问领导扫毒斗争的将军：为什么吸毒者的监狱人满为患而关押洗毒品美元的银行家的监狱却空空荡荡呢？

12. 请问政治学家：为什么这里的统治者一直在谈论和平，而各种战争中的军火有一半却是由这个国家出售的？

13. 请问环境保护专家：为什么这里的统治者一直在谈论世界的未来，而这个国家却在造成大量葬送世界未来的污染？

这篇文章还称，听到的美国解释越多，就越是不懂。[①]

如果把以上布热津斯基指出的20个问题、西班牙《世界报》刊登的13个问题进行分类，除去有关经济发展方面的以外，大体可分为三种类型：第一种类型是美国政治和社会发展中存在的问题，涉及美国政治现代化的成效和社会价值观念；第二种类型是美国政坛和政治现代化自身存在的问题，涉及美国对政治现代化的认知；第三种类型是美国对外事务中存在的问题，涉及

---

① 参见《政治学研究》，2001年第2期，第90页。

第七章 美国政治现代化的悖论

美国的国际道义和政治道德。

一 社会痼疾依旧

从问题的性质、严重的程度、时间的持久等因素来看,美国的社会痼疾莫过于种族歧视、贫富分化、严重的社会犯罪以及物质主义享乐主义充斥社会这几个问题。

(一)种族歧视

种族歧视和因种族歧视而潜伏着的社会矛盾,历来是美国社会和政治生活中的头号定时炸弹。

在美国,黑人遭受的痛苦超过其他任何美国人。历史上,黑人的祖先是作为奴隶来到美国的,他们在非洲被捕捉,用铁链拴住,坐船渡过大西洋,并在查尔斯顿、波士顿和其他海港的公开市场上被出售。南北战争虽然结束了奴隶制,但种族主义并没有结束。甚至可以说,黑人为争取平等权利的斗争、美国国内反对种族歧视的斗争,从来就没有停息过,是一直伴随着美国的历史进程的。

1896年,就在宪法第13条、第14条、第15条修正案通过后不久,联邦最高法院仍然认可了一些州法律关于禁止黑人与白人共用公共设施的不平等规定,并称,"如果一个种族在社会上比另一个处于劣势,那美国宪法就不能把他们置于同一个平台上"。①

20世纪30年代,美国南方私刑非常普遍,在不经审判的情况下,黑人常常被鞭打、截肢甚至吊死在树上。白人政府往往纵容这种残忍的行为,施暴者也不会受到应有的惩罚。1937年,美国纽约犹太籍教师路易斯·艾伦曾创作一首名为《奇异的果实》的诗来控诉美国南方对黑人所动用的私刑。诗采用

---

① 〔美〕托马斯·帕特森:《美国政治文化》,顾肃、吕建高译,北京:东方出版社2007年版,第153页。

了修辞的手法来描写私刑的残忍，那些白杨树上"奇异的果实"其实是遭受私刑的黑人的尸体。一具一具的尸体挂在树上，像树上结出的果实，构成了非常可怕的场景。"果实"一词在此具有强烈的讽刺意味，它本该让人想到丰收、财富、狂欢，然而实际上它却给人带来恐怖、悲伤和损失。后来被创作成歌曲并传遍全美：

　　　　南方的树结出奇异的果实，
　　　　鲜血沾满枝叶，渗入树根，
　　　　黑色的身躯，在南风中摇曳，
　　　　白杨树上挂着奇异的果实。

　　　　豪侠的南方，田园的风光，
　　　　双眼圆睁，嘴唇扭曲，
　　　　木兰花香，甜美而新鲜，
　　　　突然传来尸肉焚烧的焦味。

　　　　这是乌鸦啄食的果实，
　　　　雨水浇湿，风再将它吮干，
　　　　太阳腐灼，它从树上陨落，
　　　　一颗奇异而苦涩的果实。

　　1967年，是美国历史上少有的爆发种族冲突最严重的年份。时任总统约翰逊下令组成调查委员会进行调查并提出解决办法。据以调查委员会主席、伊利诺伊州州长奥托·克纳名字命名的《克纳报告》称："在1967年的前9个月中发生了164次动乱"，"白人中有一种隐伏的、普遍的黑人低等意识。国家正分化成两个社会，一个是黑人的，一个是白人的——相互隔离而又不平等"。[1] 这份报告出炉时，尼克松接任美国总统，他说："种族主义仍然是美国面临的主要问题。绝大多数横亘在种族之间的法律障碍已经被拆除，但强大的心理障碍

---

① 〔美〕J. 艾捷尔编：《美国赖以立国的文本》，超一凡等译，海口：海南出版社2000年版，第742页。

第七章　美国政治现代化的悖论

却依然存在。"①

1995年，当黑人聚集在华盛顿举行百万人大游行时，时任美国总统克林顿坦言："近几周，我们每一个人都开始意识到一个简单明了的事实真相：美国白人和黑人对同一个世界常常有着截然不同的看法。这种分歧在辛普森审讯案及其余波中得到了淋漓的发挥，并且因此而完全公开化。在马丁·路德·金以他的梦想震撼美国，约翰逊总统大声疾呼维护人的尊严和民主的命运，并要求国会保证黑人充分的选举权之后，那道撕裂着美国心脏的裂缝却依然存在。"②

进入21世纪，美国的种族不平等问题仍然存在并且严重。

黑人的生活依然处于美国社会的最底层。据美国人口普查局2007年8月公布的统计数据，2006年，中等收入的美国黑人家庭收入为31969美元，相当于中等收入白人家庭的61%；黑人贫困率为24.3%，而白人的贫困率仅为8.2%；黑人没有医疗保险的比例为20.5%，而白人没有医疗保险的比例仅为10.8%。美国专门从事少数种族研究的机构提出的报告显示：在社会经济地位上升的行列中，白人家庭是黑人家庭的两倍多；而在经济收入下降的行列中，黑人家庭则是白人家庭的两倍多。

黑人在就业和工作方面依然遭到歧视。据美国劳工部统计，2007年11月美国黑人的失业率为8.4%，是白人失业率(4.2%)的两倍。美国皮尤研究中心2007年的一项抽样调查显示，67%的黑人认为，黑人申请工作会受到歧视。美国就业机会均等委员会2006年进行的统计，该委员会全年共收到关于平等就业歧视方面的指控75768件，其中27328件涉及种族歧视，占35.9%。

黑人在教育领域同样受到严重歧视。在美国公立中小学校，学校的规章制度对黑人学生几近苛刻，黑人学生因不守纪律而被处罚的比例显著高于白人学生。在新泽西州，黑人学生因违纪被开除的人数是白人学生的60倍；在明尼苏达州，黑人学生被停学的人数是白人学生的6倍；在艾奥瓦州，黑人学生在公立学校读书的只占5%，但被停学者却占被停学学生的22%。

黑人在司法领域受到的歧视更触目惊心。据美国全国都市同盟2007年发

---

① 〔美〕理查德·尼克松：《超越和平》，范建民等译，北京：世界知识出版社1999年版，第255页。
② 〔美〕J.艾捷尔编：《美国赖以立国的文本》，赵一凡等译，海口：海南出版社2000年版，第465—466页。

布的《2007年美国非洲裔状况》报告显示，黑人与白人相比，有更高的比例被确认有罪并获更长的刑期，黑人被囚禁的比率是白人的7倍。据美国人口普查局的统计数据，到2006年底，每10万黑人中有815人被关在监狱，而白人的这一比率只有170人。据美国司法部司法统计局2007年12月公布的统计，到2006年底，在美国各州和联邦监狱服刑的犯人中，黑人达56万多，占总数的37.5%；黑人男子在押犯的比率高达每10万人3042人，是美国总人口在押犯比率（每10万人口501人）的6倍多；黑人30~34岁的男子中，8%的人被关押在监狱，而同年龄群的白人男子在押犯的比率只有1.2%。

在美国，遭受种族歧视之灾的除了黑人还有印第安人。

美国第37任总统尼克松曾经尖锐指出："土著美国人——印第安人——是我国最受剥削和最为孤立的少数族裔。用任何标准衡量，无论是就业、收入、教育，还是健康，印第安人的状况都是最差的。这一状况是几个世纪以来不公正待遇的遗产。从他们第一次与欧洲的殖民者遭遇以来，美国的印第安人就一直受到压迫和虐待，他们被夺去了世代相传的土地，并失去掌握自己命运的机会。甚至连试图满足他们要求的联邦计划，也不断被证明是无效的和不被重视的。""印第安人最严重的问题之一是经济剥削问题。印第安人的失业率是全国平均失业率的10倍；在最贫穷的一些保留地，失业率高达80%。生活在保留地的80%印第安人的收入处于贫困线以下。……印第安人的健康水平仍比全国平均水平落后20到25年。印第安人的平均寿命是44岁，比全国人均寿命大约低三分之一。"①

据美国国务院进入21世纪后的统计数据，美国印第安人总数大约为253万人，分属560多个部落，居住在200多块印第安保留区内。

印第安人总体收入水平远远低于全国平均水平，年收入2.5万美元以下的占41%，是美国平均贫困率的两倍；印第安人的教育水平也是全美最低的，大学以上文化的仅为7.6%，是美国平均水平的一半；失业率也是全美最高的，只有不到1%的印第安人拥有自己的土地。

比印第安人失去土地和生活贫困更为严重的，是他们正在日渐丧失自己的语言和文化。据统计，70%的印第安人已经不会说自己的语言。

---

① ［美］J. 艾捷尔编：《美国赖以立国的文本》，赵一凡等译，海口：海南出版社2000年版，第529—530、535页。

以上历数了美国种族歧视的种种现象和严重程度，不过，这并不是否认美国在反对种族歧视，也并不是抹杀美国在反对种族歧视、解决种族平等问题上所取得的进步，而是强调种族歧视对美国社会的困扰和在美国社会的根深蒂固。进入21世纪以来，美国国会已有20多位黑人议员，全美已有400多位黑人市长——包括一些特大城市的市长，奥巴马也成功地被美国民主党提名为总统候选人，但美国对种族问题究竟能够解决到何种程度，奥巴马究竟能够走多远，人们还拭目以待。

（二）贫富分化

财富分配不公、贫富分化加剧，导致了公民的经济和社会权利得不到应有的保障。

根据美国人口普查局2007年8月公布的统计数据，到2006年底，美国贫困人口的比率为12.3%，即有3650万人、770万个家庭生活在贫困中。不仅贫困人口不断增加，而且美国城市的饥饿者和无家可归者也有增无减。据美国农业部2007年11月发布的报告，2006年，城市挨饿的人比上年增加39万，有1100万人生活在"极低的食品安全状态"。全美无家可归者达到75万人，他们的健康状况令人担忧。据有关研究，无家可归者的平均寿命为42岁到52岁，他们中间三分之一到一半的人患有各种慢性疾病。

而与此形成鲜明对照的是，美国最富有的人的财富又在迅速膨胀，导致美国社会贫富差距越来越大。1985年时，美国身家超过10亿美元的富翁仅有13人，2006年增加到了1000多人。美国大公司老板2006年的平均年收入超过1000万美元，为一般美国人工资的364倍，即他们工作一天的收入就相当于普通人工作一年的收入。据《纽约时报》2005年6月的统计数据，1980年时，占美国人口0.1%的超级富豪的平均年收入为120万美元，而到2004年时，增加到300万美元，增长了2.5倍。

布什政府实行的减税政策，又进一步拉大了富豪与其他美国人之间的贫富差距。美国人口普查局的一份调查显示，在布什第一任期内，美国新增了410万贫困人口，减税的好处大都落入了富人的腰包。据美国城市—布鲁金斯税收政策中心的研究，美国2004年前实施的减税计划（包括公司税、遗产税和个人所得税），对不同收入群体有着很大的区别，其中：占美国人口20%的中等收入家庭平均减税647美元，占减税总额的8.9%，税后收入增长2.3%；占美国人口1%的高收入家庭平均减税3.5万美元，是中等收入家庭的54倍，占减税总额的24.3%，税后收入增长5.3%；而占美国人口0.2%、年收入超过100万美元的超级富豪家庭平均减税12.36万美元，占减税总额的15.3%，税后收入增长6.4%。仅2004年一年，美国25.7万个富豪受到的免税即达到300亿美元。由此造成了富豪的收入成倍增长。2005年，美国家庭净资产总和超过1000万美元的家庭为33.8万户，同1980年时相比较，家庭户数只增长了27%，而家庭资产却增长了400%。

(三) 社会犯罪猖獗

美国社会的犯罪率上升，已经严重危及到人民的生命、自由和人身安全。美国政治学界认为："犯罪问题多年来一直列在国家的议事日程上。……在美国历史上的每个时期，民众都表达了对于犯罪问题的担忧。"[①]

南北战争期间，犯罪同今天一样频繁，不少城市都爆发了大众性的暴力和骚乱。南北战争之后，"旧金山的民众被告知，在天黑之后，没有哪个体面人还能安全地在街上行走；在任何时刻，白天或黑夜，他的财产都会因纵火和盗窃而受损"。1886年，《莱斯利周刊》报道，每天都会看到令人惊骇的犯罪记载，谋杀似乎泛滥成灾，而每个公民都问谁还平安无事。从1860年到1890年，犯罪率上升了两倍，和人口的增长一样快。"犯罪，特别是最具暴力性的犯罪和年轻人的犯罪，正在稳步上升，并令这个国家有崩溃之虞"。[②]

在20世纪30年代前的一个多世纪里，美国社会的暴力和犯罪一直都持续上升。只是在20世纪30年代末期到60年代早期的这段时间内，美国才首次出现了有史以来总体犯罪率的稳定和轻微下降。然而，从20世纪80年代中期到90年代中期，社会犯罪率又迅速上升。每10万人中的谋杀率，从

---

① [美] 斯蒂芬·施密特等：《美国政府与政治》，梅然译，北京：北京大学出版社2005年版，第351页。
② [美] 斯蒂芬·施密特等：《美国政府与政治》，梅然译，北京：北京大学出版社2005年版，第351页。

第七章 美国政治现代化的悖论

1964年的4.9人，上升到1994年的9.3人，几乎是百分之百的增长。美国社会学家分析，由于1993—2001年期间美国经济的繁荣，从1995年起犯罪率又有所下降。但是，这一趋势没有能继续下去，美国的犯罪率又重新开始上升。

根据美国联邦调查局2007年9月公布的全美犯罪情况统计数据，2006年，美国全国暴力犯罪为141万起，比2005年上升1.9%。其中，杀人与过失杀人犯罪上升1.8%，抢劫犯罪上升7.2%。又据美国警察执法研究论坛对全美163个城市2007年上半年暴力犯罪情况进行的调查，65%的城市凶杀犯罪增加或无改善，41.9%的城市严重袭击案件增加或无改善，55.6%的城市抢劫犯罪增加或无改善。在美国，每31分钟发生一起谋杀案，每5.7分钟发生一起强奸案，每1.2分钟发生一起抢劫案，每36秒钟发生一起恶意袭击案。

2008年4月23日，《纽约时报》报道，美国人口不足世界总人口的5%，但其囚犯人数却占到世界在押犯总人数的四分之一，已高达230万人。截至2007年12月，美国是世界上人均囚犯最多的国家，平均每10万居民就有751名囚犯。而世界其他国家中，与美国接近的只有俄罗斯，每10万居民中囚犯为627人。英国、德国和日本在狱人数的比率都远远低于美国，每10万居民中在狱的分别仅为151人、88人和63人。

美国的犯罪率高，有一个重要的原因，就是枪支泛滥。

美国宪法第2条修正案中规定，"人民持有和携带武器的权利不得侵犯"。这本是为抗衡政府垄断武器、维护人民的自由而设立的。但是，这一神圣权利的拥有却以越来越多的校院枪杀案为代价。许多美国母亲们痛泣，持枪之"手"首先伤害的是"手"，而不是政府。

目前，美国社会拥有的枪支达到2.5亿支。一些有重罪前科的人和未成年人也持有枪支。在美国，每年约有3万人死于枪击。据《今日美国报》2007年12月5日报道，自2002年以来，美国因枪击致死案件总体上升了13%。据美国司法部2007年12月公布的数据，2005年，在12—18岁的学生中，有150万人是校园非致命暴力的受害者。2007年4月16日，弗吉尼亚理工大学发生了美国历史上最惨重的枪击案，造成33人死亡，30多人受伤。

针对枪支泛滥、持枪犯罪频频发生、已经严重威胁到人民生命财产安全的状况，美国国会于2007年12月19日通过了10年来最重要的枪支管理法案。但是，校园暴力、枪击阴影却在人们的心头挥之不去。2008年4月16

日——弗吉尼亚理工大学枪击惨案发生一周年时,该校师生们聚集在一起,纪念消失的生命,一位大学生说:"影响无时无刻不在,但没有人愿意谈论它。这是一个禁忌话题。"

在美国,毒品的猖獗是又一个社会罪恶的源头。

美国大约有760万人为长期的毒品消费者。他们中间大多数人在年轻时就开始吸食大麻,然后转向使用可卡因和海洛因。美国虽然不是重要的毒品产地,但国际社会公认美国是当今世界上头号的毒品消费国和世界上最大的毒品市场。早在20世纪80年代,美国每年消费的毒品数量即达到:大麻1.5万至2万吨,海洛因30至40吨,可卡因70至80吨。美国每年的毒品交易额即达到2000亿美元以上,占世界毒品交易额总量的三分之一。

据美国社会学家研究,过去,多数非法的麻醉品服用者属于"被社会抛弃者"集团,如罪犯、妓女、非白人和都市穷汉;然而现在,非法使用麻醉品蔓延到中上阶层特别是这些阶层的青年中。在今天的美国,从10来岁的孩童到硅谷的科学家,从华尔街的证券交易经纪人到好莱坞的电影明星,从穷困潦倒的失业者到腰缠万贯的超级富翁,吸毒之风空前。

毒品给美国社会和民众带来了巨大的灾难。每年,美国因此要开支1500亿美元以上。毒品还夺去了无数人的生命。吸毒者要么直接死于吸毒过量,要么由于吸毒而染上有关的疾病如肺结核、性病、肝炎以及艾滋病而死亡。据美国20世纪90年代的数据,每年因吸毒而导致的死亡人数平均为9300人,最高时达到14843人。

吸毒与犯罪往往是一对孪生兄弟。许多犯罪案例如谋杀、卖淫和抢劫等,大都与弄钱去买毒品有关。联邦监狱中有10%的犯人承认、州监狱中有17%的犯人承认,他们犯罪的目的是为了获得购买毒品的钱。在女犯人中,为了获得购买毒品的钱而犯罪的占24%;男犯人中占16%。此外,许多意外事故的发生,以及家庭暴力、失业、失学以及生产率下降等,也都可能是滥用毒品的直接后果。

(四)物质主义享乐主义弥漫社会

托克维尔曾在《论美国的民主》这本书中设问并评论说:"为什么美国人

第七章 美国政治现代化的悖论

身在幸福之中还心神不安?""看到美国人那种疯狂追求福利的样子,以及他们唯恐找不到致富的捷径而表现得愁眉苦脸,实在令人惊奇。""美国的居民希望得到现世的一切美好东西。他们有时好像觉得自己可以长生不老,有时又表现得十分焦急,恨不得一下子就把可以弄到手的东西弄到手,以致在外人看来,觉得他们好像唯恐此生短促,将无福分享受快乐。他们什么都想抓,但没有一件抓得牢。在抓到一件之后,很快就会把它丢掉,又去寻找新的。""乍一看到如此幸福的人们在如此富裕的环境中竟表现得如此好动不安,实在使人觉得奇怪。这种情况虽然自有人类以来就已存在,但整个民族都是如此却属首次。""应当把美国人对物质生活享乐的爱好,视为他们在行动上暴露出来的这种内心不安以及他们每天以实际行动使人看到的这种好动性的主要来因。"①

透过托克维尔以上这些自问自答,人们不难发现,物质主义、享乐主义在美国不仅由来已久,而且早就有全社会的特点。

虽然美国的传统政治文化一直认为奢侈是道德上无法接受的,是与民主政治的理想不相容的,但是在今天的美国,当技术专家们在狂热地谈论着网络社会、太空时代时,许多美国人却被金钱的光环弄得眼花缭乱,物质主义、享乐主义已经弥漫整个社会。对金钱和享乐的过度追求,已使许多人贪得无厌、肆意妄为和厚颜无耻。

这种现代美国病的存在,如同这些问题本身是根深蒂固的一样,其原因同样是根深蒂固的,有着深刻的社会历史根源。

首先,美国政治现代化同工业现代化、技术现代化的滞后错位,给社会带来了茫然。

在建国初期,美国的政治现代化是领先工业和技术方面的现代化的,因而那时的社会,人们在政治和精神层面总体是积极向上的,少有颓废和茫然。那时,社会存在的痼疾和罪恶也不少,但多是过去承继下来的,而不是新产生的;多是社会表层的,而不是思想价值领域的。后来,正是因为政治现代化的引领,美国的社会获得了迅速发展,现代化工业社会也迅速出现。这期间,政治现代化自身虽然也有前进,但相对于工业和技术现代化的速度,毕

---

① 〔法〕托克维尔:《论美国的民主》,董果良译,北京:商务印书馆1988年版,第667—668页。

竟又有些落差。所以再后来，当人们在工业和技术现代化的条件下能够探索太空、开发极地、移植基因、模拟智能的时候；当人们所需要的物质生活大厦已经建立起来的时候，却突然发现，现代化给人类带来的不仅是社会进步、经济增长与生活富裕，它还同时带来了社会矛盾、生活方式与人际关系的剧变。人们的物质生活需要虽然得到了满足，但却又失去了许多更为需要、更为重要的东西。物质充裕所带来的快乐，并不能填充全部的精神生活。于是，在政治领域对社会新的注入不足的情况下，人们便开始了新的寻找。

如从毒品泛滥来看，美国人最初之所以服用毒品，其动机大多在于自我的寻找或生命意义的寻找。这一点，在美国大学生吸毒群体中尤甚。美国的大学生吸毒者，大体可分为试探与沉迷两种。前者并不深深地陷入使用毒品的漩涡，而只是尝试、探讨、寻求刺激，后者则完全陷入毒品中，吸毒成为他们生活的中心，他们常因受到环境的极大压力而企图求得解脱。但是，无论是前者还是后者，都可以说是一种信仰的缺失、精神的虚无或者价值的扭曲。由此，给社会带来危害就不可避免。

其次，个人主义恶性膨胀，导致社会价值失范。

美国以自由、民主、平等、人权为核心的价值观念，从根源上来看，都是个人主义的。在美国，个人主义的政治内涵，就是根深蒂固的私有观念和天赋人权观念。美国法律对于私有财产和人权的保护，是至高无上的。个人主义的经济内涵，就是鼓励个人对物质财富的追求和占有，并以此来确定人的社会地位和社会关系。因此在美国，追求个人的财富和权力，自然就成为美国民族精神的基本特性和灵魂。个人的权势、地位、智慧、荣誉都同财富联系在一起。谁能赚钱，谁能获得巨大的财富，谁就会受到社会的尊重，谁就有了权势、地位和荣誉。个人主义的文化内涵，就是一切价值以个人为中心，个人本身就是目的。有美国学者就曾谈到："美国文化最核心的东西是个人主义"，"我们为自己而思考，为自己而判断，为自己而作决定，按照自己认为适当的方式而生活。违背这些权利的任何事情在道德上都是错误的，都是亵渎神明的。……放弃个人主义就等于放弃了我们最深刻的本质。"[①]

尽管在美国的主流文化中，个人主义与极端个人主义是有区别的，但是，

[①] 刘国平：《美国民主制度输出》，北京：社会科学文献出版社2006年版，第14页。

第七章 美国政治现代化的悖论

在全社会都以个人为中心,一切都是为个人,每个人都具有个人的自由,每个人都可以按自己的意愿来对待和表现的情况下,个人主义、个人自由也就会很容易地向极端化方向发展,成为美国社会问题成灾的一个重要原因。

第三,美国社会基本矛盾加剧,造成社会紊乱。

虽然不能说一切社会弊端全部都是社会制度的产物,但是许多事实却反映了美国现代化社会的资本主义属性,其中有的明显地属于制度的消极腐朽。比如,两极分化的愈演愈烈、社会财富的掠夺性占有、严重的社会安全危机和社会道德危机等等,都无不在证明着马克思的论断:"这种一方面扩大自己财富,但贫困现象又不见减少,而且犯罪率甚至增加得比人口数目还快的社会制度内部,一定有某种腐朽的东西。"①

1979年,时任美国总统卡特曾作过一次他自认为一生中最好的、曾有一亿人倾听的演讲。他在这次演讲中说:

> 我现在要和你们谈谈美国民主所面临的最根本的威胁。
>
> 我并不是指我们的政治自由和民权自由。它们能够持久。我也不是指美国的外部力量。我们仍然是世界上的一个和平国家,具有无与伦比的经济力量和军事威力。
>
> 这种威胁在日常生活中几乎是无形的。这就是信任危机。这种危机打击着我们国家意志的心脏、灵魂和精神。我们可以从日益蔓延的对自身生活意义的疑惑和对国家共同目标的失落中看到这种威胁。这种对未来的信心的腐蚀,正在威胁着要毁灭美国的社会和政治结构……
>
> 这个曾经以辛勤的工作、稳固的家庭、亲密的社区和信仰上帝为荣的国家中,如今却有太多的人沉湎于自我纵欲和超前消费。人们不再以工作而是以财富作为衡量身份的标准。然而,人们发现,获得财富、享受财富并不能满足我们对生活真谛的渴求。我们终于懂得,物质财富的堆积并不能充实毫无信心或毫无目标的生活的空虚。
>
> 这种美国精神危机的症状弥漫在我们的四周。……我们目前所面临的最重要的任务,是恢复对美国的信任和信心。这是这一代美国人所面

---

① 《马克思恩格斯全集》第13卷,北京:人民出版社1963年版,第551页。

临的真正的挑战。①

然而，卡特的讲话过去 30 年了，美国的这些问题却有增无减。

二 政治怪象丛生

美国的特殊和例外总是体现在方方面面。虽然从总体上看，美国的政治现代化呈现出巨大的进步、历史性的进步；但是，这种进步又毕竟是历史阶段的进步，向更高层次过渡的进步。因此，在美国的政治生活中，人类政治的积弊与美国特有的积弊构成了一幅幅政治乱象。

(一) 政治暗杀

美国自建国以来，已经发生暗杀政府高级官员的事件 84 起。统计资料表明，每 4 位总统中、160 位州长中、142 位参议员中、1000 名众议员中，即有一人遭到过遇刺或暗杀。

遇刺的 10 位总统中，有 4 人身亡（林肯、加尔菲尔德、麦金莱、肯尼迪）。林肯于 1865 年 4 月 14 日在华盛顿福特剧院观看演出时，遭到演员布思枪击，成为美国历史上第一个被刺身亡的总统。加尔菲尔德于 1881 年 7 月 2 日在首都华盛顿联邦火车站候车时，遭到一谋求联邦官职未达目的者的枪击，2 个月后去世。1901 年 9 月 6 日，麦金莱总统在纽约州布法罗泛美博览会上被一无政府主义者击中，9 月 14 日去世。1963 年 11 月 22 日，肯尼迪总统前往得克萨斯州达拉斯市乘车通过一条街道时，遭枪击当场身亡。

遇刺幸免的 4 位总统是安德鲁·杰克逊、富兰克林·罗斯福、哈里·杜鲁门和杰拉尔德·福特。杰克逊总统 1835 年 1 月 30 日受到一名画家枪击未

---

① 〔美〕J. 艾捷尔编：《美国赖以立国的文本》，赵一凡等译，海口：海南出版社 2000 年版，第 454—455 页。

中。1933年2月15日，虽已当选总统但还未宣誓就职的富兰克林·罗斯福在佛罗里达州迈阿密遇到袭击，险遭不测。1950年11月1日，2名波多黎各民族主义分子潜伏在杜鲁门总统临时官邸布莱尔大厦行刺未遂。1975年9月5日，福特总统在加利福尼亚萨克拉门托遭到一位妇女的暗杀，未果。同年9月22日，福特总统在旧金山又第二次遭到一名妇女的袭击，同样幸免。

遇刺受伤的2位总统是西奥多·罗斯福与罗纳德·里根。1912年10月14日，再度谋求总统职位的西奥多·罗斯福在前往密尔沃基的竞选旅行中遭到枪击，胸部受伤。1981年3月30日，里根总统在首都华盛顿希尔顿饭店向劳联—产联发表讲话后离去时遭到枪击致伤。

第二次世界大战以来，尤其是20世纪60年代发生震惊世界的肯尼迪总统和马丁·路德·金博士遇刺身亡事件以来，政治暗杀已成为美国政府和社会公众所关注的一个重要问题。

(二) 政治游说

游说活动在古今政治生活中本是一种很常见的政治现象。但像现代美国这样，诸多的社会组织、行业、企业、团体等，为了自己的利益，争相组织、配备或寻找自己的游说队伍或代言人，专事围绕联邦国会山来开展游说公关，以至形成一种生意兴隆的政治游说市场，构成国家政治生活中的一大景观，这在世界上是并不多见的。

美国的政治游说由来已久，正式"说客"的历史可以追溯到1869年。当时，格兰特总统入住白宫后，经常散步去附近的威拉德酒店，在那里或喝一杯白兰地或抽一支雪茄以放松自己。已经更名为威拉德洲际酒店的酒店公关部主任讲述这一历史故事时说："总统夫人不喜欢他在白宫里抽雪茄。所以，总统就来威拉德酒店的大堂抽烟。一些权力掮客发现了这一点，于是，他们来到酒店大堂，恳求总统支持他们所进行的事业。因为这些人往往聚在威拉德酒店的大堂里等待，格兰特总统才称他们为'大堂里的人'，也就是现在所说的说客。"①

---

① 《台港澳报刊参阅》，2007年第46期，第23页。

据美国"回应政治中心"研究，政治游说作为一种职业的兴起，首都华盛顿的说客人数大幅度增加，是在20世纪90年代中期。回应政治中心分析说："游说活动迅速兴起的一个主要原因是，政府要通过政府合同、定向拨款和在全国实施各种项目的方式，把大笔的钱花掉。因此，许多利益集团相互竞争，希望得到这些钱，说客们则帮助这些集团在竞争中取得优势。"游说行业迅速兴起的另一个原因，回应政治中心认为，是政府规定的增加，特别是加强了对公司的管理。"很多行业以这样或那样的方式受到政府的管理。比如，政府可以阻止企业进入或离开市场，可以增加税收。政府管的越多，可以对政府决策施加影响的范围也越大。因此，随着政府事务的膨胀，说客的数量也跟着增加。"[1]

据美国媒体披露，在政治游说业迅速兴起的20世纪90年代，全美用于联邦游说活动的年度总支出达到12亿美元。另据美国国会公共登记办公室的数据，记录在册的游说事件数量，1998年比1997年上升了21%，达到15705件；登记注册的游说人的数量，至1999年6月上升到20512人。同时，美国媒体还报道，到1998年，游说活动开支超过100万美元的利益集团或公司达到261个；其中，年开支超过500万美元的有39个，年开支超过1000万美元的有9个；年开支超过2000万美元的有3个。而另一方面，到1998年，游说收入超过100万美元的游说公司的数量也迅速增加，达到117家。

美国政治游说业发展的一个重要特点是，说客中前议员和政府官员成为主力。仅1998年，就有138名前国会议员经审核批准而成为正式注册游说人。每当有名望的议员期满离开国会时，游说公司的邀请函马上就会接踵而至。一位美国作者在一篇题为《美游说业服务特殊利益团体赚大钱》的文章中指出，前国会议员和前政府官员是华盛顿最有影响力的说客，"比如，老布什的司法部长阿什克罗夫特现在是一名非常重要的共和党说客。路易斯安那州的前民主党参议员布鲁，现在也是一名说客。研究表明，国会众议院中大约40%的众议员离开国会之后变成了说客。"[2]

英国《观察家报》2006年1月8日曾以《国会山的肮脏秘密在游说丑闻中曝光》为题，刊登了一篇发自华盛顿的报道，对美国的这种政治游说作了生动

---

[1]《台港澳报刊参阅》，2007年第46期，第23页。
[2]《台港澳报刊参阅》，2007年第46期，第24页。

的描写:"这里叫做 K 街,地处白宫背面,街上的高档办公楼和高级餐厅毗连林立。它是华盛顿特区的游说业中心,服务来自美国各地的客户和政客,是世界上最有权势的路段之一,也是世界上最腐败的地方之一。……人们经常称赞美国宪法实现了总统、国会与最高法院之间的制约与平衡。但在一个金钱等于权力的国家里,居然没有人预言过,美国国家中会出现一个非正式的第四权——K 街。"①

(三)政治低俗化

突出的表现是屈服选票,屈从利益。

美国政治学家、哲学家赫伯特·克罗利不无担忧地说:"美国国家发展道路上的最大障碍永远是美国人只屈服于地方利益和私人利益,并且允许美国政治这条大船进入妥协漩涡的危险;这样一来,无论侥幸生存还是听天由命,其结果都令人心灰意懒。"②

政治低俗化的一种典型方式,是政治权力屈从于各种公司,被各种公司所操纵或控制。在美国,公司权力不仅是一种经济权力,也是一种政治权力和社会权力。所以有评论认为,美国的公司过去不是、现在也不是一种纯粹的和单纯的经济装置。它产生于政治动乱年代,那时公司常常被赋予垄断权和排他性的特权,但又常常被人们指责为独裁的源泉。从那时起直到现在,公司只不过演变成为一种更强有力的控制美国经济和政治的手段罢了。

美国学者尼德曼甚至还指出,美国政治生活中出现了一种"幼稚化"现象,民主自由有被降低到崇拜和追求个人主观欲望的危险。他说,对于民主的理念,"开国先贤们——华盛顿、杰斐逊、富兰克林和其他人,从来就没有把民主的概念仅仅作为一个外在的政府结构来筹划。民主的含义一向是建立在人性中既有堕落倾向又可以从良向善这种双重性的基础之上的。从很大的程度上讲,美利坚建立的民主形式是让参与者追求自身内在的更高的精神境界。如果没有这种内在的含义,民主就会像柏拉图和亚里士多德在两千五百年前

---

① 参见刘国平:《美国民主制度输出》,北京:社会科学文献出版社 2006 年版,第 80 页。
② 〔美〕赫伯特·克罗利:《美国生活的希望:政府在实现国家目标中的作用》,王军英译,南京:江苏人民出版社 2006 年版,第 228 页。

指出的那样,只不过是一片混乱和做表面文章的瞎起哄"。"美国的自由理念中的最根本的含义,是每个人都有探索和主宰自己良心的权利。政治自由是指首要的和最重要的是创造一个允许每个人去探索自身的伦理和灵魂启蒙的社会环境。但是这个理念和权利现在已经被仅仅理解为满足一个人的主观欲望的权利,不管那些欲望是什么,用不着参照任何内心的道德标准。于是,自由的理念被降低到对欲望的崇拜和追求,这是将自由的理念含义幼稚化的结果。"①

(四)金钱政治

也许应该说,美国的政治生来就带有金钱的胎记。或者说,美国的政治从一开始就受到金钱的控制。1787年起草联邦新宪法时,许多普通劳动者就一再要求取消选举中的财产条件限制,但在大奴隶主、大地主、大商人的主导下,这一愿望没有实现。只是在宪法颁布实施后,因这一限制遭到各方面的激烈反对,才最终在19世纪60年代被取消。不过,这一限制的被取消,丝毫没有阻止金钱对于美国政治的影响。在美国,金钱历来是政治的"母乳",政治从来就是与金钱联系在一起的。

2002年5月24日,《华盛顿邮报》在发表的社论中曾深刻评述美国的政治献金问题,说:"过去的10年堪称怪异的、光明与黑暗并存的一个时期。你的左边是这样一幅图画,那是一个超级大国的美国,它创造出了称做网络空间的新世界,超过了自己的竞争对手欧洲和日本;在你的右边是另一幅图画,那个美国是一个丑闻大国,总是纠缠于爆炸性的政治献金丑闻和各种各样游说团体的利益诱饵中,随之而来的是公众对政府信任的不断下降。整个90年代,这两幅图画似乎还是分裂的,但安龙丑闻将它们合而为一了。它一度作为美国经济活力的标志,也是政治上裙带关系至上的象征。安龙丑闻向我们展示了游说团体和选举献金能够多么深刻地破坏我们的经济制度。"②

据统计资料,最近十多年,美国总统和国会的选举费用成倍增长。1996

---

① 〔美〕雅各布·尼德曼:《美国理想:一部文明的历史》,王聪译,北京:华夏出版社2005年版,第8、16页。
② 张西明:《新美利坚帝国》,北京:中国社会科学出版社2003年版,第154页。

年时，总统选举的费用为 7 亿美元，2004 年则达到 20 亿美元。美国联邦选举委员会 2004 年 12 月 14 日公布的报告显示，2004 年竞选一名众议院议员的平均费用为 51 万美元，最高的达到 904 万美元；竞选一名参议院议员的平均费用为 251 万美元，最高的达到 3148 万美元。

在美国，各种利益集团为政治人物竞选提供捐款，政治人物当选后又给自己提供捐助的单位捞利已经司空见惯。据《华盛顿邮报》报道，2007 年，仅国会多数党领袖单独或与其他议员联名提出的专项拨款总金额高达 9600 万美元，其中许多拨款将使曾支持其竞选的特殊利益集团获利。2007 年 11 月，美国国会通过新的国防部预算后，来自宾夕法尼亚州的议员立即为给予自己竞选提供捐款的公司赢得了一个 800 万美元的专项拨款。另外，还有 20 名新当选的国会议员为特殊利益集团获得了专项拨款。

2007 年新年伊始，美国《时代》周刊刊登一篇文章，列举了实现白宫梦的 8 个关键问题，摆在第一位的竟然是钱。这篇文章开宗明义地写道，2008 年的"美国总统选举已经拉开序幕，在走向白宫、实现创造历史梦想的道路上，有 8 个问题成为候选人不可忽略的关键。第一：钱。2008 年的总统选举，或许候选人的种族、宗教和性别都不是问题，但竞选资金仍然是走向白宫的第一步。"①

金钱政治的全面渗透，对美国民主政治的冲击和损害是巨大的，所以布热津斯基早就告诫说："美国显然需要花一段时间，在哲学上进行反省和文化上作自我批判。"②

（五）执法枉法

一边是法治国度的执法者，法律尊严的维护者，一边又无视法律，践踏法律，这在美国也司空见惯，有增无减。

据美国司法部统计，2001 年至 2007 年，全美执法人员侵犯公民权利的案件增长了 25%。这期间，每年对警察的投诉率平均为 9.5%。但绝大多数被投

---

① 《环球》，2007 年第 4 期，第 10 页。
② 〔美〕兹比格涅夫·布热津斯基：《大失控与大混乱》，潘嘉玢等译，北京：中国社会科学出版社 1994 年版，第 125 页。

诉有暴力或粗暴行为的执法人员最终没有受到指控。在2001年5月至2006年6月间，芝加哥有2451名警察受到4至10次投诉，662名警察受到10次以上投诉，最终只有22人受到处罚。更有甚者，有些警察遭到超过50次以上的投诉从未受到处罚。据美国司法部2007年10月公布的统计数据，2003年至2005年间，全美47个州和哥伦比亚特区共有2002人在逮捕过程中死亡，其中有1095人是被州和当地警察开枪打死，占总数的55%。

美国监狱的虐囚现象很普遍。据美国司法部2007年12月的统计，全美在押犯人中共有60500名罪犯遭遇过性侵犯，占罪犯总数的4.5%。有2.9%的罪犯被管理人员侵犯，0.5%的罪犯遭受其他罪犯和管理人员的双重侵犯。据美国司法部2007年9月公布的数据，2005年底，美国联邦和各州监狱关押的犯人中，有22480名被感染或确认患有艾滋病。其中，有204名犯人死于艾滋病。加利福尼亚州监狱因存在医疗延误等问题，导致2006年共发生426例死亡事件，其中18例被认为是可以避免的，48例被认为是可能避免的。

美国司法的公正性越来越遭到人们的质疑。自1989年首次运用DNA技术以来，全美已有209人经过DNA技术测试被证明无罪；而这些人在无罪获释之前已平均服刑12年，其中15人曾被判死刑。

三　国际道义和政治道德危机加剧

1999年，塞缪尔·亨廷顿曾在美国《外交》杂志上发表文章，列举了美国在世界上的8种单边主义行为：(1)向其他国家施压，要求它们采纳美国式的价值观和民主；(2)防止其他国家获得可能挑战美国的常规军事能力的优势；(3)根据其他国家是否遵从美国在人权、打击毒品、反恐、军事议题和宗教自由方面的标准来给它们打分；(4)对那些在上面议题上分数不及格的国家进行制裁；(5)在自由贸易和开放市场的口号下促进美国的商业利益；(6)促进美国在海外的武器销售，同时力图防止其他国家的类似销售；(7)将联合国秘书长赶下台，并主导对他的继承者的任命程序；(8)将某些国家列为"无赖国

第七章 美国政治现代化的悖论

家",将它们排除在全球机制之外,因为它们拒绝向美国的愿望叩头。①

在作了如上梳理分析后,塞缪尔·亨廷顿还着重指出:占世界人口 2/3 以上的国家,"将美国看作是对其社会的最大威胁。他们不是将美国看作军事上的威胁,而是看作是对他们的统一、自治、繁荣和行动自由的威胁"。"当美国时不时地谴责许多国家为'无赖国家'时,在许多国家的眼中,美国正在变成无赖的超级大国。"②

虽然亨廷顿的这些言论有些不无刻意地强调,甚至有些夸张的成分,但是,如从反映美国早已面临的国际道义和政治道德危机来看,倒是恰如其分的。

长期以来,美国把国内法置于国际法和国际协议之上,在世界上打着自由、民主、人权的旗号,粗暴干涉别国内政,肆意进行扩张,扮演了极为不光彩的角色,暴露出种种道德恶行。

(一) 双重标准

对于这一问题更具说服力的,显然是美国人自己的语言。

1988 年,美国麻省理工学院哲学教授乔姆斯基探讨了美国自二战结束以来的对外政策走向,入木三分地分析了美国的国际政治话语。他在《恐怖主义文化》这部著作中引用拉·封丹的一首寓言诗《褡裢》,对美国奉行政治上的双重标准进行了辛辣讽刺。他引用的这首诗生动地写道:

> 对人家,我们的眼睛像野猫,
> 对自己,我们的目光像鼹鼠。
> 我们原谅自己的一切,对别人却毫无宽恕。
> 看自己是一种眼光,对别人则是另一样。③

---

① 〔美〕罗·麦克纳马拉等:《历史的教训:美国国家安全战略建言书》,张立平译,北京:世界知识出版社 2005 年版,第 39 页。
② 〔美〕罗·麦克纳马拉等:《历史的教训:美国国家安全战略建言书》,张立平译,北京:世界知识出版社 2005 年版,第 40 页。
③ 〔美〕诺姆·乔姆斯基:《恐怖主义文化》,张鲲等译,上海:上海译文出版社 2006 年版,第 18 页。

2001年，美国20世纪60年代的国防部长麦克纳马拉对美国长期以来奉行的越南、古巴、伊朗、朝鲜政策进行了详尽分析，尽管对美国政府"对内行民主、对外行霸权"的批评有些羞羞答答，但他还是称，"还有一个令人不安的议题需要谈谈。我们在国际环境中不按我们教导的和我们在国内的民主决策的方式行事"。他引用美国历史学家施莱辛格的话说："有两套标准的民主是一种坏的形态——在国内政策上用的是一种标准，而在外交事务上用的是另一种标准。"①

　　2005年11月14日，前总统卡特在《洛杉矶日报》以《这不是美国》为题发表文章，列举了很多美国搞双重标准、违背国际承诺的事实，对布什政府在背离美国理想的道路上越走越远进行了抨击。他说："我们的政治领导人宣布不受国际机构的约束，不承认早已存在的国际协议——包括与核武器、生物武器的控制和国际司法体系的有关协议。与我们将和平奉为国家的首选这一传统不同的是，我们宣布实行'先发制人'的政策。当我们与其他国家有重大分歧时，我们就把它们贬为国际贱民，并拒绝以直接谈判的方式解决分歧。更令人担心的是，美国不承认《日内瓦协定》，支持美军在伊拉克、阿富汗和关塔那摩的虐囚行为。总统和副总统坚称中情局有权以'残酷、非人道或有辱人格的方式对待或惩罚'被美国拘留的人，这令人尴尬。"②

　　不过，卡特的批评毕竟是有选择的带倾向性的。美国对国内的和国际的政治生活实行双重标准，其实体现在方方面面，举不胜举。比如，在国内倡导权力制衡，在国外奉行单边主义；在国内强调人人平等，在国外一贯恃强凌弱；在国内主张法律高于一切，在国外经常无视国际法；在国内摈弃政治暴力，在国外动辄使用武力解决国际争端；在国内禁止军人干政，在国外则鼓励别国军方在国家政治生活中发挥重要作用；如此等等，不一而足。

　　为什么美国的国内政治行为与国外政治行为会如此的截然不同呢？任何一个国家的对内政策和对外政策都出自同一个社会根源和政治理念，本应具有一致性，美国为什么会例外？还是布热津斯基一语道破天机："简言之，美国的政策目标无疑必须是双重的。一是把美国自己的主导地位至少保持一代

---

① 〔美〕罗·麦克纳马拉等：《历史的教训：美国国家安全战略建言书》，张立平译，北京：世界知识出版社2005年版，第41页。
② 刘国平：《美国民主制度输出》，北京：社会科学文献出版社2006年版，第9页。

第七章 美国政治现代化的悖论

人之久或者更长远一些。二是建立一个地缘政治框架。这一框架既能化解社会政治变革必然带来的冲击和损伤,又能演变成共同承担和平地管理全球的责任的地缘政治核心。"①

(二) 病态仇共

美国的政治文化,向来是以个人主义强烈,意识形态多元,信仰自由,包容忍让为特征的。但是,唯独对共产主义——无论是作为个人信仰、社会意识形态,还是作为政治实践——却视为洪水猛兽,必坚决反对、刻骨仇视,并且是如此的歇斯底里。

美国的反共仇共起源于19世纪70年代。

南北战争前,马克思主义作为一种思想学说传播到了美国。南北战争期间,许多信仰共产主义的人都参加了联邦军队或帮助联邦军队。他们作战勇敢,完成任务出色,受到了欢迎和赞扬。可以说,这时的共产主义信仰者与美国统治阶级是某种同盟关系。但是不久,当巴黎公社革命失败、欧洲掀起又一轮反对共产主义的狂潮后,美国统治阶级对共产主义的态度也来了个180度的大转变。尽管这时共产党组织在美国还没有出现,但反共的氛围在美国政坛已经形成。1877年,美国发生了大规模的铁路职工罢工并酿成12人死亡的血案,虽然罢工是自发的,而且目的仅仅是为了抗议资方削减工资,但是一些美国报纸却一口咬定罢工是"共产党为暴力推翻政府而策划的阴谋"。由此,反共的情绪便逐渐弥漫到美国社会。

美国的反共仇共在十月革命后成为社会思潮和政府行为。

十月革命爆发后,包括美国在内的整个资本主义世界一致对这场革命持反对态度。以英法为首的协约国不仅在外交上抵制,积极支持俄国反革命武装叛乱,而且还直接出兵干涉。对这种行径,列宁痛斥:"现在英、法、美集团把消灭世界布尔什维主义、摧毁它的主要根据地俄罗斯苏维埃共和国当成他们的主要任务。为此,他们准备筑起一道万里长城,像防止瘟疫一样来防

---

① 〔美〕兹比格纽·布热津斯基:《大棋局:美国的首要地位及其地缘战略》,中国国际问题研究所译,上海:上海人民出版社1998年版,第280页。

止布尔什维主义。"①

也正是从这时起,反共仇共成为美国官方的意识形态和政府行为。美国国务卿罗伯特·兰辛向伍德罗·威尔逊总统报告说,苏俄是"对各国现存社会制度的直接威胁","如果布尔什维克继续掌握政权,我们就毫无指望。"随即,美国首当其冲地宣布对苏俄实行经济封锁,并于1918年6月派兵7000人到俄国北部和西伯利亚,直接参加了资本主义世界对苏俄的武装干涉。与此同时,美国对国内的共产党活动严加管制,出现了"红色大恐怖"。1919年8、9月间,美国两个共产主义政党——美国共产党和共产主义工党刚刚成立,美国统治集团就迫不及待地对之进行镇压。1920年1月2日,美国又在全国70个城市进行大规模突袭,逮捕约1万名共产党员和进步人士,力图把共产党人一网打尽。

美国的反共仇共在冷战时期达到了顶点。

自第二次世界大战结束到20世纪90年代初苏联解体前,可以说,反共仇共是美国政治生活中的经常性内容和对外政策中的基本指导原则。

美国认为,"法治政府所具有的自由思想与克里姆林宫实行严厉寡头统治的奴役思想之间存在根本的冲突",而这种冲突是不可调和的——"苏联企图扩张共产主义,消灭自由;而美国则要阻止共产主义,扩大自由。如果我们在意识形态斗争中打了败仗,我们所有的武器、条约、贸易、外援和文化关系都将毫无意义。"②

在美国被誉为冷战英雄的前总统里根在谈到与苏联的斗争时说:"我们永远不会拿我们的原则和准则讨价还价。我们永远不会出让我们的自由。我们永远不会背弃对上帝的信仰。""我宁可看到我的孩子们现在怀着对上帝的信念阗然长逝,也不愿她们在共产主义的阴影下成长,并且有朝一日带着对上帝无所信仰的心态死去。"③

另一位自诩为"反共斗士"的前总统尼克松去世前完成了他《超越和平》这部遗著的写作。他在这部书中所坚持的反共立场简直到了偏执的程度。书中

---

① 《列宁全集》第35卷,北京:人民出版社1985年版,第159—160页。
② 〔美〕理查德·尼克松:《1999年:不战而胜》,王观声等译,北京:世界知识出版社1989年版,第96页。
③ 于歌:《美国的本质》,北京:当代中国出版社2006年版,第194、195页。

第七章 美国政治现代化的悖论

的一段话几乎是尼克松对美国领导人的政治遗嘱,他说:"在下一世纪,没有任何一桩事比政治自由和经济自由能否在俄国和其他前共产主义国家生根并茁壮成长对世界的政治影响更大。当今的一代美国领导人能否尽其所能促成这一结果,将成为评判他们的首要标准。如果他们失败了,其后继者将会为此付出难以想象的代价。"①

从以上这些不难看到,在美国看来,共产主义无异于异端邪说,是民主和自由的天敌,是对美国价值观和生活方式的最大威胁,因此,绝对不能与之共存,必须从地球上消灭之。

于是,在这一思维定势和政治目标下,杜鲁门主义、马歇尔计划、艾森豪威尔主义、尼克松主义、里根主义等等一系列反共剿共的政策便出台了。在长达近半个世纪的时间里,以美国为首的西方国家采取政治孤立、经济封锁、军事包围和武装侵略等手段,对共产主义和社会主义阵营实施了全面遏制。不仅如此,美国还在国内制造了一系列骇人听闻的迫害共产党人和进步人士的事件。

在新世纪,美国对反共仇共仍然念念不忘。

2007年6月12日,华盛顿举行"共产主义受难者纪念碑"揭幕仪式,美国总统布什出席时恶毒攻击共产主义。他说:20世纪是人类历史上死亡最惨重的世纪,共产主义在这个世纪里夺走大约一亿男男女女和孩子的性命,光是在中国和苏联就夺走了几千万人的生命。以"邪恶和恨为基础的共产主义",到今天还继续存在。他还说,共产主义不只夺走受难者的生命,他们还企图盗窃他们的人性,抹消他们的记忆。这座纪念碑的落成,就是要归还他们的人性,重建他们的记忆。在这次讲话中,布什还把共产主义与恐怖主义相提并论,认为共产主义"杀人不眨眼"。布什要求,自由世界要团结一致,直至让共产主义和恐怖主义"走进历史灰烬"。②

从布什的这些言论中,人们不难看到,美国对共产主义的放肆诋毁和一贯仇恨。

应该指出的是,"9·11"事件发生后,苦于力不从心,美国难以将现在的重点放在意识形态上,但这并不意味着美国在反共仇共上会软化或改变立场。

---

① 〔美〕理查德·尼克松:《超越和平》,范建民等译,北京:世界知识出版社1999年版,第45页。
② 《新华文摘》,2007年第22期,第62页。

可以断言，美国的反共仇共情结，如同根植于他们灵魂深处的自由思想一样，是根深蒂固的，是永远不会改变的。现在的"失忆"，只不过是暂时，只不过是策略，也夹杂着无奈，一俟腾出手来，还可能会变本加厉。

还应该指出的是，自冷战结束以来，美国反共仇共的主要矛头就是对着中国的，就视中国为美国目标的最大障碍和继续推行和平演变战略的主要目标。

1993年2月，克里斯托弗担任克林顿总统的国务卿刚刚一个月，就在一次演讲中声称："我们的政策将是谋求促进中国出现从共产主义到民主制的广泛的、和平的演变。"①

克里斯托弗的助手、助理国务卿洛德讲得就更为露骨和专业。他说："在过去半个世纪以来，美国曾在亚洲打过三场战争。我们在那里拥有持久的安全利益。……但是世界上最后5个共产党政权中的4个，与其他一些压迫政权一起，在一个被扭曲的时代里仍然困守在亚洲。""因此，我们面对的政策挑战，是既要与这个重要国家交往、又要把我们所承担的促进国际价值观念的责任这两者结合起来。……应当对北京实行一种微妙的政策，直到中国出现一种更为人道的制度。"②

时至2002年，美国总统布什与到访的俄罗斯总统普京在谈到世界面临的威胁时，也直言不讳地讲道："从长远来说，我们的问题在中国。"③

(三) 文化霸权

2007年12月3日，美国《时代》周刊以《法兰西文化已死》为标题刊登封面文章，对法国的文化进行责难。

这篇文章诘问："现在的法国，像莫奈那样杰出的画家，像普鲁斯特那样优秀的作家，像埃迪特·皮亚夫那样出色的歌唱家，还有像特吕弗那样眼光独特的电影大师都在哪儿呢？"文章还对法国政府的文化保护政策予以尖刻抨击，指责法国对自身文化的盲目自信、故步自封和拒绝与先进文化融合，认

---

① 张海涛：《何处是"美利坚帝国"的边界》，北京：人民出版社2000年版，第206页。
② 张海涛：《何处是"美利坚帝国"的边界》，北京：人民出版社2000年版，第208—209页。
③ 于歌：《美国的本质》，北京：当代中国出版社2006年版，第176页。

第七章 美国政治现代化的悖论

为这是导致法兰西文化死亡的症结所在。文章最后得出结论,"法国文化偶像早就死光了","美国文化已全面战胜了法国文化"。①

与《法兰西文化已死》这篇文章相配的《时代》周刊封面,是一个身着条纹衫的脸色苍白的小丑,他用忧郁的眼神看着手里的花。

这一期《时代》周刊发行后,法国感觉自己的尊严受损。法国文化部长说,《时代》周刊的这些论断完全错误。法国各媒体则纷纷表示,《时代》周刊的这篇文章结论草率,更多的是自以为是,而不是客观的评价。于是,一场文化战争在法国同美国之间爆发了。法国作家莫里斯·德吕翁说:"又开始了,每隔四到五年美国就要发一回反法高烧,然后由它的一家大媒体把高烧传播到整个世界。"②

不能排除,这次论争有两国历史上口水战延续的可能。因为,对于在北美新大陆诞生的美国,法国人倾注了太多的负面情感,起初是诋毁、蔑视,继而则是疑惧和怨恨。在历史上,美洲大陆在法国人的印象中是一块"不幸的大陆"。

法国自然学家布封曾称:"美洲因此是一块勾画得很差的大陆,刚刚从昨日的洪水中出水。它的山顶、它的腐败的广漠的大地都对生命没什么好处。""从自然学历史来看,美洲大陆不仅已经失去了魅力,而且是个劣等的大陆——一个早产和一个萎缩的大陆。在那里,人活着如同行尸走肉,并变得苍白无力,生物变得矮小。"③

法国另一位社会学家德波在他的《关于美洲人的研究》一书中也曾说:"喜怒无常是印第安人变异的整体中的缺陷之一。他们懒惰成性,不会发明任何东西,不去做任何有意义的事,他们的视野只停留在他们所能看到的东西上,性格懦弱、神经衰弱,精神上没有高贵之处可言,缺少理性动物最基本的素质,这样就使他们对社会变得无用。"他认为,这些人"不大配有灵魂","智力上的蠢笨是所有美洲人的性格的最大特征"。④

---

① 参见《参考消息》,2007年12月7日第6版。
② 《参考消息》,2007年12月7日第6版。
③ 〔法〕菲利普·罗杰:《美利坚敌人:法国反美主义的来龙去脉》,吴强等译,北京:新华出版社2004年版,第8页。
④ 〔法〕菲利普·罗杰:《美利坚敌人:法国反美主义的来龙去脉》,吴强等译,北京:新华出版社2004年版,第19页。

这样一些暗淡的美洲图景都出自法国知识界名人，他们充当了法国历史上反美主义言论的领军人物。而在"9·11"事件发生后，法国国家科学研究中心研究员菲利普·罗杰又出版他的新著《美利坚敌人：法国反美主义的来龙去脉》一书，其意义不仅在于告诉人们法美两国在伊拉克问题上的争吵没有什么值得大惊小怪的，而且似乎还隐喻着法国人的反美主义源远流长这一层意思。于是，美国再"发一回反法高烧"，由《时代》周刊发表封面文章，说"法兰西文化已死"也就很自然。

不过，也许还应当看到，随着美国单边主义的政策指向和法国在世界上影响力的下降，这场文化之争也有两国关系变得越来越微妙的因素。同时也说明，作为唯一超级大国的美国，在世界文化领域的声音现在也越来越响亮，越来越具有侵略性。在这场与法国的文化之争中就不乏一种文化霸权主义。

对自己的传统盟国、世界大国尚且如此，其他的国家自然就更不在话下。所以，美国商务部高官大卫·罗斯科普在谈到全球化促进人类文化整合时说，未来的世界文化一定要以美国文化居于支配地位——"如果世界趋向一种共同的语言，它应该是英语；如果世界趋向共同的电信、安全和质量标准，那么，它们应该是美国的标准；如果世界正在由电视、广播和音乐联系在一起，节目应该是美国的；如果共同的价值观正在形成，它们应该是符合美国人意愿的价值观。"①

（四）狭隘民族主义

在国际政治生活中，不论事实真相如何，美国从未停止用民族主义指责别国，但却又对自己狭隘的民族主义倾向视而不见。

本来，任何一个民族都会有自己的民族主义，都会包含着若干非理性的因素。比如，总认为自己的民族是可爱的、伟大的、爱好和平的、乐善好施的，自己的民族充满了光明而美好的前景等等。这都无可厚非。

但是，美国的民族主义却是美国至上主义；却是美国的理想、价值观和现实都优于其他任何国家；只有自己的强大才是全人类之福，而别的某个或

---

① 李怀亮等主编：《文化巨无霸：当代美国文化产业研究》，广州：广东人民出版社2005年版，第7页。

第七章 美国政治现代化的悖论

某些民族如果强大起来便是全人类之灾。显然，即便站在超越民族主义的立场，这种思想观念也是狭隘的，毫无说服力的。

美国狭隘民族主义的根源，说到底还是美国的种族优越感。虽然美国是个移民国家，号称民族的大熔炉，但却存在着根深蒂固的"白人至上"的观念。这一观念虽不像希特勒的种族理论那样被公开宣扬，但却存在于美国主流社会的潜意识中，体现在美国社会生活的方方面面。

美国建国前夕，开国先贤富兰克林就讲过这样的话："世界上纯正白人的数量所占的比例是很小的。非洲人全都是黑色或黄褐色的；亚洲人主要是黄褐色的；美洲人（包括新来者）各种肤色都有；在欧洲，西班牙人、意大利人、法兰西人、俄罗斯人以及瑞典人总体来看属于那种我们称之为肤色黝黑的人；德意志人也是如此；只有撒克逊人是个例外，他们使用英语，构成了地球表面上白种人的主体。我期望他们的数量不断增加。……或许我对我的国家的人的肤色存有偏爱，因为这种偏爱对人类来说是自然天生的。"①

很显然，这种自然天生的对本种族的偏爱，在美国逐渐演化成了种族优越观念。在19世纪美国的学生课本中，就出现过一幅名为"人的种族"的人物画——白人的头像摆在中间，正脸全貌，是个仪表端庄、面容秀丽、神态安详的贵妇人形象；而周围的其他有色种族的人则被描绘得或侧脸半面，或胡须遮面，并且目光呆滞，面无表情。因为，在有种族偏见的白人看来，"白色象征善良、纯洁、美丽，而黑色却象征着罪恶、腐朽、丑陋"。一些扩张主义者还认为，以白人为主体的美利坚人是最优秀的民族，他们有征服劣等民族的天然权利和天定命运；并且，这种天然权利和天定命运"不被赋予除美国外的任何其他民族。"②

不过，美国狭隘的民族主义长期以来被披上了自由、民主、人权和市场经济的理性外衣，从而掩盖了它非理性的一面。所以，基辛格说："没有什么事情比帝国谋求自己的利益却相信自己在从事人道主义事业更危险的了。"③

1797年，首任总统华盛顿卸任时在他的著名的《告别演说》中，他曾提醒他的后来者在处理国际事务时要注意几项基本原则。这些原则包括：（1）力求

---

① 《美国研究》，2000年第2期，第97页。
② 《美国研究》，2000年第2期，第98页。
③ 《美国研究》，2003年第3期，第73页。

与一切国家和睦相处,小国或弱国对大国或强国的依赖注定使前者变成后者的附庸;(2)政治与贸易分离,对待外国应遵循的最高行动准则乃是在扩大美国的贸易关系时尽可能避免政治上的牵连;(3)永远不结盟,不与外界任何部分订立永久性联盟;(4)平等公正互惠,美国既不寻求也不允许有独有的优惠和偏爱。① 华盛顿的这些思想曾被公认为美国早期孤立主义政策的依据,对美国的外交政策和美国的发展产生过重大影响。

1905年,美国第26任总统西奥多·罗斯福也曾在他的就职演说中宣称:"对待其他的民族,无论大小,我们的态度都应当是诚恳而友好的。我们不仅仅通过语言,还要付诸行动。……在提醒别人走出误区时,我们首先得保证自己远离误区。我们渴望和平,但我们渴望的是正义的和平,正直的和平。"②

1932年,曾经连任四届美国总统的富兰克林·罗斯福在他的首任竞选演说中还谈到:"总统职位不仅仅是一个行政职位,这是最起码的职能;总统职位也不仅仅是一个管理职位,不管它是有效的还是无效的。总统职位最突出的是进行道德指导。"③

然而,华盛顿等开国先贤们的理想信念和美国历史上许多杰出政治家的治国理念,却没有被后来的继任者们所继承,有时候甚至被远远地抛在了脑后。

---

① 参见刘绪贻、李世洞主编:《美国研究词典》,北京:中国社会科学出版社2002年版,第335页。
② 〔美〕威廉·德格雷戈里奥:《美国总统全书》,周凯等译,北京:社会科学文献出版社2007年版,第407页。
③ 〔美〕威廉·德格雷戈里奥:《美国总统全书》,周凯等译,北京:社会科学文献出版社2007年版,第533页。

第八章
Chapter Eight

美国政治现代化的趋向

安于现状不是美国人的特点。在美国历史上,宁静期和蓬勃变化期交替出现。但这种宁静历来只是表象,而不是实质。一种力的躁动在表壳下翻腾着。现状充其量只是进一步大显身手之前的小憩——稍事停顿、充满电池以便接受新的挑战。而美国历史周期中的另一个阶段破土而出,只是个时间的问题。对于伟大民族和伟大人物来说,真正的满足不在于玩味过去的成就,而只能来自从事新的冒险。

——〔美〕理查德·尼克松①

---

① 〔美〕理查德·尼克松:《1999年:不战而胜》,王观声等译,北京:世界知识出版社1989年版,第317页。

第八章　美国政治现代化的趋向

2001年9月11日，当3架被劫持的飞机撞上世贸中心大楼和五角大楼时，美国人被惊得目瞪口呆，同60年前那个沉睡的星期天早上日本飞机突现于珍珠港上空时的感受一样毫无二致。

这天上午8时47分，一架被劫持的美国航空公司的喷气客机撞进了纽约世界贸易中心的双塔高楼之一。20分钟以后，第2架被劫持的喷气客机撞入了另一幢高楼。第3架被劫持的客机则穿进了华盛顿特区的五角大楼。两个小时后，世贸中心的双塔高楼轰然倒塌，所有还在建筑内的人，包括勇敢地冲进去帮助疏散人群的警察和消防员，都不幸遇难。一次被袭死亡3000多人，是外国敌对势力攻击美国本土造成的最高死亡人数。

当晚，神情肃穆的布什向全国发表讲话。尽管布什总统要求美国人保持冷静和态度坚决，称"美国是世界上自由和机会最明亮的灯塔"，"谁也不能扑灭它闪耀着的光芒"，① 但是，"9·11"事件还是改变了美国，改变了世界，也深刻地影响着美国的政治现代化。

一　影响美国政治现代化的国际政治因素
　　——全球化的始作俑者和应考者

进入新的世纪以来，世界政治的发展虽然继续受到传统因素的制约，但就其发展特征来看，又主要是随着全球化的发展趋势和"9·11"事件后的国际政治格局走向而表现出来的。世界政治的发展已经呈现出诸多新的特点。

---

① 〔美〕托马斯·帕特森：《美国政治文化》，顾肃、吕建高译，北京：东方出版社2007年版，第3页。

(一) 政治关联更趋紧密

"全球化的世界就像一艘小船……如果有人生病了,所有的人都会面临感染;如果有人愤怒了,其余的人很容易面临伤害。"①联合国前秘书长安南的这一名句,再恰当不过的说明了当今世界各国政治生活之间的紧密联系。

在全球化条件下,人们的政治活动和政治关系在空间和时间上得到了极大的扩展与延伸,民族和国家的界限不再是政治的围栏。在世界某个角落所作的政治决定和所发生的政治行为能够迅即传遍世界,并获得世界性的反应。同时,各个政治活动中心或政策制定中心可以通过迅捷的信息传播途径连接成复杂的互动网络,并进而促进政治活动或政治决策迅速向纵深发展。

在全球化条件下,尽管政府和国家仍然理所当然地是强有力的组织者和行动者;但是,它们现在必须和一大群其他的机构和组织共享全球政治竞技舞台。在国际政治生活中,国家受到无数跨越不同空间范围的政府间组织、国际机构和体制的挑战;同时,大量非国家主体或超国家实体都频繁地参与全球政治。地方政治、一国政治越来越与全球政治关系密切。

在全球化条件下,国际政治不仅被应用于包括安全和军事事务在内的传统的地缘政治,还被应用于许多经济、社会和生态问题中。环境污染、毒品、人权问题和恐怖活动是急剧增加的跨国政策问题关注的中心,而这类跨国政策的制定超越了领土管辖权和现存的全球政治同盟,并要求进行广泛的国际合作,以便有效地解决问题。

在人类的历史上,所有的民族和国家还从未像现在这样被紧紧地联系在一起和搅拌在一起,地区与地区、国家与国家之间的相互依赖也从来没有像现在这样强烈过。

(二) 政治目标更趋现实

当今世界,除领土、资源、军备和贫富不均等传统内容继续占据世界政

---

① 《美国研究》,2003年第3期,第127页。

第八章 美国政治现代化的趋向

治议题的主体地位以外,以往许多国家间事务和国际交往都越发紧密地同政治联系在了一起;政治也往往把这些方面作为更现实、更紧迫、更具体的选择。

在国际经贸领域,一方面存在着经贸胜过政治的现象,另一方面又存在着经贸政治化的倾向。

查韦斯领导的委内瑞拉一向是美国的宿敌,一心要挫败美国的锐气,但委、美两国经贸关系却打得火热。2007年,委、美双边贸易额再创新高,委内瑞拉对美国出口达到360亿美元,进口接近100亿美元。查韦斯虽然嘲笑"美国佬",但对美国汽车和服装却来者不拒,以帮助他建设"21世纪社会主义"。这是典型的经贸胜过政治的现象。

另一方面,含有政治因素的贸易纠纷又不断增多。仅美国推行贸易保护主义就在世界上制造了不少摩擦。

比如,中美经贸关系从来就是政治关系,在很多情况下,中国往往成为美国国内问题的替罪羊。美国频频攻击中国不遵守全球贸易规则,无端指责中国产品质量有问题,要求中国要为部分美贸易赤字负责、进一步提高人民币汇率等等。但是,美国卡托研究所国际贸易研究中心副主任格里斯沃尔德则认为,美中贸易关系紧张的责任在美国不在中国,是美国实行了贸易保护主义,扭曲了全球资本流动。他说:"在美国贸易政治中有一个很不幸的模式,那就是,总要寻找外国的替罪羔羊,特别是在对付国内经济问题时。20世纪80年代,美国出现严重的预算和贸易赤字问题并担忧美国失去国际竞争力,当时很多国会议员把怒火撒向日本。90年代初美国经济衰退,墨西哥成了打击目标。今天美国担心的国家是中国和印度。"①

在科学技术领域,政治化的倾向更是有增无减。

在人类登上月球40年之后,太空又变成了竞争的场所,成为在地球上竞争的延伸。2003年9月27日欧洲第一个月球探测器顺利升空。2005年9月19日美国宇航局正式宣布2018年前再次实现载人登月的计划,并建立永久性基地。俄罗斯、日本、中国纷纷推出了自己的计划并付诸实施。可以说,月球从来没有像今天这样亮过,也从来没有如此诱人。

---

① 《台港澳报刊参阅》,2005年第25期,第10页。

不过，探月热情的再次燃起，不是1967年阿波罗计划的简单重复，也不单纯是冷战时期的军备竞赛，而是既体现着巨大的科技进步，更成熟的太空战略，同时也是有着更严肃的政治考量，巨大的国家利益。

40年前，美国登上月球就是在苏联的强烈刺激下问世的。而对这一轮太空竞争，美国国会议员弗兰克·沃尔夫——这位来自弗吉尼亚州的共和党人现在担任众议院拨款小组委员会主席，该小组委员会监督美国的太空机构并督促布什总统以更快的速度、花更多的资金，开始美国的新月球计划，以保持美国的太空优势。沃尔夫在接受采访时说："如果中国人先于我们到达月球，我们的太空计划就失败了。"而一位物理学教授竟说："我不认为重返月球有任何特别的科学理由。如果我们希望早于中国人达到月球，那么这种开支没有任何科学理由。这是一项政治开支。"①

由此可见，在美国人眼里，太空之争从来就不止是一场科学技术的竞赛，而是一场谁胜谁负的政治决赛。

在环境和生态领域，由于关系到人们的生活质量和人类的生存发展，目前更是世界政治的主要议题。

世界各国、联合国近年来都围绕废气排放、全球变暖、水资源短缺、环境恶化等等一系列问题进行了斡旋和角力。所以一位美国学者说："国际政治不仅可以影响我们的经济状况，它还能决定我们呼吸的空气、饮水的质量和我们所居住星球上的许多其他方面。"

美国政府虽然拒绝在《京都议定书》上签字，但环境与生态保护却是首先在美国被提出来的。

1962年，美国生物学家卡尔逊出版《寂静的春天》一书，报告杀虫剂对生态系统和人类健康的危害，呼吁人类要保护环境。这本书被公认为吹响了"世界上环境保护的第一声号角"。

1970年4月22日，美国2000多万人参加保护环境的示威游行，高喊"全世界拯救地球"的口号，把环境保护运动推向了一个高潮。为此，联合国把每年的4月22日确定为"地球日"。两年后，联合国召开第一次世界人类环境会议，发表《人类环境宣言》，宣告保护人类环境的7项原则和26项共同信念，

---

① 李宣良文章：《从地球竞逐到月球》，载《环球》，2006年第10期，第22—23页。

第八章 美国政治现代化的趋向

宣布"保护和改善人类环境已经成为人类一个紧迫的目标"。

美国 1991 年把环境问题纳入国家安全战略,1993 年在国防部设立了环境安全办公室,从 1995 年起每年向总统和国会提交关于环境安全的年度报告。美国还在国务院、中央情报局、能源部等部门设有专门的环境安全机构,把维护环境安全列为国家职能范围,并把它纳入贸易、外交和军事政策中。

从以上这些似也可以看到,环境、生态与政治的紧密联系。

在国际体育方面,政治化的倾向也越来越严重。

从中国人两次奥运梦的畅想中即可以清楚地看到这样一点。

1993 年,争取在北京举办 2000 年夏季奥运会是中国政府的一个重要目标,中国政府为得到举办权投入了巨大的资金和精力。中国社会公众要求举办奥运会的呼声也很高,台湾和香港都来助威。但美国国会、欧洲议会和国际人权组织却强烈地反对在北京举办。尽管国际奥林匹克委员会的投票是秘密进行的,但各国的态度很明显是以政治划分的。在第 1 轮投票中,北京赢得了非洲国家的广泛支持;所得票数居首位,悉尼次之。在随后几轮的投票中,当伊斯坦布尔被排除之后,绝大多数儒教和伊斯兰教国家将其选票投给了北京;而在柏林和曼彻斯特两个城市退出之后,这两个城市原先得到的绝大部分选票则转投给了悉尼,从而使悉尼在第 4 轮获胜。整个国际社会都知道,问题出在以美国为首的西方国家的政治偏见。国人的第一次奥运梦就这样破灭了。对此,新加坡前总理李光耀直言不讳地说:"美国和英国成功地降低了中国的威望。……它们反对中国的表面原因是人权,真正的原因却是政治,为的是显示西方的政治影响。"①

时隔 8 年之后,中国终于赢得了 2008 年奥运会的主办权。但是,从赢得主办之日起,因为政治原因的噪音就不绝于耳。

2008 年 2 月,尽管美、英两国的奥委会官员都认为并呼吁不应把奥运会当做政治论坛,但在一些西方国家仍借北京奥运会向中国施压。继一些诺贝尔奖得主和政治人物的联名信后,美国 120 名国会议员 2 月 12 日联合发表致中国领导人的公开信,指责中国在苏丹达尔富尔问题上没有尽到责任,要求中国利用"重大的影响力"来结束达尔富尔地区的暴力冲突。美国一名众议

---

① 〔美〕塞缪尔·亨廷顿:《文明的冲突与世界秩序的重建》,周琪等译,北京:新华出版社 2002 年版,第 216 页。

员甚至称,将呼吁美国人不看北京奥运会开幕式的现场直播。他说:"我不会要求运动员不参加奥运会,我也不会要求人们不看他们喜欢的奥运会竞赛项目的电视转播。但在必要的情况下,我们可能呼吁美国人在北京奥运会的开幕式期间不要打开电视机。"①

美国好莱坞电影制片人斯皮尔伯格也许是受到了西方舆论的长期压力,也于2月12日以达尔富尔问题为由宣布辞去北京奥运会开幕式和闭幕式的艺术顾问,引起世界广泛关注。美联社、路透社、法新社、《纽约时报》等世界各大媒体都刊登了这一新闻。在一份公开声明中,斯皮尔伯格称:"苏丹政府对于达尔富尔地区正在发生的罪行应承担大部分责任,但国际社会尤其是中国政府应该采取更多行动以结束那里持续发生的人类苦难。中国与苏丹政府的经济、军事和外交关系,使中国既有机会也有义务对其施加压力,促使那里发生变化。我决定正式辞去北京奥运会开幕式和闭幕式的海外艺术顾问一职。"②

就在这一敏感时间段,还有一位西方大国的外交部长称:"类似中国这样的极权主义国家的崛起……正威胁到世界民主的持续传播。"③

此后,西方一些城市还以种种既不合乎事实又与体育毫无牵连的政治理由刁难和阻止奥运圣火传递。

可见,当今世界上的问题已经越来越政治化。这一趋势也预示着,国际政治的范围和领域正在进一步拓展和延伸。

(三)政治形态更趋多样

20世纪末以来,一方面大量国际组织继续存在,有的影响力越来越大;另一方面,一些新的跨国政治方式或现象又不断出现。

跨国企业更强有力地挑战传统民族国家。有关统计表明,至20世纪末,全球63000多家大的跨国公司即控制了世界生产的40%,国际贸易的60%,国际直接投资的90%以上。它们在世界各地组织生产和流通活动,成为经济

---

① 《环球时报》,2008年2月14日,第16版。
② 《环球时报》,2008年2月14日,第16版。
③ 《环球时报》,2008年2月14日,第16版。

第八章 美国政治现代化的趋向

全球化的动力和主体力量。而近年来，这些跨国公司又在过去的基础上有了突破性发展——以供应商网络、生产者网络、顾客网络、标准结盟网络、技术合作网络为主要内容的跨国企业网络覆盖全球，成为新的全球经济组织形式。虽然这个网络的形成并不意味着民族国家企业的消亡，但是，跨国企业形成的全球经济网络的确远远超越了民族国家的疆界、认同与利益，远非以往跨国公司的概念。特别是，随着经济全球化的提速，这种经济组织形式会很自然地嵌入民族国家的文化和制度环境中，它们的存在不仅仅是一个单纯的经济存在，同时也是一种政治存在。任何一个国家如果不和跨国企业组织结合起来，就不可能在世界上谋取更大的国际利益。

网络政治、虚拟社会的出现。近年来，互联网发展迅速，已经渗入政治和社会生活的方方面面。在1993年时，世界上还只有50个网站。而到了21世纪初，世界上的网站数量即超过7500万个，互联网上的国际流量年增长率达到67%。与此同时，由于通讯带宽扩展迅速，通讯费用一路下降，又为人们的广泛应用创造了条件。20世纪80年代末的时候，人们用铜制导线传送电话信号，每秒钟可以传输1页纸的信息；今天，一根细细的光导纤维每秒钟就可以传输9万册书籍的信息。按2008年7月的美元币值来计算，每3分钟跨越大西洋的电话费用，已经从1930年的250美元，下降到21世纪初的不足1美元。在1980年的时候，1千兆字节的存储器要占据一个房间的空间，而到了21世纪初，一台可以装进衣服口袋中的"苹果"袖珍电脑，其存储量就达到40千兆。现在，人们每年通过计算机发送大约4万亿封邮件，而且全球互联网上的信息量达到170万亿字节。这种高度发达的信息资讯网络，便迅即成为人们参与社会公共事务的一种新方式和新途径。曾任美国国防部长助理和哈佛大学肯尼迪政府学院院长的约瑟夫·奈评价说，"虚拟共同体在互联网上产生，它们跨越了领土管辖界线，并且形成了自己的管理模式"，"正在改变着政府和主权的性质，以及导致了权力的分散"。①

丛林政治的出现。新加坡前总理李光耀在与尼克松的一次会见中曾经谈到：世界就像一片森林，森林中有大树、小树和攀缘植物。大树是美国、苏联、中国、西欧和日本，其余都是小树和攀缘植物。有些小树会长成大树，

---

① 〔美〕约瑟夫·奈：《理解国际冲突：理论与历史》，张小明译，上海：上海人民出版社2005年版，第260页。

攀缘植物则由于缺乏人力或资源没有希望长成大树。但是，大树、小树和攀缘植物，各自都有各自存在的理由和作用。① 李光耀的看法向来是睿智、富于哲理和远见的。进入新世纪以来，世界进入了一个旧的权力地位和思维方式被震撼的时期。建立在上个世纪先是一个、后来是两个、最后是许多个占支配地位的国家基础之上的国际体系更加动荡不安，二战以来以联合国为主体的国际多边秩序也不复存在。传统的以民族国家为单元的国家体系遭到致命冲击。任何大国也难以单独负起再造国际秩序的责任。无论大国小国也不能够再高枕无忧，栖身世外桃源。所以，《纽约时报》发表文章认为，全球合作比以往任何时候都重要，美国已经步入"与敌人对话的时代"。这篇发表在2007年12月16日《纽约时报》上的文章指出："最近的一系列事件显示，布什7年来不与敌人对话的政策已经结束。即使明年不举行换届选举，美国仍在布什的领导下，它也将进入一个新的对话时代。"这篇文章还开列了一长串需要美国主动与之对话的国家和政治组织的名单——朝鲜、伊朗、叙利亚、古巴、利比亚、委内瑞拉和哈马斯、真主党。②

反恐政治的出现。恐怖主义作为一种次国家团体所预谋的、具有政治动机的、针对非战斗人员的暴力行为，本身所具有的政治性自不待言，因为世界上没有任何正义事业，能够成为残害无辜生命的理由。不过，在这里所说的"反恐政治"主要是指反恐怖主义也政治化，即：借反对恐怖主义之名，行或反共或称霸或渔利或消除异己之实。进入21世纪以来，西方利用反恐扩大化的趋势，把自己的政治制度、价值观念乃至文化推向全球，牟取经济、政治、军事、文化霸权，并按照自己的战略需要构建国际政治经济新秩序。在这种反恐模式中，往往是西方主要大国处于全球反恐的中心地位，发挥着主导作用，而其他国家则处于参与的地位，许多参与国完全是按照主导国的意图办事，对其结果全无预料。

---

① [美]理查德·尼克松：《1999年：不战而胜》，王观声等译，北京：世界知识出版社1989年版，第11页。
② 《参考消息》，2007年12月22日，第3版。

(四)政治传播更趋实时

这主要是由信息技术革命带来的。

信息技术革命对人类发展的影响是巨大而深远的,它正在改变人们的生产方式、交往方式、思维方式和生活方式。由于政治运作过程包含着信息的传输和处理,就必然会受到信息技术发展带来的深刻影响。

由于现代信息技术的发展,世界政治的"时间差"已经被改变。重大政治行动以实况直播的方式进行着,一个国家或地区发生的事件,迅即就可传遍全世界,并且不断产生连锁反应和放大效应。人们在自己家的客厅里,就可以通过电视了解到地球上遥远地方的民众生活和政治实务。在阿富汗发生激战的时候,布什和拉登都在看CNN和阿拉伯半岛电视台的节目,并且同时获得相关信息。在伊拉克战争中,电视记者与军队同行。这种信息的高速实时传输,已使世界越来越具有同步性。任何组织、政治实体和国家,对信息都不可能封闭或独享。

由于现代信息技术的发展,社会政治生活方式已经被改变。信息不再集中在领导者管理者手里,而是社会成员可普遍获知。人们的政治活动和社会交往越来越借助于各种信息系统,而人们的各种信息也越来越多地被记录、储存在各种信息系统之中,即使个人的隐私也不例外。社会政治生活变得越来越公开和透明,也变得越来越敏感。

由于现代信息技术的发展,人们还可以更及时地参与政治。借助互联网,获取外部的信息很容易,发布和传播自己的信息同样也很容易。人们可以与政治领导人、远在千万里之外的他人甚至是从未谋面的陌生人自由地交流信息和讨论问题。2008年美国总统大选时,选民即普遍地通过各种信息传播途径,及时地表达自己的选举意向,或向候选人提问,或向候选人捐款等。

总起来看,当今世界,由于全球化不仅仅是一个经济的变迁过程,同时也是一个政治和文化的变迁过程,正在极大地改变社会治理的主体、结构、方式、过程和意义,对传统民族国家、国家主权、政府体制和政治过程提出了严重的挑战,深刻地影响着人类的政治生活和政治发展,使世界上的所有国家都在经历着一场大的抉择和考验。美国既是全球化的始作俑者，同样也是全球化的应考者。

二 影响美国政治现代化的国内政治因素——国家战略与国际秩序重构的双重挑战

影响美国政治现代化的国内政治因素，除了前面已经论及的美国政治制度和政治生活中存在的种种需要解决的问题以外，最主要的还是美国国家的发展战略。任何一国的政治现代化必须服务于国家的发展及其发展战略。美国也概莫能外。

美国对国家发展的谋划向来是长远的、战略性的，也是高度政治性的。自上个世纪90年代初期苏联解体以来，美国政界、战略界就对新世纪的世界格局、美国的地位、美国的目标和美国面临的挑战等进行了持续不断地分析、研究和预测，构成了他们对人类21世纪的政治思维。

（一）美国国家战略判断

关于世界格局，美国决策机构和智囊人物认为，在可预见的21世纪中期，在军事上，美国仍然是唯一的超级大国，军事力量将遥遥领先；在经济上，美国仍是世界上最强大的经济体，中国有可能成为新的与美日欧并列的经济中心，但尚需时日；在政治上，美国仍将发挥领导作用，但会受到一定的限制；在文化方面，美国的价值观会得到认同，在世界上的影响力会越来越大。

基辛格认为："21世纪的国际体系……将至少包括六个主要的强大力量——美国、欧洲、中国、日本、俄国，也许还有印度。"①

塞缪尔·亨廷顿预言，未来世界上的领导国家或是核心国家是"美国、欧

---

① 〔美〕塞缪尔·亨廷顿：《文明的冲突与世界秩序的重建》，周琪等译，北京：新华出版社2002年版，第6页。

第八章 美国政治现代化的趋向

洲联盟、中国、俄罗斯、日本和印度,将来可能还有巴西和南非……在人类历史上,全球政治首次成了多极的和多文化的。"①

关于 21 世纪美国的世界地位和领导作用,美国决策机构和智囊人物判断,虽然在相当长的一段时间内,美国仍将是世界政治中最重要的因素,仍将在世界舞台上发挥领导作用,但是,美国遇到了一个多世纪以来未有的重大挑战。认为,世界再也不能像老殖民主义者那样用炮舰去开拓新市场了,再也不能像冷战时期那样凭着意识形态去构筑壁垒分明的东西方世界了,更不能从白宫下一道命令便叫世界服服帖帖了。

美国哈佛大学肯尼迪政府学院院长、美国国防部前部长助理约瑟夫·奈说:"在政治—军事问题这个最高层面的棋局中,军事实力的分布呈现为单极,美国是唯一的超级大国。……然而,军事上的强大并不能决定当今世界政治中经济和跨国关系层面棋局的结果。美国与其他任何一个国家相比,都处于一个比较有利的地位,因为它拥有较多方面的权力资源,但从'帝国'这个词的传统含义上说,当今的世界秩序并不是美利坚帝国的时代。世界上唯一的超级大国并不能为所欲为。全球化所带来的国际议程上的问题,并不是一个实力最强大的国家所能独自解决得了的。"②

美国学者唐纳德·怀特研究认为:"美国的世界角色不再像初始时那样心想事成,而是面对着重重危机。世界角色不再主要靠贸易和文化交流来实施,更不能主要依赖武力。"③

2007 年 6 月 15 日,美国公共广播公司播出了与前国务卿基辛格和两位前国家安全顾问布热津斯基、斯考克罗夫特一起谈话的节目。这三位重量级人物向公众发出了令人印象深刻的评论谈话。当主持人问"我们是否正处在即将被重新界定的一个特殊时刻"、"我们是否正在创造一种新的世界秩序"时,基辛格回答,"此时此刻,国际体系正处于我们几百年来未曾见过的一个变化时期";布热津斯基回答,"正在世界范围发生的政治觉醒对美国来说是一项重

---

① 〔美〕塞缪尔·亨廷顿:《文明的冲突与世界秩序的重建》,周琪等译,北京:新华出版社 2002 年版,第 2 页。
② 〔美〕约瑟夫·奈:《理解国际冲突:理论与历史》,张小明译,上海:上海人民出版社 2005 年版,第 306—307 页。
③ 〔美〕唐纳德·怀特:《美国的兴盛与衰落》,徐朝友等译,南京:江苏人民出版社 2002 年版,第 439 页。

大挑战,因为它意味着世界比以前要骚动不安得多";斯考克罗夫特回答,"当今世界已截然不同,有各种新的力量在产生作用……我们要比大概是从罗马帝国以来的任何帝国都更加强大,但我们无法动用如此强大的力量做人们过去经常做的事情"。①

2007年12月,共和党2008年总统候选人麦凯恩在美国《外交》双月刊上发表文章说:"作为一个大国并不意味着可以在我们想要的任何时候,做我们想做的任何事情,我们也不能假定我们拥有成功所需的一切智慧、知识和资源。"②

看来,美国真正感受到了对世界事务的力不从心。

(二)美国国家战略目标

1997年1月20日,美国总统克林顿虽然只是发表他的第2任就职演说,但他却洋洋洒洒地谈到了美国的3个世纪,包括21世纪美国的发展方向。他说:"现在我们要第三次面对一个新的世纪以及又一次选择的机会。我们选择把国家从东海岸扩展到西海岸而开始了19世纪;我们选择利用工业革命,使之适合于我们关于自由企业、资源保护和人类尊严的价值观而开始了20世纪。正是这些选择使一切变得不同。在21世纪的黎明,一个自由的民族必须选择塑造信息时代和地球村的动力,来释放我们所有人民的永无止境的潜力,并且建设一个更加完美的联邦。"③

进入新世纪以后,尽管发生了"9·11"这样的悲剧性事件,伊拉克战争也陷入泥潭,但是美国仍然认为,美国获得了建立单极霸权的最佳时机,"美国在世界各地都有利益、责任和义务",世界的和平、自由与繁荣离不开"美国在政治、外交和经济上的领导地位"。

在这样的战略思维下,围绕追求和发挥世界领导地位,美国在2001年底发布的《四年防务评估报告》中,开列了被称之为"永久性的"国家利益和目

---

① 《参考消息》,2007年12月20日,第9版。
② 《参考消息》,2007年12月20日,第9版。
③ 〔美〕威廉·德格雷戈里奥:《美国总统全书》,周凯等译,北京:社会科学文献出版社2007年版,第778页。

第八章 美国政治现代化的趋向

标：(1)确保美国的安全和行动自由，"包括确保美国的主权、领土完整和自由，确保美国公民在国内外的安全，保护对美国至关重要的基础设施"；(2)履行国际义务，"包括保护盟国和友邦的安全与福祉，阻止敌对势力控制关键区域，维护西半球的和平与稳定"；(3)促进经济繁荣，"包括维持全球经济的生命力和生产力，保护国际海域、空域、空间和通信线路的安全，确保获得重要市场和战略资源"。①

2002年9月20日，美国发布的《美国国家安全战略报告》又重申："我们在通向进步道路上的目标是明确的：政治和经济自由，与其他国家间的和平关系以及对人类尊严的尊重。"②

美国的这份安全战略报告还宣布："为实现这些目标，美国将：

——支持对人类尊严的追求；

——加强联盟以击败全球恐怖主义，并防止针对我们和盟友的攻击；

——与其他国家共同努力，化解地区冲突；

——阻止我们的敌人利用大规模毁伤性武器威胁我们、我们的盟国和友邦；

——以自由市场和自由贸易，开创全球经济增长的新时代；

——通过开放社会和建立民主体制扩大发展范围；

——制定与世界其他力量中心合作的行动计划；

——改革美国国家安全体制，迎接21世纪的挑战和机遇。"③

根据这个总的国家目标，美国还提出了自己的全球政治目标、全球经济目标和全球军事目标。

关于全球政治目标，美国在2002年9月20日发布的《美国国家安全战略报告》中直言不讳地称："美国必须保卫自由和正义，因为这些原则对所有的人来说都是千真万确的。没有哪个国家可以独占这些追求，但也没有哪个国家可以免除对这些目标的追求。在所有的社会中，父母都希望自己的孩子能

---

① 黄柏富主编：《"9·11"事件后美国国家安全战略文件选编》，北京：军事谊文出版社2002年版，第14—15页。

② 黄柏富主编：《"9·11"事件后美国国家安全战略文件选编》，北京：军事谊文出版社2002年版，第638页。

③ 黄柏富主编：《"9·11"事件后美国国家安全战略文件选编》，北京：军事谊文出版社2002年版，第638—639页。

接受教育并远离贫困和暴力。地球上所有的人都不想受压迫和奴役,也不愿在半夜听到秘密警察的敲门声。美国必须坚决维护人类尊严不可妥协的要求:法治;对国家绝对权力的限制;言论自由;信仰自由;公平司法;尊重妇女;宗教和种族宽容;以及尊重私人财产。"①

关于全球经济目标,美国一贯依赖其他国家获得原材料、制成品和资本来满足自己的生产和消费需求,在此前提下,制定了三项目标:(1)保持促进国内繁荣的贸易制度的稳定和开放;(2)保证对美国经济力量至关重要的能源和其他资源的供应;(3)防止富国与穷国之间不断扩大的差距破坏世界经济的稳定。②

关于全球军事目标,美国是针对来自四个方面的安全威胁提出来的。

美国认为,美国21世纪安全面临的威胁主要来自这样四个方面:一是非正规威胁,即非国家或国家组织在对抗更为强大的国家机器时采用的非常规手段,包括恐怖主义、叛乱、内战等等;二是灾难性威胁,即恐怖分子或所谓"流氓国家"秘密购买、拥有或使用大规模杀伤性武器或企图获得效果类似于大规模杀伤性武器的手段;三是传统性威胁,即合法拥有先进军事手段和强大军事力量的国家在长期军事竞争或冲突中给美国造成的挑战;四是破坏性威胁,即发展、拥有和使用尖端技术的竞争者在某些领域可能赶超美国。

基于这样一些威胁,美国制定了四项防务政策目标:(1)遵守承诺和义务,成为一个可靠的安全伙伴,让盟国和友邦放心;(2)采取威慑需要使用的多种手段和方式,慑止针对美国利益的威胁和恫吓;(3)通过自己的战略和行动,将威胁导向特定方向,以及增加未来潜在对手进行军事规划的复杂程度,阻止未来的军事竞赛;(4)如果威慑失效,坚决打败任何敌手。

(三) 美国国家战略手段

决定美国国家发展向来有三个恒定的因素,一是价值观,二是实力,三

---

① 黄柏富主编:《"9·11"事件后美国国家安全战略文件选编》,北京:军事谊文出版社2002年版,第639页。
② 〔美〕托马斯·帕特森:《美国政治文化》,顾肃、吕建高译,北京:东方出版社2007年版,第616页。

第八章 美国政治现代化的趋向

是战略手段。

阿富汗、伊拉克战争以来,尤其是伊拉克久战未果、对美国的民主输出也未能奏效后,美国损失的不仅是国家的物质力量,还有国家的形象和政治、道德方面的影响力。所以,在美国国内又引发了一场关于美国国家战略手段的争论。

前总统克林顿批评说:"我们今天之所以在世界大部分地区陷入困境,当然是因为伊拉克问题,但它并不是唯一的原因。根本原因是美国的单边主义,在气候变暖、武器扩散、停止核试验问题上的单边主义……布什政府认为,它可以为所欲为,只有必要时才进行合作。而我的看法则相反:要尽量进行合作,只有必要时才单独行动。"①

美国霍普金斯大学国际关系研究院院长、《美国利益》杂志社主席弗朗西斯·福山认为,2001年9月11日恐怖袭击以来美国政府犯了以下四大错误:

"首先,为回应2001年袭击制定的'先发制人'的总体策略,被不恰当地扩大到涵盖伊拉克和其他威胁要发展大规模杀伤性武器的所谓'流氓'国家。可以肯定的是,用先发制人的策略对付挥舞大规模杀伤性武器的无国籍恐怖分子是合理的。但这样的策略却不能成为一个总体不扩散政策的核心,让美国四处进行军事干预,防止核武器的发展。执行上述政策的代价太过昂贵。"

"重要失误之二,是错误判断了世界各国对美国行使霸权可能做出的反应。布什政府中很多人认为,即使没有得到联合国安理会或北约的批准,出兵成功也会让美国使用军事力量变得合法化。这在冷战期间和20世纪90年代的巴尔干是美国许多行动的'惯用模式',那时,人们把这称之为'领导'而不是'单边主义'。但是,伊拉克战争爆发时,情况发生了变化:美国相对于世界其他国家力量变得强大,缺乏协商,即便对美国盟友来说也成了愤怒的源泉。全球权力分配所引发的结构性反美运动,在伊战爆发前就非常明显,这与克林顿在任时由美国领导的全球化形成了鲜明的对照。布什政府上任后,当面对很多国际机构不理不睬,使反美情绪恶化。"

"美国的第三个错误是,过高估计了传统军事力量在对待国际政治中的弱国和跨国组织网络中所起的作用,至少在大中东地区如此。值得思考的是,

---

① 《参考消息》,2007年12月20日,第9版。

为什么一个军事力量超过历史上任何国家,并且军事开销相当于所有国家总和的大国,在长达三年的占领后仍不能在一个2400万人口的小国实现和平。"

"最后,布什政府对势力的运用不仅缺乏有力的策略或规范,也简直是能力不足。……执行方面的无能也带来了战略性的恶果。"①

鉴于以上情况,美国许多智囊人物提出了一些战略解困的办法。颇具代表性的,是主张实行选择性干预战略。美国国际关系学家罗伯特·阿特认为,"选择性干预战略"是美国现在最好的大战略选择。

阿特分析指出,目前美国战略界经常讨论且有可能实施的大战略模式一般指霸权战略、全球集体安全战略、地区集体安全战略、合作安全战略、遏制战略、孤立主义战略、离岸平衡战略以及选择性干预战略这八种,其目的、实施条件和带来的结果都是大不一样的。霸权战略的目标是统治世界;全球集体安全战略的目标是维持世界各地的和平;地区集体安全战略的目标是维持某些地区的和平;合作安全战略的目标是通过限制各国的进攻性军事实力而减少战争爆发的频率;遏制战略的目标是对一个特定的国家形成包围;孤立主义战略的目标是从多数战争中摆脱出来,并使美国的行动不受约束;离岸平衡战略的目标是确保行动不受约束并打败任何崛起中的大国;选择性干预战略的目标是有选择地履行一些关键性任务。在当今世界,霸权战略为美国的实力所不能及;全球集体安全战略是一种乌托邦;合作安全明显是大国的私有领地,小国无法问津;地区性集体安全战略需要一系列条件,也许只适用于欧洲,甚至在欧洲也未必能够实施;只有遏制战略有望获得成功,但必须在地区层次而不是在全球层次上实施。而选择性干预战略设定了一系列在当前时期最有效地服务于美国利益的基本目标,可将美国的政治军事资源集中投入到那些对美国具有最重要影响的地区,能够综合其他各种战略的优点。至于孤立主义战略、离岸平衡战略,阿特认为,虽然从短期看成本较低、风险较小,但从中长期来看,它们会对美国的利益带来更大的风险,特别会使美国在控制核生化武器扩散,防御大规模恐怖攻击,维持欧亚大陆的大国和平与稳定,保护美国的经济利益,促进美国民主和人道主义价值观,以及应付未来的不确定性等方面付出更大的成本。因此,阿特主张,应该实行"选

---

① 《台港澳报刊参阅》,2007年第47期,第17—18页。

第八章 美国政治现代化的趋向

择性干预战略"这种目前最好的大战略模式。①

美国外交学会会长理查德·哈斯也谈到,世界在21世纪更加动荡不安,未来将无法预知哪些国家是必然的对手,哪些是必然的盟友,传统的"长期联盟"有可能被"根据意愿选择的联盟"所取代,昔日的对手也可能会变成有限的伙伴,因此,各国只能在某些领域展开"选择性合作"。②

进入21世纪以后,美国虽然没有给自己的战略手段冠名,但已作了重要调整,主要是:在指导思想上,确认了美国面临的头号威胁是"激进主义与技术的结合",要集中力量消除恐怖分子和"无赖国家"的威胁;在力量准备上,更加重视军力,通过谋求绝对的军事优势,追求美国的绝对安全;在国际合作方面,力图将中国、俄罗斯、印度"整合"到传统西方体系中,以减少美国对传统盟友的倚重,同时还在这些大国之间形成相互制衡的关系,使这些大国更加无法对美国的霸权地位提出挑战;以"自愿者联盟"或"临时联盟"或"议题联盟"的方式,代替过去那种固定的军事联盟;在需要单独行事的情况下,不放弃单边主义,果断地采取行动。

以上这些美国国家的发展目标和政策措施,虽然有的只是美国的一厢情愿,但对美国政治现代化的影响却是必然的。

三 美国政治现代化的趋向——现代化进程中的理性之光

2005年4月,曾任美国《纽约时报》专栏作家的托马斯·弗里德曼曾出版了一部畅销全美的书——《世界是平的》。他在这本书中写道:"除了某些地缘政治的冲突外,世界将变得越来越平坦,黎明将和黄昏衔接。在这样一个平坦的世界里,政府和政治家的工作将比以往更加重要。其职责是迎接全球化并通过一系列的政策建立一个更公正、更富同情心、更平等的社会。我们既

---

① 参见郭树勇文章:《美国大战略的理论图景与历史逻辑》,载《美国研究》,2005年第1期。
② 《参考消息》,2008年1月7日,第3版。

不是要强化原有的福利国家,也不是要废弃它,仅由市场来决定我们需要重塑它,进而赋予每个美国人前景、教育、技能和安全网,这些都是他们在平坦的世界里和其他人竞争所需要的。这就是富有同情心的平坦主义的含义,它应该围绕以下五个方面构建:领导、肌肉的构建、好脂肪——缓冲机制、社会行动主义和抚养。"①

托马斯·弗里德曼的这些观点,在一定程度上预示了美国政治现代化的趋向。

(一) 更加注重政治目的的人性

塞缪尔·亨廷顿曾经评价,美国建国之初的政治是颇有人性的。开国元勋们不谈什么人性的完美和改造,也不谈恢弘的先验理想,只是想顺应人性,对已有的社会秩序略加改造,使人有可能更加向善和体面些。政治和社会的改革方案是点滴渐进的,依靠的是人人心中存在的改善自己处境的愿望,用人性自利这个杠杆,来改变社会和推动社会前进。政府政策没有大的反复,政府内部也无争权夺利的恶斗,领袖们可以满意地领导建立新秩序,然后不太浪漫的个个平静地在自家床上寿终正寝。②

塞缪尔·亨廷顿之所以得出这一评价,与美国开国者们的建国思想不无关系。汉密尔顿在联邦新宪法等待批准期间曾发表文章指出:"国家权力的运作越是同政府的日常行动混合在一起,公民在日常政治生活的普通事件中就越是习惯于这种权力的运作。从视觉和情感上他们越是熟悉这种权力,这种权力就会进一步深入那些扣人心弦和引发人的情感的事务中,赢得社会的尊重和依恋的可能性也就会更大。在很大程度上,人是一种顺从习惯的动物。凡是难以打动人类感情的事物,对人类思想的影响一般就很小。一直距离人民很远,人民难以看到的政府,很难期待它会引起人民感情的兴趣。由此得出的结论就是,联邦的权力和公民对它的感情,会由于联邦权力延伸到那些

---

① [美]托马斯·弗里德曼:《世界是平的》,何帆等译,长沙:湖南科学技术出版社 2006 年版,第 291—292 页。
② [美]塞缪尔·亨廷顿:《变化社会中的政治秩序》,王冠华等译,北京:生活·读书·新知三联书店 1989 年版,第 6 页。

第八章 美国政治现代化的趋向

所谓的内心所关注的事务而加强,不会减弱,并且,随着对联邦政府的熟悉和理解的增多,借助于武力的场合也就会减少。权力的运行越是顺从人类情感自然流动的渠道和趋势,需要借助暴力和危险的强制措施的情况就会越少。"①

20世纪90年代上半期,鉴于美国模式的光彩有所褪色,欧洲一些国家的社会发展也放缓,当时克林顿领导的美国民主党政府、布莱尔领导的英国工党政府以及施罗德领导的德国社会党政府,开始对欧美发展模式进行反思,并共同提出了被称为"第三条道路"的新的社会发展纲领。这一发展纲领誓言,要使无情的资本主义展现出"人性的面孔"——在追求经济增长和商业利润的同时,更加重视社会的平等与公平。后来,尽管随着克林顿任期的结束以及英德两国社会遇到诸多困难,"第三条道路"无疾而终,但是,他们提出的要使无情的资本主义展现出"人性的面孔"的口号还是唤醒了人们,告诫治国者和政治家们:即便是比较成功的发展模式和取得了比较大的社会成就,也必须求新求变求本,着眼于发展的目的、政府的目的——即人的需要。

进入新世纪以来,美国在这方面主要采取了如下做法:

一是坚持公共利益优先。国家过去的主要取向是保护公民的权利与自由,现在更多的则是考虑社会的整体效益,如何提供更有效的公共产品,提供更可靠的社会福利保障等。

尽管美国人比世界上大部分国家的民众在经济上要富裕得多,但是美国政府仍然还是把帮助个人满足人的基本需要,包括食物、衣物和住所等方面的努力放在主要地位。现在,超过4000万的美国人每月从社会保险项目中领取收益,包括社会保障、医疗保险、失业保险和退休金。仅社会保障和医疗保险这两项每年即花去联邦政府超过7500亿美元的开支。很多学者和评论家认为,"在美国历史上,社会保障制度是最成功的联邦政府国内项目"。

二是注重促进人的心理和谐。包括:不断扩大政府事务向社会的开放程度,最大限度地让公众知政、议政、参政,了解政治过程;推进新公共管理模式,建立新公共关系,尽可能地使各阶层、各群体的人处于相对满意的程度;扩大公民公共决策的直接参与权,比如某些意义重大的法律或决议通过

---

① [美]亚历山大·汉密尔顿等:《联邦党人文集》,张晓庆译,北京:九州出版社2007年版,第345页。

公民投票的方式公决批准；对立法机关通过的法律或决议通过公民投票的方式复议表决等。在从体制上确保公民的政治权利得到保障的情况下，更深入地推进公民权利向经济和社会文化诸领域扩展。

2002年9月，美国总统布什强调："美国政府的所有部门将共同面对挑战。我们能够养成有效磋商、平和争论、冷静分析和共同行动的习惯。从长远看，这些做法将使我们共同坚持的原则继续处于至高无上的地位，并使进步的道路保持畅通。"①

三是进一步促进社会平等。美国认为，公平和正义直接关系到社会成员内心的平衡，关系到社会和市场环境的优劣，也关系到社会的安全运行。为此，美国强调把政治方面的政治权利平等、规则平等和在法律面前人人平等，经济方面的就业机会平等、竞争机会平等、利用社会资源的权利平等、收入分配平等，社会方面的教育、医疗、救济、养老等机会的平等，道德方面的人格平等、人的生存权平等、人的发展权平等，统一起来加以重视，促进平等在政治以及社会生活的各个方面都得到体现和落实。

为了体现对监狱获释人员平等权利的尊重和落实，美国还从2007年开始进入国会立法，启动帮助刑满释放人员回归社会的计划。据《今日美国报》报道："现在全国的检察官、律师和法官基本持这样一种观点，罪犯必须付出代价，但并不意味着他们就要永远被看作二等公民。"如果一个人刑满释放之后没有房子，没有工作，什么都没有的话，他很可能又要去犯罪。美国不能人为地制造一个"下等公民阶层"，这并不符合国家的长远利益。所以应该给刑满释放者第二次机会，让他们"去做正确的事"。②

四是重视保障弱势群体的利益。比较成功的是，通过不断调整、放宽贫困线的划分标准，使3600多万人、770万个家庭能够得到社会救济和补助，共享美国社会的繁荣与进步。

2005年，美国政府公布了新的划分贫困线的标准，即：单身年收入低于9570美元；两口之家低于12830美元；三口之家低于16090美元；四口之家低于19350美元；五口之家低于22610美元，即为贫困家庭。

---

① 黄柏富主编：《"9·11"事件后美国国家安全战略文件选编》，北京：军事谊文出版社2002年版，第676页。
② 《参考消息》，2007年7月25日，第6版。

第八章 美国政治现代化的趋向

出台这一标准划分后,据美国传统基金会的报告说,美国贫困家庭中,有46%的家庭一般有3间卧室,一个半卫生间(家庭中带浴池和抽水马桶的卫生间称为全卫生间,只有抽水马桶的卫生间为半个卫生间),一个车库,一个门廊,以及3个晒台,家庭住房拥挤的实际上只占6%。美国贫困家庭的平均住房面积,比巴黎、伦敦、维也纳、雅典等欧洲城市的普通家庭平均居住面积都大。美国75%的贫困家庭拥有一辆汽车,30%的贫困家庭拥有2辆汽车。76%的贫困家庭有空调。97%的贫困家庭有彩色电视机,一半以上的贫困家庭拥有2台或2台以上的彩色电视机。78%的贫困家庭拥有录像机或者DVD,62%的贫困家庭订了有线电视或者卫星电视。73%的穷人家庭有微波炉,一半以上的贫困家庭有立体声音响装置,三分之一的贫困家庭有洗碗机。

2007年底,美国社会因有的公职竞选人提出"共善"的竞选口号曾进行过一次讨论,大多数人主张,应该用"共善"这个词来表达更广泛的机会与平等的观念,认为核心问题不应是"你现在是否比四年前过得更好?"而应是"弱势群体如何在今后的岁月里过得更好?"在首都华盛顿市纪念富兰克林·罗斯福的主题公园里,也有一块石壁上刻着这样的文字:"衡量一个国家进步的实质,不在于是否让富人更加富有,而在于是否让穷人得到了足够的保障。"也许,以上这些将成为美国政治和社会今后发展的新标杆。

(二) 更加注重政治权威的理性

在美国,合法性、民意是描述政府与被统治者之间关系的重要概念和指标。美国认为,被统治者的认可是政治权威的基础。

而2001年发生"9·11"事件、2003年展开伊拉克战争后,则又使美国更深刻地认识到了理性之对于政治权威的重要。

2001年9月,由于恐怖主义者对世界贸易中心和五角大楼的袭击,使美国的民心都聚焦到了总统身上,布什总统也发誓,不把恐怖主义者提交正义审判、不摧毁他们所属的国际恐怖主义网络,美国就不会停止战争。这一历史机缘,使布什总统的民意支持率达到了96%。美国学者说:"这是有史以来的最高纪录。即使是二战期间的罗斯福和杜鲁门,也没有获得如此高的总统支持率。"①

然而,"9·11"事件之后5年——伊拉克战争开战之后3年,情况即出现逆转:美国的世界地位不但未强化,反而有所下降;一度形成的由美国主导的大国空前一致局面不复存在;盟国纷纷从伊拉克撤兵;当美国持续地向伊拉克输出自己的民主时,巴格达市民却在用"人间地狱"来形容他们的城市。自然,布什总统的民意支持率也一路下滑,2005年5月跌到了50%,从2006年9月起始终低于40%。而据《今日美国》报与盖洛普民意调查所2008年4月进行的联合民意调查显示,美国民众对布什总统的不支持率则又达到了69%。《今日美国》报说,这"创下了自富兰克林·罗斯福总统以来的新高。此前,总统不支持率的最高纪录为67%,是亨利·杜鲁门1952年1月创下的,当时的美国正深陷朝鲜战争的泥潭"②。

面对这种被《今日美国》报称之为"民望天翻地覆"的状况,美国国内有诘问、有指责,也有冷静和清醒的反思。美国政治学界认为,除了错误的情报、单边主义的战略、道德影响力的缺乏以外,还有一个最根本的因素,即过高地估计了自己的力量,过低地估计了问题的难度,过度地估计了军力的作用,权威失去了应有的理性。政治学家弗朗西斯·福山一针见血地指出,是布什政府的自负和傲慢,使美国陷入了孤立。如果说"9·11"之后美国尚不清楚恐怖主义"为什么如此仇恨美国"的话,那么今天,美国更需要认真思考世界上包括美国国内存在的反布什主义所忌恨的并非美国的实力地位,而是美国基于这种地位的行事方式。

其实,很久以来,美国政坛就不乏理性的声音。

早在20世纪30年代,被认为是"美国人民的顾问、导师和良友"的美国哲学家、教育家杜威,在他的《民主主义与教育》一书中即对民主政治社会谈过他的看法。他说,衡量社会不能单凭主观臆想来制定标准,应以社会成员共享利益的多寡为尺度,还应以本社会和其他社会能否交流互惠为尺度。优良社会应便于和善于与其他社会交流,建立人类共存、共利和共赖的社会。人类历史的新纪元要破除种族和阶级之类的隔阂,缩短彼此之间的距离,而

---

① [美]托马斯·帕特森:《美国政治文化》,顾肃、吕建高译,北京:东方出版社2007年版,第401页。
② 《参考消息》,2008年4月24日,第3版。

第八章 美国政治现代化的趋向

且不仅缩短物质空间的距离,还缩短思想、理智和情感方面的距离。并称,这就是"优良社会的原则和灵魂"。①

上个世纪90年代初苏联刚刚解体——亦即美国步入世界之巅时,布热津斯基即尖锐地指出:"美国成不了全球警察,也当不成全球银行家,甚至连全球道德家也做不成。因为第一种人需要名正言顺的合法性;第二种人的根基是拥有偿债能力;而第三种人则需要自身清白。"②

前总统尼克松在这一时期也曾指出:"世界并非一块可以供我们任意挥洒笔墨的空白画布。现实世界百态纷呈,当我们为实现自己的目标而努力时,必须对此加以考虑。美国不可能对我们的理想在那些未曾实现的所有国家和地区都进行干预。我们赞成延续和平、扩大自由,但延续和平不应危害我们的利益和原则,扩大自由不应危及和平。如果和平是我们的唯一目标,那么已经赢得的自由可能受到危害。如果自由是我们的唯一目标,那么和平将受到危害。我们承担起了唯一超级大国的重负,因此,有些事情我们不希望做但必须去做;我们承担起了一个负责的超级大国的重负,因此,有些事情我们希望做但不能去做。"③

进入新世纪以来,美国社会理性的声音就更为强烈。

美国著作家雅各布·尼德曼在"9·11"悲剧性事件发生后不久,出于"向历史寻求力量"的目的,即对美国的建国理想、建国历程和历史上的重大政治行为,进行了系统、深刻而富于哲理的反思,出版了他的《美国理想:一部文明的历史》这部广受欢迎、畅销全美的著作。

雅各布·尼德曼在这部著作中,直言不讳地指出了要客观理性地认识美国。他说:"美利坚的罪孽就和它的理想一样,是它的含义的一部分,我们如果只接受一部分,而不接受另一部分,我们就会迷失方向。我们需要对我们升华的潜能以及我们会怎样失足都有一种全新的、更加准确的认识,对我们自身实际上意味着什么以及我们怎样才能而且必须改变有一个全新的认识。我们不需要一种道德的狂热使人类的狂热躁动持久不衰;我们不需要仅仅为

---

① 田洪江等编:《20位思想大师之智慧人生》,长春:吉林人民出版社2006年版,第255页。
② 〔美〕兹比格涅夫·布热津斯基:《大失控与大混乱》,潘嘉玢等译,北京:中国社会科学出版社1994年版,第163页。
③ 〔美〕理查德·尼克松:《超越和平》,范建民等译,北京:世界知识出版社1999年版,第44页。

了遮盖过去人间不公正的痕迹或者为了重新描绘历史而去做一些好事去弥补；我们的爱国主义热情不应该让我们对自己的残暴和恐惧视而不见，或者对我们的那些严重背叛我们理想的行径轻描淡写得哲理化。……我们必须在摒弃自鸣得意的前提下，去认识代表美利坚的美好一面的东西，同时在不做自我鞭挞的前提下，去认识代表美利坚丑恶一面的东西。"①

为了帮助他的同胞开阔视野，更透彻地认识这些问题，雅各布·尼德曼还从人类的舞台空间和人类的发展历史这些浩瀚的层面，对美国的存在进行了分析。

雅各布·尼德曼说："让我们先退后半步，像一个人在银河系以及无边的宇宙空间的背景里观察地球那样，在世界历史的宏大背景框架里观察美利坚。在宇宙中，地球只是超越任何时空想象里的亿万个太阳和星体中的一个微不足道的小点。同样，在人类历史的舞台上，美利坚只是一瞬间，地球上自从人类产生以来的一个心跳而已。让我们想一想伟大的古埃及，一颗照耀了数千年的太阳；想一想古希腊，它的科学和哲学改变了西方世界；想一想千年的罗马帝国，疆域跨越了半个地球；以及东方的中国，一个朝代接着一个朝代，一个纪元接着一个纪元；稍稍浏览一下地球上所有的国家、民族、语言以及神的偶像的兴衰，以及伴随所有这一切的人类夜郎自大的梦想以及他们和自己创立的神灵之间独特、亲近的关系；想一想在美洲大陆上一个又一个古代部落的文明和玛雅文明的宏伟；想一想一直延伸到我们目力所不能及的我们现在称为印度的古文明，并且想一想它的艺术和精神的观念对地球的影响；从那里向北到中国西藏以及它两千多年的灵学之谜；再向北延伸到广袤的中亚——然后向西，那里有俄国的文化；然后向南到两河流域灿烂的古代文明；然后再将时间表向后推移一下去看一看伊斯兰文明，在穆罕默德的宗教影响下的几百万信徒、部落、历史和野心；再将时间表向更早的时候推移一下，从那里你能看到以色列古国，想一想它的历史；只要将你面前的地球仪转动一下，然后想一想在你面前转动的人类：撒哈拉非洲次大陆，那里的地名包含了数百个部落王国，每一个部落都有自己的神圣习俗和祭神仪式；澳大利亚长达三万年的土著文化——然后向北到由上万个岛屿组成的马来群

---

① 〔美〕雅各布·尼德曼：《美国理想：一部文明的历史》，王聪译，北京：华夏出版社 2004 年版，第 147 页。

第八章　美国政治现代化的趋向

岛上亿的民众；然后再想一想东南亚以及它过去灿烂文明的遗址——柬埔寨、缅甸和泰国的庙宇，再向北到日本列岛，那里的天皇和武士，以及贯穿它的历史中的含蓄、刚烈和能量。想一想所有这一切以及更多的地球上产生过的人类文明，我们知道所有世界上的战争和野蛮行径塑造了每个国家和民族的归宿。无论何时何地，人类成了偏执、歇斯底里和傲慢的牺牲品；无论何时何地，几乎毫无例外地，人类都在屠杀和奴役他的同类。尽管人类历史上产生了那么多神圣的理念，尽管建造了那么多铭记在黑暗历史隧道中闪着星光的精神真理的纪念碑，人类一直并且仍然没有响应良心的召唤。就在这种无视天良的麻木不仁中，人类在继续互相毁灭和残杀，亵渎他们自己的文化。这就是人类的现状。"①

在作了如上分析开导之后，针对美国的种种不理智行为，雅各布·尼德曼呼吁美国同胞，一定要从美利坚民族的自我优越感中解脱出来，要摒弃对美利坚的幻觉。他在著作中写道："我们必须承认美利坚不是超脱人间丑恶的世外桃源。""假如我们要将美利坚的故事重新变成神话，假如美利坚要给世界带来一些超越虚伪以及从本质上难以实现的自由和公正的理想，我们就必须用一种新的眼光去看待我们自己内心中抵抗这些理想的力量，而不是把我们自己真的想象成一群'上帝的子民'，或者真的以为我们自己正在把什么新的、史无前例的东西带到这个世界上来。""我们必须透过对美利坚自身的幻觉而产生的信仰表面看到里面的本质，那个幻觉认为仅仅依靠美利坚的存在就能摆脱人类野蛮残暴的本性。我们只有从我们的道德伦理的优越感中解脱出来，否则我们赎罪的愿望永远不会让我们的精神升华到应有的境界。"②

雅各布·尼德曼的所思、所想、所愿是值得他的同胞认真思考的，其理性和勇气也值得称道。正因为此，所以他的著作在美国引起广泛热议，被认为是"继19世纪托克维尔以来对美国特征最出色的描述"。还有的称，"在文明战争蔓延世界的今天，这本书像是天赐之物"。

当一种声音在社会上引起共鸣并持续地存在时，随之出现的往往便是某

---

① 〔美〕雅各布·尼德曼：《美国理想：一部文明的历史》，王聪译，北京：华夏出版社2004年版，第181—182页。
② 〔美〕雅各布·尼德曼：《美国理想：一部文明的历史》，王聪译，北京：华夏出版社2004年版，第181、182—183页。

种趋势。所以自布什总统第二任期开始,在其外交事务中即出现了较为明显的向理性方向发展的趋势。

比如,2007年12月3日,由美国中央情报局提交的《国家情报评估报告》即发布令人震惊的消息,称"伊朗2003年就中止了核武器研制计划"。报告还特别提醒说,对于伊朗2003年年底就中止了核武器计划,可以"高度确信";而对于它2007年中期之前并没有重启这一计划,也可以"基本确信"。这份报告的发布,实际上就意味着美国针对伊朗政府核计划的目标所提出的指控,至少有两年时间都是在夸大实际情况。

虽然这个举动对总统和政府的权威不利,但美国情报部门一如既往把它公之于世。美国公众认为,这在很大程度上反映了美国政治的透明度,但更为重要的是反映了美国政治的理性——依据客观事实作判断。美国参议院民主党领袖哈里·里德也评论说,只有坚持理性,"政府才不会依据错误情报仓促地使国会和国家卷入另一场战争"。①

应该说,在美国的涉外事务中,这一事例并不是一个孤立的唯一的事例。进入新世纪不久,在处理中美关系方面,美国同样也表现出了少有的理性。

2001年4月1日,中美曾发生过南海撞机事件,但自那以后,两国却再没有发生大的摩擦,并且在其后的交往中出现了长达7年的稳定局面。这对冷战后长期以起伏不定为基本规律的中美关系来说几乎就是奇迹。虽然这是中美双方共同努力的结果,与国际格局的巨大变化也有关系,但其中布什政府处理对外事务的理性趋向占有重要的成分。

布什政府执政8年来,在对华关系定位上,从最初的"战略竞争对手",转到了期待中国成为"负责任的利益攸关方",并愿意成为中国的"建设性合作者";在处理台湾问题上,由上台之初的"竭尽所能协防台湾",转到了数度公开敲打陈水扁,其政府高官连续多次表态反对台湾当局搞"入联公投";在处理经贸问题上,顶住国会的压力,反对利用经济民族主义和贸易保护主义冲击两国正常贸易,并支持通过两国战略经济对话机制来沟通和处理两国经贸分歧问题;在对待最敏感的、西方世界杂音很大的2008年北京奥运问题上,布什总统坚持携全家参加奥运会开幕式。

---

① 《参考消息》,2007年12月5日,第1版。

第八章 美国政治现代化的趋向

以上这些，都不能不说是布什政府理性务实地认识和处理中美关系的结果。同时也从一个侧面反映了美国政治中可能出现的理性趋向。

(三) 更加注重政治参与的能动性

20世纪60年代以前，美国民众曾为选举权的获得和普选制的建立进行过长期而艰苦的斗争；然而，当1971年宪法第26条修正案将选民年龄下限降至18岁，美国的公民"实际上任何美国人——富人或穷人、男人或女人、黑人或白人，只要决定参加投票，就能合法地并实际进行投票"时，美国选举包括总统大选中的公民投票率却又持续走低。

20世纪60年代时，1960年、1964年、1968年的3次总统大选，选民的投票率都在60%以上，而自70年代以来，总统选举中的投票率平均仅为55%，再也没有哪次达到过60%，1996年则跌至50%的谷底。中期选举中的投票率更低，70年代以来从未超过40%。

如果与其他西方国家相比，美国合法选民参加全国选举的投票率几乎垫底。据美国学者对10个国家全国性选举中选民投票率的统计，比利时最高，为90%；德国、丹麦次之，为85%；意大利、奥地利、法国为80%；英国、加拿大、日本为60%；美国最低，为50%。

导致美国选举中投票率降低的原因，美国学者进行了分析，认为尽管有登记手续、选举频率过高方面的原因，但主要还是选民参与的积极性在降低，选民对政治的兴趣或关注度在降低。在中心城市和低收入群体中，这一点表现更为明显。

针对这种状况的出现和所带来的危害，美国政治科学协会尖锐地指出："美国民主在危险之中。这种危险不是来自于外部的威胁，而是来自于不安的内部的趋势，那就是公民的活动和能力在被侵蚀。在很大程度上美国公民已经离开政治和公共领域。随着知识和热情的减少，公民减少参与公共事务的现状与一个强劲的民主政治的健康程度不相适应。虽然这种危险并不影响美国民族的生存，但是它影响到公民共同分享的政治秩序的健康和合法性。"①

---

① 华世平主编：《政治学》，北京：中国人民大学出版社2007年版，第125—126页。

1996年，总统大选中的选民投票率降到了1960年以来的历史新低后，克林顿在第二任总统就职演说中即指出："时代在改变，政府也必须改变。……新一届政府首当其冲的使命是给全体美国人一个机会，不是什么保证，而是一个真正的机会来创造更美好的生活。"①

2000年的总统大选，尽管两个总统候选人的竞争达到白热化的程度，但仍然"只有大约一半的成人参加投票"。所以，2001年1月，布什总统上任伊始也在就职演说中向美国民众呼吁："我希望你们成为真正的公民，而不是旁观者，更不是臣民。你们应成为有责任心的公民，共同来建设一个互帮互助的社会和有特色的国家。"②

进入新世纪以来，美国重视公民参与最突出的方面是更加重视公民心理上的介入。认为只有在"心理上更多介入的人，才更有可能参与政治。反之，缺乏心理上的介入，也就很少有可能参与政治生活。"

为此，美国既不放松积极为公民和社会组织参与政治创造更为有利的条件，又重视转变观念，不单纯把公民看作是公共物品和公共服务的消费者，更着重看作是公共物品和公共服务的参与者监督者。从这一立场出发，公民参与国家和社会的政治事务就是必然的，公民在参与国家和社会的政治事务中也能体现出自身的主人翁地位。同时，公民最了解公共需要，只有吸收公民参与决策和管理，广泛听取民意和集中民智，才能发挥社会效能，进而提高公众满意度。目前，为激发和适应公民参政意识的增强，美国又在地方政治中开始重新推行上个世纪80年代曾经试行过的以公民创制、公民复决、公民罢免为主要形式的"共同参与民主制"，并认为这是美国地方民主制的发展方向。

由于美国政府的持续努力，也许还有"9·11"事件的影响，美国公民参与国家和社会政治事务的热情近年来又有所回升。2004年的总统大选，公民投票率达到了55%以上。2008年的总统大选将还会保持甚至高于这个比例。美国民众比较普遍的态度是，"不论你是谁，不论你是单独还是与他人合作，你

---

① 〔美〕威廉·德格雷戈里奥：《美国总统全书》，周凯等译，北京：社会科学文献出版社2007年版，第778页。
② 〔美〕威廉·德格雷戈里奥：《美国总统全书》，周凯等译，北京：社会科学文献出版社2007年版，第824页。

都能够为我们世界的将来做不少事情。比如思考、投票、抗议、支持、写信、加入有关组织、做演讲以及参加竞选——总之，得做些什么事情。"①

(四)更加注重政府治理的高效性

美国认为，政治—行政的成本和绩效是一个关涉公权正义的伦理问题。公权行为必须经受"成本—收益"的考量。公共管理和公共决策中的任何一项战略、目标、理念、举措、口号、改革的提出和实施，都要有成本意识、节简意识，都要进行严格的绩效评估，尽可能减少公共耗费，扩大公共收益，杜绝不计成本、不惜代价、不节民力的行政惯象。

20世纪80年代以来，围绕提高政府的政治效能、经济效能、文化效能和社会效能，美国政治学界和智囊机构站在全球性公共行政改革浪潮的潮头，提出过"企业化政府"、"市场式政府"、"参与式政府"、"弹性化政府"、"解制型政府"和"善治"等多种政府治理理论。如前所述，吸收这些研究成果，克林顿政府在20世纪90年代执政的8年期间，对联邦政府进行了命名为"国家绩效评估"的持续改革，取得了显著成效。克林顿政府的这次改革被视为"美国历史上持续时间最长、最成功的改革"。

不过，克林顿政府的这次改革并没有停止美国在政府治理方面的追求。2001年8月——布什入主白宫半年后，美国又启动了新一轮的联邦政府改革计划——"总统管理议题"。这一计划推进实施8年来，在人力资本战略管理、财政绩效整合和社会保障管理改革等方面，都取得了预期的成效。

透过克林顿政府、布什政府的改革，可以看到，美国在强化联邦政府的治理效能上，所持的对策取向主要有以下四个方面。

一是强调政府机构竞争。尤其又重视采用公、私竞争——公共行政部门与私营企业及非营利组织进行竞争——的方式，来行使那些非政府特有的功能或提供具有商务性特征的公共服务。

在美国，政府的功能、所负责的事务一般分为政府特有活动与商务性活动两大类，政府特有活动是指与公共利益密切相关的必须由政府机构来实施

---

① 参见〔美〕约翰·罗尔克编：《世界舞台上的国际政治》，宋伟等译，北京：北京大学出版社2005年版，第34页。

的功能,商务性活动是指与公共利益关系并不十分密切,既可以由政府机构运作也可以从社会商务资源中获得的服务性项目。美国认为,公、私竞争的方式适用于政府机构中的商务性活动,通过这种竞争,能够使联邦政府以最小的成本、最大的收益、最高的效率向社会公众提供服务。

二是强调电子政府建设。美国认为,"有效地实施电子政府计划,对于建设一个更好地回应公众和低成本高收益的政府具有重要意义"。美国实施电子政府的重点,是开发一些解决跨机构问题的项目,如电子采购、电子许可、电子规章、电子签字等。

自2002年以来,布什政府已投入1.6亿美元用来建设24个跨机构的电子政府合作项目,涉及政府对公民、政府对企业、政府对政府以及财务管理、许可管理、人力资源管理等多个领域。2004年12月,美国发布《扩大电子政府报告》,在评估以往建设成果的基础上提出了新的发展计划。该报告认为,实施电子政府项目以来,首先是提高了生产力,公民和政府决策者能够便捷安全地查询信息;其次是控制了成本,电子政府产生的效益大大超过投入。该报告指出,"美国联邦政府已经是全球数据、信息和支持性技术系统的最大的使用者之一,目前每年在政府信息技术领域的投入近6000万美元。今后的目标是成为世界上信息、服务及信息系统的最好的管理者、革新者和使用者"。①

三是强调科学决策和对政府决策效应进行跟踪管理。美国政治学界认为:"政治决策影响着国际贸易、投资和生产的方式。欧佩克的石油是低廉还是昂贵,中国是否将向美国出口纺织品,有多少美国人将会在钢铁工业中工作,这一切不仅取决于比较成本和效率的方式,而且同样取决于政治决策。"布什政府强调:"政府应该以成果为导向,因此,它应该关注绩效,而不应该注重过程。每一个项目应该被鉴定为成功或者失败。对于成功的东西,我们应该重复它、共享它并使它成为标准。对于失败的事情,我们应该记住它,并引以为戒。对于目标不明确的政府行为,应该改革或终止它。"②

为了保证决策的民主性、科学性和高效性,美国联邦政府的决策系统已经高度专门化职业化组织化。现代政府决策体系中必不可少的中枢神经系统、参谋咨询系统、情报信息系统、监督反馈系统,目前都由一系列既相互独立、

---

① 参见吴志华:《20世纪90年代以来的美国联邦政府改革》,载《美国研究》,2006年第1期。
② 《美国研究》,2006年第1期,第39页。

第八章 美国政治现代化的趋向

各有分工,又相互配合、目标一致的政府机构按规范程序共同完成。

在联邦政府决策中,美国也很重视政府与社会的互动。认为在现代社会,决策主体不仅包括拥有最后决策权的政治人物、政府机构,而且还包括那些对决策事项的性质、方向、内容、范围和进程实际发生影响的个人与团体。各种公共的和私人的机构只要其主张得到公众的认可,就都可能在各个不同层面起到决策主体的作用。所以,美国一方面在政府内部坚持实行经典的分权制衡原则,另一方面又实施国家与社会之间的互动,转变政府通过发号施令、制定政策和实施政策,对社会公共事务进行单向管理的模式,建立政府与社会合作的互动网络,通过合作、协商、建立伙伴关系、确立共同目标等方式实行对公共事务的管理。

重视发挥思想库的作用,更是美国政府决策中的传统。自上个世纪第二次世界大战结束以来,各种思想库即在美国大量出现。在世界上最有影响的思想库,如兰德公司、企业研究所、布鲁金斯学会、胡佛研究所、战略和国际问题研究中心、哈德森研究所、传统基金会等,都具有跨学科进行综合分析,提出多种解决国家重大现实问题的方案供政府选择,并影响政府决策和政策制定的能力。在美国,许多思想库的成员常出任联邦政府的重要官职。作为思想库的主要产品——各种新的决策理论和对策措施也在美国不断问世,为美国政府决策科学化高效化提供了有利条件和广阔前景。

四是强调政治效应的全球性。美国政治学界认为,"国际政治的性质发生了变化,这种变化越来越把国际和国内政治之间的传统区别搞得模糊不清,从而进一步突出了美国国内状况对美国的全球声望至关重要的意义。"所以,美国越来越注意把国内政治与国际事务联系起来,以最大程度地提高政府治理效能和美国的政治影响力。

其实,在以上方面美国向来是重视的,也是比较成功的。上个世纪70年代尼克松任总统时,他即指出:"内外政策犹如暹罗双胎,一方离开另一方便无法生存。"[①]美国现在在进一步强调这个问题,只不过是想在现有的基础上再锦上添花,使自己的国内政治行为在国际上也收到效应放大和倍增的效果。

---

① 〔美〕理查德·尼克松:《超越和平》,范建民等译,北京:世界知识出版社1999年版,第10页。

（五）更加注重社会道德重塑

在人类历史上，一个国家的成功，一个民族的崛起，往往也就是这个国家和民族道德观的成功与崛起。然而，在人类发展史上却又存在一种极为奇怪的现象，就是精神文明并没有随着物质文明的极大提高而相应地提高；在科学技术突飞猛进的时候，人的道德水平不但没有进步反而还倒退了。这也正如马克思早就指出的，"在我们这个时代，每一种事物好像都包含有自己的反面，……技术的胜利，似乎是以道德的败坏为代价换来的"。[①]

在美国，这一奇怪的现象不但未能避免，而且还更为突出。其主要表现是，传统的伦理道德不再被严格遵守，原有的社会规范被打破，社会秩序出现紊乱。因此美国认为，必须重建社会道德，在每个人的内心深处都筑起一道道德的壁垒；否则，美国将因为道德失范而付出沉重的代价。基于此，所以美国的许多政治家都对此表示深深地忧虑并发出了强烈的呼吁。

针对美国社会"自20世纪60年代以来，暴力犯罪率增长了560%以上。非婚生子女增长了400%。离婚率增长了4倍。生活在单亲家庭的儿童增加了2倍。每8名儿童中就有一人靠福利救济生活，比1960年增加了2倍。未成年人自杀率成倍增长。每天有16万名学生因担心受暴力袭击而呆在家里不敢去上学。滥用药物的现象在逐渐增多，美国的中心城市仍在承受着200多万可卡因瘾君子造成的灾难性后果"[②]。这一状况，前总统尼克松在上个世纪90年代中期即强调："面对一种精神上的危机，需要一种精神上的回答。"美国"需要一种能够加强家庭、个人责任和天生的公民美德的道德和文化制度。"[③]

美国另一位资深政治家布热津斯基也指出："美国显然需要花一段时间，在哲学上进行反省和文化上作自我批判。在这一时期内必须认真地认识到：以相对主义的享乐至上作为生活的基本指南是构不成任何坚实的社会支柱的；一个社会没有共同遵守的绝对确定的原则，相反却助长个人的自我满足，那

[①] 《马克思恩格斯全集》第12卷，北京：人民出版社1962年版，第4页。
[②] 〔美〕理查德·尼克松：《超越和平》，范建民等译，北京：世界知识出版社1999年版，第196页。
[③] 〔美〕理查德·尼克松：《超越和平》，范建民等译，北京：世界知识出版社1999年版，第192、196页。

第八章　美国政治现代化的趋向

么，这个社会就有解体的危险。"①

出于这样一些情况和原因，自上个世纪 90 年代以来，克林顿政府、布什政府开始实施了一系列重塑联邦政府形象和重振社会道德的计划。比较引人注目的是，1997 年，美国颁发了新的《社会道德责任标准》，重点对各种社会组织和公司的社会道德责任作了明确规定。

这一《社会道德责任标准》被认为是在世界上首次提出了各种社会组织和公司的社会道德责任行为标准。这一标准中的基本要素都引自涉及人类权益的全球声明、国际劳工组织的有关公约和相关准则，以及联合国关于妇女、儿童权益的公约等。标准首先给出了对各种组织和公司进行独立审核的定义和核心要素，确认了审核评判的基本原则，然后对是否履行了公认的社会责任，在运行过程中是否有违背社会公德的行为，是否切实保障了其所有成员的正当权益等，一一进行了详细而量化的规定。

为了统一并便于对各种社会组织和公司进行合格评定，在《社会道德责任标准》中还明确了具体审核认证办法。并且特别强调，除了传统的现场证据审查外，还要调查雇员、管理者以及组织和公司所在社区的代表的观点，通过全面的会谈交流，权衡"职业凌辱"之类的陈述和事实，确保能够获取可靠有效的信息。

美国颁布实施这一《社会道德责任标准》后，不仅在国内受到社会公众的热议，在工商业界引起强烈反响，而且在全球组织界企业界也得到了广泛关注。在英国，这一标准就曾被作为英国开展"道德贸易新纪元"活动的核心。有许多专家认为，这一标准与保护人类利益的基本标准相符，在全球所有的领域均可应用和实施，迟早会转化为国际性标准。还有专家指出，这一标准将社会价值引入企业组织，为企业组织提供了社会责任规范，而社会价值、社会责任规范则是当今企业组织声誉的灵魂；因此，这一标准的提出是美国对世界的又一个重要贡献，它必将成为未来国际竞争中企业组织获得成功的一个重要组成部分。

进入新世纪以来，在美国社会，重塑社会道德也是美国民众的普遍呼求

---

① 〔美〕兹比格涅夫·布热津斯基：《大失控与大混乱》，潘嘉玢等译，北京：中国社会科学出版社 1994 年版，第 125 页。

和行动。

可以作为佐证之一的是，由于强大的社会舆论，美国十来年间就有多名政府高官因为道德丑闻而被迫辞职——2004年，新泽西州州长吉姆·麦克里维因既是同性恋者又与一位女阁员有不正当性关系，被查出后随即宣布辞职；2006年，国会众议员马克·福利被揭露出和年仅16岁的国会实习生有色情电子信件往来，被迫辞职；2007年，国会参议员拉里·克里格在机场的厕所里有不检点的同性恋行为被便衣当场抓住，宣布辞职；2008年4月，纽约州州长斯皮策又因被调查出有性交易行为后被迫宣布辞职，为此还引发了一场如何界定政治家的公共责任和私人生活方面的讨论。虽然认为公共人物可以保留私人领域犯错误的空间，但社会舆论占主导地位的看法却是主张他们的私人生活应该更符合公共道德和更有利于树立公共道德。

可以作为另一佐证的是，美国媒体曾对2000年、2004年的两次总统大选进行过系统调查分析，一个重要的发现就是，道德价值观已经取代经济问题而成为影响选民投票的最关键因素。据哥伦比亚广播公司和纽约时报联合举行的民意调查，在2000年的总统选举中，60%的选民将"与你共享道德价值观"作为决定投票的最重要因素，25%的选民被归类为基于候选人的道德观而投票的"价值观选民"。这一比例高于基于议题主张、意识形态和工作经验而投票的选民。在布什第一任期初期，40%的人认为把精力集中在恢复道德和家庭价值观上更为重要，只有37%的人认为保持经济增长应该成为布什政策议程的优先地位。2004年大选，道德和价值观问题仍是布什赢得连任的关键之一。据美国三大互联网和美国有线电视网（CNN）等媒体在2004年11月2日投票当天进行的联合调查结果，在问及实际投票时你认为"最重要的议题"是什么时，22%的人回答是"伦理和价值观"，20%的人回答是"经济和就业"，19%的人回答是"反恐"。与上一次一样，道德和价值观仍是优先问题和最重要的问题。①

这样的调查结果，不只是反映了美国公民素质的跃升、美国社会的更加成熟，而且被认为对美国政治的良性发展也具有风向标意义。

---

① 《美国研究》，2005年第2期，第69页；《美国研究》，2006年第2期，第20页。

第八章 美国政治现代化的趋向

（六）更加注重政治及其政治领导人的活力

法国战略研究基金会曾发表文章称，美国的主要王牌是其惊人的活力。并且认为，就是因为这种国家制度层面和政治体系的活力，使美国具有了持续的自我再生能力。①

不过，随着时代的变迁，美国活力的内涵也在发生变化。种种迹象表明，在继续享有应变危机、自我纠错、制度和规则创新等固有活力优势的同时，美国政治新活力的象征将是年轻。

在2008年的总统大选中，年轻选民的表现尤为突出。许多以前不太过问政治的年轻选民——"18岁到29岁的选民"——第一次纷纷投身政治程序。而在这些年轻选民中，据美国民主党党内初选时的统计，有57%的人支持代表年轻和活力的奥巴马，仅有11%的人支持年已60岁、代表经验和能力的希拉里。美国新闻界评论认为，正是因为这一情况的出现，促成了奥巴马的异军崛起，使最有白宫经验的第一夫人希拉里的经验似乎成了她的弱点而不是优势。

在2008年的总统大选中，"年轻"的选举方式——网络选举，包括网络咨询、网络募捐、网络表达选举意向等也大显身手。美国新闻界评论认为，如果说在2000年和2004年，互联网对美国的选举政治和民主程序只是开始了渗透的话，那么在2008年的大选中，它已经是候选人走向选民、传达信息的最为重要的手段之一，同时也是募集选举经费最为有效的途径，一代互联网族已经具有了左右美国政治的力量。奥巴马在党内初选阶段的竞选经费即主要来自选民通过互联网提供的小额捐赠。

在2008年的总统大选中，年轻与因年轻而可能带来的活力也成为衡量候选人的主要指标。这次大选与以往选举的一个断裂是选民更加反对维持现状，并不再把候选人的经验和磨炼作为选择的最重要的条件。选民更看重的是活力，是谁最有可能给国家注入新的动力。奥巴马一届联邦参议员没有做完，没有在联邦政府层次的经验，更没有在经济、军事和外交方面的造诣，但他

---

① 《参考消息》，2007年12月23日，第3版。

却能以自己的出身、背景、对美国未来的承诺和对美国政治的求变获得选民的热情甚至是狂热的支持。尽管这次美国总统大选，其竞选人都曾被认为不是"总统材料"，从1952年以来也第一次出现总统大选中没有现任的总统或副总统参加竞选，但普遍认为，这次竞选更能体现美国的民主政治，更吸引世人的眼球。

当然，在2008年的总统大选中，最耀眼的、最能代表年轻的，是奥巴马这颗美国政坛的新星。

奥巴马1961年8月4日生于美国夏威夷檀香山，父亲是一位来自肯尼亚的留学生，母亲是美国堪萨斯州的白人。奥巴马先后毕业于哥伦比亚大学和哈佛大学，曾在芝加哥任律师事务所律师。于1996年首次当选为伊利诺伊州参议员，2004年首次当选为联邦国会参议员，成为联邦国会历史上的第5位、本届国会中的唯一一位黑人参议员。

47岁的奥巴马演说极具魅力，灿烂的笑容更虏获许多民众的心。2004年7月，美国民主党召开全国代表大会，奥巴马被指定在会议上作基调演讲。所谓"基调演讲"，就是民主党人阐述本党的纲领和政策宣言，通常由本党极有前途的政治新星来演说。1988年作基调演讲的人就是时任阿肯色州州长的克林顿。奥巴马不负众望，亲自撰写讲稿，在慷慨激昂的演说中，他提出了消除党派分歧和种族分歧、实现"一个美国"梦想的主张。此后，奥巴马逐渐被人们所熟知，在短短几年间在美国政坛造成一股旋风，甚至有美国人把"奥巴马现象"拿来与前总统肯尼迪1960年挟带强大人气进军白宫来相提并论。曾经是民主党内总统候选人激烈竞争对手的希拉里也赞扬说："奥巴马参议员激励了如此之多的美国人来关心政治，也让更多的人能够参与进来。正因为如此，我们的党和我们的民主才变得更强壮，更有活力。"[1]

2008年2月12日，新加坡《联合早报》也就美国的这次总统大选发表评论称，"不管谁入主白宫，一个明显的赢家已经显现，这便是美国制度文化在国际上的'软力量'，在这次总统竞选过程中显著上升"，"从欧洲、亚洲到拉丁美洲，从中国大陆到阿拉伯世界，2008年美国总统竞选成为最吸引眼球的国际要闻，不仅是报纸杂志的头版消息和封面故事，也是每日电视新闻报道所

---

[1] 《参考消息》，2008年6月5日，第2版。

第八章 美国政治现代化的趋向

分析的要题"。这次总统竞选充分展示了"美国是地球上最具活力、开放、自我更新的民主社会"。①

或许,新加坡《联合早报》道出了美国成功的秘密。建国230多年来,美国正是靠独具特色的政治体系和无与伦比的政治活力,最终创造了美国发展的奇迹。

---

① 《台港澳报刊参阅》,2008年第9期,第18、19页。

主要参考文献

1. 〔美〕菲利普·李·拉尔夫等：《世界文明史》，赵丰等译，北京：商务印书馆 2001 年版。
2. 〔美〕加尔文·林顿主编：《美国两百年大事记》，谢延光等译，上海：上海译文出版社 1984 年版。
3. 〔美〕威廉·德格雷戈里奥：《美国总统全书》，周凯等译，北京：社会科学文献出版社 2007 年版。
4. 〔美〕雅各布·尼德曼：《美国理想：一部文明的历史》，王聪译，北京：华夏出版社 2004 年版。
5. 〔法〕托克维尔：《论美国的民主》，董果良译，北京：商务印书馆 1988 年版。
6. 〔美〕塞缪尔·亨廷顿：《变化社会中的政治秩序》，王冠华等译，北京：三联书店 1989 年版。
7. 〔美〕唐纳德·怀特：《美国的兴盛与衰落》，徐朝友等译，南京：江苏人民出版社 2002 年版。
8. 〔美〕理查德·尼克松：《超越和平》，范建民等译，北京：世界知识出版社 1999 年版。
9. 〔美〕理查德·尼克松：《1999 年：不战而胜》，王观声等译，北京：世界知识出版社 1989 年版。
10. 〔美〕J. 艾捷尔编：《美国赖以立国的文本》，超一凡等译，海口：海南出版社 2000 年版。

11. 〔美〕亚历山大·汉密尔顿、约翰·杰伊、詹姆斯·麦迪逊：《联邦党人文集》，张晓庆译，北京：九州出版社2007年版。

12. 〔美〕塞缪尔·亨廷顿：《文明的冲突与世界秩序的重建》，周琪等译，北京：新华出版社2002年版。

13. 〔美〕保罗·肯尼迪：《大国的兴衰》，陈景彪等译，北京：国际文化出版公司2006年版。

14. 〔美〕约翰·罗尔克编：《世界舞台上的国际政治》，宋伟等译，北京：北京大学出版社2005年版。

15. 〔美〕兹比格纽·布热津斯基：《大棋局：美国的首要地位及其地缘战略》，中国国际问题研究所译，上海：上海人民出版社1998年版。

16. 〔美〕兹比格涅夫·布热津斯基：《大失控与大混乱》，潘嘉玢等译，北京：中国社会科学出版社1994年版。

17. 〔美〕罗·麦克纳马拉：《历史的教训：美国国家安全战略建言书》，张立平译，北京：世界知识出版社2005年版。

18. 〔美〕斯蒂芬·施密特等：《美国政府与政治》，梅然译，北京：北京大学出版社2005年版。

19. 〔美〕文森特·奥斯特罗姆等：《美国地方政府》，井敏等译，北京：北京大学出版社2004年版。

20. 〔美〕托马斯·帕特森：《美国政治文化》，顾肃、吕建高译，北京：东方出版社2007年版。

21. 〔美〕迈克尔·卡门：《自相矛盾的民族：美国文化的起源》，王晶译，南京：江苏人民出版社2006年版。

22. 〔美〕卢瑟·路德克：《构建美国：美国的社会与文化》，王波等译，南京：江苏人民出版社2006年版。

23. 〔美〕赫伯特·克罗利：《美国生活的希望：政府在实现国家目标中的作用》，王军英等译，南京：江苏人民出版社2006年版。

24. 〔美〕约翰·杜威：《人的问题》，傅统先、邱椿译，南京：江苏教育出版社2006年版。

25. 〔美〕劳伦斯·迈耶等：《比较政治学：变化世界中的国家和理论》，罗非等译，北京：华夏出版社2001年版。

26. 〔美〕约翰·米尔斯海默:《大国政治的悲剧》,王义桅等译,上海:上海人民出版社 2003 年版。

27. 〔美〕戴维·兰德斯:《国富国穷》,门洪华译,北京:新华出版社 2007 年版。

28. 〔美〕弗朗西斯·福山:《国家构建:21 世纪的国家治理与世界秩序》,黄胜强译,北京:中国社会科学出版社 2007 年版。

29. 〔美〕曼纽尔·卡斯特:《千年终结》,夏铸九等译,北京:社会科学文献出版社 2006 年版。

30. 〔美〕曼纽尔·卡斯特:《网络社会的崛起》,夏铸九等译,北京:社会科学文献出版社 2006 年版。

31. 〔美〕玛丽·莫斯特:《独立宣言——渴望自由的心声》,刘永艳等译,北京:中共党史出版社 2006 年版。

32. 〔美〕玛丽·莫斯特:《美国宪法——实现良治的基础》,刘永艳等译,北京:中共党史出版社 2006 年版。

33. 〔美〕奥托·纽曼等:《信息时代的美国梦》,万凯等译,北京:社会科学文献出版社 2002 年版。

34. 〔法〕皮埃尔·勒鲁:《论平等》,王允道译,北京:商务印书馆 1988 年版。

35. 〔法〕孟德斯鸠:《论法的精神》,张雁深译,北京:商务印书馆 1959 年版。

36. 〔德〕妮科勒·施莱等:《美国的战争:一个好战国家的编年史》,陶佩云译,北京:生活·读书·新知三联书店 2006 年版。

37. 〔英〕汉默顿:《思想的盛宴》,王彤译,北京:九州出版社 2005 年版。

38. 〔英〕格雷厄姆·沃拉斯:《政治中的人性》,朱曾汶译,北京:商务印书馆 1995 年版。

39. 〔美〕华盛顿·欧文:《华盛顿传》,王强译,北京:中国华侨出版社 2007 年版。

40. 〔德〕路德维希:《林肯传》,富强译,北京:中国华侨出版社 2007 年版。

41. 李道揆:《美国政府和美国政治》,北京:中国社会科学出版社 1990

年版。

42. 燕继荣主编：《发展政治学：政治发展研究的概念与理论》，北京：北京大学出版社2006年版。

43. 许耀桐等：《政治文明：理论与实践发展分析》，北京：中央编译出版社2006年版。

44. 黄柏富主编：《"9·11"事件后美国国家安全战略文件选编》，北京：军事谊文出版社2002年版。

45. 齐世荣主编：《美国：从殖民地到唯一超级大国》，西安：三秦出版社2005年版。

46. 杨光斌主编：《政治学导论》，北京：中国人民大学出版社2007年版。

47. 张定河：《美国政治制度的起源与演变》，北京：中国社会科学出版社1998年版。

48. 刘杰：《当代美国政治》，北京：社会科学文献出版社2001年版。

49. 李其荣：《美国精神》，武汉：长江文艺出版社1998年版。

50. 刘绪贻、李世洞主编：《美国研究词典》，北京：中国社会科学出版社2002年版。

51. 曹沛霖等：《比较政治制度》，北京：高等教育出版社2005年版。

52. 中央电视台《大国崛起》节目组编：《大国崛起·美国》，北京：中国民主法制出版社2006年版。

53. 任东来等：《美国宪政历程：影响美国的25个司法大案》，北京：中国法制出版社2005年版。

54. 于歌：《美国的本质》，北京：当代中国出版社2006年版。

55. 马啸原：《西方政治思想史纲》，北京：高等教育出版社1997年版。

56. 任佩文：《西方政治学中的政治现代化与政治发展理论》，载《攀登》，2000年第6期。

57. 姜德琪：《西进运动对美国民主政治的影响》，载《安庆师范学院学报（社会科学版）》，1999年第6期。

58. 蔺焕萍：《南北战争对美国政治现代化的影响》，载《商洛学院学报》，2006年第4期。

59. 韩秀兰：《论北美殖民地时期市民社会在美国政治现代化开端中的作用》，载《沧桑》，2002年第6期。

60. 金灿荣：《第二次世界大战与美国政治发展》，载《太平洋学报》，1995年第2期。

61. 李庆余：《试论关于美国现代化的第三次大辩论》，载《南京社会科学》，1998年第2期。

62. 杨静云：《美国政治观价值观教育掠影》，载《新观察》，1994年第2期。

63. 中国国务院新闻办公室：《2007年美国的人权纪录》白皮书。

图书在版编目(CIP)数据

山巅之城：美国政治现代化的理想与现实 / 肖德甫
著 . —北京：中央编译出版社，2016.9

（大国镜鉴）

ISBN 978-7-5117-2676-6

Ⅰ. ①山… Ⅱ. ①肖… Ⅲ. ①政治-现代化-研究-美国 Ⅳ. ①D771.2

中国版本图书馆 CIP 数据核字（2015）第 114221 号

出 版 人：	葛海彦
出版统筹：	贾宇琰
责任编辑：	盛菊艳
责任印制：	尹 珺
出版发行：	中央编译出版社
地　　址：	北京西城区车公庄大街乙 5 号鸿儒大厦 B 座（100044）
电　　话：	（010）52612345（总编室）　（010）52612335（编辑室）
	（010）52612316（发行部）　（010）52612317（网络销售）
	（010）52612346（馆配部）　（010）55626985（读者服务部）
传　　真：	（010）66515838
经　　销：	全国新华书店
印　　刷：	河北下花园光华印刷有限责任公司
开　　本：	787 毫米×1092 毫米　1/16
字　　数：	430 千字
印　　张：	27.25
版　　次：	2016 年 9 月第 1 版第 1 次印刷
定　　价：	68.00 元
网　　址：	www.cctphome.com　　邮　箱：cctp@cctphome.com
新浪微博：	@中央编译出版社　　微　信：中央编译出版社（ID：cctphome）
淘宝店铺：	中央编译出版社直销店（http：//shop108367160.taobao.com）　（010）52612349

本社常年法律顾问：北京嘉润律师事务所　李敬伟　问小牛
凡有印装质量问题，本社负责调换。电话：（010）55626985